포스트모더니즘 이후의
정치와 문화

마이클 라이언 지음 / 나병철·이경훈 옮김

갈무리

1996

Politics and Culture

Michael Ryan

갈무리 신서 14

포스트모더니즘 이후의 정치와 문화

초판인쇄   1996년 5월 20일
초판발행   1996년 5월 30일

지 은 이   마이클 라이언
옮 긴 이   나병철·이경훈
펴 낸 이   서창현
펴 낸 곳   도서출판 **갈무리**

주   소   서울 구로구 구로본동 495-1호
전   화   02-839-6851 / 팩스 : 02-851-0768
등   록   1994. 3. 3. 제17-161호

ISBN 89-86114-11-9 03340

★ 잘못 만들어진 책은 바꾸어 드립니다.

차 례

포스트모더니즘 이후의 정치와 문화

1. 문화와 정치, 그리고 형식의 창조

문화를 정치적 무기로 삼는 라이언의 새로운 정치학은 유물론과 합리주의의 딜레마를 해결하려는 시도에서 출발한다. 두 철학의 상충된 아포리아를 벗어나는 방법은 한마디로 포스트모더니즘(혹은 탈구조주의)을 통해 포스트모더니즘을 넘어서는 것이다. 라이언은 탈구조주의를 포스트모던 문화운동에 상응하는 철학 및 사회이론으로 생각한다. 그리고 그 두 사상(탈구조주의와 포스트모더니즘)의 철학적 모델을 (전통적) 유물론과 합리주의의 모순을 교정하기 위한 정치학으로 변용시킨다.

이 과정에서 라이언이 가장 먼저 주목하는 것은 탈구조주의적 형식 개념이다. 그가 생각하는 형식은 '유물론적 개념인 동시에 합리주의적 개념이다. 형식은 물질성과 관념성 사이에, 즉 사물들의 객관세계와 사고 및 관념이라는 정신세계 사이에 있다.' 형식 개념이 유물론과 합리주의의 엇갈린 아포리아에 대한 해결책인 것은 이 때문이다.

여기서 우리는 라이언의 형식 개념이 형식주의나 구조주의와는 상이한 탈구조주의적 개념임을 유의해야 한다. 형식주의의 형식 개념이나 구조주의의 구조 개념은, 공시적·자율적 체계에 의존하는 추상적 랑그에 해당된다. 반면에 탈구조주의적 형식 개념은 역사적·물질적 문맥에 연결된 생생하고 구체적인 빠롤이다. 빠롤로서의 탈구조주의적 형식은, 한편으로 물질적 문맥에 근거한 역동적 가변성을 지니며, 다른 한편으로 차이적 의미작용을 통해 관념(혹은 정신)을 발생시킨다. 따라서 이 형식 개념은 물질성과 관념성을 연결시키고 사물의 객관세계와 정신세계를 매개한다.

전통적 유물론과 합리주의의 아포리아는, 물질세계와 정신세계를 실체로 파악해서, 둘 중 어느 한쪽에 우선권을 두는 이항 대립에서 기인된 것이다. 그들처럼 어느 한쪽에 특권을 부여하는 경우 물질세계와 정신세계의 주객 상호작용은 부득이 폐쇄된다. 합리주의는 동일성의 관념을 유지하기 위해 가변적인 물질적 문맥을 폐지해야 하며, (전통적) 유물론은 물질세계 변화의 주체인 이성을 물질세계 외부에 놓을 수밖에 없다. 그러나 탈구조주의(그리고 해체론)는 물질성이나 관념성이 현존(동일성)의 실체(근원)이기보다는 (탈구조주의적) 형식(빠롤)의 차이작용의 결과라고 말함으로써 그 아포리아에서 벗어난다. 즉, 물질성은 물질 그 자체보다는 주체가 구성한 형식들의 (차이적) 의미작용에 의해 형성되며, 이성 역시 관념 그 자체보다는 물질적 문맥에 연관된 형식들에 의해 구성된다.

이처럼 형식 개념은 물질세계와 정신세계를 매개하는 동시에 그 둘의 상호작용을 구체적으로 가시화한다. 만일 새로운 사회를 위해 새로운 사고와 물질적 토대가 필요하다면 그것은 직접 그 사고와 물질적 토대를 만드는 일로 이루어지지는 않는다. 그와 달리 물질적 토대와 정신을 연결하는 형식들을 만들어 갈 때만 양자의 내용이 얻어질 것이다. 물론 그 형식들을 만들기 위해 어떤 이념(혹은 새로운 물질세계)을 내세울 수는 있다. 그러나 그 이념과 물질세계가 실제로 성취되는 것은 그 둘을 매개하는 형식들에 의해서일 뿐이다. 구체적인 삶의 형식에 의해 구성되지 않은 이념이나 물질세계는 단지 추상적인 환영에 불과하기 때문이다. 또한 구체적 삶의 형식을 만들기 위한 이념조차도 실제적인 형식적 기획을 포함해야 목적론적 관념을 벗어날 것이다.

따라서 우리는 내용과 형식의 인과관계를 역전시킬 수 있다. 즉, 추상적인 내용이 형식을 결정하는 것이 아니라 구체적인 형식이 내용을 만드는 것이다. 물론 여기서의 형식은 물질적 문맥에 연관된 탈구조주의적 개념이며, 내용은 물질적 삶 외부에 놓여 있는 실체의 환영이다——이 관계는 해체론에서 말하는 기표(형식)와 기의(내용), 혹은 기호와 지시대상의 관계와 같다. 실체의 환영인 내용이 물질적 삶의 내부로 들어오려면 그것을 구체화하는 형식들을 만들어 나가야 한다. 이 점에서 형식을 중시하는 라이언의 정치학은 목표(내용)의 관념만큼이나 과정 자체에도 관심을 갖는 셈이다. 이는 포스트모더니즘이 비판하는 목적론적 기획의 함정에서 벗어나는 길을 암시한다.

라이언이 말하는 탈구조주의적 형식 개념에는 재현·테크놀리지·시뮬라시옹·수사학·담론 등이 포함된다. 보다 구체적으로는 이미지, 문화형식, 정치적 형식과 담론, 교환·분배의 형식, 교육적·이데올로기적·법률적 수사학 등을 들 수 있다. 이들을 형식적 패턴으로 구체화하는 것은, 안정화의 환영을 제공하는 권력(power)이 아니라 힘(force)들의 긴장된 관계이다. 즉, 문화·제도·법률 등은, 권력에 의해 안정화된 구조로 고착되는 것이 아니라, 힘들의 관계의 변화에 근거한 재현적·수사학적 가변성을 지니는 것이다. 물질적 문맥(그리고 힘)에 근거한 재현적·수사학적 가변성은, 사회적 삶의 형식 내부에 새로운 변화의 가능성을 엶으로써, 부득이 그 외부에 초월적 심급(이성이나 경제)을 설정하는 합리주의와 (전통적) 유물론의 딜레마를 넘어선다.

이처럼 형식을 그 외부의 실체(이성이나 물질적 현실)에 대한 이차적 파생물이 아니라 보다 더 근본적인 범주로 봄으로써 재현·수사학·형식 등은 새로운 정치학의 핵심적 영역이 된다. 이성이 실제적으로 합리적이고 공정한 관념이 되려면, 초경험적 보편성보다는 물질적으로 문맥화된 이성을 상정해야 할 것이다. 초경험적 보편성은 어떤 식으로든 물질적으로 문맥화된 사회적 삶을 억압하기 때문이다. 그와 달리 문맥화된 이성은 물질적 세계와 연관되기 위해 재현과 수사학으로 구성되어야 할 것이다. 정의롭고 평등한 이성을 얻기 위한 정치학에서 재현과 수사학, 그리고 문화적 형식들이 중시되는 것은 이 때문이다.

또한 물질적 현실을 변화시키기 위해서도 재현과 문화 형식은 핵심적 영역을 이룬다. 전통적 반영론에서는 문화적 재현을 그 외부의 물질적 현실에 대한 이차적 반영물로 보아왔다. 그러나 현실을 재현에 선행하는 현존의 실체로 보는 것은 단지 지배적 권력의 작용에 의해서일 뿐이다.

권력은 피지배집단들(유색인종, 노동자, 여성 등)에 압력을 행사하여 안정화된 현실(동일성)의 환영을 만든다. 그러나 권력이 작용한다는 사실 자체가 피지배 집단의 대항적 힘 역시 존재함을 표시한다. 따라서 현존의 실체로서의 현실의 이면에는 가변적인 힘의 차이가 놓여 있다. 이때 안정화된 현실이란 실제로는 그 힘들의 차이를 은폐하는 재현에 의해서만 가능할 뿐이다. 즉 현실이란 실제로는 권력이 만들어낸 재현의 가상일 뿐이다. 그리고 재현에 의존하는 현실은 또 다른 재현(어떤 문화물이나 정치적 기획)에 의해 안정이라는 환영을 상실할 수도 있다. 예컨대 권력에 포섭되지 않는 어떤 하위문화(무위도식적인 화가, 음악가, 무용수에 의한)는 억압된 힘들의 존재를 드러냄으로써 권력이 만드는 균형된 현실의 환상을 파괴한다. 또한 그 힘들의 창조성을 부활시킴으로써 새로운 세계의 윤곽을 그리는 재현을 만들 수도 있다.

따라서 재현 형식은 단지 현실 내용의 이차적인 반영만은 아니다. 오히려 그와 반대로 재현(문화)이 현실(현존의 환영)을 바꾸며 형식(문화 형식)이 내용(현실의 환영)을 변화시키는 것이다. 그리고 바로 그 때문에 문화는 가장 중요한 정치적 무기가 된다.

라이언이 말하는 문화에는 예술적 창조뿐만 아니라 정치, 경제, 법률, 교육, 그리고 의식주의 형식 등이 모두 포함된다. 이런 여러 방면의 문화(형식)들을 창조하는 것은 직접적으로 새로운 사회적 삶을 만들어가는 정치학이 된다. 그리고 그 정치적 작업은 자본주의가 각 문화 현상들 속에 깊이 침투하면 할수록 보다 더 쉬워진다. 왜냐하면 라이언의 전략은 전혀 별개의 새로운 삶을 만드는 것이 아니라 자본주의의 문화적 예속화를 역전시키는 방법이기 때문이다.

2. 하버마스·네그리·포스트모더니즘

이같은 전제하에 라이언은, 자본이 문화와 지식 영역까지 깊이 침투한 시대에 대한 하버마스와 네그리, 그리고 포스트모더니즘의 논의를 검토한다. 먼저 하버마스의 의사소통 행위 이론은 주체중심적 이성 대신 타자성을 존중하는 상호주관적(의사소통적) 이성을 내세운다. 또한 체계의 도구적 이성이 (의사 소통적 이성의 영역인) 생활세계를 식민화하는 병리현상을 말함으로써 문화와 인격성의 영역까지 예속화하는 후기자본주의의 문제점을 정확히 진단한다. 그러나 그는 체계와 생활세계를 이항 대립적으로 이해함으로써 체계에서 분리된 순수하고 낭만적인 생활세계가 가능한 것처럼 생각한다. 그와 달리 생활세계는 체계(자본주의 사회)와 미세하게 얽혀 있으며 체계 자체의 모순에서 결코 완전히 해방될 수 없다. 따라서 체계 자체의 근본적 모순을 해결하지 않고 체계의 도구적 이성이 침탈하는 현상만을 해소할 경우 생활세계의 식민화는 치유될 수 없을 것이다.

하버마스의 또 다른 문제점은, 의사소통적 이성의 기준인 정당성을 통해, 초경험적 보편성을 이상화하는 합리주의의 한계를 반복하는 점이다. 정당성의 기준은 이상적 보편성이 아니라 욕구·욕망·의식주·성 등의 다양한 물질적 과정 속에서 가변성을 지녀야 할 것이다. 또한 물질적으로 불평등하고 불합리한 사회에서 정당성은 항상 차이와 모순에 부딪히게 될 것이다. 그런 모순이 없이 하버마스의 '형식적 합리성'이 정당성을 얻으려면 그 (불평등하고 다양한) 물질적 문맥을 제거할 수밖에 없다. 따라서 우리가 물질적 삶을 벗어날 수 없는 한, 물질적으로 불평등하고 불합리한 사회에서 합리성(그리고 정당성)을 추구하는 일은 늘상 자기모순을 낳는다. 이는 하버마스의 형식적 합리성이 가능하려면 먼저 물질적으로 평등한 (그리고 합리적인) 사회를 이룩하는 작업이 선행되어야 함을 의미한다.

이같은 하버마스식 합리주의의 딜레마에 대한 대안은 물질적으로 문맥화된 이성을 가정하는 것이다. 상황과 문맥에 의한 구성적 매개를 지닌 이성은 우리의 삶을 규범적 범주들이 아닌 가변적 형식들로 구성된 것으로 파악할 것이다. 이런 문맥화된 이성과 가변적 형식의 모델은, 물질적 환경에 문맥적으로 반응하며 참여하는 한에서 이성의 가치를 인정한다.

한편 네그리의 자주이론은 물질적(경제적) 구조와 주체적(정치적) 실천을 차이적 관계로 보는 점에서 합리주의의 탈문맥화를 벗어난다. 자주이론의 핵심적인 주장 중의 하나는 경제와 정치의 분리를 거부하는 것이다. 이처럼 경제와 정치의 관계를 차이적 관계로 보는 것은, 경제에 우선권을 두는 전통적 유물론(레닌주의나 과학적 마르크스주의)이나, 정치투쟁을 강조하는 정치적 주관주의(레닌주의)를 넘어서는 것이다. 이 점에서 자주이론은 마르크스주의 정치학에 해체론(혹은 탈구조주의)을 도입하는 셈이다.

자주이론의 주요 전략의 하나인 노동거부는, 비노동을 통해 자본주의적 (경제적) 가치법칙에 (정치적으로) 종속됨을 거부함으로써 이미 정치적 투쟁이 된다. 즉, 노동을 종속시킴으로써 평형을 유지하려는 자본의 정치적 계획에 맞서 노동자의 자주성을 확인하는 것이다. 자주이론의 또 다른 전략인 자기가치증식 역시, 노동자의 물질적 욕구를 확인함으로써, 자주성을 되찾고 자본의 원리를 전복시키는 정치적 전략이다. 이처럼 두 가지 전략에서 경제와 정치는 분리될 수 없게 얽혀 있다.

또한 그 전략들은 자본주의가 종료된 후에 새로운 사회로 나아가는 것이 아니라 자본주의적 힘의 관계를 역전시키는 방법인 셈이다. 이는 자주적 주체의 자기구성을 통해 직접적으로 새로운 사회를 건설해 나가는 전략이다. 그리고 자유주의의 이념 — 자유, 평등, 민주주의 — 을 일방적으로 폐기하지 않고 절취하는 방법을 사용한다.

자주이론의 또 다른 문제의식은, 자본의 지배가 사회 전역으로 확대된 '사회적 공장'에 맞서, 다양한 운동 주체와 다영역적 투쟁을 주장하는 것이다. 즉 가사노동자, 미취업자, 반취업자를 포함한 사회적 주체들, 그리고 목적의 복수성과 미분자적 그물망의 협동을 강조한다. 이 점에서 자주이론은 사회주의 페미니즘 등과 함께 해체론적 마르크스주의의 특징을 보여준다.

그러나 자주이론은 자주적 주체성을 강조하여 새로운 사회가 그 주체성의 표현에서 얻어질 것으로 생각한다. 이런 관점은 사회적 삶을 구성하는 형식적, 수사학적 도구들이 주체적 내면성에 대해 이차적인 수단에 불과한 것으로 보는 셈이다. 즉, 새로운 삶을 실제적으로 구성하는 그런 형식적 문제들이 자주적 주체의 획득에 의해 저절로 해결될 것처럼 생각하는 것이다. 이런 자기표현의 관점에 의해, 자주이론은 유물론에서 출발함에도 불구하고 다시 탈문맥화된 주체성으로 되돌아온다.

그같은 형이상학적 주체성을 비판하는 포스트모더니즘은, 주체와 물질적 세계가 재현(형식)과 담론(수사학)에 의해 구성됨을 주장한다. 즉 사회 현실과 주체에 의해 문화가 재현되는 것이 아니라 오히려 재현·기호·문화에 의해 사회적 내용(현실과 주체)이 창조되는 것이다. 이런 주장의 근거가 되는 것은, 사회적 내용에 대해 어떤 판본(현실, 주체)도 완전하지 않으며, 여러 상이한 이본(재현물)들이 존재한다는 관점이다. 이처럼 어떤 실재도 존재하지 않으며 모든 것이 재현물이라면 문제는 어떤 정치적 수사학을 사용하느냐일 것이다.

그러나 포스트모더니즘은 정치학의 부재로 인해 빈번히 허무주의와 비관주의로 나아간다. 예컨대 보드리야르는 정보시대에 이르러 시뮬라시옹(혹은 시뮬라크르)이 실재를 대체한 자본주의 문화를 비판한다. 그러나 그는 시뮬라시옹 이전의 (낭만적인) 순수한 실재를 가정하거나 '침묵하는 다수'라는 민중주의적 개념을 전제함으로써 지적인 냉소주의에 빠지고 있다.

하지만 포스트모더니즘이나 탈구조주의가 마르크스주의 같은 거시적 정치학과 결합될 수 없는 것은 아니다. 가령 가따리와 네그리의 협력은 탈구조주의적인 분자적(미시적) 정치학과 마르크스주의적인 몰적(거시적) 정치학의 결합을 보여준다. 비록 동맹의 구체성이 결여되어 있긴 하지만, 그들은 이제까지 이종(異種)으로 보였던 사상·행동의 정치적 변종들을 합금시킨다. 즉, 통일성 속의 차이성과 정치적 콜라주를 통해, 거대서사와 미시적 정치학을 결합하는 것이다.

이처럼 라이언의 논의는 포스트모더니즘(탈구조주의)을 통해 포스트모더니즘을 넘어서는 방향으로 나아간다. 포스트모더니즘은 이제까지 불변의 실체로 여겨온 주체, 현실, 제도, 법률 등이 실제로는 재현으로 이루어진 이본이며 가변적인 것임을 보여준다. 즉 시뮬라시옹(재현)에 의해 현실이 결정되는 것은 나쁜 자본주의만의 특징이 아니라 모든 문화의 속성인 것이다. 아마도 그것은 새로 건설해야 할 사회의 경우에도 마찬가지일 것이다. 따라서 우리에게 필요한 것은 거시적 방향성과 그에 따르는 정치적 수사학(재현)의 선택이다. 이처럼 거대서사와 (미시적인) 정치적 수사학(문화·형식·재현)을 결합시킴으로써 라이언은 정치학의 목표(거대서사)와 과정(정치적 수사학)을 통합한다.

3. 새로운 수사학을 위하여

다음으로 라이언은 자유주의적 이데올로기·예술·제도(법)가 어떤 수사학에 의존하며 그 대안은 무엇인가를 논의한다. 이는 고정된 구조(랑그)로 보이는 제도나 법률의 이면에 물질적 문맥에 연관된 (가변적인) 수사학적 형식(빠롤)이 놓여 있음을 보여주는 것이다. 그 수사학적 형식을 유일한 보편적인 제도인 양 가장하는 것은 권력(그리고 이데올로기)의 작용이다.

예컨대 '모든 사람은 법 앞에 평등하다'라는 자유주의의 명제는 자명한 (보편적인) 진리처럼 주장된다. 그러나 이 법적 진리의 내부에는 자유주의의 수사학이 작용하고 있다. 즉, '법 앞'이라는 말은 법이 독립적이고 자율적이며 모든 사람은 그 권위에 복종한다는 은유를 포함한다. 또한 '법 앞에 평등'이란 말은 평등이 지켜지기 위해 법이 필요하며 실제로는 불평등이 현실적 가능성을 지님을 암시한다. 더 나아가 법에 의해 지켜지는 평등은 상업적 계약에 의해 등가적 가치가 보장되는 것과 유추의 관계에 있다. 이 자유주의의 수사학을 자명한 법적 진리로 주장하는 것은 바로 자유주의의 권력(이데올로기)이다.

그같은 자유주의적 수사학의 대안은 '법 앞에' 대신에 '법 안에서' 평등함을 주장하는 것이다. 모든 사람이 '법 안에서 평등'하다는 것은, 법을 복종해야 할 권위적 제도가 아니라, 물질적 문맥에 근거한 가변성을 지니는 담론적 메커니즘으로 보는 것이다. 이 또 다른 수사학은 실질적인 물질적 문맥에서 평등을 보장하는 제도를 전제로 한다.

또 하나의 좋은 예는 자유주의의 소유권 제도(사유재산 제도)이다. 자유주의는 소유권 제도를 자연스럽고 보편적이고 자유스러운 것으로 주장한다. 그러나 실상 소유권이란 이성적인 (자유주의적) 개인 주체에 대한 은유에 의해 구성되고 있다. 칸트의 주체 철학에서 논의된 이성적 주체는 개인이 소유한 본성에 의해 구성된다. 이 주체는 경계선에 의해 밀폐되어 다른 주체의 침범으로부터 보호되고 있다. 타자의 침범을 배제하는 자유주의의 소유권은 그 배타적인 폐쇄된 주체에 대한 은유인 셈이다. 자유주의 권력에 의해 자명한 것으로 주장되는 소유권은 이처럼 배타적인 주체 철학에 근거한 은유적 수사학에 의해 구성된 것이다. 또한 반대로 주체 철학의 주체 개념 역시 소유권이라는 자유주의적 수사학에 의존하고 있다.

자유주의의 소유권과 주체 개념이 자명한 진리가 아니라 수사학의 일종이라면, 또 다른 수사학이 가능하며 대안적인 소유권(주체) 개념이 가능할 것이다. 자유주의의 주체 개념은 주체가 소유한 것을 주체의 동일성으로 (은유적으로) 대체한다. 그러나 주체의 구성물을 환유적으로 배열하여 타자성으로 이해하는 또 다른 수사학을 가정할 수 있다. 이 수사학은 주체의 소유 역시 타자의 소유로 구성된 것으로 이해할 것이다. 이처럼 개인의 소유를 타인의 소유로 이루어진 것으로 보는 수사학은 자유주의와는 상이한 제도를 만들 것이다.

따라서 사회적 제도를 고정된 실체(혹은 구조)가 아닌 가변적인 수사학적(재현적) 형식으로 보게 되면 실질적이고 구체적으로 새로운 사회를 창조해 나갈 수 있다. 새로운 사회는 단 한번의 혁명으로 이념과 제도를 바꾸는 일로 이룩되지는 않을 것이다. 그보다는, 그 거시적 목표를 전제로 꾸준히 새로운 형식과 수사학을 만드는 미세한 작업을 필요로 한다.

이러한 논의는 자본의 논리가 지식과 문화의 영역까지 깊이 침투한 오늘의 사회를 배경으로 한 것이다. 이 시기에 포스트모더니즘은 거대서사에 대한 불신과 회의를 표명했다. 그러나 포스트모더니스트 중에서 어느 누구도 그에 대한 별다른 대안을 마련하지는 못했다. 라이언의 논의는, 정치학의 뇌관을 제거함으로써 스스로 미궁에 빠진 그들의 질문에 대한 답변으로 제시된 것으로 볼 수 있다.

이제까지 라이언의 문화 및 정치이론을 세 항목으로 요약해 보았다. 라이언의 논의는 한마디로 사회적 행동과 실천을 텍스트적 실천에 비유하는 (해체론적) 관점이라고 할 수 있다. 텍스트는 단순히 랑그(체계와 제도)에 얽매인 담론(수사학)이 아니라 창조적인 빠롤(구체적 삶의 형식들)로 구성된다. 여기서는 랑그(체계)가 빠롤(형식)을 결정하는 것이 아니라 오히려 빠롤이 랑그를 변화시킨다. 마찬가지로 사회적 텍스트 역시 체계와 제도에 속박된 담론(수사학)이 아닌 창조적인 삶의 형식(담론·수사학)들로 구성된다. 그리고 체계가 삶의 형식을 규정하는 것이 아니라 삶의 형식들이 체계를 바꾸어 나간다. 물론 여기서 형식·담론·수사학이란 단지 언어로 된 담론뿐만 아니라 (사고와 행동을 포함한) 모든 삶의 영역에 연관된 가변적인 형식들을 말한다. 라이언은 그 형식들이 주체와 물질세계를 매개하는 것으로 보고 문화라는 이름을 붙이고 있다. 텍스트로서의 삶, 즉 문화를 창조하는 일은 주체와 물질세계를 변화시키는 가장 강력한 실천인 것이다.

이같은 라이언의 논의는 오늘날의 갖가지 이론적·실천적 문제들에 대해 다음의 세 가지 관점을 제시한다. 첫째로 주체와 물질세계를 실체로 보는 형이상학 대신 그 둘을 매개하는 문화(형식·재현·수사학)를 이론과 실천의 핵심 영역에 놓고 있다. 둘째로 새로운 사회는 기존의 사회가 종료된 후에 오는 것이 아니라 그 삶을 살아가는 중에 (잠재적인 창조력을 부활시켜) 힘의 관계를 역전시킴으로써 얻어지는 것으로 보고 있다. 끝으로 라이언은 거대서사에서 형이상학적 요소를 제거함으로써 거시이론(실천)과 미시이론(실천)의 결합을 시도한다.

이 논의들은 지금 우리가 당면한 문제들, 즉 거대서사의 위기, 포스트모더니즘과 근대성의 문제, 그리고 그 밖의 정치·문화 이론의 난제를 풀기 위한 귀중한 단서를 제공한다. 또한 그런 과정에서 다양한 현대 사상들의 올바른 지형도를 그릴 수 있게 한다. 따라서 우리는 이 책에서 그 사상들과 조우하는 가운데 새로운 창조적 이론의 가능성을 탐구할 수 있을 것이다.

*　　　　*　　　　*

이 책은 Michael Ryan, *Politics and Culure*(The Macmillan Press, 1989)를 텍스트로 번역했다. 라이언의 원저는 여러 사상들을 그의 관점에서 재조직하는 입장을 지니므로 다양한 맥락의 용어들이 망라되고 있다. 역자들은 그 상이한 사상적 문맥들을 놓치지 않기 위해 그에 도움이 되는 역주를 달았다. 또한 용어의 맥락을 살리는 견지에서 기존의 역어를 참고로 보편성이 있는 단어를 취했다. 그런 중에 다소라도 미진한 부분이 생겼다면 앞으로 계속 보완해 나갈 예정이다.

이 책을 번역하는 데 마음 깊이 격려를 아끼지 않은 유미경, 오로사 씨에게 고마움을 전한다. 약속 날짜를 넘긴 역자들을 이해해주고 출판을 위해 여러 가지로 애써 주신 서창현 사장님께 깊은 사의를 표한다. 아울러 이 책을 정성껏 꾸며주신 갈무리 편집부 여러분께도 진심으로 감사를 드린다.

1996년 5월
역자

서론

이 책에 수록된 글들은 1977년부터 1988년 사이에 씌어진 것이며, 따라서 그 부득이한 자서전적 배열은, 나의 지적인 발전뿐만 아니라 개인적인 발전을 나타내기도 한다.1) 그리고 이 글들은 특정한 관념들 및 그 관념들을 주장하는 사람들에 대한 나의 감정에 관계되어 있다. 프랑스 탈구조주의와 독일 비판이론의 교차점에 있는 현재의 논쟁(이 책의 출발점으로서)을 잘 알고 있는 사람이라면, 누구나 논쟁 속에 강한 감정이 작용하고 있음을 알 것이다. 좌파 사회 문화 이론에 대한 최근의 글(그리고 논의)에는 충성과 무시뿐만 아니라 증오와 적개심 역시 명백하게 나타난다. 이는 정말, '프랑스인은 독일인들을 싫어하고, 독일인들은 네덜란드인을 싫어하지만, 나는 아무도 별로 좋아하지 않네'라고 읊은, 킹스톤 트리오(Kingston Trio)의 옛 노래를 떠올리게 한다. 물론 지적이고 감정적인 어떤 입장을 표명하기 위해서 내가 이 가사를 인용한 것은 아니다. 하지만 이 노래는, 우리의 지적 입장들이 언제나, 우리가 사고하고 있는 사회적 세계 및 우리가 활동하고 있는 개인적인 관계 문맥에 의해 그 윤곽을 형성한다

---

1) 이 서문을 구성하는 각각의 부분들은, 현대언어협회(Modern Language Association) 1981년 정기 대회의 '페미니즘/마르크스주의/정신분석학' 분과에 제시된 글들, 그리고 마르크스주의 문학 그룹(Marxist Literary Group)의 후원을 받은 1982년 현대언어협회 대회의 '정치학과 이데올로기' 분과에 제출된 글들을 묶은 하나의 수정판을 이룬다. 그 중 한 부분은 「문학비평과 문화과학: 지배적 문학연구 패러다임의 변형들」이라는 제목으로 출판된 바 있다. 'Literary Criticism and Cultural Science: Transformations in the Dominant Paradigm of Literary Study', *The North Dakota Quarterly*, Vol. 51(1983년 겨울), 100~112면.

18

는 사실을 환기시켜 주는 점에서, 나에게 깊은 감명을 준다. 탈구조
주의는 객관주의적이고 합리주의적인 인식 패러다임으로부터, 이제
까지 우리가 이성이라고 불러오던 것의 상황성(situatedness)에 대한
사회적, 물질적 이해로 나아가는 근본적인 역사적 전환을 묘사한다.
그리고 아마 이같은 전환 때문에 위르겐 하버마스 같은 신합리주의
자들은 탈구조주의를 증오하게 되었을 것이다.

　　예전에 하버마스주의자들의 어떤 모임에서, 프랑스인들을 '젊은
보수주의자들'2)이라고 비난하는 것에 대해, 나는 위험을 무릅쓰고
변호하려 했다. 나중에 발표자 중의 한 사람이 나에게 와서, 데리다
에 대한 나의 '애착(soft spot)'을 말하면서, 그러니까 내 입장을 이해
할 수 있다는 식으로 넌지시 말했다. 애착? 나는 지금도 그 말이, 사
람이란 유연한 위치(soft spots)가 아니라 경직된 관념(hard ideas)을
가지기 쉽다는 것을 암시하려는 말이라고 생각한다. 그때 나는 너무
가깝지도 멀지도 않은 위치에서 이성의 엄격함과 관계하고 있다고
느꼈다. 그러나 그때 나는, 경직된 관념과 유연한 위치를 새로운 형
태로 구분하는 것이 좋지 않을까 하는 생각에 — 아니 느낌일까? 어
쨌든 일단 정신적인 표상이라고만 해 두자 — 계속 붙잡혀 있었다.

---

2) [역자주] 하버마스는 1980년 9월 아도르노상의 수상 기념 강연에서, 젊은 보
　　수주의자들의 반근대성과, 늙은 보수주의자들의 전근대성, 그리고 신보수주
　　의자들의 탈근대성을 구분한다. 하버마스는 젊은 보수주의자들에 대해 다음
　　과 같이 말한다. '젊은 보수주의자들은 미학적 근대성의 기본 경험을 요약
　　하고 있다. 그들은 일과 유용성의 규율로부터 해방된, 탈중심화된 주체를
　　설파한다. 그럼으로써 그들은 근대 세계 밖으로 도피하며, 자신들의 화해
　　불가능한 반현대성을 정당화한다. 그들은 멀고 먼, 원시적이고 능동적인 상
　　상의 힘과 자기표현, 감정의 영역으로 퇴행하고 있다. 도구적 이성 대신 그
　　들은 마니교도적인 방식으로, 신비적 수단을 통해서만 접근 가능한 원리를
　　주창한다. 그 원리는 권력에의 의지나 독립성, 존재 또는 사적인 것의 디오
　　니시우스적 힘으로 표현되는데, 프랑스에서는 바타이유로부터 푸꼬를 거쳐
　　데리다에 이르는 사유가 이 조류를 대표한다'(윤평중, 『푸꼬와 하버마스를 넘
　　어서』, 교보문고, 1990, 240~255면 참고).

내가 생각하기에, 우리의 모든 작업이 추구하는 한 가지 목적은, 경제적 불평등과 미사일의 방향 유도 기술을 정당화하는 소위 '주류 담론'의 경직된 사고가, 그 주류 담론이 스스로 주장하는 바와 같은 합리적인 과학이 아니라는 것, 그것은 오히려 복잡성을 단순성으로, 차이적 관계들을 고정된 동일성으로, 환유적 상호연관성들(metonymic interconnections)을 은유적 이상화들(metaphoric idealizations)로, 확산적으로 느슨하게 조직된 상황들을 꽉 짜인 밀폐된 그릇으로, 감정의 그물을 무감각한 객관화로, 발전적인 혼란과 무질서가 증식할 수 있는 민주주의의 잠재적 가능성을 자기 재생산적인 사회적 지배의 시스템으로 바꾸는 폭력적인 수사학적 환원이라는 사실을 설득력 있게 보여주는 것이 될 터이다.

이 문제에 대해 프랑스인들은 정확하게 기술한다. 한편 하버마스 등의 독일 합리주의자들은 이 문제를 논외로 하는 잘못을 범하고 있다. 그러나 나는 또한, 독일 사상가들이 끈질기게 만들어 내는 관점, 즉 이성적 기준은 좋은 사회를 이루기 위해 필수적인 도구라는 생각을 프랑스측 관점에서 작업하는 우리들이 무시한다면, 이 역시 오류일 것이라고 느끼게 되었다. 욕구(need)와 욕망(desire)의 물질적 에너지에 기반한 진보적인 정치학을, 합리성과 완전히 반대되는 것으로 정립할 필요는 없다. 실로 평등과 공정성의 원칙에 따라 우선 순위를 과학적으로 배열하는 일은, 낭만적인 인민주의(populism)에 빠지지 않고 민주주의와 정의를 주장하는 정치학에 있어 핵심적인 문제인 듯하다.

프랑스 유물론도 독일 합리주의도 그 자체로는 설득력이 없다. 그 동안 합리주의는 세계에 너무 많은 피해를 주어 왔다. 따라서 개량된 프랑크푸르트 학파가 우리에게 제시하는, 상대적으로 수정된 의사소통적 형식을 통해서조차도 합리주의는 진지하게 받아들여질 수 없다. 그러나 대항합리주의(counter-rationalism)는, 그 비판적인 힘에도 불구하고, 야단스러운 들뢰즈의 리비도적 노마디즘(libidinal nomadism)이나, 하이데거·니체 좌파의 부분적인 자유주의적 개혁주의, 또는 포스트모더니즘의 신비주의적 인민주의가 내세우는 이상 이외에, 재구성된 사회를 위한 작업 가설로서 거의 아무 것도 제공하지 않는다. 독일적 사상은 그 무서운 권위주의를 포기하고, 재현의 구성적 힘 및 욕구와 욕망의 민주주의적 힘에 대한 프랑스적 통찰을 진지하게 받아들일 줄 알게 될 때에만 비로소 성숙하게 될 것이다. 한편 프랑스인들은 독일의 비판이론이 추구하는 바와 같은 사회적 재구성의 기획 속에 그 비판적 통찰의 기초를 다시 놓을 때까지, 수동적인 정치적 냉소주의와 성적인 자유주의의 결합을 극복할 수 없을 것이다.

이 책은 그런 문제에서 출발한다. 이 글에서 나는 비판이론과 탈구조주의의 막다른 골목을 넘어서 작업하고자 했다. 나의 책인 『마르크스주의와 해체론』3)에서도 논의했듯이, 나는 해체론을 특히 정치적으로 이해할 것을 주장한다. 그리고 탈구조주의의 교훈들을 정치적 분파들에 대한 이데올로기적 비판의 전략들로 발전시키려고 한다. 나의 목적은, 지식과 재현에 대한 해체론적 비판이, 탈혁명적인 사회를 설계하고 구성하는 문제를 짊어지도록 이끄는 것이었다. 그 과정에서 나는 마르크스주의적 자주이론(marxist autonomy theory), 해체론, 다양한 문화이론들, 그리고 대상·관계 정신분석학(object-relations psychoanalysis)4) 사이의 연결점들을 만들어 내려고 노력했다. 이 서로 다른 사상의 줄기들은 그 양립성만큼이나 기준의 통약 불가능성(incommensurability)에 의해 정의된다. 그리고 나 또한 그것들을 하나의 통일체로 만들려 하지 않았다. 이때 다양한 분석 전략

---

3) [역자주] *Marxism and Deconstruction: A Critical Articulation*(Baltimore: Johns Hopkins University Press, 1982). 『해체론과 변증법』(나병철·이경훈 역, 평민사, 1994)이라는 제목으로 출판된 한국어 번역판을 참고할 것.

4) [역자주] 이드심리학과 에고심리학을 화해시키려는 시도로서, 이는 자아와 세계의 관계를 중재하는 심리과정과, 그것이 예술의 형식적 측면에 어떤 의미를 부여하는지에 대해 관심을 갖는다. (엘리자베드 라이트 지음, 권택영 역, 『정신분석비평』, 문예출판사, 1989, 109~141면 참조.)

들을 결합할 필요성은, 실천적 목적뿐만 아니라 이론적 목적 역시 대단히 복잡하여, 통일성의 개념과는 거의 상관없는 것이라는 사실을 암시한다. 실로 평등 속의 차이가 우리의 실천적 목적인 만큼, 이론적인 접근 역시 반드시 복수적이어야 한다. 이는 어떤 딜레마나 입장 차이와 더불어 시작되는데, 그 딜레마와 입장 차이는 앞으로 통일될 문제들로서가 아니라, 새로운 개념화를 기획하기 위한 조정점으로 생각될 것이다. 이 작업은 현존하는 현실을 명명하는 것인 동시에, 새로운 어떤 현실이 도래하게 하는 것이기도 하다.

물론 이같은 딜레마나 차이 중 가장 심각한 것은, 유물론과 합리주의를 가르는 딜레마와 차이이다. 물론 이는 단지 프랑스 탈구조주의와 독일 비판이론 사이의 차이를 지칭하는 또 다른 이름일 뿐이다. 그런데 여기서 나는 유물론이라는 말로써 문화 외적인 자연의 영역만을 의미하지는 않는다. 내가 말하는 유물론이란 언어와 도시미관에서 문화적 실천과 리비도적 욕망에 이르는, 생활과 관련된 실제적 삶의 차원을 구성하는 모든 것들을 포괄하기도 한다. 합리주의란 말로써 나는, 이성의 작용이 올바른 사회의 기초가 되어야 한다고 생각하는 입장을 의미한다. 탈구조주의란, 철학의 이성중심적(logocentric) 전통 ── 관념은 그 관념을 낳은 재현 및 표상을 초월하며, 한편 제도적이고 역사적인 형성으로부터 자유로운 이성은, 자신을 존재케 한 바로 그 재현적 도구로써 이루어진 동화되지 않는 잔여물이나 이타성(alterity)⁵⁾ 없이, 세계 및 세계의 작용에 완전히 접근할 수 있다는 입장 ── 에 대한 비판인 만큼, 합리주의와 반목하는 입장을 취하게 된다. 즉 탈구조주의는, 정의(justice)로 가기 위해서는, 정의라는 관념만큼이나 정의로 가는 길 자체에도 관심을 가져야 한다고 주장하는 것이다.

---

5) [역자주] 이타성(異他性)이란 타자와의 관계성을 말한다. 그것은 결코 동일성으로 환원될 수 없는 일종의 운동을 구성하는데, 이는 타자의 고유성을 무시하고 타자를 전체성 속에서 파악하려는 서양 철학의 사유방식과 비교되는 것이다.

한편 만일 우리 모두가 초경험적(meta-empirical) 보편성으로 특징되는, 정의에 대한 하나의 합리적 관념에 동의할 수 없다면, 여행할 가치가 있는 길이란 아마 없을 것이라고 정당하게 주장하고 있는 합리주의는, 위와 같은 유물론적 입장을 배격해야 한다. 왜냐하면 유물론적 입장은, 구체적 상황의 가변성이나 세속적인 힘의 차이와는 상관없는 보편적 원칙들을 순수하게 합리적으로 구성할 수 있다는 생각을 가장 급진적 형태로 배척하기 때문이다. 그러나 만일 유물론적 입장이, 물질성 외부의 과정에 기대고 있는 듯한 이성에 의지하지 않고는 스스로를 정당화할 수 없다면, 합리주의적 입장 역시, 합리주의적 입장에 유효성을 부여하는 보편성과 이상성의 원칙 바로 그것의 희생을 강요하는 가변성과 관계하지 않고는, 물질적 세계에 대해 말할 수 없다.

이같은 합리주의와 유물론의 서로 엇갈린 아포리아(aporia)[6]에 대한 한 가지 해결책은, 유물론의 미결정성들을 받아들임과 동시에 합리주의적 입장에 의거해서 말하는 것이다. 이 글에서 나는 탈구조주의의 유물론적 입장에 근거한 또 다른 접근 가능성을 암시할 것이며, 또 그 접근 과정에 상황화되고 문맥화된 이성(situated and contextualized reason)을 통합하려 한다.

유물론과 합리주의를 연결해 주는 것은 형식(form) 개념이다. 형식이란 합리주의적인 개념인 동시에 유물론적인 개념이다. 그것은 물질성과 관념성 사이에, 즉 사물들의 객관 세계와 사고 및 관념이라는 정신 세계 사이에 있다. 형식은 정신적 실체에 경험적 형상을 부여한다. 다시 말해, 말, 행위, 재현 등이 그렇듯이, 형식은 사고를 물질적으로 구체화한다. 이와 마찬가지로 물질적 세계는 형식, 또는 어떤 형태나 패턴을 가질 때에만 비로소 존재하게 된다고 말할 수

---

6) [역자주] 아포리아란 그리스어에서 나온 말로 "통행할 수 없는 오솔길"을 의미한다. 이를 데리다는 차연의 효과나 일탈한 비유작용을 나타내는 데에 사용한다. 즉 이는 해체론이 추구하는바 수사법에 의해 발생하는 사고의 막다른 골목, 의미의 한계점과 관련된다.

있다. 형식 없는 실질이나 형태 없는 물질성 따위는 존재하지 않는다. 사회적 삶의 물질성은 특히 그렇다.

사상과 관념은, 관념에 어떤 형태를 부여하는 비유 등의 수사학을 통해, 또 재현, 즉 정신적 경험의 '내면성'을 다른 사람에게 전달하는 이미지, 행위, 말 등의 '외면성'을 통해 감각의 영역 안에 존재하게 된다. 일반적으로 형식, 수사학, 재현이 없다면, 사고와 의사소통은 존재할 수 없을 것이다. 하버마스는 의사소통 내부에는 필연적으로 추론(reasoning)이 존재한다고 정확하게 지적한다. 그러나 그는 그러한 통찰을 충분히 밀고나가지 않는다. 다시 말해 사고 역시 비유와 재현의 형식 속에 존재한다는 사실을 하버마스는 생각하지 않는다. 의사소통적 합리성(communicative rationality)[7])의 관념 속에는, 사고가 어떻게 물질적 형태(비유적 형식)를 취해, 그로써 의사소통이 가능하게 되는가 하는 것에 대한 기술이 반드시 포함되어야 한다.

탈구조주의는, 이성이 재현의 영역(질서와 논리의 구조적 규칙들뿐만 아니라, 우연적이고 미결정적인 관계들에 의해서도 정의되는)과 분리될 수 없다는 입장을 취한다. 형식은 이성에 필수적이다. 그러나 형식으로서의 이성은 어느 정도 그 초월적 힘을 상실한다. 이성은 자신의 물질성과 미결정성(indeterminacy)을, 다시 말해 결정론적이고 명령적인 논리와 갈등하고 있는 민주주의적 개방성에 스스로 의존하고 있다는 사실을 인정하지 않을 수 없게 되는 것이다. 이성은, 이 세계에서 자신의 이상이 오직 재현과 수사학의 도구들(교육, 정치적 논의, 광고, 사회화 등)을 통해서만 구성될 수 있다는 사실을 받아들이지 않을 수 없다.

공정한 사회에 대한 가장 합리적인 관념이라 할지라도, 충분히 많

---

7) [역자주] 의사소통적 합리성이란 서양의 합리화 과정을 주도한 도구적 합리성의 폐해를 극복할 수 있는 개념적 준거틀로 제시된 것이다. 하버마스는 도구적 합리성이 자신의 고유 영역이 아닌 생활세계를 식민지화함으로써 위기가 초래되었으며, 이 위기는 의사소통적 합리성의 복권을 통해 극복될 수 있다고 한다.

은 사람들이 그것을 납득하게 될 때까지는 현실화될 수 없을 것이다. 즉 공정한 사회라는 관념에 저항할 수밖에 없게 하는, 물질적 이해관계를 가진 사람들의 힘을 박탈함으로써만이 그 관념은 설득력을 가지게 될 것이다. 그리고 개인적이고 상호개인적인 관련물로서 그러한 관념에 필연적으로 수반되어야 하는 새로운 제도, 믿음, 태도 등은, 세계와 자아에 대한 새로운 재현으로서 경험되고 작용할 것이다. 이같은 시도에서, 문화적 이미지, 학교, 가족구조, 사람들 사이의 시나리오 등을 새롭게 하는 것은 올바른 개념을 발전시키는 것 못지 않게 중요하다. 이성은 비경험적인 보편자들의 결합을 이루어내는 정신 능력에 속할 것이다. 그러나 그것은 속박되지 않은, 경험적이고 가변적인 단어, 이미지, 행위, 느낌, 제도들로서만 작용 가능하게 된다.

형식은 물질성과도 관계가 있다. 사회적 삶은 물질성과 분리될 수 없는 형식들에 의해 형태화되고 결정된다. 실로 그 형태화나 형식화 과정 외부에 있는 사회적 삶의 내용이란 존재하지 않는다. 우리는, 우리가 실천하는 행위 형식들, 우리가 관계하는 상호작용의 양식들, 우리가 수행하는 대화와 의사소통의 형식적 패턴들, 우리가 취하는 노동의 스타일들 등을 통해서만 사회적 실체로서 존재하며, 또 삶이나 내용을 갖는다. 사회적 삶은 어떤 일을 하고 제도들을 조정하는 특정한 방법, 즉 결혼에서 관료 조직에 이르는 모든 체제 내부에서의 행위를 패턴화하는 특정한 방법으로 이루어진다. 어떤 관습적인 방법 —— 이를테면 권위주의적이거나 자유주의적인 정치적 형식을 통해서, 또는 제한적이고 이성(異性)중심적(heterocentric)이거나 포용적이고 다가치적인(polyvalent)인 성적 형식을 통해서 —— 으로 물질적 세계를 형성하게 된다는 점에서, 사회적 삶은 하나의 형식적 과정이다.

형식은 또한 사회 외부의 물질적 존재로 확장되기도 한다. 우리의 기본적인 물질적 욕구는 자연(agrinature) 자체가 아니라 재배(agri-culture)에 의해 충족되는데, 이같이 재배를 가장 생산적인 물질적 욕구로 만듦에 있어 상상력, 설계, 테크닉의 역할은 무어라 단정지을 수 없을 만큼 클 것이다. 형식은 또한 육체적이며 감정적이다. 인간의 육체적 삶은 영양섭취에 따라 여러 가지 서로 다른 형태들을 가지게 된다. 그리고 주지하듯이 인간의 심리는 주변의 교육 수준에 따라 윤곽이 그려지기 쉽다. 우리의 감정적 생활 패턴은, 전혀 생소하지만은 않은 이야기의 형식을 취하고 있다. 그 이야기는 대개 일반적인 문화적 서사를 개인적인 용어들로 번역한 것이다. 그리고 그 이야기들은, 보호와 학대의 다양한 재현 전략들과 더불어 가부장적 가족의 제도적 형식들에 의해 형성된다.

우리는, 현재 이루어지고 있는 삶의 안정된 형식적 배열이 그 수사학적 기반이나 가변적인 기원을 지워버리기 때문에, 흔히 사회적 삶의 형식적 과정으로서의 물질성을 보지 못한다. 그래서 결과들이 근거와 실체로 오해되지만, 사실 그것들은 바로 그 실체감을 생산하는 패턴이나 형태일 뿐이다. 시장의 이념, 자수성가한 뛰어난 개인, 불평등한 분배의 불가피성, 어떤 직업적 성취의 자연스러움 등과 같은 사회적 삶의 형식 및 절차들은, 모두 사람들이 관계하는 행위, 감정, 사고의 특수한 형식들을 결정하는 하나의 내용을 가지고 있는 듯이 생각된다. 하지만 이들의 선후관계 및 인과관계의 질서는 쉽게 역전될 수 있다. 반대로 말의 배열과 형식들의 배치가 내용의 환상을 만드는 것이다. 즉 우리의 삶이 취하고 있는 형식들 아래에 그 형식들을 결정하는 어떤 실체가 있는 듯한 환상을 만들어내는 것은 바로 말과 형식의 배열인 것이다. 겉보기에 객관적인 사회적 배열의 규칙들은 구성 요소들의 배열 바로 그것이 이루어낸 결과일 뿐이다. 그리고 규칙들은 그 배열의 외부에 어떤 실체적이고 자연적인 객관성도 가질 수 없다.

비유(figures)는 아무 것도 존재하지 않는 곳에 축자성(literality)의 외관을 투사하여, 비유 이전의(pre-figural) 사회적 현실의 외형을 구성한다. '관료', '직장 여성', '탈당자' 등과 같은 사회적 비유들 사이의 관계 자체가, 비유의 가시성을 환원시키는8) 현실의 외형을 창조한다. 이와 비슷하게 '사회에 대한 공헌', '기회의 균등', '국익 수호' 등과 같은 서사들은 경험된 현실감을 만들어내는데, 이때 이같은 이야기의 개요는 그 경험된 현실감에 이름을 붙인 것에 불과한 이차적인 것 같이 보인다. 부분으로 전체를 말하는 제유적 형식으로 오락물을 받아들이는 것(자기 만족의 대체), 성적 욕망을 소비적 물신으로 바꾸는 환유적·인접적으로 연결된 치환, 강요하는 사회적 문맥과 강요된 열망 사이의 곡언(litotes)적·이중부정적 관계 등의 수사학적 등식들이 작용한 결과, 어떤 사회적 규칙의 결과 속에 바로 그 규칙이 필요한 이유를 상정하는 동어반복이 나타난다.

따라서 형식은 합리주의와 유물론을 연결하는 개념이다. 다시 말해 사고의 영역이 재현의 형식으로서만 존재할 수 있는 한, 또 물질성이 어떤 존재(being)의 형식으로서만 있을 수 있는 한, 형식은 이 둘을 연결하는 개념인 것이다. 형식은 유연한 매체이다. 형식은 한 영역에서 다른 영역으로(전통적인 유물론이 그렇듯이 물질성에서 사고로, 또는 전통적인 합리주의가 그렇듯이 사고에서 물질성으로) 규정력을 옮기는 단순한 전도체(conductor)가 아니다. 오히려 그것은 최고의 비유성(figurality) 및 유순성(malleability)과 함께 모든 사물의 필연적인 물질성을 가리킨다.

형식은 다른 점에서도 핵심적인 개념이다. 형식은 동일성을 구성하는 경우와, 동일성을 해체하는 경우 모두에서 경계가 중요하다는 사실을 강조한다. 형식은, 외부로부터 내부를 갈라놓는 경계를 따라, 이를테면 언어를 통한 물질적 재현의 외부성으로부터 사고의 관념적 내부성(이라고 가정된 것)을 갈라놓는 경계를 따라 존재한다. 이때 형식은 외면화된다. 그리고 그렇게 외면화되면서, 형식은 스스로가 보호하고 있는 동일성이나 내부성을 깨뜨린다. 따라서 형식은, 이데올로기적 동일성을 대신할 대안의 구성 원리를 제공하는 동시에, 그

---

8) [역자주] 비유에 의해 현실의 외형이 창조되는데, 이는 비유가 현실의 외형에 의해 이차적으로 부가된 것처럼 보이게 한다.

이테올로기적 동일성이 어떻게 침식될 것인가를 강조하는 하나의 근본적인 원리이다. 형식에 초점을 둘 때, 우리는 형식이 합리적이고 사회적인 동일성들을 안전하게 하는 과정에 주의를 기울이게 된다. 즉 형식은, 외부로부터 내부를, 타자들로부터 자아들을 분리하는 경계를 만듦으로써, 그리고 사회적 현실과는 완전히 동떨어진 것으로 여겨지는 공산주의적 관계들로부터, 자본주의적 개인주의와 같은 사회적 현실들을 갈라놓는 경계를 설정함으로써, 사회적인 동일성을 보증하는 것이다. 하지만 형식은 또 외부의 맥락들이 개인적 내면성 안에 자리잡는 방식, 또는 사람들 사이의 차이적 관계들이 개인성의 사회적 양상을 구성하는 방식에 대해 주목하게 하기도 한다.

경계는, 사회적 현실이 수사학적 형상화와 관계적인 규정에서 벗어나 있다는 환상을 조성함에 있어 본질적인 역할을 한다. 경계는 또, 경제적 맥락과 같은 특수하고 가변적인 물질적 결정요소들로부터 분리된, '자유'와 같은 보편적 개념이 계속 동일성의 환상을 유지하게 하는 데에 핵심적 역할을 하기도 한다. 자유라는 관념은 그 보편적 형식으로 인해, 독자적이면서도 일반적인 하나의 개념으로서 자신의 동일성을 확인하게 된다. 그러나 그 형식은 또 경제 상황이라는 단순한 경험적 가변성으로부터 보편적 자유를 구분해야 한다. 그런데 경계를 구분하는 그러한 제도적 행위 속에서 개념의 동일성은 배격된다. 동일성의 형식은, 자신의 것으로 포함된 것에 의해 동일성을 규정하지만, 또 그만큼이나 자신으로부터 배제된 것에 의해서도 동일성을 규정한다.

경계들의 형식적 차원은, 공간적·시간적으로 특정하게 나뉘어진 일상의 행동 패턴들(하루 8시간 노동이나 일부일처제적 성행위) 속에서도 명백하게 나타난다. 그리고 그 행동 패턴들은 사회의 지배적 합리성의 패턴과 연속체(continuum)를 이루며 존재한다. 노동의 규율은, 고통을 참는 미덕과 그에 대한 보상으로 주어지는 여가 즐기기 사이의 경계를 설정하는 이론적 근거가 제시될 경우에만 받아들여질 수 있다. 삶 자체의 형식적 모습은 치환의 패턴을 따르는데, 그로써 좀더 일반적인 종일 동안의 향락은 여가(leisure)로 대치되며, 욕망은 연기되거나 문화적 물신(이 자체만 따로 떼어놓고 보더라도 우리는 관계나 더 큰 전체가 엉망으로 비뚤어졌음을 알게 된다)으로 치환된다. 고통에 의미를 부여하여, 의의라는 보상적 쾌락으로 고통을 승화시키는 합리적인 표상이나 서사가 동반되지 않는다면, 이러한 형식적 모습들은 있을 수 없을 것이다. 사람들은 서사의 주인공(hero)이 됨으로써 인내한다. 이때 회사의 마감시간에 맞춰 할당된 업무를 끝내는 것은 하나의 모험담이 된다. 그러므로 우리는 삶 자체가 사회적 의미의 여러 경계를 설정하는 다양한 장르들을 가지고 있다고 말할 수 있다. 다시 말해 사회화된 가정생활의 멜로드라마에서부터 군국주의의 병적인 서사시에 이르는 모든 장르들은, 그 자체가 경계의 문제와 관련된다는 말이다.

사고에서도 그렇듯이, 사회적 삶에 있어 형식이란 하나의 경계 개념인데, 이때 형식은 동일성을 보증하는 듯하지만, 그와 동시에 그 동일성을 부정한다. 경계지워진 "노동"의 동일성을 가리키는 삶의 형식들은, 스스로 관계하고 있는 가능한 다른 형식들과 구분될 때만 이 의미를 가지게 된다. 우리가 만나는 것은 동일성이 아니라 차이적이거나 관계적인 여러 조건들—— 이를테면 실크가 아니라 진, 램보르기니(Lamborghini)가 아니라 토요타(Toyota), 파베르쥬(Faberge)가 아니라 암웨이(Amway) 등을 선택할 때 작용하는 상대적 조건들—— 인데, 그 각각의 것들은 무리를 이룬 별자리처럼 오직 다른 것들과의 관계를 통해서만 의미를 갖는다. 이와 마찬가지로 기업과 같은 제도들도, 자신의 동일성을 구성하는 바로 그 순간에 그것을 깨뜨리는, 그런 행위 형식으로 존재한다. 기업의 삶은 소비자 및 다른 기업들과 맺는 경계 지점에서 결정된다. '자기 자신'이 되기 위해서는 언제나 '타자'가 되어야 한다. 어쨌든 항상 외부를 지향하여, 자기 자신으로부터 벗어나야 한다. 자신의 동일성은, 오직 자신으로부터 자기 충족적 동일성을 박탈하는 차이적 관계들을 통과할 때만 동일성답게 된다.

　그러므로 형식의 개념은 사회를 재구성하려 할 때에 유용한, 이성과 사회 속에서의 동일성이라는 문제에 주의를 돌리게 한다. 형식을 연구함으로써, 우리는 형식에 의해 지시되는 경계들에서 작용하는 해체의 과정을 알 수 있으며, 또 사회적 이성과 삶의 사회적 형식들 사이의 상호연관성도 볼 수 있다. 이때 자기 자신(selfsame)처럼 보이는 것은 해체되고, 이데올로기에 의해 선포된 동일성들은 결코 독자적인 것이 아니라 무엇인가에 대한 부인과 부정이었음이 밝혀진다. 그렇다면 그 부정은 결국 스스로 거부하고자 노력하는 차이적이고 관계적인 현실들의 존재를 오히려 긍정하게 되는 것이다. 자유(물질적 상황들과 분리된 보편적 관념으로 파악된)나 기업가(본래 비사회적인 행동을 하는 개인으로 이해된)와 같은 형상들의 이데올로기적 성질은 두드러지게 전면에 나서지만, 그 형상들을 동일성으로 만드는 경계의 후광(halo) 역시 앞으로 나선다. 이같은 관계, 차이, 우연한 연관들의 후광은 새로운 동일성을 형성하는 대안적인 방법을 암시한다.

　그렇다면 형식 개념을 기반으로 했을 때, 사고의 수사학을 새로 짜고, 특정한 방식으로 사회적 존재를 형태화하는 형식적 배열을 다시 만드는 사회적 재구성의 기획은 좀더 구체적으로 입안될 수 있다. 그 결과, 이성이 수사학의 형태 및 일반적인 재현의 과정에 의존하고 있다는 사실을 강조함으로써, 합리주의는 새로운 모습을 띠게 된다. 한편 전통적인 유물론 역시, 사회적 삶의 실질적 내용(이라고 생각되는 것)이 얼마나 많이 용어들의 형식적 배열과 요소들 간의 관계의 수사학에 의존하는가를 보여줌으로써 새로운 모습을 띠게 된다.9)

　이제껏 내가 형식으로서 기술했던 물질성과 이성 사이의 경계를

---

9) 유연성(plasticity)에 대해서는, R. M. Unger, *False Necessity: Anti-Necessitarian Social Theory in the Service of Radical Democracy*(Cambridge: Cambridge University Press, 1987)를 볼 것.

지칭하는 또 다른 이름은 문화가 될 것이다. 왜냐하면 일반적으로 문화는, 물질성의 사회적이고 역사적인 면과 관련된 모든 것에 적용되기 때문이다. 그리고 문화는 또 이성의 수사학적이고 재현적인 면과 관계된 모든 것을 지칭하는 이름이 될 수도 있다. 문화는 체험된 경험, 제도, 사회적 삶의 패턴의 영역뿐만 아니라, 수사학과 재현의 영역도 포함한다. 이같이 문화를 강조할 때, 우리는 이성이 하나의 사회적 현실로서 정치적인 성격을 가지고 있다는 사실에 주목하게 되며, 합리적 보편성이라 추정되는 '자유' 등에 힘이 작용하는 수사학적인 방식에도 주목하게 된다. 또 우리는 어떻게 힘이, 비수사학적인 실재들로 간주된 개인적 삶을 특정한 형식적 패턴들로 형태화하는가에 대해서도 주의를 기울이게 된다.

나는 권력(power) 개념을 대신하여 힘(force) 개념을 제안한다. 현재 이 힘 개념은 몇 가지 이유로 인해 해체론적 작업에서 종종 사용되고 있다. 힘이란, 사회적 형식을 형태화하는 서로 다른 종류의 사회적 에너지들 사이의 상호관계를 지칭한다. 자본가들은, 피지배 집단들(유색 인종, 노동자, 여성 등)이 행사하는 저항적 힘에 반응하여, 즉 피지배 집단들의 활동에 의해 단일하고 자기동일적인(그렇게 가정되는) 사회적 시스템에 차이의 불안정성이 나타나는 것에 반응하여 힘을 행사한다. 그리고 바로 그때, 자본가들은 피지배 집단들이 영위하는 삶의 모습과 형식을 규정하는 것이다. 그리고 그 지배받는 사람들의 권리와 힘(그들의 생활 형식)이 확장되거나 수축되는 것은, 그들에게 행사되는 힘에 대해 그들이 어떤 대항적 힘을 불러일으킬 수 있느냐에 따라 부분적으로 결정될 것이다.

이런 식의 설명은, 그같은 상호교환의 유동적이고 가변적인 성격에 주목하게 하는 장점을 가지고 있다. 권력의 개념이 지배의 안정화를 암시하는 반면, 힘 개념은 불평등한 사회적 배열 내부에서 발생하는 긴장의 흐름을 기술할 수 있도록 해준다. 그 불평등한 배열은 필연적으로 서로 각축하는 힘들을 발생시키는데, 그 힘들은 궁극적으로 긴장된 불평등에 기초한 구조들을 움직여 좀더 큰 평등으로 나아가게 한다. 즉 그 힘들은, 긴장과 불평등한 상태를 유지하기 위해 사용되는 에너지를 축소시켜 구조적 긴장을 풀어놓게 된다. 그러나 그 힘들의 운동에 있어 일정한 방향성이 필요하다는 것이 강조되고 있음에도 불구하고, 그 방향이 가변성과 미결정성에 맡기어질 가능성은 여전히 열려 있다. 예를 들어 특히 자본주의적 맥락에서는, '대다수'가 여전히 파시즘이라는 강요된 질서를 선택할 수도 있다. 물론 그것은 항상 결정적 맥락에 의해 제한된 선택일 뿐이라는 점이 이해되어야 함에도 불구하고 말이다. 권력을 가진 집단이, 고통이냐 권력의 환상이냐 하는 양자택일만을 허락하는 상황에서, 그 결과는 뻔할 것이다.

문화가 물질성을 규정할 수 있다는 것은 정통 마르크스주의에게는 낯선 이야기이다. 자본주의적인 자유주의 관념론과 비교해 보았을 때, 정통 마르크스주의는 물질적 세계를 인간 주체의 '자유' 외부에 설정한다. 그러나 하나의 정치적 기획으로서의 마르크스주의는, 문화가 물질성을 포섭하게 될 세계에 대한 이상을 요구한다. 그런 세계에서 삶의 형식은 일차적인 문제가 될 것이며, 또 민주적이고 참여적인 방식으로 규정 가능한 것일 터이다. 마르크스주의의 문화이론들——특히 레이몬드 윌리암스의 저서들과, 버밍햄 센터에서 현대문화연구의 일환으로 생산된 저서들——은, 물질성이 문화의 외부에 있다는 점을 너무 지나치게 강조할 경우, 정치적인 목표 자체가 아주 문제적이 된다는 것을 잘 보여준다. 우선 나는 문화이론을 고찰하고, 그 다음으로 윌리암스와 버밍햄 센터의 저서들을 좀더 상세히 다룰 것이다.

문화와 물질성, 또는 문화와 사회구조 사이의 관계는, 서로 다른 여러 가지 방식으로, 심지어는 서로 반목하는 방식으로 기술되어 왔다. 그 한쪽 극단에는 문화와 관계하여 물질성의 규정력을 강조하는 마빈 해리스와 같은 사람들이 있으며, 그 반대쪽의 극단에는, 점점 문화가 물질성을 규정하게 되어 이제 물질적 결정요소들보다는 매체의 시뮬라시옹이 현실을 형성하게 되었다고 하는 장 보드리야르와 같은 이론가들이 있다. 이 둘 사이에, 피에르 부르디외, 클리포드 기에르츠, 빅터 터너, 루이 알뛰세, 안토니오 그람시, 유리 로트만, 그리고 테츠오 코가와와 같은 다양한 사상가들이 스펙트럼을 그리며 늘어서 있다.

해리스의 '문화 유물론(cultural materialism)'에 따르면, 문화는 '사회 집단들의 구성원에 의해 제시된 사고와 행동의 박식한 저장소(repertory)'10)이다. 다시 말해 문화는 사회적 제도들로 확장되지 않으며, 일련의 물질적 제한과 힘들의 강력한 규정 외부에 있는, 패턴화된 행위의 작은 장식품(narrow ribbon)에 가깝다. 부르디외—— 특히 그의 책 『재생산(*Reproduction*)』과 『구별(*Distinction*)』에서의 입장으로 보았을 때—— 에게는, 문화란 계급의 차이를 표현하는 동시에 유지하는 것이다. 다른 종류의 문화 자본(cultural capital)에 접근하는 것은 어떤 사람의 계급적 위치 및 교육수준에 의해 결정된다. 그리고 문화의 차별화는 이러한 사회적 불평등을 재생산하기 위해 작용한다. 사회적 위치를 근거로, 상층 계급의 사람들에게 엘리트 교육과 고급문화에 접근하도록 하는 반면, 노동계급에게는 기술교육과 대중문화를 할당하는 문화적 차별화 작용은, 사회적 힘의 차이를 유지시키는 기능을 한다.11)

문화에 대한 이같은 마르크스주의의 물질적 결정주의를 대신하는 자유주의적 대안은, 문화를 사회적 삶에 형태와 의미를 부여하는 물질적 조건과는 무관하게 작용하는 자율적 영역으로 보는 것이다. 사회의 기본적 가치뿐만 아니라 긴장과 모순들 역시 문화적 제의, 상징, 서사 등을 통해 교섭되고 해소되거나, 투사되고 재확인된다. 클리포드 기에르츠와 빅토르 터너 같은 인류학자들은 이같은 입장을 가장 명백하게 보여준다.12)

---

10) M. Harris, *Cultural Materialism: The Struggle for a Science*(New York: Vintage, 1980), 47면.

11) P. Bourdieu · A. Passeron, *Reproduction*(Los Angeles: Sage, 1977); P. Bourdieu, *Distinction*(Cambridge: Harvard University Press, 1985).

표현론적 입장과 반영론적 입장 사이에는 루이 알뛰세와 같은 문화적 마르크스주의자들의 작업이 있다. 이 관점에서 보았을 때, 문화는 단순히 문화 자본을 분배함으로써 사회적 힘을 직접적으로 표현하고 재생산하지는 않는다. 또 문화는 계급 정치와 상관없이, 일반적인 의미의 사회적 가치들을 투사하고 교섭하지도 않는다. 문화는, 지배 계급의 헤게모니가 지속되도록 보장하는 방식으로 자본주의 사회에서 발생하는 모순이 해소되게 하는 싸움터(arena)이다. 클로드 레비 스트로스에게 많이 빚지고 있는 이러한 입장은, 다른 두 입장들을 특징짓는 재생산과 교섭, 표현과 반영의 개념들을 결합한다. 알뛰세주의적인 문화이론은, 문화를 좀더 정확하게 권력의 기능으로 본다는 점에서 자유주의 인류학적인 문화이론보다 진보된 것이며, 또 문화를 문화 외적인 사회구조를 표현하는 매체 이상의 어떤 것으로 생각한다는 점에서 사회적 재생산의 개념을 확장한다. 다시 말해 문화는 사회적 주체들을 생산하며 주체의 위치들을 분배하기도 하는 것이다.13)

그러나 알뛰세주의적인 문화이론은, 문화가 권력을 재생산하는 것으로만 보고 권력에 대항하는 것으로는 보지 않는다는 점에서 한계가 있다. 알뛰세주의적인 사고 틀에서, 이데올로기적이고 문화적으로 보이는 문화산물이 중요한 정치적 긴장의 장소가 될 가능성이나, 문화산물들의 이데올로기 자체가 갈등의 발단을 징후적으로 보일 수 있을 가능성, 또는 그 문화산물들이 위협적인 대중적 잠재력에 대한 해독제가 될 가능성 등은 인정되지 않는다. 전체적으로 보아 안토니오 그람시의 개념, 특히 그의 헤게모니론과 연결된 문화정치학 이론

---

12) C. Geertz, *The Interpretation of Culture*(Princeton: Princeton University Press, 1972); V. Turner, *Drama, Firlds, and Metaphor*(Ithaca: Cornell University Press, 1974), *From Ritual to Theater*(New York: Performing Arts Journal Publications, 1982).
13) 특히 'Ideology and Ideological State Apparatuses', in *Lenin and Philosophy*(London: New Left Books, 1971), 127~188면을 볼 것.

은, 문화를 통해 대중적 수준에서 행사되는 정치적 저항에 더 많은 중요성을 두는 경향이 있다. 하지만 이같은 이론은, 대부분 또한 알뛰세주의적인 입장과 라깡적인 입장도 취하고 있다. 따라서 특히 대중문화는, 문화 외적인 사회 모순들에 대한 '상상적인(imaginary)'[14] 해결을 구성하는 것으로 묘사된다.[15]

유리 로트만, 테츠오 코가와, 장 보드리야르의 이론은 위의 입장과 완전히 정반대에 위치한다. 로트만의 문화이론에서, 문화는 사회적 삶을 새롭게 구성할 수 있는 힘이다. 따라서 그는 문화에 더 많은 힘을 부여한다. 그의 기호학적 이론에서 문화는 '기호학적 체계의 위계질서'를 구성하는데, 그 목적은 '인간 주위의 세계를 구조적으로 조직하는 것'이다. 러시아 문화사에 대한 연구에서 로트만은 문화를 형태화 절차(shaping procedure)로서 더욱 강조한다. 이를테면 19세기 중반에 러시아의 귀족 계급은 서유럽의 관념과 모델들을 채택했는데, 이는 행동, 말, 옷차림의 양식들이 완전히 새로 만들어지는 결과를 낳았다는 것이다.[16] 일본의 문화이론가인 테츠오 코가와는 문화적 결정을 좀더 강력히 주장한다. 그는 현대 일본 사회에서, 이른바 '천황제'가 19세기 후반 서구 자본주의의 노선을 따라 어떻게 사회적이고 육체적인 삶을 재형성했는가에 대한 이론을 발전시켜 왔다. 대규모의 근대화와 산업화가 진행되었던 메이지 유신 기간 동안, 근대화 과정에 필요한 규율, 존경, 복종 등의 태도를 주입하기 쉽게 하기 위한 하나의 문화적 상징으로서, 천황제는 의도적으로 부활되었다.

---

14) [역자주] 상상적 단계와 상징적 단계 등을 구별한 자크 라깡의 용어임. 여기서 상상적 단계란 오이디푸스 콤플렉스 이전, 주체와 객체의 구별이 이루어지지 않은 단계이다. 이는 오이디푸스 콤플렉스를 거치며, 자신의 동일성이 관계의 결과라는 것을 알아차리는 상징적 단계로 나아가게 된다고 한다.

15) 각주 24를 볼 것.

16) J. Lotman(외), *Theses for the Semiotic Study of Culture*(Lisse: Deritter, 1975), 7면; J. Lotman · B. Uspensky, 'On the Semiotic Mechanism of Culture', *New Literary History*, Vol. 9(1978년 겨울), no. 2, 211~232면.

그와 동시에, 어떤 고도로 형식화된 육체적 행동의 패턴, 즉 지위와 복종의 감각을 주입하기 위해 고안된 패턴과 제스처들을 사회의 구성원들에게 부과하는, 일본 사회의 '사무라이화'가 발생했다. 문화적 기획에 의해 육체의 물질성 자체가 재형성되었던 것이다.17)

일본 문화에 대한 코가와의 포스트모던적인 이론은, 탈구조주의로부터 발전한 장 보드리야르의 이론과도 비슷하다. 지시대상은 의미작용과 재현의 외부에 있을 수 없다는 데리다의 해체론적 기술은, 보드리야르의 문화이론에서 부정적 형이상학이 된다. 이때 그 부정적 형이상학에서 현실은 자본주의에 의해, 아무런 지시대상이 없는 시뮬라시옹으로 변형된다. 나는 4장에서 보드리야르가 탈구조주의를 부정적으로 사용하는 것에 대해 더 자세히 논박할 것이다. 한편 여기서 나는 좀더 정치적으로 유용한 탈구조주의적인 문화 논의를 제시하려 한다.

탈구조주의적인 관점으로 보았을 때, 문화는 가족으로부터 근무일(workday)이나, 또는 우리의 심리적 기질에 이르는 모든 사회적 삶의 형식으로서 물질성 안에 존재한다.18) 문화의 형식과 재현 패턴들은, 이미 형성된 사회적 존재의 실체에 단지 덧붙여지는 것이 아니다. 문화적 형식의 보충(supplement)이란, 그 보충이 없이는 아무런 사회성(sociality)도 있을 수 없다는 의미에서 단순한 보충을 넘어서는 그 어떤 것이다. 다시 말해 탈문화화된(decultured) 사회성이란, 형식 없고 경계 없는 에너지나 물질의 발산(diffusion)에 불과할 것이다. 따라서 이렇게 보았을 때, 문화의 정치학은 억압적인 문화와, 자

---

17) T. Kogawa, *The Electronic State and the Emperor System*(Tokyo: Kawadeshoboshinsha, 1986).

18) 나는 해체론을 문화에 적용될 수 있는 것으로 생각하고 있다. 물론 여기서 탈구조주의라는 항목에는 푸꼬, 보드리야르, 그리고 들뢰즈와 가따리의 연구가 포함되어야 하겠지만 말이다. 이러한 노선을 따르는 몇몇 연구가, 인류학 분야에서는 이미 진행중이다. J. Clifford · G. Marcus(편), *Writing Culture*(Berkeley: University of California Press, 1986)을 볼 것.

유럽거나 자연적인 물질성을 가진 훌륭한 문화 외적인 세계 중에 어느 것을 선택하느냐 하는 문제가 아니다. 그것은 여러 문화들 중 어느 것을 선택하느냐 하는 문제이다.

탈구조주의적인 사고틀에서, 물질성은 분명히 순수하게 문화 외적인 결정소로서의 권력이나 가치로 퇴조한다. 물질성은 여전히 인간적 의지의 외부에 있는 것이지만, 또한 더 이상 완전히 인간적 의지의 외부에 있는 것도 아니다. 한편 인간의 문화 역시 더 이상 완전히 인공적인(artificial) 것이 아니며, 사회적이고 자연적인 물질성으로까지 확장되는 재구성의 힘을 획득하게 된다. 예를 들어 역사 기술이나 교육에서 민족적 동일성의 서사는, 그 서사가 없이는 민족적으로 구분되지 않았을 사람들로부터 민족주의적 주체를 만들어내는 것이다. 이를테면 17~8세기의 영국에서 자유주의의 문화적 담론은 특수한 집단이 가진 사회적 권력을 표현하는 것이 아니었다. 그것은 오히려 제도와 이데올로기, 법률적 공식화의 패턴과 자아의 이론, 탈중상주의적 경제 형식과 계급문화적 차별화 양식의 창출을 통한, 사회적 권력 생산의 불가분한 한 부분이었다. 자유주의적 정치 문화의 지배적 비유들을 설립한다는 점에서, 로크의 입헌정치 이론은 정치적일 뿐만 아니라 문화적인 문서이기도 하다. 궁극적으로 블랙스톤(Blackstone)의 『회고록(*Commentaries*)』 속에 응집될 법률적 행위의 수사학은 부분적으로 데포우의 『로빈슨 크루소』에 예술적으로 나타나게 될 수사학적 구성 과정과 똑같은 것이다. 『로빈슨 크루소』는 사회적 흐름을 반영하기보다는 사회를 구성하는 수사학을 활용하여 그 사회적 흐름을 더욱 산종하고(disseminate)[19] 있다.[20]

탈권위주의적으로 정치와 경제를 배열할 때, 문화적이고 수사학적

---

19) [역자주] 산종이란 다양한 의미를 말하는 것이 아니다. 산종이란 텍스트가 의미와 무의미 등으로 구분되는 전통적인 인식론적 테두리를 벗어나는 것, 즉 의미 자체를 흩어버리는 것을 의미한다.

20) M. Mann, *The Sources of Social Power*(New York: Cambridge University Press, 1986), 462면을 볼 것.

인 구성요소들은 이차적인 것이 아니다. 그 요소들이 없이는, 정치와 경제의 탈권위주의적 배열이 있을 수 없을 것이다. 그 배열에 있어 결정적인 문화 외적인 요소들(증기기관 방직기의 생산으로 시작된 초창기 산업혁명)조차도 문화적 요인들에 의존하고 있었다. 즉 발명의 선행조건인 문맹퇴치 및 국어를 만들고, 실험을 진작한 아카데미를 형성하였으며, 베이컨의 신과학(New Science, 그 자체가 지적 생활을 장려한 궁정 문화 때문에 나타난)에 따르는 실험법 자체를 창출한 교육 체계의 출현이 그것이다.

이와 비슷하게, 1978년에서 1988년 사이에 미국에서는 우익의 경제 권력이 야만성의 제도화를 주장했지만, 그럼에도 불구하고 '자유'의 이념과 같은 어떤 지배적인 담론 모티프와 은유들, 또는 모든 사회적 좌절을 '큰 정부(big Government)'에 치환시키는 것 등의 제유법을 중심으로, 새로운 우익 문화가 발생했다는 것 또한 확실하다. 이같은 수사학은 문화적 제도와 가치들뿐만 아니라 경제적·정치적 제도와 가치들의 형성을 나타내기도 했다. 제약받지 않는 남성 개인이라는 프론티어적 이념은, 사업에 대한 정부의 규제에 적대적인 경제 프로그램 속에서, 그리고 경제적 자유에 대한 은유화된 위협(공산주의)을 퇴치한다며, 불법적인 행위에 대한 제재조차도 용인하지 않는 정치 프로그램 속에서 계속 중복되었다. 이러한 문화적 동원은, 정치 경제적 프로그램의 실행을 돕는 동일시의 이미지로 사회적 은유들을 코드 변환하는, 영화 등의 대중 문화 양식을 통해 수행되었다.

탈구조주의적 문화이론은, 문화에 대한 전통적 개념(거칠게 말해 문화를 예술, 매체, 그리고 상징적인 사회적 관계들로 생각하는)과, 문화 외적인 영역으로 오해된 물질성, 경제학, 사회적 현실 사이의 경계를 깨뜨렸다. 이를테면 이제 건축 환경의 경제적 계획 및 공간 설계 등에 대한 관심은, 수사학적으로 형성된 사회적 구성이라는, 보다 폭넓은 영역의 한 부분이 된다. 이렇게 보았을 때, 건축 환경의 형태 또는 형식은 문화적 질문인 동시에 수사학적인 질문이 된다. 왜냐하면 그것은 사물들의 형식적 배치가 어떻게 되어야 하는가에 대한 관심이기 때문이다. 그 형식적 배치는 결국 경제적 분배의 문제, 즉 경제적 권력에 좌우되는 쾌락의 할당과 관련된 문제이다. 그러나 탈구조주의적 관점으로 보았을 때, 그 권력은 문화적이거나 수사학적인 재구성에서 벗어난 물질적 필연성의 상징으로 생각될 수 없다. 오히려 그것은, 그 자체가 문화적이기 때문에 다시 고쳐 만들 수 있는 어떤 기호체계를 지시하는 기호로 보인다. 자본주의적 도시 계획은 단순히 경제 권력이라는 문화 외적인 현실에 관련되는 것은 아니다. 오히려 그 계획은 보통 기업 경영, 대중 오락, 도시 생활 등의 제도 및 실천들로 스스로를 표명하면서, 자본주의적 문화의 수사학을 다양하게 활용한다. 그것은 어떤 코드의 기호이다. 다시 말해 그것은 물질화하는 다른 비유, 즉 관습적이고 가변적인 다른 사회적 형식들로 구성된 어떤 체계를 수사학적으로 비유하는 것이다.

그러므로 탈구조주의적 이론은 문화적인 것과 문화 외적인 것의 경계를 무너뜨림과 동시에, 지시관계(reference)의 구조 역시 해소한다. 지시관계의 구조는 문화 외적으로 보이는 것들을, 계속적인 비유와 수사학적인 의미화로서의 계속적인 지시관계를 끝장내는, 비수사학적인 근거로 생각되게 한다. 탈구조주의적 이론에 따르면, 그러한 근거(그것이 경제적 필연성의 이론이든, 자아의 이론이든, 자연의 이론이든 간에)를 만난다는 것은 언제나, 사실상 이미 죽은 하나의 수사학적 과정의 찌꺼기, 다시 말해 다른 사회적 구성, 다른 형태나 형식의 역사적 유물을 만나는 것에 불과하다. 따라서 이같은 문화이론의 재구성은 명백히 정치적인 문제이다. 다른 사람들이 진리, 자연, 필연성의 근거를 찾는 곳에 시뮬라시옹을 위치시킴으로써, 탈구조주의는 이데올로기적 사고가 결정적·필연적·문화 외적(즉 자연적이고 절대적이며 진리인)이라고 생각하고 싶어할 어떤 것 속에, 미결정성과 가변성의 요소들이 스며들게 한다.

이런 관점에서 나는 최근에 나온 두 가지의 마르크스주의 문화이론에 대해 고찰하려 한다. 그것은 레이몬드 윌리암스와 버밍햄 문화

연구소의 작업이다. 먼저 윌리암스는 그의 『문화 사회학』에서, 문화를 '실현된 의미화 체계(realized signifying system)'로 좁게 정의한다. 윌리암스는, '의미화 체계가 모든 경제, 정치, 세대 체계(더 일반적으로는 모든 사회 체계)에 고유한 것'이라고 주장한다. 그러나 그럼에도 불구하고 윌리암스는 문화가 '사실상 스스로 하나의 체계로서(가장 명백한 예는, 사고와 의식의 체계—— 달리 어렵게 말하자면 이데올로기, 또는 예술과 사고의 특수한 의미화 작업—— 인 언어이다) 다른 것들과 구분될 수 있으며, 더 나아가 이 모든 것들은 제도와 작품, 또는 체계로서만 존재하지 않고, 반드시 능동적인 실천과 정신 상태로도 존재한다'는 생각을 견지한다. 윌리암스는, 문화를 삶의 방식으로 폭넓게 보는 인류학적 정의가, '이론과 실천을 통해 "생의 경제적 측면", "정치적 측면", "개인적 측면", "정신적 측면", "여가적 측면" 등을 가정하는 자본주의 사회 질서 안에서 역사적으로 발전된 개별적 분석 습관에 대한' 강력한 무기가 될 수 있음을 인정한다. 그럼에도 불구하고 윌리암스가 보기에, 실현된 의미화 체계로 정의된 문화를 넘어서는 물질적이고 사회적인 상호작용과 조직의 영역, 다시 말해 문화에 포섭될 수 없는 어떤 영역은 존재한다. 그 예로 윌리암스는 통화(currency)와 주거(dwellings)를 제시한다. 통화는 하나의 기호 체계이지만, '모든 진정한 통화에는 거래(trade)와 지불 행위 및 그 필요성이 지배적으로 작용하므로, 바로 그런 의미에서 결국 통화의 의미화 요소(아무리 고유한 것이라고 할지라도)가 해소되어버린다는 사실은 의심의 여지가 없다'고 윌리암스는 논한다. 이와 마찬가지로 거주 역시 시간이 지나 언젠가는 예술적 형식이 될지 모르지만, 그것은 본질적으로, '어떤 수준에서는 항상 지배적으로 작용하는, 사회적으로 발전된 일차적 욕구를 해결하는 것'이다.21)

탈구조주의적 관점으로 보았을 때, 물질성으로부터 문화를 구별하

---

21) R. Williams, *The Sociology of Culture*(New York: Shocken, 1982), 207~211면.

는 선은 훨씬 애매하게 나타난다. 그리고 (형태화, 형식화, 구성의) 테크놀로지 개념은 그 둘 사이의 경계가 교차되도록 한다. 문화를 광의의 테크놀로지, 다시 말해 설계를 기반으로 무엇인가를 만드는 제조과정로 정의할 수 있다면, 문화로부터 거래나 거주 등의 '물질성들'을 분리하기 어렵게 된다. 거래는, 교환에 형태를 부여함과 동시에 교환 자체를 가능하게 하는, 어떤 형식과 과정들의 매개를 통해서만 일어날 수 있다. 상품의 가치는 관계적이며, 구성의 문제이다. 그것은 직접적인 물물교환을 넘어서서 은유적 대체의 형식(화폐)을 전제한다. 게다가 거래는 보통 생존적 욕구가 이미 충족되고 잉여가 발생한 곳에서 발전한다. 따라서 거래는 기본적인 생존적 욕구를 표시하는 것이 아니다. 만일 사회 속에서 그 욕구들이 충족될 수 없다면, 사회도 없을 것이고, 따라서 거래도 있을 수 없을 것이기 때문이다. 오히려 거래는 하나의 탈생존적(post-survival) 경제의 기호이며, 문화적 개입을 표시하는 기호이다. 그것은 인간의 자연적(physical) 조건들을 물질성으로 다시 만들기 위해 테크놀로지와 상상력을 사용하는 것이다.

마찬가지로 주거는, 물질적 권력뿐만 아니라 상징적 권력 역시 공동체 안에 분배하는 형식적 배열이다. 주거는 세력을 의미한다. 또 주거는, 물질적인 만큼이나 문화적인 형식으로 된 다양한 사회적 위계질서에 따라 자연 환경을 구분한다. 부르디외는 이러한 이론을 따라 주거에 대한 상징적 이해를 주장한다.22) 이런 식으로 주거를 이해하는 것은, 문화가 물질성으로부터 독립되었음을 암시하는 것이 아니다. 그것은 오히려 문화가 물질성 속에 내재한다는 것을 나타낸다. 은신처뿐만 아니라, 권력과 노동의 분리를 반영하고 그 재생산을 돕는 상징적인 의미도 제공하는 주거 형식의 발전은, 자아와 사회의 다른 구성원들을 구분하는 단순하고도 분절되지 않은(unarticulated)

---

22) P. Bourdieu, *Outline of a Theory of Practice*(New York: Cambridge University Press, 1977).

경계의 필요를, 분절적, 상대적, 관계적인 체계로 변형시켰다. 우리가 소위 '자연 상태'에서 숲속에 혼자 있지 않는 한, 아무 의미없는 순진한 집은 있을 수 없다. 정치적으로 의미있는 주거지들만 존재하는 것이다.

물질적 필요의 한 표준으로서, 인간적 세계와 인간 외적(혹은 자연적) 세계가 교차하는 결정적 경계선인 배고픔(hunger)조차도, 인간적 행위가 부여한 어떤 형태와 형식들 외부에 단순히 그 자체로서만 존재하지는 않는다. 현대의 굶주림은 자연적인 것인 동시에, 또 정치적인 사건이기도 하다. 뉴욕시의 기아는, 미국 독립기념일의 퍼레이드만큼이나, 문화적 힘에 의해 형성되고 사회적 정책들에 연관된 하나의 사회적 환유이다. 물론 배고픔이 문화적으로 생산될지 모르지만, 그럼에도 불구하고 우리는, 배고픔 자체는 분절되지 않은 채 침묵하는 물질적인 결핍의 사건이라고 주장할 수 있을지 모른다. 탈구조주의 문화이론의 핵심은 물질성의 개념을 제거하려는 것이 아니다. 그보다는 물질성을 역사적, 문맥적으로 다시 위치시키려는 것이다.

20세기 말의 물질성의 성격은 19세기 말의 물질성의 성격과는 아주 다르다. 역사 바깥에 있는, 그리고 문화 바깥에 있는 단일한 물질성은 존재하지 않는다. 물질성은 그 형태를 바꾸며, 그와 더불어 점점 더 인간적 통제에 포섭되고, 인간적 활동에 더욱 노출된다. ('자연'을 인간의 침해에서 보호하자는 생태학적인 이상조차도 인간의 정치적 결정에 따르는 문제가 된다.) 이러한 포섭이 발생함에 따라, 물질적이고 자연적이며 문화 외적인 사건들로 생각되던 굶주림의 문제 역시 변화된다. 굶주림은 더 이상 인간이 접근 불가능한 문제로 기술될 수 없게 된다. 그것은 점점 더 단일하거나 분리된 의미가 아니라, 담론적이거나 관계적인 의미를 획득하게 된다. 이렇듯 배고픔은 분절되지 않은 채 침묵하는 자연적 사건, 다시 말해 인간의 문화와 상관없는 물질성이나 필연성의 기호로 이해될 수 없다. 오히려 그것은 그 문화의 실패를 표시하는 기호이다. 더 이상 기아가 자연적 필연성이 아닐 때, 즉 기아가 더 이상 존재할 필요가 없을 때, 바로 그 역사적 시점에서 기아는 문화적 맥락을 겨냥한 고발의 성격을 지니게 된다.

외관상 문화 외적으로 보이는 것들이 문화의 항목 아래에 포함될 수 있다면, 그것들은 또 정치학의 영역에도 속하는 것으로 이해되어야 한다. 물질적이고 욕구를 따르는 것임에도 불구하고, 그것들의 특수한 형태는 사회에서 일어나는 힘의 관계, 즉 인간이 상호작용하는 패턴에 의해 결정된다. 더욱이 주거 등의 문제들이 문화보다는 물질성에, 다시 말해 자유나 창조성보다는 욕구와 필연성의 영역에 귀속된다면, 그것들은 더 이상 재구성의 정치학을 위한 의사일정과는 상관없는 문제가 될 위험이 있다. 그 문제들은 더 이상 기술적이거나 문화적인 재구성과 재설계 — 형식과 미학에 대한 고려와는 상관없는 순수하게 물질적인 욕구의 충족에 의해 그 사회적 내용이 부여되는 가난한 우리의 벽돌집 안에서 모두 짜낼 수 있는 어떤 것 — 를 필요로 하지 않게 된다.

그러므로 거래와 주거 등의 문화성(culturality)과 수사성(rhetoricity)을 강조하는 것은, 그것들이 정치권력을 정교화함에 있어 중요한 역할을 하며, 또 형태를 바꾸고 새로운 내용을 획득할 수 있는 사회적 형식들로서 유연성을 가지고 있음을 확실히 하기 위해서이다. 거래는 지배의 형식이며 권력의 원천이기도 하지만, 그것은 또 평등한 분배의 양식일 수도 있다. 마찬가지로 주거는 권력을 의사소통하고 사회적 지위가 없는 사람을 배제하는 것이기도 하지만, 그것은 또 지위의 높고 낮음이 없는 사회의 실천적 형식이 될 덜 배제적인 주거 양식을 구성하기 위한 어휘 목록을 제공하고 있기도 하다. 그렇다면 궁극적으로 물질성과 문화, 욕구와 정치학, 필연성의 영역과 미학의 영역 등은, 상호관련된 노력들의 동일한 장에 속하는 각각의 부분들로 이해되어야 한다. 바로 그렇기 때문에, 나는 제한적 문화 개념보다는 확장적인 문화 개념이 마르크스주의 정치학을 위해 더욱 유용하다고 주장하고자 한다.23)

문화이론의 가장 커다란 수확 중의 몇몇은 1970년대에 버밍햄 현대문화 연구소에서 이루어졌다. 이 연구소의 작업에 대해 설명하면서 전 회장이었던 스튜어트 홀(Stuart Hall)은, 좁은 개념에서 넓은 개념으로 문화에 대한 그들의 정의가 바뀌게 된 방식에 대해 기술했다. '문화란 더 이상 일련의 텍스트들이나 공예품들을 의미하지 않는다. 그 텍스트와 공예품들이 정리·연구되고 감상되어 왔던 "선택적인 전통"을 의미하는 것은 더욱 아니다.' 홀은, 이같은 강조점의 이동을 포함한 두 가지 움직임에 대해 다음과 같이 계속 기술한다. '첫째로, 문화를 문화적 실천들로 보는 인류학적 정의의 움직임과, 둘째로 문화적 실천들에 대한 더욱 역사적인 정의의 움직임이 있는데, 이 중 두번째 것은 사회적 구성, 문화적 권력, 지배와 통제, 저항과 갈등 등의 개념으로써 인류학적 의미에 대해 질문하고 그 보편성을 의심한다. 이러한 움직임들은 텍스트 분석을 배제하지는 않았다. 하지만 그 분석은 텍스트들을 일종의 기록보관소로 취급하여, 텍스트의 특권적 지위를 탈중심화했다. 즉 이제 텍스트는 여러 종류의 증거 자료들 중 단지 한 종류의 증거 자료에 불과한 것이다.'24)

버밍햄 학파에 대한 나의 비판은, 그들이 사용하는 개념적·이론적인 모델 및 그 모델들에 내포된 정치적 가정 등의 두 가지 문제에 초점을 맞출 것이다.

---

23) 윌리암스의 후기 연구를 언급하지 않으면 부당한 일이 될 것이다. 왜냐하면 윌리암스도 여기서 내가 제출하고 있는 것과 비슷한 결론에 도달하고 있기 때문이다. *The Year 2000*(New York: Pantheon, 1983)을 볼 것. 여기서 윌리암스는 "삶의 형식과 토지 형식"의 "복잡한 상호의존성"(260면)에 대해 말하고 있다.

24) S. Hall, 'Cultural Studies and the Center: some problems and problematics', in *Culture, Media, Society*(London: Hutchinson, 1980), 27면. 버밍햄 학파의 문헌 목록은 너무 방대해서 전체적으로 언급할 수 없다. 눈에 띄는 선집으로는 *On Ideology, Resistance Through Rituals, Policing the Crisis*와 *The Empire Strikes Back* 등이 있다. 또한 Hebdige의 *Sub-Culture: The Meaning of Style*, Frith의 *Sound Effects*, 그리고 Chamber의 *Popular Culture* 등 개인 연구서도 볼 것.

버밍햄 학파는 문화연구에 관심을 가지지만, 정치적 전략을 발전시키는 데에는 관심을 가지지 않는다. 그럼에도 불구하고 그들의 어떤 핵심적 개념들은 정치이론가들로부터 끌어내온 것이므로, 정치적인 태도를 함축하고 있다. 예를 들어, 강제보다는 합의(consensus)에 의한 지배, 힘의 행사보다는 문화를 통한 지배를 지칭하는 그람시의 헤게모니 개념은, 매체와 종교, 그리고 교육제도 등이 지배를 유지함에 있어 어떻게 역할하는가에 대해 분석할 수 있는 공간을 열어놓았다는 점에서, 문화연구의 결정적인 개념이다. 따라서 모든 문화 현상들을 경제적 결정요소들로 환원시켰던 낡은 경제주의적 모델은 성공적으로 교체되었다. 하지만 그러한 교체는 그 대가를 지불해야 했다. 왜냐하면 특히 스튜어트 홀이, 헤게모니는 안정적인 것이 아니라 갈등을 통해 끊임없이 조정되는 것이라고 조심스레 지적했음에도 불구하고, 헤게모니 개념은 결국 문화적 활동의 일차적 인자가 지배계급이라는 입장을 함축하고 있기 때문이다. 문화를 통해 지배계급은 헤게모니를 행사하고, 지배받는 계급, 성, 인종은 그 헤게모니와 관계해서 이차적인 위치에 놓이게 된다. 이때 그들이 할 수 있는 일은, 결정의 우선권이 부여된 일차적인 지배의 벡터(vector)에 저항하는 것뿐이다. 그래서 버밍햄 연구소에서 나온 책 중에,『제의를 통한 저항(*Resistance Through Rituals*)』이라는 제목을 가진 책이 있게 된 것이다.

게다가 연구 대상이 되었던 거의 모든 저항들이 실패한 것으로 평가되었다. 한 연구자가 말했듯이, 하위문화적인 일자리(subcultural careers)는 없다는 것이다. 대중적 기반을 가진 대안적인 문화 활동의 유효성에 대한 이같은 비관주의는, 헤게모니 개념에 대한 레닌주의적 입장과 일치하는 것이다. 만일 일차적인 사회적 벡터가 헤게모니로서의 지배를 행사하는 것이라면, 그에 대한 유일한 정치적 대안은 지배의 힘과 권력에 맞설 수 있는 대항 헤게모니적 블록뿐이라는 입장에 도달할 수밖에 없다. 이러한 정치적 프로그램은 (가르치는 동안 홀이 충분히 암시하였으며, 또 헤게모니 개념 바로 거기에 함축된

것이기는 하지만) 버밍햄 학파의 작업에 명백히 나타나지는 않는다.[25]

사회적 권력에 대한 서로 다른 개념은 결국 서로 다른 문화이론으로 귀결될 것이다. 예를 들어 우리는 사실상 헤게모니 자체가 일종의 저항이라고 주장할 수 있을 것이다. 즉 헤게모니는, 근본적인 차이와 불평등에 기반한 경제적 종속의 체계에서 언제나 잠재적으로 활동하고 있는 현실적인 내부의 위협에 맞서, 소유권 및 정치권력의 동일성을 안전하게 하는 수단이라고 생각할 수 있다. 헤게모니는, 다양한 생산활동 및 재생산활동으로써 사회의 물질적 실체를 구성하는 커다란 대중의 매우 파괴적인 잠재적 에너지들을 억누름으로써 그러한 위협을 가라앉혀 진정시키려는, 권력을 쥔 자들의 시도이다. 물론 가장 큰 위협은, 억압 및 복속을 유지하는 힘의 방향을, 억압되고 복속된 그 누군가가 역전시킬 수 있다는 아주 단순한 사실이다. 사람들을 내리누르는 헤게모니는, 언제나 그와는 다른 방향으로 밀어붙이고 있는 대항 압력(counter-pressure)을 자신의 내부에 포함하고 있다. 이렇게 보았을 때, 만일 그 잠재적 위협에 대한 반응(또는 저항)으로서 헤게모니가 발생되도록 하는 아주 강력한 적대적인(antithetical) 힘이 없었더라면, 처음부터 헤게모니는 필요하지 않았을 것이다. 사회적 안정(stasis)이란 단성적인(univocal) 권력의 행사라기보다는 언제나 똑같은 힘들 사이의 무승부 상태인 것이다. 그러므로 사회 체계가 아무리 안정된 듯이 보이더라도 그러한 균형은 불안한 것이다. 결국 헤게모니는, 힘의 균형을 깨뜨릴 수 있는 잠재력이 있는 어떤 힘을 억제하는 것으로 이해되어야 한다.

그러므로 우리가 지배라고 생각하는 것은, 권력의 실제적 위치나 장소로 구성되지만, 이는 또 위협을 굴절시켜 완전히 다른 성질로

---

25) 나는, 1983년 여름 일리노이 대학 어바나(Urbana) 캠퍼스의 '마르크스주의와 문화' 학회에서 홀이 한 강연을 염두에 두고 있다. L. Grossberg · C. Nelson (편), *Marxism and the Interpretation of Culture*(Urbana: University of Illinois Press, 1987)을 볼 것.

만들기도 한다. 그리고 지배의 이 두 번째 차원은, 탈구조주의적 사고틀을 통해 지배적 저항의 한 형식으로 재개념화된다. 즉 모든 불평등한 체계의 특성인, 헤게모니를 침식하려는 구조적 경향들을 굴절하고 요격하려는 시도로 재개념화된다.

이러한 틀 속에서 헤게모니는 그 결정하는(determining) 위치로부터 벗어나, 힘들이 상호작용하는 역동적인 모순 속의 한 부분으로 나타나게 된다. 헤게모니는, 자신들의 위치로 인해 헤게모니에 반항하는, 헤게모니 외부에 있는 사람들의 힘과 관계하고 있는데, 바로 그들의 힘이 헤게모니의 형태와 내용을 결정한다. 헤게모니는 단일한 사회적 행위의 벡터가 아니다. 그보다도 헤게모니는 종속된 사람들로부터 발생하는, 지배에 대한 잠재적인 위협에 대한 반응으로 나타난다. 그리고 바로 그 위협은, 종속된 사람들이 잠재적으로 훨씬 강력한 힘을 가지고 있음을 나타내는 것이다. 이같이 단일한 일차적 벡터란 없다. 문화는 힘들의 차이이며, 헤게모니는 그 힘들의 차이를 억제하는 구조이다. 권력이 권력인 것은, 그것이 언제나 위협받고 있기 때문이다. 즉 잠재적인 대항권력(counter-power)인 현실적인 대항력(counter-force)으로부터 도전받고 있기 때문에 권력일 수 있는 것이다. 그리고 그 두 힘은 동일성이 결여된, 진동하는 차이(oscillating differential)를 형성한다.

그러므로 문화에 대한 탈구조주의적 접근은, 대중적 힘과 대중적 투쟁의 잠재가능성을 더욱 강조한다. 그리고 이는 문화적 영역으로까지 확장될 수 있다. 문화적 형식들은, 단순한 헤게모니의 도구라기보다는 지배와 저항이 만나는 정치적 차이의 지점으로 읽힐 수 있다. 그곳에서 빼앗긴 사람들의 적극적 힘에 대해 저항하는 지배와, 그 역전된 지배를 위협하는 빼앗긴 자들의 잠재된 힘인 대항 권력이 만나는 것이다. 따라서 이른바 '문화적 헤게모니' 내부에 있는, 권력에 대한 잠재적 위협의 표시들이 해독되어야 한다. 실로 헤게모니 안에 그러한 활동이 존재한다는 것 자체가, 무언가 굴절되고 억제되어야 할 것이 있다는 사실을 입증한다. 정신분석학에서처럼, 가장 강력한 부정은 보통 가장 강력한 긍정의 굴절된 은유인 것이다.

탈구조주의적 모델을 사용함으로써, 우리는 하위문화적 실천을 부모 세대의 문화적 청교도주의와, 향락적인 소비문화 사이의 모순에 대한 상상적 해결로 읽었던 버밍햄 학파의 입장을 재해석할 수 있게 된다. 예를 들어 부모의 노동계급 문화에서 강요되는 욕망의 억압에 대한 반작용으로, 아이들은 소비주의나 비행(hanging out)과 같은 향락적 활동에 빠져들게 된다. 현대 자본주의 문화의 소비에 대한 요구와, 부모들의 전통적 문화에서 나타나는 쾌락의 부정 사이에 형성되는 모순은, 젊은 하위문화의 실천자들로 하여금 노동계급 세계의 재생산을 보증하는 맥락과 방식 내부에서 쾌락을 추구함으로써, 그 딜레마를 상상적으로 해소하게 한다. 왜냐하면 그러한 상상적인 문화적 해소는 그들의 삶을 형성하는 구조적 가정 자체를 문제삼지는 않기 때문이다.

탈구조주의적 모델은, 하위문화적 실천들이 보다 더 적극적인 잠재력(자본주의적 문화가 요구하는 한계와 경계들을 넘어서는 문화적·사회적 가능성들을 생산할 수 있는 잠재력)을 제시하는 것이라고 생각할 수 있게 한다. 이렇게 보았을 때, 하위문화적 직업이 없는 이유는, 단지 노동의 규율을 요구하는 자본주의 문화가, 젊은이들이 집단적으로 화가나 음악가, 무용수, 또는 무위도식자가 되고자 하는 것을 허락할 수 없기 때문일 것이다. 그렇게 되는 것은 글자 그대로 경제적 의미에서 반생산적(counterproductive)이기 때문이다. 그러나 더 결정적이고 위험스러운 것은, 그것이 자본주의가 살아남기 위해서는 반드시 축소시켜야 하는 대중적 수준의 잠재력을 나타낸다는 사실이다. 그리고 만일 하위문화의 무대에서 일상생활의 미학과 놀이를 위해 노동규율을 거부할 자유가 대규모로 획득된다면, 자본주의는 살아남지 못할 것이다.

따라서 다양한 하위문화의 스타일들은, 문제에 대한 상상적 해소에 머무는 것은 아니다. 그것들은 또한 어떤 잠재력을 제시하고, 가능성을 예시하는 것으로도 생각될 수 있을 것이다. 하위문화의 스타

일들은 문화 생산의 창조적인 힘을 예증한다. 또 그것들은 노동규율의 논리보다는 문화 형식들의 수사학적이고 창조적인 작용이 사회적 삶의 물질성을 형성하게 될 어떤 세계의 윤곽을 그린다.

월리암스와 마찬가지로 버밍햄 학파 역시 문화 개념 내부에서 작용하고 있는데, 그 문화 개념은 문화이론에 대한 탈구조주의적 공헌에 의해 수정될 수 있을 것이다. 버밍햄 학파는 문화를 '사회 집단들이 독자적인 삶의 패턴들을 발전시키고, 그 사회적이고 물질적인 삶의 경험에 표현적인 형식을 부여하는 수준'으로 정의한다. 즉 '문화는 의미있는 형태나 형식 속에 집단의 삶을 실현하거나 객관화하는 실천이며 …… 이 독자적인 형태들을 통해 이같은 물질적이고 사회적인 조직은 스스로를 표현한다'는 것이다. 또한 그들은, 삶을 조직하는 '의미의 지도'를 포함하고 후세에 전해질 생의 의미를 저장하는 곳으로 문화를 정의하기도 한다. 다른 곳에서 그들은 문화적 표현 및 스타일과 집단 생활 사이의 상동성에 대해 논하고 있다. 한 마디로 말해, 문화는 집단의 삶과 상동적인 표현 형식이다.26)

탈구조주의 문화이론이 제기하는 문제는 다음과 같은 것이리라. 즉 문화는, 문화보다 선행하며 문화를 통해 표현되는 어떤 집단적 삶의 실체를 이차적으로 재현하거나 구현할 뿐인가? 그렇지 않으면 형태, 형식, 재현, 구체화, 객관화 등으로 정의되는 문화는 집단적 생을 이룩함에 있어 보다 일차적인 구성적 역할을 수행하는가? 잠정적으로 자신의 실질적 현존을 떠나 스스로를 재현에 맡기는, 문화적 재현보다 선행하는 재현 이전의 삶이 존재하는가, 아니면 삶 자체가 재현에 의해 구성되는가? 사회와 관련해서 문화를 분석할 때, 우리는 문화로부터 삶의 실체로 이동하는가, 아니면 문화에서 문화로 이동하는가? 집단의 삶은 문화적 구체화나 형식보다 선행한다고 정말 말할 수 있는가?

---

26) Hall(외), *Resistance Through Rituals: Youth Sub-Cultures in Post-War Britain*(Birmingham: Centre for Contemporary Cultural Studies, 1975), 41면.

이러한 질문들에 대해 탈구조주의는, 사람들이 물질적으로 살고 나서 문화를 덧붙이는 것이 아니라고 대답한다. 즉 사람들은 살아감과 동시에 문화를 갖는다. 물론 문화가 없이도 잘 살아갈 수 있다는 점에서, 이론적·논리적으로 삶이 문화에 선행한다고 말할 수 있을지 모른다. 그러나 그럼에도 불구하고, 우리가 좁은 의미로 문화라고 부르는 상호작용의 형식 및 의미의 구조들을 반드시 함께 동반하지 않을 때, 집단적 삶이나 공동체의 물질적 존재 따위는 있을 수 없는 것이다.

물질적 삶을 이끄는 방식(식량을 재배하거나 수확하는 일처럼 원초적인 그 어떤 것조차도) 자체가 형식과 관련된 문제이다. 다시 말해 그것은 그러한 활동들을 수행하기 위해 문화 안에 존재하는 모델과 재현들의 문제(이를테면, 농사를 짓는 것이 여성에게 '적합한' 일인가 남성에게 '적합한' 일인가 하는)인 것이다. 농업 모델, 즉 어떻게 농업을 하는가에 대한 이미지가 없는 집단이 있다면, 그 집단은 채취와 같은, 음식을 얻는 어떤 다른 감각에 의해 살아갈 것이다. 농사를 짓는 사람들의 집단은, 전 해에 한 일을 모방하면서, 즉 살아남기 위해 집단이 예전에 무엇을 했는가에 대한 이미지나 재현들을 마음 속에 품으면서, 한 해에서 다른 해로, 수확기에서 수확기로 살아나간다.27) 다시 말해, 물질적으로 생존하는 바로 그 순간에 재현이 작용하고 있는 것이다. 그리고 인간의 삶이 진보해 감에 따라 그 재현과 형식들은, 삶을 이끄는 점점 더 큰 의의를 획득하게 된다. 따라서 역사적 논리적으로 문화에 선행하여, 재현, 이미지화, 조립, 테크놀로지, 형식 등 문화의 성격에 의해 구성적으로 영향 받지 않을 어떤 계기를 두는 것은 (불가능하지는 않을지 모르지만) 아주 어려운 일이다.

탈구조주의적 입장은, 집단적 삶의 실체를 문화적 재현보다 앞에 두는 형이상학적 이항대립에 질문을 제기한다. 탈구조주의는 또 버

---

27) 기본적인 농경에서조차 '상호작용적인 관찰'이 필요하다고 하는 윌리암스의 입장을 참고할 것. *The Year 2000*, 265면.

밍햄 학파가 주장하듯이, 문화를 집단적 삶의 특정한 지점에서 시작되는 어떤 것으로 정의하는 관점 역시 배제한다. 어떤 특정한 순간 이전부터 문화는 이미 작용하여, 집단의 삶을 구성하고 존재케(즉 형식을 얻게) 한다는 것이다. 예를 들어 영국 하위문화의 노동계급 공동체들은, 기독교적인 예수의 자기희생적 이미지에 의한 삶의 형성이나, 분업 등의 생산 모델들로써 그 존재를 형식화하는 문화화의 일반적인 과정을 통해서만 존재했고 또 존재할 수 있었다. 그들의 삶의 서사들은, 그들이 물려받아 내면화한 삶의 이야기를 통해 규정되고 형성되었는데, 그 이야기는 노동계급의 가능성을 제한하고 그들로 하여금 산업 조직이나 배치(그 자체가 삶을 반복, 교체, 동시성의 연속적인 패턴들로 형식화하여 이야기하는 방식인)에 순응할 것을 강요했다. 진정한 의미에서 그러한 삶은 테크놀로지의 산물이다. 즉 그것은 구조화나 제조 과정의 산물인 것이다. 그 삶의 실체는 자연스러운 것도, 문화 이전의 것도 아니다.[28]

나는 이같은 탈구조주의적 논의가 단지 철학적 작업만은 아니라는 사실을 다시 한 번 지적해 두고자 한다. 탈구조주의가 증진시키는 재개념화는 정치적인 의미를 갖게 된다. 그러한 재개념화가 없다면, 문화는 사회적 삶이나 계급 사회의 좀더 실질적이고 물질적인 기반에 대항해 제시된, 형식이나 재현들의 놀이인 양 오해될 수도 있을 것이다. 이 경우 사회적 삶이나 계급사회의 현존은 전재현적이고 비문화적이며, 정치적으로 보다 더 중요하다고 생각된다. 즉 그것은 재현(표상)에 의해 심리와 육체가 형성되는 방식, 또는 가족이나 사회적 관계들 내부의 상징적인 상호작용을 통해 개인 상호간의 지배가 확립되는 방식 등과 같은 보충적 작용들에 선행하는 급진적 재구성의 진정한 목표로 오해될 수 있는 것이다. 그때 하위문화적 실

---

28) 이러한 사회적 사건들을 해석함에 있어 수반되는 문제들을 논의한 것으로는, P. Willis, *Learning to Labour*(New York: Columbia University Press, 1981)를 볼 것.

천들은 보다 더 현실적이고 실체적인 경제적 문제 및 해결들(이를테면, 암암리에 등장하는 경제주의)과 비교해, 단순한 상상적 해결인 양 생각될 수 있다. 그리고 이와 짝을 이루어, 상징적 상호작용을 단순히 문화적으로만 이해하는 최악의 양상들을 재생산하는 경제적 해결들이 제공될 수 있다.

탈구조주의적 논의에 따르면, 노동 과정이나 위계질서적 관리 같은, 자본주의 사회에서 실체적인 것으로 보이는 양상들로부터 그 실체의 외관을 박탈하는 가장 좋은 방법은, 그것들을 문화의 차원으로, 즉 가변적이고 변형 가능한 형식으로 보는 것이다. '문화'와 비교했을 때 '경제'라는 말이 흔히 내포하게 되는 실체성 및 현실성의 감각을 박탈하면, 그 대신 보통 문화에 의해 함축되는 구성성과 관습성의 감각이 그 말에 할당될 것이다.

이 논의의 요점은, 작업장의 노동규율 강요는, 한편으로는 점점 더 물질적 박탈의 위협에 의존하지만, 다른 한편으로는 적어도 (펑크족과 같은 노동계급의 젊은이 문화가 나타나는) 선진 자본주의적 사회에서, 노동자로서의 위치에 관한 어떤 표상(재현), 통용되고 있는 국가라는 신화, 노동자의 삶에 대한 지배적인 서사, 그리고 군림하는 자본가들의 자기표상 등의 내면화에 의존해야 한다는 것이다. 관습을 파괴하는 노동계급 젊은이들에게 경찰력을 사용하도록 승인하는 것조차, 그렇게 사용되는 국가권력이 정당하다는 감각이 내면화될 것을 요구한다. 그러한 재현 체계의 일부에는, 그들의 실천이 제일(primary) 문화, 혹은 부모 세대의 문화와 비교해 '하위문화적'이라는 믿음이 포함되어 있다. 그 주류문화는, 단지 자신을 보편화하는 데에 성공한 또 다른 하위문화에 불과한 것으로 표상되어서는 안된다.

이러한 논의의 주된 정치적 결론은, 문화보다 선행한다고 가정된 형식과 필연성들로부터, 집단 생활의 선문화적인(pre-cultural) 면으로 간주되어 생겨난 모든 객관적이거나 자연적인 위치를 박탈해야 한다는 것이다. 그리고 무위도식, 배회하기, 빈둥거리기 등과 같은 하위문화적 실천은 경제적 중요성을 가진 것으로 생각되어야 한다.

그것들은 대안적인 문화 실천뿐만 아니라, 대안적인 경제 실천도 의미하고 있다. 하위문화적 실천은 노동의 규율을 거부하며, 또 '여가'를 통제와 예측이 가능한 조각들로 분리하는 노동과정의 논리적 서사 역시 거부한다. 그렇게 함으로써 그 하위문화적 실천들은 대안적인 집단 생활의 가능성들을 알려준다. 그 생활에서 노동은 더 이상 사회적 삶의 전형적인 서사가 아니다. 또 그런 생활에서는 대안적인 삶의 이야기를 쓸 수 있는 능력이, 단지 주변적이고 문화적인 사건이 아니라 특권적 목적이 된다.

따라서 하위문화적인 일자리(careers)가 없다고 하는 버밍햄 학파의 논의는 핵심을 찌른 것이다. 결국은 노동의 세계가 승리한다. 즉 사회적 의미 발견의 유일한 방법인 그런 하위문화들을 생산하는 여러 조건들을 완화하는 데에는, 경제의 구조적 변화가 필수적이다. 그러나 이같은 생각은 노동규율의 거부(그것이 아무리 일시적이고 무이론적일지라도)가 하나의 의미있고 예시적인 정치적 현상이라는 점을 놓치고 있다. 이렇게 노동규율을 거부할 때 일자리(opening)는 폐쇄되는데, 이는 그 거부가 노동체계에 대한 위협을 구성하고 있음을 가리킨다. 그리고 그 위협은 하위문화적 실천들을 직업 논리를 위해 이용할 수 없다는 바로 그 사실을 나타내는 것이다. 하위문화적 실천들은, 직업에 따라 삶을 배열하는 사회의 지배적인 서사가, 우리가 가질 수 있는 유일한 서사가 아니라는 사실을 보여준다. 하위문화적 '일자리'가 없다는 사실 자체가 하위문화적 실천들의 성공 가능성(정말로 위협적이지 않은가)을 표시하는 것이다.

그러므로 탈구조주의적 문화 개념을 통해 문화이론을 비판적으로 고찰함으로써, 우리는 사회적 현실과 사회적 수사학이 서로 긴밀하게 얽혀 있다는 것을 알 수 있게 된다. 노동계급 아이들의 삶은, 그들의 삶이 의거하고 있는 담론에 의해 그 형태와 서사적 형식이 부여된다. 그 담론의 특권적인 은유는 백인 자본가의 자유이고, 그 가장 일반적인 제유는 전체를 위한 부분의 삶(그 삶을 위해 다수가 복종하는)이다. 그리고 만일 그 아이들의 삶이 보여주는 창조적인 모습이 사회구조라는 보다 의미있는 논제와 관련해서만 의미있다고 생각되는 한, 또 그들의 경험 양상 속에서 산정해 낼 수 없는 용어로써 사물의 진리를 파악하는 과학에 비해, 그 삶의 창조적인 모습이 이데올로기적인 것으로 생각되는 한, 사회가 아무리 레닌주의적으로 감독된다고 할지라도, 그들의 삶은 별로 변하지 않을 것이다. 사회경제적 분석과 같은 엄격한 과학과, 경험에 기반한 유연한 이데올로기를 구분하는 논의의 형식 자체가, 우리가 문제삼고 있는 물질성과 문화 사이의 경계를 복제해 내는 것이다.

문화에 대해 급진적으로 개념화할 때, 우리는 보통 재현 행위의 외부에 있다고 생각되는 여러 영역들을 우리의 작업에 이용할 수 있다. 이제부터 우리는 그같은 특수한 배제를 이데올로기적인 것으로 보아야 한다. 다시 말해 그러한 배제는 금세기 중반의 자본주의적 '현실'의 구성을 보증하는 하나의 전략인데, 이는 철학에서 언어학적 분석을 우위에 놓아 비판적인 사고를 배제하는 것, 수학적인 균형 산정이라는 비규범적인 '과학'으로 경제학을 환원하여 '유토피아적인' 마르크스주의를 배제하는 것, 문학 비평을 텍스트에 대한 비실체적 ·비역사적·비사회적인 형식적 관심으로 제한하여, 문학 연구를 사회적 삶의 연구로 이해하려는 관점을 배제하는 것, 존재의 사실들을 존재의 규범으로 보는 실증주의적 반복에 정치학을 한정하여, 윤리 ·정치적인 재구성 기획들을 배제하는 것, 그리고 자신의 사회적 맥락을 과학적 분석에 맡기지 않는 지식으로 과학을 정의하여, 과학적 탐구 속에 사회적 재구성을 내면화하지 않으려는 시도 등과 보조를 같이 하는 것이다.

물론 이런 비판적 설명에 투사된 사회적 이상들은 유토피아적으로 보일 수 있다. 만일 그렇다면, 그것은 그러한 파악 자체가 내가 기술하고 있는 것들의 징후이기 때문이다. 현실이 다시 구성될 수 없다고 생각하는 것은, 이른바 현실에 대한 모든 충격으로부터 안전한 어떤 영역 속에 문화를 고립시키는 것일 뿐이다. 우리가 사회적 현실을, 마음대로 촬영하고, 자르고, 편집하고, 서술할 수 있는 하나의 영화로 생각하기 시작할 때, 그런 식의 이데올로기적 구분들이 극복되는 모습을 보게 될 것이다. 내가 유물론과 합리주의의 딜레마를 넘어서는 범주로 형식을 파악하는 것은, 내가 제안했던 문화의 급진화 가능성을 열어 놓기 위해서이다. 만일 새로운 사회를 만드는 것이 우리의 목표라면, 그 일은 새로운 범주들을 만듦으로써 시작될 것이다. 그리고 우리는 이 일을, 고립된 합리적 사변에 탐닉하는 것이 아니라, 실험과학의 이론적 가설들처럼 기능하는 모델의 설정으로 생각해야 한다. 그렇게 할 때에만, 자신이 존재하지 않는다고 선언하는 권력에 의해 가장 두드러지게 표상되는 힘들이, 다가올 역사의 무대 위에 나타나기 시작할 것이다.

제1장
하버마스의 의사소통 행위 이론 비판

위르겐 하버마스의 『의사소통 행위 이론』은 독일 비판이론의 전통에서 우파적 전환을 보여준다.1) 하버마스는 자유주의적 합리주의와 보수적 사회학 이론, 그리고 주류 언어학의 혼합을 위해, 마르크스주의와 급진적 유물론의 전망을 거부한다. 또한 그는 자본주의의 '합리적' 현실성과 사회민주주의적으로 화해하기 위해 마르쿠제 등의 초기 프랑크푸르트 학파 사상가들의 혁명적 목표를 제쳐 놓는다. 지난 세기 동안 좌파 급진주의를 그토록 자극했던 사회적 평등의 이념은 불평등의 필연성을 정당화하는 것으로 뒤바뀐다. 사회적 재구성

---

1) J. Habermas, *Theory of Communicative Action: Reason and the Rationalization of Society*, Vol. 1(Boston: Beacon Press, 1984)와 *Theorie des Kommunikativen Handelns: Handlungsrationlität und gesellschaftliche Rationalisierung*, Band Ⅱ(Frankfurt: Suhrkamp Verlag, 1981). 이후의 모든 참고문헌은 본문에 제시될 것이다. 이러한 연구에 대한 비판적 평가로는 하버마스에 대해서 쓴 *New German Critique*(No. 35, 1985년 봄·여름)의 특별 논제를 볼 것. 특히 McCarthy, Mitgeld와 S. Benhabib의 논문들 *Critique, Norm, and Utopia: A Study of the Foundations of Critical Theory*(New York: Columbia University Press, 1986)를 참고할 것. 이 책은 하버마스에 대한 훌륭한 비판적 평가이며, 비판이론과 탈구조주의의 매개를 지향하고 있다. 또한 페미니즘적인 입장의 책으로서 S. Benhabib·D. Cornell(편), *Feminism as Critique*(London: Blackwell, 1987)에서 N. Fraser와 I. Young의 논문을 볼 것. 최근의 연구에 대한 비판적 요약으로는 D. Ingram, *Habermas and the Dialectic of Reason*(New Haven: Yale University Press, 1987)에서 특히 169~171면을 참고할 것.

의 상상적 모델을 모색하는 대신에 하버마스는 과도한 사회복지적 관료 정치의 치유책으로서 정신적인 모조 이념을 제공하는 보수적 낭만주의에 참여한다. 이른바 좌파 사회이론이 입에 맞는 권력과 참을 만한 착취를 시도하는 주류의 흐름과 이토록 혼돈된 적은 결코 없었다.

하버마스는 인식이론(theory of Knowledge)과 사회이론을 결합한다. 하버마스에 의하면, 사회과학자와 합리적 사회 주체들은 소위 초월적 입장에서 진리를 보증하는 어떤 근거를 찾아내기보다는, 상호 이해와 합의를 지향하는 의사소통 행위 속에 그들의 주장을 기초해야 한다. 역사적으로 정초된 그같은 대화 속에서, 정당성의 기준에 부합하느냐에 따라 논쟁이 제안되고 비판되며 또한 수용되거나 거부된다. 모든 사람이 정당한 것으로 인정할 수 있는 그런 논쟁만이 유효성을 얻는 것이다. 이같은 과정의 목표는 합의에 이르고 상호인정하며 통일된 진리를 수용하는 데에 있다. 이러한 의사소통의 이상(ideal,이념)은 사회적 이상이기도 하다. 왜냐하면 생활세계는 합리화될 수 있고 합리적 합의를 지향하는 의사소통적 상호작용의 과정에 점차 포섭될 수 있다고 하버마스는 믿기 때문이다. 합리적 합의(rational consensus)란 사회적 통합의 과정으로서 실행되는 의미론적 통일성의 이상인 것이다. 피아제의 발달 심리학(developmental psychology)에 의존하면서 하버마스는 점증하는 세분화, 체계화, 복합성을 그런 합리화 작용과 동일시한다. 인식이론은 사회이론의 견지에서 정당화되며 사회이론은 인식이론의 견지에서 정당화된다. 그 둘은 근대적(modern)이며 추상적인 것을 특권화한다. 가장 합리적인 것은 인지적 발달의 가장 고도의 단계를 성취한 것이다. 즉, 그것은 합의의 지향과 정당성의 규범을 지닌 의사소통적 상호작용에 참여하는 능력을 얻었음을 의미한다. 또한 가장 사회적으로 근대적인 것 역시 인지적 발달의 최고도를 성취한 것이다. 즉, 그것은 사회적 하위체계의 세분화, 법칙의 체계화, 가치의 올바름, 그리고 작업의 효율성의 최대화된 능력을 뜻한다. 따라서 처음부터, 의사소통적 상호작용에서 인지되는 정당한 진리의 통일성(Einheit 즉 unit)이라는 인식이론의 가정은, 통합화 혹은 통일화(Eineignung 즉 unification)라는 사회이론의 필연적 결과에 이르게 된다. 모든 사람은 동의할 것이며, 아무도 합리적인 사회의 외부에 서지 않을 것이다. 만일 그렇지 않으면 그들은 비합리적이다.

하버마스는 추상적 이성과 실제적 경험을 분리시킴으로써 사회학에서 체계적 방법과 현상학적 방법을 조화시키려 시도한다. 이러한 조화된 방법은, 사회를 안정화시키면서 생활세계로 나아가게 하는 화폐나 권력 같은 체계를 변별하는 그의 사회이론으로 전환된다. 하버마스의 사회이론에서 생활세계(life world)란, 사회적 통합 즉 상호이해나 동의적 합의를 지향하는 의사소통에 매개된 공통적 경험의 영역이다. 하버마스는 그의 정치학을 생활세계로부터 체계들을 분리시키는 곳곳에 위치시킨다. 그가 자본주의적 근대성의 긍정적이고 합리적인 측면으로 보는 화폐체계와 권력체계(마르크스의 중대한 실수는 이 점을 파악하지 못한 것이다) 역시 부분적으로는 병리적인데, 왜냐하면 그 체계들이 생활세계로 침투하기 때문이다. 예를 들어, 그 체계들은 가정을 너무 법률적 관리에 종속시키거나 학교를 지나치게 행정화함으로써 식민화하는 것이다.[2]

---

2) [역자주] 하버마스의 사회이론에서 '체계'란 합목적적 행위를 효율성의 견지에서 조정하는 사회의 기능적 연관을 말한다. 또한 '생활세계'는 사회구성원들이 배경적 지식을 공유함으로써 의사소통적 행위가 일어나는 상호주관적 삶의 맥락이다. 하버마스는 사회가 진화함에 따라 체계와 생활세계가 구조적으로 분화된다고 설명한다. 즉, 지배체계로부터 하위체계(권력체계나 화폐체계)가 분화되며 생활세계도 문화·사회·인격성으로 분화된다. 또한 그와 함께 효율성에 지배되는 체계로부터 의사소통 행위의 영역인 생활세계가 분리된다. 하버마스는 체계의 분화를 자본주의적 근대성의 긍정적이고 합리적인 측면으로 파악한다. 즉, 마르크스주의가 간과한 것은 체계의 분화와 복잡성이 사회적 합리화와 효율성을 증대시킨다는 점이라는 것이다. 그러나 문제가 되는 것은 점차 증가하는 체계의 복잡화가 생활세계와의 관계에 영향을 끼치는 점이다. 물론 체계의 복잡화에 따라 생활세계가 변화되는 것이

이러한 낭만적인 은유는 다음과 같은 사실을 가정한 것이다. 즉, 체계적 외면성과 구분되는 생활세계의 내면성이 존재하며, 그 내면성은 '외면적인' 법률적 교정수단으로부터 보호되어야 하는 권력 외부의 실제적 영역을 구성한다. 학교나 가정 같은 곳에서의 이미 알려진 권력이나 폭력, 기능적 지배의 존재를 고려하지 않는 것은 하버마스의 주류적인 합리주의적 방법의 큰 특징이다. 그러나 그가 힘으로부터 해방된 생활세계의 내면성이라는 이상이 위조된 것임을 명확히 보지 못하는 것은 탈구조주의 이전의 형이상학의 징조일 뿐이다. 가정은 단지 사람들이 루소주의적인 전원적 행복 속에서 대화하는 곳만은 아니다. 가정은 또한 소비하고 일하는 것을 배우는 곳이며, 자본주의나 국가사회주의의 규율을 수용하고, 타인들에 대한 권력의 역할을 가정하여, 폭력의 행사를 감내하도록 길들여지는 곳이다. 체계라는 외적 세계와 생활세계라는 의사소통적인 내적 영역의 구분은 더 이상 유지될 수 없다.3)

─────────────

아니라 그 반대로 생활세계의 구조적 변화에 의존해 체계가 분화되어 간다. 그러나 체계가 고도로 복잡화됨에 따라 대상에 대한 도구적 조절에 전념하게 되고 점차로 생활세계를 국지화하게 된다. 강대해진 경제나 행정 등의 하위체계들은 생활세계를 자신의 하위체계로 전락시켜 식민화하는 것이다. 이것이 바로 체계의 도구적 이성이 생활세계의 의사소통적 이성을 지배하는 현상이다. 위르겐 하버마스, 「체계와 생활세계의 분리」, 『의사소통의 사회이론』, 장은주 역(관악사, 1995), 195~200면. 윤평중, 『푸꼬와 하버마스를 넘어서』(교보문고, 1990), 127~133면. 나병철, 『근대성과 근대문학』(문예출판사, 1995), 302~307면 참조.

3) 하버마스는 형이상학적이고 낭만적이고 자연주의적인 내면성의 개념을 옹호하는 데 관심을 가지고 있다. 자본주의의 실제적 위험은, 사회적 공장을 만들면서 사람들의 에너지 착취를 확대시키는 것이 아니라, 화폐와 권력 '체계들'이 생활세계를 식민화하는 것이다. 이미 『이론과 실천(*Theory and Practice*)』 같은 초기의 저서에서 이러한 형이상학적이고 로고스중심적인 경향이 명백했으며, 특히 근대(이론과 실천이 분리된) 이전의 이론과 실천이 결합된 시대에 대한 향수어린 특권화에서 그런 경향이 분명히 나타났다. 그의 가장 최근의 저서에서 낭만적인 형이상학은 생활세계의 이상으로서 다

마찬가지로 이른바 근대 자본주의(modern capitalism)가 마르크스주의가 배워야 하는 보다 고도의 사회적 합리화 형식을 구성한다는 하버마스의 주장 역시 견지될 수 없다. 체계에 의해 통제되는 일상적 세계에서 화폐와 권력 체계들이 분화되는 것 또한 점증하는 지배의 징표인 것이다. 하버마스는 화폐체계 같은 지배적 체계들이 계급적 특성을 상실한다는 단순한 주장으로써 소위 합리적이고 근대적인 발전의 부작용을 간과할 수 있게 된다. 그러나 그는 화폐와 사회적 권력의 분화가 자기 재생산적 계급체계 내부에서 실제적인 정치적 권력으로 전환됨을 놓치고 있다. 이러한 결점은 하버마스가 언명한 보수주의적 진화의 모델에서 기인된 것이기도 하다. 그의 방식으로 역사를 개념화시키면 어떤 체계가 점점 더 복합적 하위체계로 분화하는 것은 합리적 근대화의 진화로 여겨지게 된다.4) 그러나 만일 근

시 나타난다. 생활세계는 그것에 외적인 것으로 간주되는 체계의 심급들에 의해 위협을 받는다. 이러한 낭만주의는 합리주의적 신임장을 장군의 훈장처럼 가슴에 달고 있는 철학자에게는 놀라운 것이다. 그러나 실제로는 그렇게 놀랄 일은 아닐 것이다(하버마스 합리주의의 대부인 칸트는 결국 낭만주의의 주요한 선조였다). 정당성의 규범을 가진 의사소통의 상호작용의 과정에서 정당성을 분리시키는 경계선은, 생활세계와 체계 사이의 경계선에서 되풀이된다. 각 심급에서 안정되고 자기동일적인 것(이는 자기 자신을 넘어서서 구성적으로 외부로 개방시키는 분절, 차이, 이타성, 참조성에 의해 규정되지 않는다)은 그런 경계선에 의해 특권화되고 보호된다. 따라서 정당성의 규범은 또한 순수하게 내적인 규범이다. 하버마스의 경우에 사회적 부정성은 사람들의 신체에 작용하는 억압적 조작(이러한 문제는 의사소통과 노동 사이의 형이상학적 구분을 보증하는 경계선을 만듦으로서 오래 전에 폐기되었다)이 아니라, 신주관적(neo-subjective) 관점에서 정의된 이른바 사적인 가정생활과 자유의 영역에 관료주의가 침범함에 의한 것이다.

4) [역자주] 하버마스는 체계의 분화과정이 사회구성체의 역사적 진화과정에 상응하는 것으로 설명한다. 가령 권력 메커니즘에 의해 지배적 혈통집단의 위세 대신 법적 제제수단이 작용하게 되면 친족구조의 사회로부터 벗어나게 된다. 정치권력의 제도적 핵심은 국가인데 국가조직의 메커니즘은 정치적으로 짜여진 계급사회를 출현시킨다. 이러한 국가조직의 틀로부터 화폐매체에 의한 국가가 분리되는 순간 근대 자본주의 사회가 성립된다. 즉 자본주의는

대성(modernity) 전체가, 다수의 사람이 모든 시간을 노동으로 소비하지 않을 수 없고 그들의 노동의 덕택으로 매우 적은 소수가 이익을 취하는 일종의 큰 캠프라면(단순화된 마르크스주의적 설명처럼), 하위체계들의 세련성은 지배체계의 문제점에 대한 단순한 부수적인 반응일 뿐이다. 즉, 그것은 근대적 진보나 합리적 성숙의 표시이기보다는, 근본적으로 부수적인 전제들에 근거하는 지배체계에 필요한 사회적 정치화의 노력일 뿐이다.

하버마스의 합리적 토론의 모델은 그가 사회에서 그토록 소중히 여기는 그런 종류의 안정성을 얻기 위한 것이다. 그것의 목표는 근대 자본주의 체계를 안정화시키고 통합시키는 것이다. 근대 자본주의 체계의 병리학은, 일차적으로 권력과 화폐의 필수적 체계들이 낭만적으로 상상된 생활체계 내부에 과도하게 침입토록 한 데서 기인된 것으로, 치유될 수 있는 것이다. 안정화는 토론의 정당성(진실성, 정직성, 성실성)의 규범—오직 정당한 진술만이 합리적인 것으로 간주될 것이다—을 부과함으로써 생겨난다. 이러한 규범들은 생활세계 자체와 마찬가지로 순수하게 내적인 합리주의적 기준에 의해 규정된다. 그 규범들은 사회역사적인 것이 아니며 자발적이지도 물질적이지도 않다. 일단 모든 사람들이 그 규범에 따라 (그리고 정당한 문화적 표준에 순응해서) 행동하는 데 익숙해지면 사회적 체계는 충분히 합리화될 것이다. 사회적 체계는, 합리적이 되도록 훈련받고

권력체계(국가조직, 행정)의 분화에 이어 화폐체계(경제)라는 비국가적인 하위체계가 분화되면서 나타난 것이다.

이 분화체계의 수준에 따른 사회구성체적 특징은 마르크스주의의 토대와 상부구조의 개념에 비유될 수 있다. 사회체계 분화를 가져온 자극은 물질적 재생산의 영역에서 시작된다. 따라서 진화를 주도하는 체계 메커니즘들(권력, 화폐)을 생활세계에 연결시키고 체계적 복잡성을 증대시키는, 그런 제도적 복합체가 마르크스주의의 토대에 상응한다. 토대의 변화는 주도적 체계 메커니즘의 변화를 의미하며, 그것은 사회구성체를 진화시키고 체계의 복잡성을 증가하게 한다. 위르겐 하버마스, 「체계와 생활세계의 분리」, 앞의 책, 218~231면. 나병철, 앞의 책, 304~305면.

세계의 합리성을 통찰할 수 있는 행동주체들에 의해 지배될 것이다. 의심할 바 없이 그들이 자본주의의 세계에서 보게 되는 것은 하버마스가 통찰하는 것이다. 즉, 그것은 합법적인 폭력이 가치로 정의되는 하나의 캠프이기보다는 합리적인 사회적 체계이다. 사람들이 아침에 일어나서 8시간의 노동을 하러 가는 것은 그들 자신이 중산층이 되고 그 밖의 다른 계급을 부유하게 하기 위한 것인데, 이 때 사람들은 단순히 무계급적인 사회적 합리성에 따라서 행동하는 것으로 여겨질 뿐이다. 즉 그것은 그같은 사회적 분화와 다른 집단에 대한 한 집단의 추상적 관계를 필요로 하는 사회적 체계의 합리성이다. 만일 우리가 이러한 원리를 수용할 수 없다면 우리는 비합리적이며 정당한 진술을 만들지 못하게 된다.

따라서 『의사소통 행위 이론』에서는 이 이론이 어떤 전망을 열어주느냐의 문제만큼이나 무엇을 간과하고 있느냐의 문제가 중요하다. 『의사소통 행위 이론』이 간과하고 있는 가장 핵심적인 것은 자본주의와 같은 사회적 제도나 세계의 급진적 가변성(contingency, 우발성)5)이며, 결과적으로 이 이론이 자신의 전망의 영역을 기획하는 데 실패하는 것은, 사회적 변혁의 급진적 민주주의의 개념이다. 사회적 분석과 재구성의 비타협적 규범 —— 사회적 논쟁의 문지기인 정당성의 기준 —— 으로서 이성의 이념에 충실하면서, 의사소통 행위 이론은 온정주의적이고 잠재적으로 권위적인 사회과학과 사회 재구성의 모델을 구성한다. 의미에 대한 해체론적 비판의 배제는 잠재적인 권위주의의 징표인데, 왜냐하면 사회적 재구성의 기획에 있어 해체론은 사회적으로 민주적인 의미와 인식론적인 암시를 지니기 때문이다. 따라서 어떤 점에서 『의사소통 행위 이론』의 자매편인 『현대성(근대성)의 철학적 담론』에서 하버마스가 해체론을 비판한 것은 놀라운 일이 아니다.6) 어느 정도까지 하버마스가 해체론을 비난할 수

---

5) [역자주] 자본주의의 합리주의적 궤도에서 이탈될 가능성을 지닌다는 뜻.
6) [역자주] 하버마스의 데리다에 대한 비판은 후설에 대한 데리다의 비판을 검

밖에 없는 것은 다음과 같은 점에서 기인된 것이다. 즉, 탈구조주의 자들은, 하버마스가 합리적이라고 부른 사회적 제도들이 권력의 가 변적, 병리적 효과라고 암시할 뿐만 아니라, 하버마스가 그런 제도들 을 정당화하기 위해 사용하는 기준 자체——특히 합리성과 정당성 ——를 문제시하기 때문이다.

하버마스의 데리다에 대한 비판은 특히 의미심장하고 주목할 만

토하는 과정에서 행해진다. 데리다는 후설의 명증성 개념에 존재를 현존성 으로 생각할 수밖에 없는 형이상학이 작용하고 있다고 비판한다. 데리다는 그런 현존의 동일성보다 차이(차연)가 선행한다고 논의함으로써 후설의 형 이상학을 전복시킨다. 그러나 하버마스에 의하면, 데리다의 작업은 모든 경 험적 잡석으로부터 정제된 대상(혹은 의미) 자체를 포착하려는 후설의 시도 를 보다 철저화한 것에 불과하다. 즉 데리다는 후설의 토대주의를 전도시켰 지만 그 스스로 또 다른 토대주의에 종속된다. 데리다는 후설의 주체철학의 현존 대신에 보다 더 깊이 놓여 있는 근원적인 힘의 토대(차연)를 상정할 뿐이다. 하버마스의 비판의 초점은, 데리다가 주체철학의 문제점에서 기인 된 제반 과학의 무능력을 실제적 내용으로 대응하지 않고 또 다른 권위적 토대에 호소한다는 것이다. 해체적 사유로써 근원을 파헤치는 데 그치는 그 의 무정부주의에는 유대교적 신비주의가 놓여 있다. [물론 우리는 이런 비 판에 대해 데리다의 차이(차연)의 강조가 (신비주의가 아니라) 주객의 상호 연관을 말하려는 것이라고 반박할 수 있다.]

하버마스는 이어서 데리다의 철학적 비판이 문학적 수사학의 차원에서 이루어짐을 지적한다. 하버마스에 의하면 철학적 담론을 포함한 진지한 담 론은 문학작품과는 달리 이상적 담론 상황을 전제로 한다. 반면에 문학작품 은 (R. 오만이 주장하듯이) 화행의 성립조건인 비언표적 힘이 결여되어 있는 담론이다. 문학작품은 허구적 형식 등을 통해 비언표적 힘을 괄호 안에 넣 는다. 이에 반해 일상적 의사소통 행위는 정직성, 성실성, 정당성 등을 통한 이상적 담론 상황에서 수행된다. 이러한 이상적 전제조건을 간과하는 데리 다의 논의는 실상 의사소통적 일상 실천의 영역을 부인하는 것으로 볼 수 있다. [이에 대해서도 우리는 데리다의 반복성(인용성)의 강조가 문학과 철 학의 혼동이 아니라 물질적 문맥의 변화에 따른 가변성과 반복변화성을 논 의하기 위한 것이라고 반박할 수 있다.] 위르겐 하버마스, 『현대성의 철학적 담론』, 이진우 역(문예출판사, 1994), 196~253면. 여기에 대한 반론으로는 나 병철, 앞의 책, 313~317면을 참조할 것.

한 것이다.7) 하버마스는, 초월적 의미(정신 속에서 단어의 직관적 의

7) J. Habermas, *Die Philosophische Diskurs der Moderne*(Frankfurt: Suhrkamp, 1986) 191~247면. 나는 하버마스의 이 책에서 내 자신의 저서 중 데리다에 대한 절을 언급하고 있는 부분만 집중적으로 검토했다. 이 부분은 거의 전적으로 컬러의 *On Deconstruction*(Ithaca: Cornell University Press, 1982)에 근거하고 있다. 컬러의 책은 데리다의 사상에 대한 명료한 해설서이며, 하버마스는 비판할 곳을 찾기 위해 어려움을 겪는다. 그가 결국 비판한 것은 데리다가 아니라 데리다에 관한 컬러의 생각이다. 하버마스는 특히 철학을 '문학'으로 이해하는 것을 옹호해서 논의하는 컬러의 진술에 집착한다. 컬러식의 논의는 흥미 있는 생각이며 리처드 로티에 의해 고찰된 바 있지만, 그러나 데리다 자신은 그런 논의를 만들지 않는다. 컬러는 '문학적인' 언어는 인용이라는 주제에 대해 데리다를 직접적으로 한번 인용한다. 데리다는 철학적 개념이 재현과 분리될 수 없으며, 수사학적 굴절성, 구문, 언어의 다의성, 그리고 일반적으로 글쓰기와 연관되는 공간적 기록(inscription, 각인)과 분리될 수 없다고 논의한다. 그러나 그는 철학의 관념론적 주장을 침식하는 그러한 재현적 과정을 문학 같은 사회적 제도나 허구의 개념과 동일시하는 것을 조심스럽게 피하고 있다. 허구의 개념은 진리로부터 허구를 구분하는 개념적 체계에 속하며, 그것은 데리다에 의해 해체될 수 있는 것으로 보여질 것이 틀림없다. 데리다의 형이상학에 대한 비판을 문학적인 비판적 참조들로 전치시키면서, 컬러는 빈번히 데리다의 수사학적, 철학적 범주를 문학적인 것으로 대체한다. 즉, 데리다의 '원글쓰기(archi-writing)'를 '원문학(archi-literature)'으로 '기록적'·'은유적'·'재현적'을 '허구적'으로 대신한다. 그리고 바로 이 전치된 용어들이 하버마스의 가장 통렬한 공격의 목표가 된다. 나는 여기서 철학이 일종의 문학적 장르인지에 대한 하버마스와 컬러 간의 논쟁을 다루지는 않을 것이다.
 하버마스의 데리다에 대한 두 번째 주요한 비판은 데리다가 아니라 컬러의 것인 진술에 초점을 맞춘다. 즉, '만일 어떤 텍스트가 이해가능하다면, 그 텍스트는 원리상 다른 독자들에게 반복해서 이해될 수 있다. …… 그러한 독서 혹은 이해의 행위들은 물론 동일하지는 않다. 그 행위들은 수정과 차이를 불러일으킨다. …… 따라서 우리는 이렇게 말할 수 있다. …… 이해는 오해의 한 특별한 경우이다'(*On Deconstruction*, 176면). 이는, 모든 이해가 오해의 가능성을 결코 완전히 제거할 수 없으며, 따라서 오해는 이해에 대해 외부적이라고 주장될 수 없다는, 데리다의 생각의 문제적인 표현이다. 컬러의 말은 데리다의 말이기보다는 오히려 그 자신의 것이다. 데리다

미가, 통일적 개념 형성을 파괴하려는 공간적, 시간적 차이의 관계들의 의미작용에 선행하게 하는) 영역을 확립하려는 후설의 시도에 대한 데리다의 비판을 거부한다. 하버마스의 거부의 목적은, 그것이 수사학과 권력으로부터 벗어난 정당성이라는 합리적 규범의 근거를 가정하는 한, 하버마스의 담론의 위상에 관계되는 점에서 중요성을 지닌다. 데리다는, 사고란 항상 의미작용 속에서 나타나거나, 그 가능한 존재 양식으로서 재현과 연관되야 하므로, 후설식의 초월성의 이념은 불가능하다고 논의한다. 하버마스는 이런 데리다의 주장을 거부할 수밖에 없다. 왜냐하면 그런 주장을 받아들이면서, 재현적 도구에 대한, 그리고 이성이 초월할(그렇게 주장되는) 경험적 세계에 대한, 이성의 특권을 생각하는 것은 불가능할 것이기 때문이다. 즉, 데리다

는 모든 이해가 필연적으로 오해의 가능성에 의해 구조화된다고 논의한다. 왜냐하면 모든 이해, 즉 한 주체에서 다른 주체로의 의미의 소통은 필연적으로 재현과 언어에 의해 매개되며, 재현은 다른 의미들과 이해들을 불러일으킴으로써 자신이 전달하는 의도된 의미를 배신하고 길을 잃게 되지 않는다는 보장을 지니지 않는다. 이러한 가능성, 즉 종결될 수 없는 가능성을 여는 것은, 재현·의미작용·언어의 본성 바로 그것에 존재한다. 그런데 이것은 모든 이해가 오해의 한 특별한 경우임을 의미하지는 않는다. 그것이 의미하는 바는, 이해가 불확정성에 의해 구성적으로 말썽을 빚는 도구에 의존하며, 따라서 지식이나 이해는 의도된 표식을 '놓치는' 이해의 복수성의 가능성을 결코 완전히 제거할 수 없다는 것이다. 결과적으로 오해의 가능성은 모든 이해의 구조의 축소될 수 없는 영원한 부분이다. '이해는 오해의 한 특별한 경우'라는 주장은, 데리다보다는 해럴드 블룸과 폴드먼 같은 문학 비평가에게 더 빚지고 있다. 결과적으로 하버마스(후설의 의미의 이론에 대한 데리다의 비판에 대해 신관념론적 항변의 예외를 지닌)는 대부분 데리다의 해석자의 생각을 주목한다. 또한 하버마스가 그러한 근본적 오해에 관련된다는 사실은, 아마도 토론에서 오해의 쪽이 보다 큰 진리의 무게를 전달한다는 지표일 것이다.

데리다에 대해 약간의 편견을 지니고 있긴 하지만 보다 균형된 설명을 하고 있는 책으로는 P. Dews, *Logics of Disintegration: Post-Structuralist Thought and the Claims of Critical Theory*(London: Verso, 1987)을 볼 것.

의 주장을 포용하면서, (자본주의적 지배를 합리화된 근대성의 형식으로 수용하려면 반드시 지양해야 할) 욕구(need)와 욕망(desire)의 물질성을 억누르고 사회적 합리화를 내세우는 것은 불가능한 것이다.

의미작용과 사회적 투쟁이라는 가변적인 경험적 우발성 외부에 초월적 목표를 세우지 않고는, 합리주의자는 그가 욕망하는 사회적 질서의 전망을 확보할 수가 없다. 그러한 목표는, 합법적으로 대중을 통치하는 대표자들에게 정치적 권위를 떠맡겨 위탁하는 사회민주주의적 이념의 이론적 등가물이다. 즉, 늘어가는 대중의 욕망과 욕구의 가변성을 초월하는, 그리고 그로써 사회적 정의라는 고정된 판별기준을 보다 잘 결정할 수 있는 대표자들에게, 정치적 권위를 맡기는 것이다. 만일 탈구조주의적 논의가 수용된다면, 의사소통적 상호작용은 '무엇이 합리적일까'라는 개념적 합당성의 내용 대신에, 물자의 분배, 행복의 할당, 권력의 배분 등의 사회적 형식에 대한 논쟁이 되어야 할 것이다. 또한 어떤 제안의 수용을 판단하는 기준은, 권위를 가정하는 정당성 같은 초월적 규범에 맞추기보다는, 어떤 개별적이고 가변적인 사회 역사적 순간에 형성된 대중의 욕구와 욕망을 부각시키는 능력에 따라야 할 것이다.

이러한 대안은 보다 더 급진적으로 평등주의적일 것이며, 하버마스가 정치적 합리성으로 기꺼이 수용할, 공화파적 사회민주주의자들이 선호하는 제안보다 한결 급진적으로 민주주의적임에 틀림없다(반면에 하버마스는 정당성이나 신빙성 같은 인식적 기준에 상응해서, 그리고 화폐나 권력 같은 필연적인 주도적 메커니즘에 의해 확보되는 안정의 합리성과 동형적인 것으로서, 정치적 합리성을 수용할 것이다). 사회적 합리주의는, 불평등을 경험하는 사람들의 감정을 무시한 채 감수되어야 한다고 요구하므로, 그에 대한 대안은 분명히 보다 더 평등주의적이 될 것이다. 사람들의 욕구와 욕망에 얼마나 상충되든지, 합리화로 감정을 포섭하고 어떤 필연성을 수용하도록 하는 것이 사회적 합리주의의 구성적 메커니즘이자 그 권위주의적 권력의 도구이므로, 합리주의는 그런 맹목성을 견디고 있는 것이다. 합리주의는 육체적, 정서적 감정과 모순될 수 있는 사회적 질서를 부과한다. 대중이 원하는 것을 대중보다 더 잘 아는, 합리주의적 엘리트 대표자들에 의한 공화파 정부의 정치 이념에, 합리주의가 항상 동조하는 것은 이 때문이다.

한 인터뷰에서 하버마스는 합리주의와 공화주의 혹은 관리적인 사회민주주의 사이의 관계에 대해 의미있는 언급을 하고 있다. '마르크스주의는 …… 오늘날 현재의 조건 하에서, 사회주의가 아직도 정말로 **총체적인** 민주적 재구성을 온전히 의미할 수 있는지 자문해야 한다. 그리고 반대로 경제적 체계에 대해서도 문제를 제기해야 한다. 즉, 사회주의의 경제제도는 자기경영과 평의회(council)에 근거한 행정 모델에 따라 자본주의 경제를 변형한 것이다. 나 자신은 그것을 믿지 않는다. …… 나는 그런 경제체계 내에서는 집단적 의지의 담론적 구성을 정치권력의 결정적이고 중심적인 구조에 제한시키면서 오늘날의 복잡성의 요소를 유지하지 못할 것이라고 — 이것은 추상적으로 답변할 수 없고 체험적 실천을 통해서만 접근할 수 있는 경험적 문제이다 — 의심한다. 즉, 이것은 그런 식의 노동과정과는 별도의 문제이다. …… 우리는 고도로 발달된 자본주의 사회 같은 복잡한 사회체계가, 하루 아침에 그 근본 구조를 변혁하려는 시도에서는, 혼돈 속에 무너진다는 사실로부터 출발해야 한다. …… 그러한 길은 신중하고 오랜 동안의 변화 과정을 수반할 것이다. 그같은 작업은 매우 어려운 과제이며 대단히 지성적인 당파를 필요로 한다.'[8]

---

8) J. Habermas, *Autonomy and Solidarity, Interviews*, P. Dews(편)(London: Verso, 1986) 67~69면. 물론 사회민주주의와 자유주의에 대한 변호는 도처에 존재한다. 즉, 자유주의 심리학이 의존하는 사회적 통합이 단편화되는 것을 두려워하는 민주주의에 대한 두려움이 그것이다. 또한 사회적 통합의 지속에 대한 변호는 그것이 너무나 '복합적'이어서 민주주의라는 '단순한' 명령에는 따를 수 없다는 것이다.

*Communication and the Evolution of Society*에서 하버마스는 이렇게 말한다. 즉, '나는 사회를 민주주의적으로 배열하려는 시도를 단지 자기통제

적인 학습과정으로서만 상상할 수 있다. [다시 말해, 개인의 보다 큰 자아 (ego)의 보편화와 개별화로, 즉 보다 큰 형식적 추상성으로— 괜찮다면 보다 큰 사회화로— 나아가는 인지적 발달과 상호연관된 것으로만 상상할 수 있다.] 이는 다음과 같은 추정에 근거할 수 있는 배열 방식을 발견하는 문제이다. 즉, 만일 사회의 기초 제도와 기본적 정치적 결정이 담론적 의지의 형성과 정에서 자유스럽고 평등하게 참여적일 수 있다면, 그것들은 관련된 모든 사 람들의 강요되지 않는 동의와 조화될 것이다. [내가 생각하기에 이것은 정당 성에 대한 합리주의적 인두세(poll tax)이다.] 민주화 과정은 특별한 유형의 조 직화에 대한, 예컨대 소위 직접 민주주의에 대한 선험적인 선호를 의미할 수 없다'(Boston: Beacon, 1979, T. McCarthy(역), 186면). 그러나 만일 민주주 의가 사람들 자신의 삶에 대한 그들의 통치를 의미한다면, 어떻게 이른바 민주주의가 '소위 직접' 민주주의와 구분되는가?

하버마스 같은 공화주의적 합리주의가 두려워하는 것은, 물질적 민주주 의의 번거로움, 즉 현실의 개별적인 물질적 구성을 위한 수사학적 투쟁으로 서 진리에 대한 투쟁이다. 또한 그가 두려워하는 것은, 그러한 문제를 결정 하는 권리가 대중에게 있으며 그들의 욕구와 욕망에 기초해야 한다는 점이 다. 왜냐하면 그것은 사회의 질서, 즉 (더 많은 형식적 분화를 성취한 근대화 과정으로서) 단지 '성숙한' 이성의 거울일 뿐인 질서에서, 중요한 물질적 변 화를 가져올 것이기 때문이다. 하버마스가, 너무나 '복잡해서' '특별하게 지 성적인' 당의 보호하에 유지될 필요가 있다고 본 질서는, 실제로는 물질적 박탈과 지배의 구조이다. 그같은 구조는, 만일 그 구조의 유지나 파괴에 대 한 결정가능성이 그 구조가 제공하는 흥정에서 패배한 사람들의 손 안에 있다면, 참기 어려운 것일 터이다. '합리주의'나 '유물론' 같은 용어들이 이 러한 분석과정에서 이미 해체될 것 같으며, 그래서 이 용어들이 흔히 비유 적 방식으로만 의미화되고 그 동일성이 그런 비유적 방식 자체에 대해 주 어진다고 생각할 수 있음에도 불구하고, 나는 유물론을 합리주의가 순수한 내부로 보유하려고 하는 것의 외부를 나타내는 기호로 계속 사용할 것이다. 합리주의의 순수한 내부란, 세계에 대한 관심에서 벗어나게 하거나 사회적 세계에 대한 구성적 연관을 박탈하는 합리적 결정의 영역이다. 실제적 결정 의 교섭에서 권력의 물질성에 대해서는 Van Den Doel, *Democracy and Welfare Economics*(Cambridge: Cambridge University Press, 1979)를 볼 것.

다음 장에서 나는 네그리의 저서에서 대안적으로 민주주의를 옹호하는 급진적 이론을 고찰할 것이다. '자주' 이론은 독일인에게는 낯설지 않다. 대 안적인 운동들에 대한 설명으로는 Semiotext의 독일판뿐만 아니라 노동과정을, 노동을 수행하는 한 집단이 소유주라는 또 다른 집단에게 생존을 위해 노동을 강요당하는 지배구조라고 정의할 때, 그런 노동과정을 존속시키는 것은 민주적 사회체계에 해로울 것이다. 즉, 노동자들 자신에게 사회체계의 형태를 결정하는 하나의 목소리를 부여하는 사회에 유해할 것이다. 노동자들을 위해 지성적인 당이 문제를 결정하는 것으로 체계화하는 하버마스의 관리적 사회민주주의에는 그런 유해한 징후가 나타난다. 사회민주주의적 당의 합리주의 하에서 불평등을 정당화하는 것은, 육체적 활동이나 정서적 과정에 대해 인지적 행동에 특권을 줌으로써 가능해진다. 그런 추상적 틀 속에서 이성은 물질적 가변성에 대해 초월적이 되어 왔으며 사회적 합리화의 규범은 대중의 물질적 욕구와 욕망 위에 군림해 왔다. '지성적 당파(intelligent parties)'는 그같은 추상적 틀 내부에서, 노동착취가 필연적이고 그 과정이 합리적이라고 보는 경제체계의 관리를 정당하게 합법적으로 주장할 수 있다. 실제로 사회적 이성의 이론은 그 밖의 다른 어떤 결론에 도달할 수 없다. 지성적 당파는, 이성이 욕구와 욕망 같은 물질적 감정의 가변성을 포섭해야 하듯이, 그와 똑같이 피착취 집단의 물질적 동력을 포섭해야 한다. 사회적 합리주의에는, 이성의 인지적 규범으로부터 벗어난 육체적 감정을 통제하는 규율의 과정이 내포되어 있다. 단순한 수사적 세력들로부터 고도의 인지적 힘을 분화시키는 합리주의는, 사회민주주의적 통치 엘리트가 권위의 위치를 가정하는 것을 정당화하며, 또한 그런 초월을 이룰 수 없다고 보이는 사람들의 정서에 대한 억압과 육체적 규율의 부과를 정당화한다.

따라서 노동자 프롤레타리아트를 사회민주적 통치 대표의 관리적 권력에 포섭하는 것은, 이념이 재현의 의미화의 육체에 의존하는 것을 무화시키고, 사회적 담론의 잠재적인 미결정적 가변성(contingency)을 정당성이라는 권위적 규범에 포섭하는 합리주의적 담론의 작

Karl-Heinz Roth, *Die 'andere' Arbeiterbewegung*(Munich: 1974)를 볼 것.

용과 상호연관될 수 있다. 의미작용의 가변성을 말소하는 것은 사회민주적 관리가 억류하는 사회적 제도들의 가변성을 말소하는 것에 상응한다. 합리주의는 노동과정과 같은 제도들을 사회적 권력 행사의 징표로서, 즉 제거될 수 있는 사회적 지배의 사건으로 보지 않는다. 그보다는 자본주의의 그같은 가변적 측면을 필연적이고 합리적인 것으로 간주한다. 합리주의의 합리성은 관리들의 권위를 정당화하는데, 관리들의 권력은 그들이 사회체계에 내포된 합리성을 합리적으로 인식할 수 있다는 주장에서 생겨나는 것이다. 또한 합리주의의 보다 고차적인 인식은 합리주의적 논법의 보다 위대한 덕목과 난해성에 의존한다. 이런 이유로 민주주의는 결코 감정이나 욕구의 단순한 표현으로 이루어지지 않는다. 민주주의는 논리적 논쟁과 훌륭한 이성을 필요로 하는 인지적 규율이 되어야 하는 것이다.

따라서 하버마스의 합리주의적 이론에서 문제가 되는 것은 정치적 질서의 전망(vision)이다. 그의 방법을 수용하는 것은 자본주의적 근대화라는 특정한 사회적 세계의 주주가 되는 것이다. 그것은 일종의 일괄 거래이며 그에 상응해서 규범적인 이론적 토론이라는 주가가 상승한다. 나에게 특히 흥미로운 것은, 사회이론의 책9)에서 정치적·의사소통적 질서의 전망에 담긴 급진적 민주주의에 대한 공포와, 근대성(현대성)에 관한 책10)에서의 해체론에 대한 공포 사이의 연관성이다. 마치 규율에 대한 욕망이 모든 사람에게 무해한 것을 자동적으로 ‘무질서’로 만드는 것처럼, 합리주의는 그 자신의 ‘두려운’ 타자들을 만들어 내게 된다. 하버마스의 사회이론이 자신의 가장 두려운 타자로서 기획하는 것, 즉 그의 이론이 모색하는 안정된 질서를 파괴할 것으로서 설정하는 것은 ‘탈분화(dedifferntiation)’이다. 탈분화가 두려운 것은, 하버마스의 사회적 우주에서 질서로 정의되는, 이념과 기호, 이성과 감성, 체계와 생활세계 사이의 분리를 위협

---

9) [역자주]『의사소통 행위 이론』을 말함.
10) [역자주]『현대성(근대성)의 철학적 담론』을 말함.

하기 때문이다. 하버마스에게 분화는 갈수록 더욱 형식화(예컨대 법률 등에서)되는 진보적 과정이며, 그 과정은 물질적 가변성을 점점 더 추상화하고, 잠재적으로 무질서한 종목들을 보다 질서화하는 구조적 분화의 하위체계를 점점 더 분리시킨다. 분화는 일종의 사회적, 인지적 통제의 수단이다. 비판이론의 보다 급진적인 구성원들에 의해 일찍이 비판되었던 도구적 이성으로부터, 하버마스가 분화시키기를 원하는 의사소통적 이성이, 궁극적으로 그 자체가 도구적 이성의 형식인 것은 이 때문이다. 즉, 의사소통적 이성 역시 '자아(ego)'가 그의 관점을 수용하도록 '타자(alter)'를 설득하려 하는 도구적 이성의 형식을 지닌다. 의사소통적 이성의 목표는 합의로 불리는 관점(perspective)의 단일성, 곧 동일성(identity)이며, 그 방법은 통합과 안정화이다. 이와 유사하게 사회의 분화는 통일성, 곧 더 많은 사회적 전체의 통합을 획득하는 수단이다. 탈분화가 두려운 것은, 지나치게 민주적인 투자로부터 경제와 같은 영역들을 분리함으로써 구성되는 위계화와 질서들을 위협하기 때문이다. 지성적인 당은 노동과정을 고스란히 유지해야 하며 그것의 위상을 노동자의 입장에서 직접적이고 참여적인 민주적 토론의 문제로 규정해서는 안된다. 만일 그렇지 않으면 아마도 무질서가 발생할 것이다.

지성적인 당은, 필시 연금술적으로 서로의 틈새를 메우고 있을 각 영역들 간의 분화감을 조장한다. 따라서 가장 형식적인 법률조차도, 사회 질서를 위협하므로 진압돼야 하는 경험적 요소와 문맥적 요인들에 반응해, 분화를 이루는 것으로 간주되어야 한다. 그리고 그런 분화를 위해, 마르크스주의처럼 탈구조주의는 이성의 공화국으로부터 추방되어야 한다. 탈구조주의는 합리주의의 이데올로기가 기초하는 (재현적·문맥적) 물질성과 이성의 분리를 거부함으로써 탈분화를 촉진시킨다. 이로써 탈구조주의는 합리주의적 질서에 내재하는 분리와 분화의 다른 쪽 경계선을 문제시하며, 또한 합리화 과정과 사회적 위계질서 —— 노동과정을 수용해야 하는 비합리적 노동자에 대한 지성적 당의 군림 —— 를 불신함으로써 합리주의가 옹호하는 사회적 질서의 전망을 은연중에 교란한다. 이런 관점에서 보면, 진정한 사회적 성숙은 점증하는 분화와 형식화가 아니라, 직접적인 민주적 참여 속에 (예컨대) 경제를 충분히 탈분화시키는 것으로 이루어진다. 혹은 '외적인' 치유책에서 면제된(그렇게 주장되는) 가정이나 작업장 같은 '내적인' 영역이 더 이상 존재하지 않도록, 사회적 행동 속에 법률을 탈분화시키는 것으로 이룩된다. 탈분화를 일종의 규범으로 이용하게 되면, 법률적 형식과 사회적 내용은 궁극적으로 하나의 윤리적 문화로서 합쳐진다.

하버마스는 경계가 교차되고 동일성이 혼란되며 통제가 상실되는 이런 탈분화의 가능성을 두려워한다. 만일 경제 주도적 체계가 붕괴된 후 결과적으로 사회가 충분히 민주적이고 자기조절적이 되면 아마도 지성적인 당은 할 일이 없어질 것이다. 이 사실은 하버마스가 (예컨대) 다양한 이성과 정당성 간의 분리와 하위분화로 융성하는 합리주의에 의존하고 있음을 말해준다. 또한 그것은, 논쟁에 참여할 수 있는 합리적인 사람이나 토론중에 합리적 이성으로 간주될 수 있는 것을 결정할 때, 왜 정당성이 판별기준이 되는가를 말해준다. 즉, 이미 그런 합리주의를 믿는 사람들만이 사회적 통제의 문제를 거론할 수 있음을 분명히 드러낸다. 그들은 이미 분리와 분화의 필연성을 수용한 사람들일 것이다. 그렇지 않으면 그들은 합리적이지 않으며 논의에 참여할 수 없게 될 것이다. 또한 그들은 사회적으로 신뢰받는 이성만을 사용할 것이다. 즉, 그들은 이성과 육체적 감정(혹은 수사학)의 분리를 혼동하는 정서적 탄원에 의존하지 않을 것이다. '오직 책임감 있는 사람만이 합리적으로 행동할 수 있다. …… 의사소통적 공동체의 구성원으로서, 자신의 행동을 상호주관적으로 인지된 정당성의 주장으로 지향할 수 있는 사람만이 책임감 있는 것으로 간주된다.' 더 나아가 이렇게 계속된다. '근거가 확실한 주장과 효율적인 행동은 분명한 합리성의 표시이다.' 다시 말해, 하버마스가 특권화한 결과—무엇보다도 자본주의적 근대화의 합리성에 대한 지각—를 이미 믿고 있는 책임감 있는 합리적인 사람만이 이 특정한 합리주의적 게임에 참여할 수 있다. 지성적인 당에 소속될 수 있을 만큼 지성적이라고 간주되려면, 우리는 이미 그 당에 소속되어 있어야 한다.

따라서 합리주의는 그 방법이 모종의 사회적 산물을 보장하므로 일종의 사회적 치안의 이념적 형식이다. 그같은 게임의 일원이 되는 것은 이미 자본주의적 추상화의 합리성을 받아들이는 것이다. 즉 그 것은 공화주의적 대표제의 통치 형태나 형식화된 법률 등을 수용하는 셈이다. 따라서 사회적 정책을 구성하는 목록을 판단하는 것은 배제의 문(門)이다. 구체적인 물질적 욕구와 욕망의 표현 위에 추상적 인식을 놓는 피아제식의 위계질서를 좇으면서, 의사소통적 상호작용에 접근하는 하버마스의 판단기준은, 모종의 이유에서 욕구와 욕망의 견지에서만 자신의 위치를 외칠 수 있는 사람들('감정적인' 단어로 말해서 착취받은 사람들과 억압된 사람들)의 관점을 필연적으로 배제한다. 그들의 관점은 구체적이고 정서적인 것으로 구성되며, 합리화된 사회적 지배구조에 의해 우발성(contingency, 가변성)에 속박된 것으로 여겨진다. 또한 그런 관점의 배제는, 그같은 우발성을 초월할 수 있는 사람만이 합리적이라고 주장하는 사회이론에 의해 강화되고 정당화된다.

합리주의적 계획의 핵심에 놓여 있는 분화는, 이념과 재현을 분리시키는 것이며, 정당성 같은 합리적 이념을 언어와 사회적 문맥의 물질성으로부터 떼어놓는 것이다. 분화는 항상 착취와 위계질서에 근거한 지배체계의 관리들을 제공해 왔으며 그리스에서 후대의 자본주의에까지 이데올로기적 정당화를 지닌 특권에 기초한 관리들을 만들어냈다. 또한 분화는 그와 유사한 정당성을 지닌 사회민주주의적 관리들을 제공할 것을 약속한다. 그런 분화가 없다면, 점증해 온 분리의 영역 — 예컨대 산업자본부터 금융자본의 분리 — 을 지닌 자본주의적 근대화는 합리적이라고 정당하게 주장될 수 없을 것이다. 오히려 자본주의적 근대화는 있는 그대로의 모습 — 교묘하게 위장된 지배 — 으로 보일 것이다. 해체론이 그러한 이데올로기의 핵심적인 비판자라는 사실은, 하버마스의 해체론에 대한 비난과 의사소통 행위 이론의 관련성에 대해 뭔가를 우리에게 말해줄 것이다. 나는 이제 하버마스의 이론이 스스로 해체론적 비판에 취약해지는 몇 가지 점들을 제시할 것이다. 나는 합리주의적 이념의 영역과 구체적인 현실의 문맥을 분화시키는 것이 왜 불가능한가를 집중적으로 보여줄 것이다.

합리화된 사회적 과정은 정확히 말해 권력이나 감성의 우발성보다는 형식적 규칙에 따라 작동되는 작용이다. 그러나 모든 형식주의처럼, 그러한 사회적 합리주의는 단지 사회현실의 한 측면만을 드러낸다. 사회적 합리주의는 사회적 상호작용의 사건을 이상적 기준과 규칙으로 대체할 것을 가정하지만, 실제로는 그런 상호작용의 한 차원에만 연결될 뿐이다. 대체성의 가정은 겉으로는 공평성을 만들지만, 또한 그와 동시에 어떤 편파성을 드러내는 것이다. 주식 시장의 내부자 거래(insider trading)11)를 금지하는 형식적 규칙은 금융권력의 행사를 합리적인 선행의 기준으로 대체하지만, 그러나 실상 그것이 내부자 거래 같은 자본주의의 어떤 측면을 발생시키는 심층의 문맥을 드러내지는 못한다. 실제로 많은 이론가들이 언급했듯이, 그런 형식적 규칙은 구조적 불공평의 폭력으로부터 면역된 것 같은 훌륭하고 공평한 규범의 상표를 가정한다.

감정이나 힘 같은 보다 역기능적인 우발성을 제거하면서, 그와 함께 합리주의는 사회적 합리화를 준비하는 듯한 사회정책 결정에서, 보다 잠재적으로 파괴적인 다른 많은 감정과 힘들을 배제하는 것을 정당화한다. 하버마스는 법률·권력·화폐 등을 체계를 주도하는 메커니즘으로 열거한다. 그러나 그는 공포, 불안, 편집증적 투사, 동일시, 정서적 의존성 등을 언급하지 않는다. 이는 그런 감정들이 자신의 몫을 가지고 체계를 구성할 수 있을 만큼 추상적으로 형식화되지 않기 때문이다. 또한 하버마스는, 체계적으로 강요되는 노동 속에 내

___

11) [역자주] 내부의 소식통에 의한 불공정한 주식의 매매.

포된 폭력이나, 아동·학생·주부 같은 체계적으로 부과되는 역할 속에 숨겨진 폭력을 언급하지 않는다. 그런 것들은 형식적, 합리적 범주를 구성하지 않기 때문에 하버마스의 이론에 의해 실제로 간파될 수 없는 것이다.

따라서 사회체계는, 바로 그 체계의 합리화된 권력의 구성작용 그 자체를 특권화하는 이론을 통해 스스로 재생산된다. 그러한 체계가 효율성의 산정에서 공포와 같은 정서를 무시하듯이, 하버마스의 이론 역시 그런 정서를 간과한다. 사회체계의 근대성이나 합리화를 개념적으로 산정하는 효율성은 그런 정서를 포함시키면 방해를 받게 될 것이다. 그러나 만일 체계가 그렇게 철저하게 합리화되면, 하버마스는 비합리적 병리학 이외에 변혁에 대한 어떤 욕망을 설명할 수가 없게 된다. 하버마스는 합리적 수용과 비합리적 거부를 분리하는, 그런 합리성을 부인하는 사람들을 설명할 수 없다. 따라서 정서의 영역은, 하버마스 이론의 외부에 있지만, 그러나 그의 이론이 설명하는 사회체계는 결정적으로 정서에 의존한다. 공포와 같은 정서는 어떤 기능적 메커니즘만큼이나 권력 같은 주도적 메커니즘들을 구조화하는 접착제 역할을 한다. 승화된 고통은 합리주의가 요구하는 보편타당한 규범이 될 수는 없지만, 그러나 ‘작업’, ‘가정생활’ 혹은 다른 이데올로기적 무시안일로 야만성을 합리화하고 규범화하는 현대의 이성적인 사회는 결코 그것이 없이는 살아남을 수가 없다.

이처럼 사회적 합리주의가 감정으로부터 분리될 수 없다면, 또한 그것은 힘의 행사로부터도 분리될 수 없다. 피아제의 발달 심리학(육체적이고 정서적인 초보적 지각운동능력으로부터, 더 많은 자율성·복잡성·분화·추상성·형식화에 의해 규정되는 보다 고차적인 인지적 능력으로 각 개인의 발전적 진화를 설명하는)은 합리화와 근대화로 설명되는 지배과정의 세련화라는 인지주의적 관점에 특권을 부여한다. 그러나 그것은 또한 그런 합리화 자체를 지배화 과정의 한 부분으로 보게 한다. 시민생활로부터 경제적·정치적 ‘주도’ 체계의 분화는 지배에 저항하는 피착취 집단의 압력에 대한 대응으로 발생한다. 피착취 집단이 그같은 체계에서 더 많은 주장을 요구(즉 시민사회와 체계의 분화를 환원시킬 것)할 때, 체계는 간혹 지배집단의 양보(예컨대 미국에서 흑인들을 위한 시민권의 제정)를 강요한다. 그러나 체계는 또한 빈번히 법인 쪽에 더 많은 권위를 떠맡기며, 형식적 효율성의 기준과 법률적 질서의 부과를 옹호하는 국가를 강요한다(1980년대 영어권 국가의 보수적 반혁명). 그같은 반동적인 분화의 과정은 보다 더 많은 추상의 형식을 취하며, 피착취 집단과 권력집단 간의 보다 강화된 구조적, 위계적 경계선을 만들어낸다. 그러한 경계선은 권력집단에게 보다 튼튼한 방어적 거리를 제공한다. 추상화된 경계선은 노동의 물질적 세계를 한결 잘 다루게 해 주며, 또한 권력의 경계에서 견제당하는 사람들이 권력의 안전 영역에 행사하는 압력에 대응해서 보다 많은 거리를 두고 조치를 취할 수 있게 해 준다.

인지주의의 특권 부여는 이러한 공화주의적 권력구조에 상응한다. 물질적 가변성(우발성)의 추상화는 대중적 자기결정을 대표제로 대체하게 하며, 또한 순수하게 자기결정적인 경제를 효율성 같은 대리적인 합리적 이념으로 대체하게 한다. 순수한 자기결정적 경제는, 자본주의의 엄격한 효율성의 요구에 저항하는 모든 대항적인 욕구와 욕망의 표현이 암암리에 목표로 삼는 것이다. 그런데 합리주의적 사회이론은, 합리성의 수용기준을 지닌 공화국에서 욕구와 욕망을 추방함으로써, 물질적 가변성에 저항하여 반작용한다. 따라서 우리는 하버마스의 합리주의를 반동적인 편제로 이해할 수 있으며, 그 반동의 대상의 견지에서 만들어진 틀에서 반대극단으로 도피하는 보수세력으로 이해할 수 있다. 하버마스의 합리주의는, 자본주의적 근대성의 이성적인 안전영역에 있는 사람들에 의해 피착취자로 선고된 사람들이, 체계의 엄격한 합리적 명령 앞에 비합리적인 물질적 욕구와 욕망을 놓음으로써 체계를 파괴할 가능성에 저항하여 반작용한다. 엄격한 합리적 명령은, 형식적이고 추상적인 보편적 합리성이라는 보다 큰 힘에게, 욕구와 욕망이 항복할 것을 특별히 합리적으로 요구함으로써 확보된다. 또한 그런 요구는 체계의 규칙의 합리화 과정에서 아무런 주장도 할 수 없는 사람들의 희생을 강요한다.

따라서 경험적 감정과 힘의 돌발성(가변성)은 순수하게 형식적이라고 주장되는 사회적 합리화의 영역으로 틈입한다. 의사소통적 이성의 이론에 대해서도 우리는 똑같은 것을 말할 수 있다. 의사소통적 이성의 이론은 객관적 기준의 결속력을 지닌 상호주관적 합의에 도달하기 위해 일련의 참여의 규칙을 제시한다. 그러나 그 과정에서 의사소통적 이성 이론은 민주적 참여라는 그 자신의 전제를 부정하지 않을 수 없게 된다. 참여하기 위해서는 합리성의 기준에 대처해야 하며, 그리고 합리성이 근대 사회 전영역의 형성에 관여한다면, 민주주의는 충성의 맹세에 가까운 것이 된다. 더욱이 하버마스는 실제로 대화중에 사회적 상호작용의 가변성으로부터 출발할 수가 없다. 그는 토론의 경험적 진행 외부에 초월적 순간을 가정하는 합리주의적 패를 남겨두고 있어야 한다. 그러나 그가 앞질러 게임을 승리로 이끌려는 순간, 그는 가변성에게 승리를 빼앗길 수밖에 없다. 다른 사회 이론들처럼, 하버마스의 이론은 물질적 세계의 압도적인 힘 속에서 하나의 교훈이 되어야 한다. 물질적 세계의 힘은, 합리적 세계에 도달하기 위해서는 이성의 외부에서 출발해야 함을 지시하고 있는 것이다.

하버마스는 토대주의(foundationalism)[12]가 타자와의 대화중에 이성을 사용하는 입장을 정당화할 수밖에 없었다고 주장하지만, 그럼

---

12) [역자주] 하버마스는 해체론을 차연을 근원으로 가정하는 또 다른 토대주의라고 비판한다(물론 차연이나 차이는 그런 토대적 근원이 아니라 주객 상호연관성에 의한 물질적·상황적 차이를 의미한다). 그런데 그런 토대주의 역시 대화중에 불가피하게 이성을 사용하지 않을 수 없게 된다는 것이다. 그러나 문제가 되는 것은 그 이성이 대화에 참여하는 사람들의 상황적·물질적 차이(차연)를 어떻게 극복하고 합의에 도달하는가 하는 점이다. 하버마스는 단지 '적합한 상황'이라는 단서만을 말함으로써 상황적 차이를 억압하는 초월적 규범(정당성)에 의존한다. 그와는 달리 이성이나 정당성은 물질적·상황적 차이를 고려하는 것인 한에서만 (합리적으로) 정당화될 수 있다.

에도 불구하고 그는 그런 대화를 통제하는 기준으로서 결코 합리적으로 정당화될 수 없는 정당성(발화의 진실성, 정직성, 성실성)의 규범을 가정한다. 이 규범은 한벌의 카드 중에 으뜸패13)인 셈인데 그 패 이외의 어떤 것도 마음대로 돌아다니는 것이 허락되지 않는다. 우리는 정당성 역시 민주적 토론에 복종해야 한다고 생각할 것이다. 즉, 정당성 역시 의사소통적 상호작용을 이끄는 기준을 결정하는 의사소통적 상호작용의 과정에 복종해야 할 것이다. 그런데 왜 그렇지 않는가? 아마도 이성을 하나의 규범으로 사용하는 것을 의심하게 되면, 무엇이 그리고 누가 합리적인가에 대한 구분과 경계를 인정하는 이성의 기능이 방해받게 될 것이기 때문이다. 측정이나 판단에 대한 판별기준으로서 정당성 같은 가정이 없다면, 우리의 주장이 기초할 것은 물질적·역사적 상황의 가변성 이외에 아무 것도 남는 것이 없을 것이다. 즉 순수하게 합리적인 구분과 분화를 허용하지 않는 가변성만이 남을 것이다. 결정은 합리적 정당화보다는 힘의 가변성의 문제가 될 것이다. 그러나 우리가 매우 정당하다고 주장하고, 단순한 가변성을 아주 합리적으로 초월한다고 주장할 때조차도, 어쨌든 우리는 항상 그런 가변성 가운데 있는 것일까?

　하버마스가 그 지점(가변성을 합리적으로 초월하는 지점)에서 가변성을 억압해야 하기 때문에 그것은 한계적인 순간에 나타난다. 그럼에도 불구하고 하버마스 자신의 텍스트는 그 순간(가변성을 억압하는 순간)의 정당성에 대한 어떤 지표를 제공한다. 이상적인 의사소통적 상호작용이란, '비판가능한 정당성 주장의 상호주관적 인지에 의존하는 합의에 …… 도달하려는 것'이라고 말하면서, 하버마스는 '그 의사소통적 실천에 참여하는 사람들의 합리성은, 그들이 적합한 상황 하에서 필요할 때 자신의 표현을 위한 이성을 제공할 수 있는지에 의해 결정된다'고 논의한다(I, 47; 강조는 인용자). '적합한 상황 하에서'의 표현이란 구절은, 순수하게 합리적이고 내적인(그렇다고 주장되

---

13) [역자주] 카드놀이에서 조커처럼 마음대로 돌아다닐 수 있는 패를 말함.

는) 정당성의 규범에 의해 규정되는 의사소통적 상호작용의 이상 속에, 물질적 문맥의 가변성이 작용함을 암시한다. 그러나 그 의사소통적 상호작용의 이상이 지니는 진리치는 문맥이나 상황의 가변성에 의존하지 않는다.

실제로 정당성의 의미가 사용되는 현실 상황에서는, 정당성은 엄청나게 문맥에 의존하며 상황에 따라 가변적인 의미를 지닌다. 정당성의 의미는 항상 그것이 위치하는 물질적인 상황과 재현적인 그물망, 그리고 해석적인 틀 속에 묶여 있다. 도시 빈민가의 흑인 청년들 사이에서 정당하다고 간주되는 것은 백인 직업인을 위한 정당성의 기준과는 매우 다를 것이다. 정당성이 결코 단순한 발화의 형식적 특질이 될 수 없는 것은 이 때문이다. 즉, 그것은 항상 특수한 가변적인 내용을 또한 지니는 것이다. '우리는 이런 더러운 것을 더 많이 갖게 될 거야'와 '저는 오픈 투자신탁을 재투자해야 된다고 생각합니다'는 모두 정당한 진술이지만 양자의 정당성은 같은 기준으로 측정될 수 없다. 그 둘이 통약불가능한 이유는, 양자의 정당성이 누가 누구에게 말하느냐의 상황 및 경험적 내용과 함수관계에 있기 때문이다. 이는 담론적 틀을 둘러싼 물질성의 문제이지, 발화의 형식적·내적 측면인 단순한 진실성의 성질의 문제가 아니다. 백인 직업인의 발화는 빈민가의 흑인 청년에게 정당한 것으로 보이지 않을 것이다. 왜냐하면 그 담론의 참조틀을 공유하지 않음으로써 결과적으로 의미가 소통되지 않기 때문이다. 마찬가지로 흑인 청년의 발화는 백인 직업인에게 정당할 수 없을 것이다. 왜냐하면 백인 직업인 자신이 문제가 되는 더러운 것의 한 부분이기 때문이다. 따라서 정당한 발화의 사회적, 상황적 참조틀은 정당성의 질에 핵심적이며, 바로 그것이 그 발화가 의사소통적 상황에서 정당성을 지니면서 소통될 것인가의 여부를 결정한다.

더욱이 정당성 같은 가치의 의미의 차이는 사회적 차이에서 연원된다. 일반적으로 그런 차이는 힘의 차이와 연관되어 있으며, 다양한 방식으로 정당성을 해석할 필요가 있는 상황의 불평등성과 관련이 있다. 또한 정당성과 정당성의 정당한 의미에 대한 열망은, 합리화된 사회적 질서라는 미명 하에 차이들을 폐쇄하려는 시도로서, 차이들에 대한 대응책으로 이해되어야 한다. 하버마스는 그런 차이들과 물질적 불평등을 뒤로 제쳐 놓으면서, 정당성이 가변성의 특수성에서 벗어나 보편적인 결속을 지닌, 통일된 비차이적인 순수한 내적 의미를 지닌 것으로 가정하여, 토론에서 정당성과 같은 개념에 면제권을 부여한다. 그러나 정당성의 규범을 지닌 합리적 합의라는 그의 이상은 차이들에 의해 환기되는 것이다. 왜냐하면 자원과 힘의 물질적인 사회적 불평등이 합리적 통일이라는 갖가지 꿈을 자극하는 것이기 때문이다. 문맥이란 내부적으로 규정된 규범에 대해 외부적이기보다는 오히려 정당성과 불가분리한 것이 된다. 만일 우리가 물질적으로 급진적 차이를 지닐 수 있는 모순된 사회에 살지 않는다면, 우리는 결속된 정당성에 근거한 합의의 유토피아를 꿈꿀 필요가 없을 것이다. 따라서 차이들이 합리적 합의에 대한 열망을 자극한다는 점에서, 차이는 정당성 기준에 의해 규정된 합리적 합의의 이상에 대해 어떤 물질적인 우선권을 지닌다.

만일 정당성과 같은 형식적 개념의 의미가, 물질적 문맥들과 권력의 차이들 사이에서 변화가능한 것이라면, 그런 변화가능성이 추방되지 않는 한 우리는 결코 정당성의 단일하고 통일된 정당한 의미에 도달할 수가 없다. 따라서 정당한 의미와 정당성의 의미의 내적인 전제는 상황적, 문맥적 변화가능성을 제거하는 것이다. 다시 말해, 정당성의 판별기준이 되는 소위 순수하게 내적이고 통일된 의미라는 것은, 실제로 핵심에 있어서는 (내적이고 인지적이기보다는) 외적이고 물질적인 상황에 의존하는 것이다. 이는 의미의 문맥적 변수를 제거하려면 근본적으로 물질적 불평등을 해소해야 함을 의미한다. 따라서 정당성의 이념이 하나의 교정의 규범으로서 진전되려면 먼저 물질적 불평등이 교정되어야 한다. 즉, 정당성 같은 순수하게 인지적인 기준에 의해 규정된 합리화가 가능해지려면, 그 이전에 사회가 어느 정도 '합리화'되어야 — 즉, 실제적인 물질적 평등에 의해 규정되도

록 해야—— 하는 것이다.14) 물질적 측면에서의 평등성(commonality)
은 해석의 평등성에 선행한다. 이러한 유물론적 결론은 국면과 상황
의 물질적 차이에 상관없이 의미의 이상적인 평등성을 가정하는 합
리주의적 결론에 대립되는 것이다.15)

---

14) [역자주] 물질적 평등에 근거한 실제적인 합리화가 이뤄지지 않는 한 하버
마스식의 형식적 합리화는 항상 모순에 부딪히게 된다. 불평등하고 (따라서)
불합리한 사회를 전제로 합리성을 추구할 경우 자기모순을 피할 수 없기
때문이다.

15) 하버마스의 정당성의 입장에 대한 나의 설명은 그 자신이 주장하는 것의
단순한 개괄이 아니다. 그것은 오히려 비판적이고 분석적인 설명이다. 하버
마스는 정당성이 상호이해를 지향하는 의사소통적 행위를 통해 도달되어야
하는 것이라고 주장한다. 다시 말해 그런 의사소통이 발생하기 위해서는,
참가자들은 어떤 방식으로 말하는 것이나 그들 자신의 입장을 정당화시키
는 것 등에 동의해야 한다. 정당한 것으로 받아들이는 것은 논의의 문제일
것이며, 그것은 토론 자체로부터 나타난다. 하버마스는 틀림없이 그것이 그
가 거부하는 낡은 의미의 토대나 논의의 예비규범을 구성하지 않는다고 주
장할 것이다. 그러나 이미 정당성을 의사소통적 상호작용이 도달해야 할 것
으로 가정함으로써 그는 그것을 어떤 규범으로 가정한다. 왜 정당성이 사람
들이 의사소통적 상호작용의 규범이나 목표로 가정하는 것이어야 하는가?
왜 차이나 다양성, 창조성, 혹은 실험적 상황에서 가장 내용적으로 올바르
다고 입증된 것이나 적어도 가장 좋다고 느끼는 것은 규범으로 가정되지
못하는가?
　　나는 또한 대항 텍스트적으로(counter-textually) 하버마스의 정당성의 규
범이 그의 정당성에 대한 강조로 인해 개별적인 주체일 수밖에 없다고 (2권
에서 상호주관성에 초점을 맞추는 그의 보다 실용주의적인 입장의 가정에도 불
구하고) 주장한다. 둘 이상의 주체들 사이의 토론에서 실제로 기초가 되는
규범은 열려 있고 가변적일 것이다. 정당성은 단지 단일한 주체성을 소유할
수 있는 (따라서 기만적 형태인) 확실성의 폐쇄를 암시한다. 정당성과 같은
것에 의해 규정되지 않는 토론은 그보다는 방향이 항상 예견되지는 않는
세력들의 상호작용으로 결정된다. 그것은 보다 대화적이며, 그 창조적 잠재
력은 수용하고 수립하며 주고 받는 바로 그 능력에 존재한다. 정당성은 그
런 토론을 위한 하나의 가능한 규범이며 '사회의 합리화'로 가정된 것의 하
나의 가능한 이상이다. 그러나 그것은 유일한 것이 아니다.

　　끝으로 하버마스의 의사소통적 상호작용을 위한 모델로서 논리적 논쟁 —— 논의와 논거의 교환 —— 의 선택은 그 자체가 철학적 토론의 반대자적 전통에 의해 형성된다. 문제는 누가 보다 훌륭한 논거를 제공함으로써 승리하느냐이다. 이것은 하버마스가 플라톤으로부터 물려받는 모델이다. 따라서 그는 자주 다른 사람의 '취약점'을 공격하는 것을 언급한다. 이러한 형태가 반대자적인 것이라면, 그 목표는 권력과 인지적 통제, 반대자의 지배이다. 하버마스는 틀림없이 의사소통적으로 이룩된 모든 규범들은 상호적으로 동의되어야 하기 때문에 내가 옳지 않다고 논의할 것이다. 그러나 처음부터 우리는 하버마스가 미리 결정한 것 —— 예컨대 합리화(보다 더 형식화된 것으로 정의된)는 좋은 것이고 서구 자본주의적 근대화는 합리화로 이루어지며, 그런 논거와 정당성이 상호작용의 규범이 되어야 한다는 가정 —— 의 견지에서 논쟁에 참여할 수 있을 뿐이다. 만일 그 중 어떤 것도 믿지 않는다면 어떻게 되는가? 그같은 가변성, 즉 차이의 가능성은 좌파 칸트주의의 공화파에서는 허용되지 않는다.

　　정당성의 개념은 *Communication and the Evolution of Society*에서 가장 분명하게 설명되며 그러한 논의는 *Theory*에 전제되어 있다. 정당성의 개념의 배경에는 아펠(Apel)의 '초월적 통제', 즉 의사소통적 공동체의 전제라는 개념이 놓여 있다. K. O. Apel, *Towards a Transformation of Philosophy*, G. Adey · D. Frisby(역)(London: Routledge & Kegan Paul, 1980)을 볼 것. 초월적 통제의 개념은 내재적 통제 곧 정당성의 형식과 가능성을 형성하는 물질적 욕구와 문맥적 힘의 물질적 세계의 개념에 의해 보충되어야 한다. 정당성 같은 순수한 내면적 개념은 존재하지 않는다. 화행은 단지 인지적으로 검증될 수 있는 정당성의 요구에 의해서만 작용하는 것은 아니다. 화행은 또한 매우 핵심적으로 권력의 문제이기도 한 것이다. 배 이름을 퀸으로 명명하는 오스틴의 예는 수용을 강요하는 그런 화행에 참여하는 상응하는 문맥과 권력을 전제로 한다. 순수하게 내적인 정당성 규범의 개념은 또한 정당성에서 사회적으로 협의된 것과 차이적으로 규정된 것을 면제하며, 따라서 그 개념은 문맥에 따라 다양할 수 있다. 이것은 반민주적인 개념이다. 토론의 공동의 토대를 보장하는 동일한 기능을 하면서 차이적 영향과 용어의 상호협의의 가능성을 열어두는 보다 민주적인 개념을 만드는 데 핵심적인 것은 언어의 차이적 개념이다. 그러한 개념은 사회적 배경을 의미의 핵심적 측면으로 파악할 것이다. 사회적 문맥과 권력관계가 화행에 내재하는 방식을 설명함으로써 하버마스를 넘어서서 움직이는 언어 비판에 대해서는 P. Bourdieu, *Ce que parler veut dire*(Paris: Payot, 1980)과 M.

Bakhtin, *The Dialogic Imagination*(Austin: University Texas Press, 1981)을 볼 것.

하버마스는, 이성이 사회적으로 연관되어 있다고 주장함으로써 이성의 신성성을 침범하는 다른 이론가들에게 적대감과 거부감을 가지고 반응한다. 그러나 그들에게 대응하는 하버마스의 논의는 점차적으로 합리적이지 않게 된다. 우리의 개념은 '우리의 삶의 형식'에 의해 형성된다는 피트킨(Pitkin)의 주장(*Wittgenstein and Justice*에서의)에 대한 반응에서, 하버마스는 이렇게 대답한다. '그것은 당연히 그럴 것이다. 그러나 그런 삶의 형식을 보장하는 사람은 풍속을 통제할 뿐만 아니라 이성의 표현을 부여한다. 그것은 Michael Oakshott식의 전통주의에, 언어게임의 견지에서 위대한 전통들을 그렇게 보수적으로 충당하는 것으로부터, 단지 작게 한걸음 나아간 것일 뿐이다'(*Communication*, 204면). 이는 일종의 수사학적인 이동을 나타낸다. 즉, 연상(association, 은유적 유사성의 원리)에 의한 비방이며, 피트킨의 주장에 대한 매우 환유적이고 인접적인 연상(은유적인 것)이다. 나는 이성이, 단순한 수사학적 힘의 행사나 경험적 관찰(즉 환유적인 것)을, 고차적이고 보다 형식적이며 추상적인 개념들로 대체하는 방식, 즉 은유적인 것으로 가정되고 있다고 생각했다.

이 모든 것이 하버마스의 주장을 이해할 수 있게 한다. 하버마스는 복지 국가가 국민의 삶에 관료적으로 개입함으로써 생기는 문제들을 검토함으로써 그런 문제는 마르크스에 대해서 역설일 것이라고 주장하면서, 또한 후기 자본주의의 생활세계에는 특수한 계급적 성격은 존재하지 않는다고 주장한다(II, 517). 그같은 차이의 부재는 아마도 하버마스 같은 형이상학적 사고에서만 가능할 것이다. 그런 형이상학적 사고는 그 사고에 의한 '합리적'이고 '근대적'인 사회적 환경(나는 서독의 터키 출신 외국인 노동자를 가정한다. 왜냐하면 그들은 하나의 인종이며 계급을 구성하지 않기 때문이다)을 하나의 규범으로 오해하는 것이다. 그러나 그 규범은 제3세계 사람들에 대한 힘의 행사를 통해 비차이적으로 구성된 것이다. (하버마스의 이해 속에 아민, 프랑크, 로드니 같은 개발도상국의 제3세계 이론가들은 어디에 존재하는가? 그들이 급진주의자들이기 때문에 아무 데에서도 언급하지 않는 것일까?) 하버마스는, 많은 제1세계 회사들이 단지 생산을 제3세계로 전환시키면서, 보이지 않는 다른 곳에서 원료 산업적 착취의 19세기를 유지하는, 그런 문맥 속에서 관료주의가 발생한다는 문제를 잊고 있다. 이처럼 자본주의가 과거에 다른 지역에서 했던 것을 계속해야 하는 것으로 보일 때, 자본주의가 새로운 고차적 국면으로 진입했다는 주장을 실제로 받아들여야 할 것인가? 피착취 노동인

이러한 논쟁에 대한 하버마스식의 대응은 그가 의사소통을 왜곡시키는 구조의 교정을 전제로 이상적 상황을 설명하고 있다는 것이다. 그러나 만일 하버마스가 그런 가정을 지니고 있다면, 그는 물질적 조건을 교정하기 위한 처방으로부터 자신의 이론을 시작해야 하며 그 처방은 정당성을 철학적 개념보다는 정치적 개념으로 만들 것이다. 또한 그러한 처방 중의 하나는 의사소통적 규범성을 구성하는 것을 민주적으로 결정하려는 욕구일 것이다. 정당성은 토론에서 수용될 이성적인 것에 대한 기준으로서, 즉 의심할 바 없는 토론의 예비규범으로 더 이상 제공될 수 없을 것이다. 다시 말해, 우리가 살펴본 유물론적 관점은 다음과 같은 것을 의미할 것이다. 즉, 엘리트적인 이상적 대표들로 대체하는 정당성 같은 것은, 모든 그런 예비규범으로부터 독립된 사회적 주체에 의한 의사소통적 규범성의 직접적인 결정을, 더 이상 선점할 수 없다는 것이다. 유물론적 관점은, 정당성 같은 기준에 따라 수행되는 토론을 원하는지, 전혀 다른 기준을 원하는지, 혹은 어떤 기준도 원하지 않는지를 사회적 주체가 결정하는 것을 뜻할 것이다. (어떤 기준도 원하지 않는 것은 사회적 주체들이 서로를 충분히 신뢰하고, 물질적으로 충분히 평등한 상황에서 살고 있는 경우를 가정하며, 또한 그런 상황에서 합리주의적 치안의 필요를 느끼지 않고 함께 행동할 만큼 권력이 중립화된 경우를 가정할 것이다.)

이제까지의 논의의 결론 중의 하나는 하버마스가 사회적 합리화라고 부른 것에 대한 판별기준으로서 더 이상 이성만을 말할 수는 없다는 것이다. 우리는 또한 물질화 과정 혹은 현실화 과정 같은 것에 대해 이야기해야 한다. 물질화 과정은 이차적이고 파생적인 사건(의사소통적 이성의 '실제적 추상화'가 실현되는 두 번째 단계의 결말에 마침내 도달하는)으로서가 아니라 이성의 전제조건으로서 형식적 합

제3세계는 자본주의 체계의 외적 내면성이며, 체계 내부에 들어오지 않게 하면서도 체계가 의존하는 것이다. 그리고 그것이 후기 자본주의의 생활세계의 특수한 계급적 성격인 것이다.

리성의 공약을 구체화시킨다. 만일 이성이 결코 단순히 이상적이고 형식적일 수 없다면, 즉 이성은 항상 바로 자신의 구성 내부에서 수사적 형식과 유물적 상황의 물질성에 부착되어야 한다면, 사회적 합리화 역시 그와 마찬가지일 것이다. 합리화는 또한, 합리적 토론에 적합한 물질적으로 평등한 상황의 창조로서, (직접적이고 확고하게) 합리적 명령의 물질화 과정이어야 한다. 이처럼 사회적 합리화는 이성만의 기획이 될 수는 없다. 합리화는 또한 욕구, 욕망, 주거, 음식, 성, 정신적 건강, 가족의 재구성 같은 것의 문제(정당성과 같은 개념이 앞서서 가정되기 전의 문제, 즉 두 번째 단계의 결말이 아니라 첫 번째 단계가 시작하기 전의 문제)여야 한다. 실제로 우리는 더 이상 합리화를, 그런 요소를 불러들이지 않는 합리성 자체의 내적 규칙, 혹은 정당성의 자기 충족적 가치를 지닌 과정이라고 말할 수는 없다. 말하자면 정당성은 바깥 세상을 외출중인 것이다.

우리의 논의는 하버마스의 모델이 확립한 우선권의 질서를 역전시킨다. 하버마스식의 정당성은 그것의 필요를 환기시키는 사회(즉, 정당하지 못한 사회)의 합리적 규범으로서 의미를 지닐 뿐이며, 그러한 사회는 정당성 같은 개념이 보충적인 형태로 제공하는 어떤 것이 결여되어 있는 세계이다. 그런 세계에서 결여된 것은 다음과 같은 것들이다. 즉, 안전한 사회적 문맥이 자기 가치를 보장하는 현실적 구조, 사회적 삶에서 안전한 의미의 감각을 만드는 합리적 사회 기구, 평등의 물질적 구조가 실현된 이해의 공동체를 창조하는 윤리적 문화, 정당성의 이념이라는 인식적 기준의 전제 조건으로서 공평한 분배, 진입과 배치의 평등한 기준, 역할의 상호대체성, 권력의 이행성, 신분의 차이의 제거 등등 — 이 모든 조건들은 공포, 불안, 경계 심리 등을 제거할 것이며, 합리주의자들에게 불가침의 정당성 규범 같은 온정주의적 내면화의 욕구를 자극하는 변덕스러움을 없앨 것이다. 물론 이것이 의미하는 것은, 정의롭고 물질적으로 평등한 세계를 창조하는 작업은, 합리성의 기준으로는 더 이상 정당하지 않은 정당성의 조건들 역시 창조할 것이라는 사실이다.16) 우리는 이제 누가 더 합리적이냐의 문제로 더 이상 고민하지 않게 될 것이다.

이러한 사회적 이성의 목표는 세계를 이론적으로 인식하는 것이 아니라 물질적으로 규정된 방법(예컨대 정당성 대신에 욕구)으로 세계를 변화시키는 일에 참여하는 것이다. 이성(reason)은 상황으로부터 정류해낸 것으로 생각되기보다는 그 문맥에 의한 구성적 매개와 결정을 인정하는 것일 터이다. 이러한 사회적 이성은 의사소통적 이성 속에서 타자와 상호작용하는 만큼 그 물질적 환경과 상호작용할 것이다. 또한 이성이 그렇게 하는 것은, 경계선의 신축성, 사회적 존재의 가변성의 수용, 그리고 새로운 사회적 가능성을 창조할 공존의 능력을 허용하는, 자아 보전의 관점에서일 것이다. 그러한 이성은 범주적으로 존재를 형식화할 수 있는 권위를 수용하지 않을 것이다. 그보다는 존재를 가변적이고 개조할 수 있는 현실의 가능한 한 형식화로 파악할 것이며, 그런 현실의 규범은 '합리화'가 아니라, 의미론적 불평등이 없는 사회에서 모든 사람이 경청하는 정당성 같은 개념을 인정하는 식으로, 정의와 평등을 따지는 것일 터이다. 이런 종류의 이성을 상상하려면, 저급한 정서적·물질적 지각운동 능력과 고차적인 인지 능력이라는 피아제의 형식적이고 추상적인 위계질서는, 보다 더 문맥적인 모델로 대체되어야 할 것이다. 그러한 문맥적인 모델은 형식적 인지가 사회에 적합하고 실제적인 한에서 그 가치를 인정할 것이며, 또한 물질적 환경에 문맥적으로 반응하면서 참여하는 감각이 보충되는 한에서 그 가치를 인정할 것이다. 이런 관점에서 보면 적용성, 상호작용, 책임감, 창조성 등이 또한 합리적 '성숙성'의 중요한 측면이 될 것이다.

이러한 이성의 대안적 개념 역시 물질적 환경에 따라 의미를 변환시킬 수 있는 창조성을 가정한다. 이같은 관점에서, 정당성 같은

---

16) [역자주] 우리는 정당성을 추구함으로써 세계를 변화시키는 것이 아니라 세계를 변화시키는 일에 참여하는 과정에서 정당성의 조건을 만들게 된다. 여기서 하버마스의 합리주의의 모델이 역전된다.

범주의 상황과 환경에 따른 의미론적 다가성은 부정적인 것이 아니다. 오히려 그런 의미론적 다가성은 사회적 재구성 과정을 위한 긍정적인 수준을 제공한다. 왜냐하면 우리가 다룰 수 있는 수단들은 그 내부에 매우 풍부한 의미론적 가능성을 지닌 것으로 여겨지기 때문이다. 의미론적 차이의 리얼리티는, 의미의 동일성을 항상 다른 문맥에서 다른 가능한 의미들과의 연관 속에서 존재하게 하며, 따라서 그런 의미의 동일성들의 신축성 있는 확대가능성, 즉 잠재적으로 증식가능한 효과를 지닌 다가성을 암시한다. 진보적인 가능성들은 물질적인 관계들의 환유적인 인접성에 존재한다. 바로 그것에 의해, 즉 물질적·언어적으로 의미를 다르게 수용할 가능성에 연관됨으로써, 신빙성과 정당성은 이제 그 한계를 넘어서는 듯한 사회적 행동들로, 즉 아직 기존의 형식적 기준에서는 합리적인 것으로 간주될 수 없는 (아직은 신빙성과 정당성이 없는 듯한) 기획들로 확대될 가능성을 포함하는 것 같다.

하버마스가 이러한 급진적 개방을 수용할 수 없다는 사실은 그의 이론이 통제에 대한 열망에 의해 작동되고 있음을 입증한다. 궁극적으로 우리는 그의 이론 자체를 어떤 문맥의 징후로, 즉 담론적·사회역사적이고 심리적인 어떤 물질적 상황의 징후로 파악해야 한다. 그의 이론은, 완곡하고 은유적인 대체의 언어를 사용하는 자유주의 이데올로기 담론의 경향을 상징하는 점에서, 담론성을 지니고 있다. 그같은 담론의 대체의 언어는 자유주의적 통치가 사회적으로 수행하는 것을 언어적으로 수행한다. 이 완곡한 언어는 불평등과 권력의 현실적 조건으로부터 추상된 것이며, 그런 현실적 조건들을, 사회적 폭력을 안정화시켜 규범적으로 보이게 하는 정당성과 같은 형식적·합리적 용어로 대체한다. 이러한 경향은 하버마스가 위협을 느끼는 다른 이론들을 취급하는 방식에서 분명히 나타난다. 또한 이 완곡의 수사학은 부분적으로는 피착취 집단이 착취를 수단으로 살아가려는 전문적(직업적) 계급 집단에게 취하는── 직접적이고 감정적인── 위협을 차단하기 위해 계발된 것이다. 예컨대 하버마스는 마르크스주의를 알아보기 어려운 패러디로 번역해서 마르크스주의라기보다는 레닌주의처럼 보이게 만들며, 또한 그것을 아주 문자 그대로 '역사의 철학'이라고 재명명하면서 원래의 정치적 차원(마르크스주의가 '계급 투쟁'에 관계된 것이라는 통상적인 설명에 나타난)을 추방한다. 하버마스의 이론은 전후의 자유주의적 이념을 구현하는 점에서 사회역사적인 징후를 드러내고 있다. 전후의 시대에서는 자본의 권리와의 타협에 만족하고 사회복지적 관료주의의 기능 부전에 불평하면서 그 이전의 급진적 열망(특히 프랑크푸르트 학파 자체의 초기 급진주의에 연관된)이 신뢰성을 잃게 된 것이다. 이러한 조건부 항복은, 오랫동안 불신받던 부르주아지의 안정이라는 고전주의 시대(선량한 부르주아지의 사회적 토론의 '공적 영역'의 시대라고 하버마스가 약간 낭만적으로 이상화한 18세기)의 합리주의를 부활시킨 이론적 형식을 취하며, 철학에서 모든 비판을 말소한 자유주의적 주류 기술 철학을 옹호해서, 탈구조주의라는 비판적인 유물론적 철학을 비난하는 형식을 취한다. 마지막으로 하버마스의 이론은, 권위주의적 심리학의 내면화 없이는 살아갈 수 없음을 입증하는, 경계의 와해와 무형식성에 대한 특별한 두려움을 표명하는 점에서, 심리학적으로 징후적이다. 그러한 권위주의적 내면화의 가장 뚜렷한 징표는 이성(reason)이다. 이성은 어떤 개인의 고유한 가치가 확대되고 팽창되게 하는 내면적 정신구조를 구성한다. 여기서 어떤 개인의 가변적인 열망은 다른 사람이 지켜야만 하는 규범으로 변화된다. 따라서 개인의 고유한 심리적 과정을 지키기 위해, 그것이 상실될 위협에 대항하여 경계선을 확립하고 자신을 안정화하려는 욕망과 욕구는, 타인을 통제하려는 욕망이 된다. 개인의 심리적 안녕을 위해 필수적인 사회적 질서의 유지와 사회적 치안은, 그러한 심리학의 파생물의 하나이다.17)

---

17) 애그니스 헬러(Agnes Heller)는, 하버마스가 그녀의 비판에 부정적으로 반응하긴 하지만, 이런 문제 중 어떤 것은 독일 비판이론의 영역 내부에서 유래한 것이라고 말한다. J. B. Tompson · D. Held(편), *Habermas: Critical Debates*(Cambridge: MIT Press, 1982)에서 'Habermas and Marxism', 21~41면

합리주의의 중요한 난점은, 사회적 치안의 변호뿐만 아니라 보편성·포괄성·관용성을 지닌 정당한 정당성을 얻기 위해서는, 우리의 개별적 사회에서 정당한 것으로 구성한 기준에서는 일견 부당하고 신뢰성 없는 것처럼 보일 수 있는 사회적 요소들을, 기꺼이 정당한 것으로 수용할 수밖에 없다는 점이다. 하버마스가 정당성 같은 처음부터 확실한 기준과 규범을 가정하는 신칸트학파적인 합리주의를 선택한 것은 이와 연관되어 있다. 하버마스의 정당성의 규범은 토론에서 면제되어 있으며 민주적이고 참여적인 사회적·실험적 과학 위에 군림하고 있다. 하버마스의 합리주의는 어떤 결과들을 확신함으로써 합리주의의 난점에 대해 방어적인 태도를 취한다. 결말은 상당한 정도로 미리 예정되어 있다. 우연에 맡겨진 것은 아무 것도 없는 것이다. 우발성(가변성)에 의해 제기되는 위험은 마치 민주주의의 위험인 것처럼 무효화된다. 그러나 이성이 세계에 대한 관여성을 입증할 수 있는 것은 오직 그것이 어떤 종류의 세계의 모델을 건설하느냐에 의해서일 뿐이다. 민주적인 세계를 만들기 위해서는 이성 자신이 반드시 참여적이 되어야 한다. 그리고 이 말이 의미하는 바는, 정당성 같은 개념을 민주주의에 저항하는 으뜸패로서 예정표와 단절된 채 예비로 남겨 둘 수 없다는 것이다.18)

을 볼 것. 같은 책에서의 하버마스의 대응은 'Reply to my Critics'(219~283면)이다. 또한 하버마스에 대한 헬러의 비판은 'Universal pragmatics', *Beyond Justice*(London: Basil Blackwell, 1987), 234~242면을 볼 것.

18) II권 끝에서 하버마스는, 잠재적으로 반급진적인 이론을 선택한 것처럼 보인 후에(베버와 파슨스 같은 자유주의적 사회학자들에 빠져드는 반면 부르디외와 푸꼬 같은 급진주의자들은 무시하면서, 또한 세대적 '병리학' 같은 새로운 자율적인 사회운동을 설명하면서), 보다 급진적인 입장에 가까워진다. 보다 더 놀라운 것은, 내가 그의 입장을 비판하기 위한 기준으로 사용했던 프랑스 사상가에 가까워지게 하는 관점을 그가 촉진시키는 방식이다. 하버마스는 탈구조주의로부터 발전돼 나온 것과 유사한 형식적 화용론의 이념 속에서 실천적 이성과 이론적 이성의 내부적 혼합을 위한 논의를 한다. 그는 과학에서의 비객관적 관점의 포섭과, 예술에서의 실천성의 포섭, 그리고 도덕이

론에서의 쾌락주의적 기준의 포괄이 필연적이라고 말한다(Ⅱ, 586). 하버마스의 목표는, 마르크스가 노동의 일반성을 설명할 때, '현실적 추상화'라고 부른 것의 의사소통적 변형, 즉 완전히 발전된 자본주의하에서 그 특수한 형식의 비차이성이다(Ⅱ, 591). 하버마스식의 변형이 말하는 것은, 의사소통적 행동이 생활세계의 배경적 지식으로서 실천적으로 진실하게 된다는 것이다. 우리는 그것을 당연한 것으로 받아들일 수 있다. 따라서 사회적 발전 자체는 생활세계의 구조를 일반화하는 방식, 즉 화폐체계의 권력과 그것에 대항하는 권력을 감소시키는 방식이 된다(Ⅱ, 593). 그의 사회적 운동의 다양성에 대한 찬양은 네그리와 가따리가 그들의 저서에서 나타냈던 것과 유사하다.

그러나 물질성, 역사성, 이타성, 수사학이라는 단어의 의미는 하버마스의 경우에 여전히 명확하지 않다. 생활세계에서 이성이 보증되는 것을 막는 것은 바로 생활세계의 역사적 성격이다. 생활세계는 항상 지배와 불평등에 의해 형성된다. 자신을 유물론적 입장으로부터 분리시킴으로써, 하버마스는 문화와 생활세계의 식민화가 경제적, 사회적 지배(성, 인종 등에 의한)에 물질적으로 연관되는 방식에 대한 통찰을 포기한다. 즉, 문화에 외적인 것으로 간주된 경제의 반영으로서가 아니라, 지배를 한 영역에서 다른 영역으로 중계하는 경험적 연결자를 통한 물질적 권력의 확장으로서, 생활세계의 식민화가 경제적(사회적) 지배에 연관되는 방식을 통찰하지 못한다. 경제, 문화, 정치, 미학 등에서 실질적인 평등이라는 추상적 이념의 구성을 이성이 성취했을 때만, 그것을 현실적 추상화 혹은 이성의 현실화라고 부를 수 있을 것이다.

제2장
네그리의 자주이론

마르크스주의 유물론과 탈구조주의 철학은 하버마스가 제안한 합리주의에 대한 대안을 제공한다. 그러나 마르크스주의 유물론은, 합리주의적 관점에 의해 불모화된 경제적·정치적 민주주의의 철학적 토대를 제공하는 반면, 탈구조주의적 관점에서 해체될 수 있는 주관성과 실체의 형이상학에 쉽게 빠져든다. 또한 탈구조주의는 미결정성(indeterminacy)과 차이(difference)의 긍정적 힘과 가능성에 대한 유용한 관점을 제공하면서도, 현존하는 제도 내부에서 작업을 규정하는 급진적 개혁주의와, 필연적인 투쟁의 수단들── 매우 중요한 것으로는 동일성의 이념 ── 에 대한 억압된 통로를 부정하는 철학적 유토피아주의 사이에 정치적으로 사로잡힌다. 나는 다음 장에서 탈구조주의의 정치학에 대해 고찰할 예정이다. 여기서는 자주이론의 주창자인 안토니오 네그리(Antonio Negri)[1]의 사상적 발전과정을 논의하기로 한다. 안토니오 네그리의 자주이론은 민주적 변혁의 정치

---

1) [역자주] 자주이론의 대표적인 이론가인 네그리는 1933년 이탈리아의 파두아(Padua)에서 태어났다. 원래 법철학을 전공한 그는 파두아 대학과 파리 대학에서 법학을 강의했다. 그의 초기 저서 『노동자와 국가』(1972)에는 이미 자주이론의 맹아가 나타나고 있다. 이후 『계획국가와 위기』(1974), 『노동을 거부하는 노동자당』(1974), 『전략의 공장』(1977), 『국가형태』(1977), 『지배와 태업』(1978), 『마르크스를 넘어선 마르크스』(1979) 등에서 자주이론의 이론적 토대를 전개했다. 1979년 자주운동을 하던 20여 명의 지식인들과 함께 체포되기도 했다. 안토니오 네그리, 『맑스를 넘어선 맑스』, 윤수종 역(새길, 1994), 8~17면 참조.

적 모델을 유물론 철학에 연결시키며, 민주적 조직의 필요성을 현대
적 경험에서 마르크스주의 정치학에 가장 지속적으로 매개시킨다.
그러나 그의 작업 역시 표현적 주관성(주체성)의 모델에 의존하고
있다. 표현적 주관성의 모델은 상당 부분 자유주의에 근거한 것이며,
사실상 주체적 삶뿐만 아니라 탈자유주의적 민주주의를 구성하는 데
도 핵심적인(나는 이 점을 논의할 것이다) 방법적이고 문맥적인 요소
들을 한계화시킨다.

　나는 먼저 네그리의 글들을 통해 '자주'이론2)이 무엇인지 해명할
것이다. 다음에 나는 그의 주체성의 모델이 사회적 재구성의 기획에
서 유용성을 지니려면 어떻게 변형되어야 하는지 암시하게 될 것이
다.3)

---

2) [역자주] 자주이론(the theory of autonomy)은 노동거부와 자기가치증식을 주
　요 전략으로 한 네그리의 사회운동이론을 말한다. 자주이론은 또 다른 억압
　적 노동과정을 존속시키는 레닌주의와는 달리 욕구의 확인을 통해 사회적
　주체의 자주성과 자기가치증식을 꾀한다. 여기에 대해서는 『맑스를 넘어선
　맑스』 영문판을 번역한 마이클 라이언의 같은 책 '에필로그'를 참조할 것.
　안토니오 네그리, 『맑스를 넘어선 맑스』, 앞의 책, 337~382면.

3) 법률이론에 관한 네그리의 두 개의 초기 저서는 파두아(Padua)에서 세담
　(Cedam)에 의해 출판되었다. 그의 모든 후기 저서는 밀라노(Milan)에서 펠
　트리넬리(Feltrinelli)에 의해 출판되었다. 그의 저서 중 몇 권은 영어로 번역
　되었고, 영국에서 레드 노트(Red notes)가 *Revolutionary Writings*라는 제목
　의 선집을 발간했다. 이제까지 영어로 발간된 책들로는 *Working Class
　Autonomy and the Crisis*(London: Red Notes, 1979) 중 *Domination and
　Sabotage*와 *Marx Beyond Marx*(Amherst: Bergin & Garvey, 1984)가 있다.
　*Marx Beyond Marx*에는 네그리에 대한 훌륭한 참고문헌과 해리 클리버
　(Harry Cleaver)가 소개하는 자주운동이 실려 있다(222~229면을 볼 것). 자
　주운동은 1960년대 초 *Quaderni Rossi*라는 레니에로 판찌에리(Reniero
　Panzieri)와 마리오 트론티(Mario Tronti)의 저서에서 연원되었다. 판찌에리
　가 최초로 발전시킨 사상은, 노동과정을 관리하는 국가계획에 내재하는 모
　순에 근거한 투쟁의 지점을 생산영역이 결정할 것이며, 노동자는 그 생산영
　역 내에 정치적 권력을 소유한다는 것이었다. 후기저서— *On the
　Capitalist Use of the Machine in Neo-Capitalism*과 *Surplus Value and*

Planning — 에서 판찌에리는 네그리에게서도 발견되는 논의들을 발전시킨다. 즉, 자본주의적 계획화는 단지 사회 전반에 자본주의적 노동관계의 적대감을 퍼뜨릴 뿐이라는 것과 공장과 사회의 통합이 자본주의적 발전의 경향이 된다는 것이다. 판찌에리는 또한 자본주의적 정치적 통제의 행사에서 조합의 역할을 분석했으며, 노동자와 국가 간의 생산력 재충당을 위한 투쟁이 급진적 정치학의 근본적 문제라고 파악했다. 트론티의 *Operai e Capitale*[*Workers and Capital*](1966)은 어느 정도는 자주이론의 기원이다. 이 책에서 트론티는 다음과 같은 논의들을 펼친다. 즉, 노동계급은 자본주의적 경제 발전 기획에 외적인 것으로 파악되어야 한다. 노동계급은 자본으로부터 자주적이 될 수 있다. 자본주의 체계가 보다 더 완전해질수록 계급은 더욱더 그 체계 내부에서 모순이 된다. 마르크스주의는 노동계급의 자주적 조직을 필요로 한다. 자본주의적 생산은 사회 전반에 만연된 공장의 사회적 관계와 일치되며, 그로 인해 본래부터 정치적이 된다. 모든 사회는 생산의 계기로서 기능하게 된다. 국가 계획은 단지 보다 고차적인 수준의 자본주의적 조직화이다. 자본주의적 관계의 사회화와 함께 사회적 과정에 대한 노동자의 통제가 보다 더 가능해진다. 투쟁의 목적은 생산의 내부로부터 자본 자체의 조직적 구성의 토대 위에서 자본을 해체하는 것이다. 자본이 보다 더 성장할수록 자본은 자신에 대해 역동적인 노동을 더욱더 통제할 필요가 있다. 자본주의적 생산과정은 이미 혁명적인데, 왜냐하면 그것은 노동자의 생산력을 억압하기 때문이다. 모든 자본주의적 모순은 노동자와 사용자 간의 근본적인 모순에 조회된다. 자본은 노동자의 자기통치(self-government)의 발전에 한 계기로 만들어질 수 있는데, 왜냐하면 노동자는 자본을 파괴할 수 있지만 자본은 노동자 없이는 기능할 수 없기 때문이다. 노동을 그만두는 것은 생산의 조직자로서 자본의 명령을 거부하는 것이다. 경제적 위기는, 조직화된 노동계급의 주체적 운동에 의해 생산되므로, 항상 정치적이다. 자주적 노동계급의 힘은, 이미 존재하는 계급에 따라 만들어진 정치적 조직을 통해, 자본주의적 생산관계를 파괴할 수 있는 유일한 것이다 (이상은 트론티의 논의임). 네그리와 트론티는, 생산의 영역이 노동과 자본의 공동영역이며, 통제는 양자 사이를 왕복운동한다는 생각을 공유하고 있다. 임금의 요구는 가격 상승에 의해 반격을 받지만, 그러나 궁극적으로 두 사상가들의 경우에 힘은 노동자의 편에 있으며, 특히 자본으로부터 자신을 자주적으로 만드는 노동자의 능력에 존재한다. 트론티는 거대한 프롤레타리아트 — '새로운 사회적 계층의 당' — 를 강조함으로써 생산영역의 노동자에 집중하는데, 네그리는 이 점에서 그와 의견을 달리한다.

60년대 말에서 70년대 말을 거치면서, 이탈리아는 신좌파적 희망을 훨씬 넘어서는 산업 노동자와 급진적 지식인의 반란을 경험했다. 이 시기의 투쟁은 노동자들의 공장점거, 산업적 태업, 공장의 조업단축, 무모한 쟁의, 집단적 시위, 식량과 공공 서비스의 직접적 전유 등으로 특징지워졌다. 이 시기는 노동자와 학생의 엄청난 투쟁의 시대였지만, 70년대 말에 끝내 보수주의의 반격을 야기시킨 도시 게릴라들, 곧 붉은 여단(Red Brigade)의 시대이기도 했다. 즉, 도시 게릴라들은 투쟁의 시대가 효과적으로 종결된 1970년대 말에 법과 질서를 옹호하는 보수주의적 반격을 가져오게 한 셈이었다. 투쟁의 시대에 급진적 노동자들은 집단적으로(en masse) 해고당했으며, 운동의 지식인 지도자들(네그리를 포함한)은 붉은 여단에 연결되었다는 혐의로 투옥되었다. 이러한 탄압에 의해 운동의 종결이 빨라졌지만, 운동이 실패한 것은 또한 페미니즘에 대해 폐쇄적이 됨으로써, 1977년 아우토노미아(Autonomia, 자주운동) 마지막 회의에서 페미니스트들이 운동의 남성적 실천을 비판하면서 조직을 분열시켰기 때문이기도 했다.

네그리는 정치 이론가가 되기 이전에 법철학자였다. 그의 초기 저서 『청년 헤겔의 국가와 법(*Stato e diritto nel giovane Hegel*)』(1958)과 『법률적 형식주의의 기원, 칸트(*Alle origini del formalismo giudico, Kant*)』(1962)는 특히 내적인 변증법적 비판의 관점에서 본 법률이론에 대한 관심을 드러낸다. 합리주의적 철학과 자본주의적 이데올로기의 관계에 대한 비판인 『정치적 데카르트 혹은 합리적 이데올로기(*Descartes politico o della ragionevole ideologia*)』(1970) 이후에, 네그리의 저서는 보다 분명하게 정치성을 띠게 되었다. 1970년대 초에 네그리는 마르크스주의의 경제적 정치학을 다룬 논문들을 쓰기 시작했으며, 이때 자주이론(theory of autonomy)을 연구하기 시작했다. 이 시기의 두 개의 중요한 논문은 『노동자와 국가(*Operai e Stato*)』(1971)에 실려 있다. 그 두 논문 중의 하나 ——「순환과 공황에 관한 마르크스(Marx on the Cycle and the Crisis)」—— 는 네그리의 후기 저서를 이해하는 데 핵심적이다.

　이 논문이 가장 힘주어 강조하고 있는 것은, 자본주의적 경제 발전의 경로를 결정하고 그 위기를 발생시키는 데 있어 노동자의 투쟁에 의해 전개되는 행동적 역할에 관한 것이다. 이는 자주이론의 가장 중요한 사상 중의 하나이다. 이 글은 노동자가 자본주의 경제의 동력임을 가정하고 있다. 노동자들의 ‘자주적인(autonomous)’ 창조적 잠재력은 자본주의적 부의 토대이다. 그들의 임금과 다른 이익을 위한 투쟁── 자본주의로부터의 자주성(autonomy)에 대한 주장── 은 자본주의 체계에 위기를 가져온다. 또한 그들의 투쟁의 벡터는 그에 반응해 자본을 재구성하게 한다. 즉, 노동자의 투쟁의 구성적 변화 (네그리가 논의했듯이, 조합과 공산당의 통제로부터의 해방)에 대처해 자본의 구성적 변화가 일어나는 것이다. 노동자들은 자본주의로부터 자신의 자주성을 주장할 때 가장 강력해진다.

　네그리는 레닌주의적 가정을 정당화하는 경제와 정치의 분리를 거부한다. 레닌주의는 노동자의 임금과 노동시간 등을 위한 경제투쟁을 정치 이전의 단계로 가정하여 당만이 제공할 수 있는 정치적 매개의 필요성을 주장한다. 그러나 네그리에게는 경제와 정치가 분리될 수 없는데 왜냐하면 정치는 경제에 침투하기 때문이다. 즉, 경제는 더 이상 재산과 부를 할당하는 메커니즘으로 간주될 수 없으며, 그보다는 서로서로 끊임없이 투쟁하는 적대적인 정치적 세력들의 역동적인 관계로서 파악되어야 하는 것이다. 국가는 산업 평화를 강화하고 자본주의적 계획을 위한 안정된 풍토를 보장하도록 제도적으로 정치를 펼치지만, 그러나 그러한 제도화된 개입이 있기 이전에, 정치는 이미 자본주의의 조건을 규정하는 노자간의 대면 속에 내재되어 있다.[4]

---

4) [역자주] 네그리의 자주이론은 경제와 정치가 불가분의 관계에 있다고 보는 점에서 해체론적 마르크스주의와 일치하며 레닌주의나 과학적 마르크스주의와 구별된다. 해체론적 마르크스주의는 경제와 정치의 관계를 객관적 법칙과 주체의 힘의 관계에서처럼 주객 상호작용으로 나타나는 것으로 파악

  따라서 외견상 객관적인 경제적 구조는, 어떤 주체가 또 다른 주체를 종속시키려는 시도로서 권력 관계의 구현 형태인 동시에 주체적인(주관적인) 활동의 산물인 셈이다. 자본주의 경제의 외견상의 평형상태, 즉 합리화된 객관적 메커니즘의 외관은, 서로 싸우는 주체들의 적대적인 관계를 은폐하고 있다. 따라서 자본주의의 경제 발전(부의 창조, 산업 건설, 더 많은 상품의 제조와 취업의 창출)은 객관적인 경제적 법칙의 문제이기보다는 자본주의적 정치권력의 문제이자 기획인 것이다. 그것은 적대적인 자본과 노동의 특정한 배열의 결과이며, 보다 구체적으로는 노동력을 유지하기 위한 비용에 대한 잉여가치(임금으로 지불된 총액에 대한 상품의 여분의 가치의 총액)의 초과의 산물이다. 이러한 체계는 안정과 평형이 혼란될 때 필연적으로 위기에 처하게 된다. 자본주의의 경제체계가 혼란되는 것은, 특히 노동자들이 조합에서 협상한 계획된 임금 인상과는 별도로 보다 높은 임금을 요구하며 파업을 벌임으로써, 자본(노동자가 없으면 조업도 생산도 경제 발전도 불가능한)에 대해 힘을 행사할 때이다. 조합에 의한 협상의 타결은 노동자에게 내핍을 강요하면서 자본주의의 발전과 수익성을 유지한다. 따라서 자본주의의 평형상태를 깨뜨리는 것은 자본주의 법칙의 균형을 파괴하는 것이기보다는 노동자의 '자주성'을

  한다. 객관적인 (경제적) 법칙은 주체의 (정치적) 힘의 차이를 발생시키며, 이 힘의 차이가 경제법칙과의 관계에서 차츰 격하되어 정치적 변혁으로 진행된다. 따라서 자본주의의 (경제적) 체계를 유지하려면 그 차이를 완화시키고 노동의 힘을 억제하는 (정치적) 강제력(혹은 회유책)이 요구된다. 자본주의 체계를 변혁하기 위해서 노동자의 자주적 힘이 요구되는 것은 이 때문이다. 그리고 이처럼 경제와 정치, 객관성과 주체성, 그리고 필연적 법칙과 자발성은 불가분의 관계로 얽혀 있다. 그러나 양자 간의 차이적 관계를 간과한 채 경제를 초월적 심급으로 상정하는 객관주의는 그 법칙에 따를 필요성을 강요함으로써 필연적으로 관료적 정치주의와 주관주의를 유발한다. 과학적 마르크스주의와 레닌주의가 바로 그런 경우라고 할 수 있다. 마이클 라이언, 『해체론과 변증법』, 나병철·이경훈 역(평민사, 1994), 25~26면, 367~397면 참조.

보장하는 것이다.

네그리에 의하면, 대공황(Great Depression) 이후 케인즈식의 계획에 의한 국가의 경제적 개입의 증가는 자본주의의 근본적인 이율배반을 완화시키기 위해 노동자의 자주성을 억압해 왔다. 자본은 대공황의 위기를 이용해서 자본과 노동의 힘의 관계를 자본을 옹호하는 식으로 재배열했다. 이런 방식에 의해 공황을 지속적인 자본주의 발전의 순환 속에 통합시키는 시도가 이루어진 것이다. 네그리에 의하면, 마르크스는 자본주의의 주기적 순환이 필연적으로 공황을 맞는 것으로 특징지었다. 경제적 평형상태는 이러한 체계의 핵심적 특징에 대해 오히려 부수적인 것이다. '정상적인' 발전이란 외견상 원활하게 작용하는 기구 속에 공황의 비정상적인 가능성이 상존함을 의미할 뿐이다.

네그리가 전개한 자주이론을 위해 보다 더 중요한 것은, 마르크스가 위기(공황)를 가져오는 행동적 역할을 노동계급에게 부여했다는 점이다. 마르크스에 의하면, 임금의 압력은 이윤율을 떨어뜨리며 이같은 양상은 오로지 계급들 간의 쟁투에 의해서 발생한다. 이에 근거해서 네그리는, 이윤율 감소의 위기는 힘의 관계 곧 투쟁중인 주체들의 작용과 반작용의 결과이지, 그런 근본적 적대성과는 무관하게 스스로의 논리에 의해 작용되는 객관적인 메커니즘의 산물이 아니라고 결론짓는다. 노동계급은 필요임금(necessary wage)의 수준을 올리며 그에 따라 자본은 생산에 통합되는 생계 노동의 총량을 감소시키지 않을 수 없게 된다. 결과적으로 노동자의 투쟁은 자본주의적 발전에 절대적인 한계를 형성한다. 노동자들은 경제적 순환이나 국가 계획에 통합될 수가 없다. 자본과 노동 간의 적대성의 불균형을 수정하기 위해 자본이 대공황 같은 위기를 이용하는 경우에도, 노동은 적대성의 불안정성을 드러내지 않을 수 없게 된다.

또 다른 논문에서 네그리는, 포디즘(생산의 대중화 —— 따라서 네그리가 현대 프롤레타리아 구성의 핵심적 특징으로 보는 '대중적 노동자')이 볼셰비즘을 무력화시키도록 고안되었지만, 그러나 어떻게 그러한 수단이 노동계급을 보다 높은 수준에서 재발진시킬 따름인지 설명한다. 결과적으로 노동자들의 자주성이 자본의 이해에 봉사할 수 있도록 보다 높은 정도의 통제가 요구되었다. 그러한 통제는, 케인즈의 규범적 평형 이념에 의거해 그를 파괴하는 노동계급의 행동을 비합법적이라고 규정하는 법이, 경제와 합동함으로써 이루어졌다. 그로 인한 중요한 결과는, 모든 사회가 일종의 공장으로 전환되었으며 규율의 공간으로 변환되었다는 사실이다. 또한 경제적 발전은 부르주아지와 국가 사회주의자들 간의 연합에 의해 보장되었으며, 그것은 국가 간섭주의와 유통의 관리라는 케인즈적 수단에 의존하는 것이었다. 그러나 노동계급을 자본주의적 발전에 이용하려는 시도는 실패하게 마련인데, 그것은 노동계급이 내부에서 자본주의에 의해 억압되기 때문이 아니라 오히려 그들이 항상 외부에 위치할 수 있기 때문이다. 노동계급은 항상 자신의 자주성을 주장하겠다고 위협한다. 자본은 노동 없이는 발전할 수 없지만, 노동은 자본 없이도 작용할 수 있는 것이다.

1974년까지 '자주성의 영역'은 볼로냐[5]와 플로렌스의 국민적 회의에서 주장되기 시작했으며, 이는 부분적으로는 북부 이탈리아 전역에서 발발한 자발적인 대중운동과 전통적인 노동자 조직들(CPI, 조합들) 사이의 관계를 논의하기 위한 것이었다. 『프롤레타리아와 국가(*Proletari e Stato*)』(1976)에서 '역사적 타협'이라는 CPI의 전략에 반대하는 많은 네그리의 논의는 이런 문맥에서 이해되어야 한다. CPI는 자신이 정치적 체계에 참여하는 것을 정당화한 자본주의적 이론을 만들어 왔다. 그리고 그런 정치적 체계는, CPI 조합이 자본주의 소유주들과 함께 만든 협상 타협안으로부터 급진적 노동자가 벗어나지 못하게 함으로써, 자본주의적 발전을 유지하는 데 근거하고 있다. 이것이 바로 네그리가 공격 목표로 삼고 있는 '계획국가(planning State)'이다. 즉, 경제적 평형을 정치적 법칙으로 만들어서 자주적인

---

5) [역자주] 이탈리아 북부의 도시.

(autonomous) 급진적 파업을 비합법적인 것으로 간주하는 국가이다. CPI 이론은 주로 그람시에 의존했으며 특히 정치와 경제의 분리를 정당화하는 '시민사회(civil society)' 개념에 의거했다. 그 개념에 의하면 경제구조의 근본적 변화 없이 당이 의회정치에 참여할 수 있도록 되어 있다. 그러나 네그리에게는 시민사회 같은 것은 존재할 수 없는데 왜냐하면 모든 사회가 자본주의적 경제 발전을 강화하는 규율적인 기구가 되어 버렸기 때문이다. 네그리의 정치적 문제에 대한 첫 번째 주요 저서──『계획국가의 위기(*Crisi dello Stato-piano*)』(1974)── 의 초점은 산업평화를 보장하는 조합과 계획국가 간의 공동 협정에 대한 비판이다. 이 책에서 네그리는, 가치법칙은 노동시간과 노동력이 화폐로 변환되는 것에 의해, 겉보기에는 경제와 무관한 듯한 정치적 지배의 메커니즘이 된다고 논의한다. 정부가 교역과 화폐를 조절함으로써 경제에 개입함을 의미하는 케인즈식의 계획화는, 노동계급의 잠재적 자주성을 통제하려 한다는 점에서 가치법칙의 확대이다. 그리고 그것은 경제적 전략이기보다는 정치적 전략인 셈이다. 케인즈식의 국가 계획화가 억제하려는 것은 경제적 과잉생산의 잠재력이다. 즉, 그것은 자본주의가 수익성 있게 판매하고 사용하는 이상으로 노동 생산력이 만들어낼 수 있는 잠재력이다. 이 잠재력은, 마르크스가 『그룬트리세(*Grundrisse*)』에서 모든 욕구를 만족시킬 생산된 부의 풍요라고 정의한, 자본주의 내부의 공산주의의 실재적 가능성 바로 그것을 나타낸다. 그러한 잠재력은 억제되어야 하는데 왜냐하면 과잉생산은 낮은 가격을 유발하기 때문이다. 이것이 가치법칙이 정치적 통제의 수단이 되는 이유이다. 가치법칙은, 자본주의적 부를 보증하는 방식으로 노동가치가 시장에서 화폐가 될 수 있도록, (낮은 임금과 실업을 통해) 필연적으로 통제된 생산을 강요한다. 과잉생산, 즉 시장에 비해 너무 많은 상품을 만드는 것은 그런 과정을 파괴하는데, 왜냐하면 가격이 하락하고 그와 함께 수익과 부가 하락하기 때문이다. 가치법칙, 즉 필요한 상품의 총량이 제한되어 가격을 유지할 수 있을 때만 상품의 물질적 부가 화폐의 부로 전환될 수 있

다는 법칙은, 생산된 상품의 실제적 부가 모든 욕구를 만족시킬 만큼 확대되는 것을 금지한다. 과잉생산과 공산주의의 현실화의 잠재력으로서 생산노동은, 따라서 자본주의에 대한 정치적 위협이 된다. 왜냐하면 생산노동은, 교환가치 및 화폐와는 무관하게 욕구가 충족되는 세계의 가능성을 엶으로써 가치법칙을 공격하고 위협하기 때문이다.

이러한 경제적 현실에 상응하는 정치적 전략은 '직접적인 전유', 즉 노동계급이 그들 자신이 생산한 부를 점유하는 것이다. 이는 가치법칙이 종식되는 공산주의의 토대일 것이다. 노동시간(마르크스가 노동가치의 수단이라고 부른 것으로 궁극적으로 잉여가치와 이윤의 원천이 된다)은 이제 부의 수단이 되지 않을 것이다. 또한 교환가치(상품시장에서 판매를 통해 통제된 노동시간과 노동가치를 화폐로 전환시키는 것)는 사용가치(교환 가능성이나 화폐적 가치와는 별도로 욕구를 충족시키는 상품의 실제적 가치)의 수단이 되지 않을 것이다. 노동자의 과잉생산의 잠재력을 통제하려는 시도는 따라서 자본주의의 정치적 생존의 핵심적인 것이다. 네그리에 의하면, 그러한 시도의 도구는 점차로 직접적인 조직적 지배의 형식을 취한다. 결과적으로 창의적이고 생산적이며 재능 있는 노동 주체의 개념은 가치법칙 및 그를 지지하는 지배구조를 전복시키는 정치적 과제와 분리될 수 없다.

1974년에 쓴 또 다른 글——「노동을 거부하는 노동자당」——에서 네그리는 아우토노미아(Autonomia, 자주운동)의 주요 전략은 노동의 거부라고 설명한다.6) 여기서 그는 다시 한 번 자본주의의 위기는 노

---

6) [역자주] 노동거부는 자주운동의 주요 전략 중의 하나이다. 노동거부의 전략은 정치적 행동을 경제적 투쟁과 분리해서 생각하지 않는 자주이론의 기본적 전제 하에서 이해되어야 한다. 노동거부는 비노동을 통해 자본주의적 (경제의) 가치법칙에 (정치적으로) 종속되는 것을 거부함으로써 이미 정치적 투쟁이 된다. 즉, 노동을 종속시킴으로써 자본주의 체계의 평정을 유지하려는 정치적 계획에 맞서 노동자의 자주성을 확인하는 전략이다. 실천적으로는 결근과 사보타지의 형태로 수행된다. 이러한 전략은 이후 사회적 노동자

동계급의 구성에 의해 야기된다고 논의한다. 노동은 1930년대에 이 윤율의 하락에 대처하기 위해 대중적 노동자를 창조한다. 대중화된 노동력은 보다 많은 상품이 팔리게 함으로써 보다 많은 생산을 가능하게 했다. 그러나 노동력의 대중화 역시 노동자의 과잉생산의 경향을 유발하여 시장의 상품 과잉을 만듦으로써 이익에 반하여 작용한다. 공장주(padroni)는 이에 대한 대응으로 공장 지배력의 직접적인 행사를 증가시키기 때문에, 노동계급은 부의 생산을 위한 자신의 잠재력을 존중하면서 지배력에 대처하는 조직의 수단을 발견해야 한다. 네그리는 비당적인 당의 형태를 지닌 것을 요구하는데, 그것은 노동력을 직접적으로 행사한다는 이념과 대중 행동에 근거하려는 조직이다. 이같은 조직은 노동자의 자주성에 '비노동이라는 공산주의적 힘'의 권한을 부여하려 한다. 노동자는 노동을 거부함으로써 자본에 대한 그들의 힘을 확인해야 한다. 이러한 반항력을 행사할 때 당의 모델은 어떤 기능을 갖지만 그것은 단지 지속적인 임금 목적의 순환과 공장 게릴라전(사보타지)의 중계자로서의 기능일 뿐이다. 따라서 네그리에 의하면, 정치적인 조직은 필요하지만 그것은 효과적 기능을 위해 매개적 개입을 필요로 하지 않는 대중노동자 권력의 도구로서일 뿐이다. 즉, 당의 형식이 노동자가 조직되는 규범을 제공하는 것이기보다는, 노동자의 투쟁이 지닌 형식 그 자체가 당의 규범으로 제공되어야 한다.

보다 큰 정치적 목적을 달성하기 위해 임금 요구를 이용하는 것을 옹호하면서도, 네그리는 그와 함께 재생산의 영역, 즉 노동력을 재생산하도록 작용하는 공장 주변의 사회적 영역을 포함하도록 투쟁이 확대되어야 함을 논의한다. 그는 가사노동자, 실업자, 반취업자 등을 포함한 보다 넓은 영역의 프롤레타리아트에 대해 이야기하기

(생산 노동자뿐만 아니라 학생, 실업자, 가사노동자를 포함한)의 억압된 욕구를 확인하는 자기가치증식으로 이어진다. 안토니오 네그리, 『맑스를 넘어선 맑스』, 윤수종 역(새길, 1994), 348~382면 참조.

시작한다. 사회 전역으로 지배를 확대하는 사회적 공장을 만듦으로써, 자본은 또한 그에 대한 투쟁의 영역을 넓히고 반격이 일어날 수 있는 더 많은 지점을 만들어 왔다. 이러한 영역에서 공공 서비스 같은 것의 직접적인 전유는, 모든 욕구를 만족시킬 과잉생산의 잠재력으로서 계급의 구성과 공산주의 이념에 매우 적절한 투쟁의 도구가 된다.

이상이 당 모델에 대한 비판이라면 레닌에 대한 비판인 『전략의 공장(*La Fabbrica della stategia*)』(1977)은 다음 단계로 규정할 수 있을 것 같다. 네그리는 러시아 산업 노동자의 소수파적인 위상이 레닌의 정치적 조직 형태를 프롤레타리아트에 외부적인 것으로 규정했다고 논의한다. 또한 러시아의 저개발과 분산된 상황 때문에 발전되고 집중화된 조직을 필요로 했다고 말한다. 그러나 계획화와 대중화에 의해 노동계급의 구성이 변화되었으며 결과적으로 새로운 조직 형태가 필요하게 된다. 즉, 다영역적이고 지역적으로 기동성 있는 새로운 구성을 드러내는 조직 형태가 요구되는 것이다. 더욱이 공장식의 통제가 모든 사회로 확대됨에 따라 조직은 더 이상 집중화될 수 없게 된다. 레닌의 경우 모든 경제적 투쟁은 정치적이었지만 정치투쟁이 항상 경제적인 것은 아니었다. 그러나 이제 네그리는, 경제투쟁과 정치투쟁이 완전히 일치된다고 주장한다. 자본은 노동을 현실적으로 포섭하면서 사회를 정복해 왔지만, 그러나 그러한 과정에서 직접적으로 공산주의가 가능한 사회적 산업을 만들어 왔다.

따라서 공산주의를 외적인 정치적 방향을 통해서가 아니라, 계급 자체 속에서 직접적으로 읽는 것이 가능해진다. 오늘날 전위는 대중의 전위가 되었으며, 그에 따라 조직의 개념은 계급 구성에서 내적인 것이 되었다. 자주적으로(autonomously) 행동함으로써 노동계급 스스로가 자본주의 발전의 방해물이 되는 것이다. 이에 덧붙여서 네그리는, 레닌의 절대 권력(power)의 개념이 힘들(forces)의 관계로서의 권력 개념으로 대체될 필요가 있다고 논의한다. 자본과 노동 간의 권력 구성의 변화를 측정할 수 있는 것은 오직 그런 방법에 의해서이다. 레닌주의 당과 같은 단일한 권력의 심급보다는, 자주운동 (autonomy)은 조직의 목적의 복수성과 모든 합법적, 비합법적 투쟁 형태의 다양한 기동성으로 이루어진다. 또한 전체 '미분자적' 그물망의 협동과, 충돌의 순간들의 전진적인 누적으로 구성된다.

네그리에 의하면, 레닌의 가장 큰 한계는 국가에 대한 투쟁이 노동(work)에 대한 투쟁임을 보여줄 수 없었다는 것이다. 레닌의 국가사회주의 노동조직에서처럼, 통제적 경제발전에 의한 부의 창조는, 아직 자본주의적 경제발전 모델(임노동의 폭정을 전제로 하는)에서 해방된 것이 아니다. 오늘날의 고도로 발전된 생산력의 수준은, 중간의 사회주의적 단계(자본주의적 생산관계를 보류하는 국가 계획)를 건너뛰고 가치법칙을 영원히 소멸시키면서, 직접적으로 공산주의로 이동하는 것이 가능함을 의미한다. 이제 사회주의적 계획은 레닌에게처럼 긍정적인 어떤 것이기보다는 공격해야 할 첫 번째 대상이 된다. 네그리는 계급의 정치학이 프롤레타리아트의 욕구와 이익의 자주적인 개별성 속에 자신의 위치를 지녀야 한다고 결론을 내린다.

'[이탈리아] 헌법의 정치 경제'에 대한 비판인 네그리의 다음의 저서 『국가형태(*La Forma Stato*)』(1977)에서 그는 법률이론에 대한 초기 저서로 복귀해서 그것에 정치적 의미를 부여한다. 이탈리아의 헌법은 민주적 합의의 신화에 의해 인가된 경제발전의 이념에 노동을 통합시킨다. 그러나 네그리가 지적하듯이, 그 이념은 끊임없이 노동법을 제정해야 하는 필연성에 의해 거짓임이 드러난다. '노동에 기초한 민주주의'라는 헌법의 이념은 노동과 자본 간에 적대성이 없음을 가정하지만, 양자의 차이를 매개하는 수단으로서 계속 법을 만들어나가야 한다는 것은 근본적인 모순이 지속됨을 입증하며, 헌법이 신화적인 것임을 드러낸다. 헌법은 암암리에 노동이 가치와 사회적 생산의 근원임을 인정하며, 또한 스스로를 추상적 원리의 일반과학 즉 법으로 제시하기 때문에, 노동입법이 필연적이라는 사실은 헌법의 일반원리나 추상적 형식과 무관한 사소한 개별적 현상에 불과한 것이라고 간단히 처리될 수 없다. 노동입법의 필연성이 나타내는 것

—— 사회적 통합에 대한 헌법의 주장을 어용적으로 신비화하는 것에 반대해서 —— 은 모순이 필연적이며 계급투쟁이 불가피하다는 점인 것이다.

헌법에 따르면, 자본주의의 발전을 뜻하는 경제발전에 대립하는 사람은 누구라도 유죄이다. 노동에 대한 '사회주의적' 책임 관념은 민주주의와 평등과 같은 가치에 동화된다. 따라서 모든 사회는 축재의 매체, 즉 일종의 사회적 공장이 된다. 노동계급은 자본주의적 부의 창조를 유일한 목적으로 하는 사회적 조직에 종속되어 통합된다. 그러나 헌법에 의해 조장되는 자본의 집중화가 점증하는 노동자의 대중화에 의해 노동력의 확대로 이어짐에 따라 합법성의 위기가 발생한다. 헌법은 계급의 통합을 촉진하지만 자본주의는 보다 높은 단계의 투쟁을 만들어 낸다. 헌법이 소멸시킬 듯이 보였던 근본적인 모순은 새로운 형태로 다시 나타날 뿐이다.

이 책에서 네그리는 또한 레닌주의적 법의 개념을 반대하는 논의를 펼친다. 그는 법이 상부구조가 아니라고 주장한다. 즉, 법과 잉여가치(노동의 착취로부터 이익을 뽑아내는 메커니즘) 사이에는 직접적인 연결고리가 존재한다. 생산관계는 법에 의해 생산되며, 따라서 법은 생산에 필수적인 폭력적 지배의 형식이다. 그러나 법과 지배력의 일치가 가장 잘 드러나는 순간에 자본주의의 사회적 관계에 내포된 적대성이 노출된다. 따라서 법은 권위의 본체인 동시에 위기의 첫 단계이다. 그러나 위기에 대응해서 법은 총괄적인 지배가 될 뿐이며 결과적으로 공산주의로의 이행 중에 법의 국가는 더 이상 가능할 수 없게 된다.

또한 네그리는 공산주의로의 이행이, 단순히 시장을 사회적 노동과 사회적 소유의 이념으로 대체하는 소유의 사회화로 이루어질 수 있다는, 볼셰비키 —— 파수카니스(Pasukanis) —— 의 생각에 대해서도 비판한다. 네그리에 의하면, 그것만으로는 충분하지가 않다. 노동자의 투쟁은 소유 그 자체의 토대, 즉 착취의 통제자인 노동가치법칙에 저항하여 움직여야 한다. 네그리는 이러한 논의를 뒷받침하는 마르크스의 구절을 인용한다. '따라서 사적 소유에 대한 억압은 그 억압이 노동의 억압이라고 생각될 때에만 인식될 수 있다. …… "노동의 조직"이란 따라서 일종의 모순이다.' 볼셰비키들에 있어 법은, 착취한 노동 에너지를 잉여가치와 화폐로 전환시키는 가치책정 과정 외부에 존재한다는, 사회적 노동의 신화에 의해 잔존하게 된다. 그러나 네그리에게 법은, 공산주의로의 이행 과정에서의 착취와 분리될 수 없다. 노동(자본에 얽매인)과 국가에 대한 공산주의적 투쟁은 국가와 노동 간의 특수한 권위적인 관계 형식으로서 법에 대한 투쟁이기도 해야 한다.

헌법에 명기된 자본과 국가의 제휴에 저항하여, 네그리는 자기가치증식(self-valorization)7)이라는 전략을 제안한다. 이 전략에 의하면 노동자들은 먼저 자신들의 욕구와 이익을 설정하며, 또한 헌법이 정당화하려는 일반적 이익과 합의에 희생되길 거부한다. 사회적 임금뿐만 아니라 보다 품격 있는 작업장을 요구하여 그 이익의 독립성을 주장함으로써, 자본의 민주적 중립성의 겉치레를 포기하게 한다. 민주적 중립성이란 그 자체를 유지하기 위한 억압임에 틀림없는 것이다. 그리고 억압의 형식은 공적인 행정, 즉 산업평화를 요구하는 새로운 헌법의 형식을 지닌다. 국가는 시민사회(배제적 법, 자유, 평등)를 장악함으로써 노동계급을 전적으로 시민사회 외부에 놓이게 한다. '타자'로서의 노동운동은 그 운동 내부에 자신의 고유한 사회(자

---

7) [역자주] 노동자(혹은 실업자, 학생 등을 포함한 사회적 노동자)들이 자신의 욕구를 확인함으로써 잠재적인 가치를 증식시켜 나가는 자주운동의 전략을 말함. 자본의 가치의 원리(착취와 잉여가치를 낳는)에 맞서서 노동자들 자신의 가치를 증식시켜 나감으로써 자주성을 되찾고 자본의 원리를 전복시키는 전략이다. 원래 마르크스가 자본이 노동을 착취하고 잉여가치를 증식시켜나가는 과정을 가치증식(valorization)이라고 말했는데, 네그리는 노동의 입장에서 그 반대의 과정을 자기가치증식(self-valorization)이라고 부르고 있다. 펠릭스 가따리 · 안토니오 네그리, 『자유의 새로운 공간』, 이원영 역(갈무리, 1995); 안토니오 네그리, 『맑스를 넘어선 맑스』, 앞의 책; 마이클 라이언, 『해체론과 변증법』, 앞의 책 참조.

기가치증식)를 구성함으로써 그에 대응하게 된다.

『지배와 태업(*Il dominio e il sabotaggio*)』(1978)은 아마도 네그리의 자주(autonomy)의 개념을 가장 분명하게 드러내고 있을 것이다. 자기가치증식으로서의 자주는 노동계급의 이해와 욕구를 자본주의적 발전의 선행조건에서 분리시키는 것으로 이루어진다. 자주는, 자본주의의 발전을 위해 노동착취에 협조하는 이념에 대해, 어떤 타협도 용인하지 않는 정책이다. 자본주의의 발전은 궁극적으로 그런 협조를 통해 지배를 유지시킬 뿐이기 때문이다. 노동계급은 자본주의적 기획에 대한 자신의 타자성, 차이, 그리고 불연속성을 주장한다. 그들은 자본주의가 부과하려는 이해(interest)의 동질성을 파괴하려고 한다. 네그리는 사회적 임금을 둘러싼 주변에 대한 투쟁을 요구한다. 즉 급료에 대한 투쟁은 보다 더 총괄적이고 평등주의적인 것이 되어야 한다. 이러한 투쟁에서 격한 행동은 필수적 요소이지만 투쟁의 목표는 집단의 자유를 위해 부를 총체적으로 사용하는 것이다.

네그리가 동시대의 탈구조주의적 프랑스 사상가들(특히 들뢰즈, 데리다, 푸꼬, 가따리)과 더욱더 유사해지는 것은 바로 이 책에서이다. 공산당 이론의 근거를 제공하는 정통적인 변증법이 동질성, 총체성, 결정성의 견지에서 전개되는 반면, 불연속성의 철학은 비동질적 타자성, 이질성, 그리고 총체성의 분열된 불완전성과 결정적 결론의 불가능성을 강조한다. 네그리에 의하면, 혁신에 대한 희망을 제공하는 분열이 가능하려면, 계급운동의 차이와 타자성뿐만 아니라 네그리 자신의 차이와 타자성을 주장해야만 한다. 노동운동은 불연속적인데 왜냐하면 끊임없이 조직의 형태를 재구성해야 하기 때문이다. 또한 자본주의의 총체적 발전 외부의 타자로서 자기 자신을 규정함으로써 노동운동은 자본주의 발전을 해체하고 파괴하기 때문이다. 노동운동과 자본주의의 발전 사이에는 어떤 동질성도 존재하지 않으며, 결과적으로 자본주의의 총체성은 강제적인 관계로서, 즉 프롤레타리아 주체의 해체작업에 의해 내부로부터 분열되는 관계로서 파악되어야 한다. 자본주의는 이 내적인 분열 위에 결정성·완결성·목적성을 부과함으로써 자기 자신을 재구조한다. 파업과 임금 요구에 의한 단절은 가격인상으로, 그리고 순환적이지만 연속적인 자본주의 발전의 이념으로 맞대응할 수 있다. 그러나 노동계급의 자기가치증식은 환원불가능한 불연속성을 지니고 있다. 즉 자기가치증식의 불연속성은 합리적·역사적 과정이라는 자본주의적 논리의 동질성에 포섭되지 않는다. 자기가치증식은 자주성에 의거해 경제적 발전의 목적성을 거부한다. 네그리는 이렇게 논의한다. '계급 자신의 생산력에 의한 파괴와 인식은 결정적 변증법의 가능성을 제거한다.' 노동자의 힘이 자리하는 곳은 자본주의에 대한 분리와 불연속의 논리인 것이다.

『마르크스를 넘어선 마르크스(*Marx oltre Marx*)』(1979)는 이러한 자주의 개념과 초기의 공산주의의 개념 사이의 관계를 설명한다. 네그리의 초기의 공산주의 개념은 현대 자본주의의 과잉생산의 잠재력이 공산주의 실현의 조짐이 된다는 것이었다. 마르크스의『그룬트리세』를 읽음으로써, 네그리는 이러한 공산주의의 모델이 자본주의의 범주 내부의 전도된 형식 속에 직접적으로 주어진다고 논의한다. 예컨대 화폐의 특수성(사회성, 집단적 생산성의 표상, 세습재산의 척도와 기호)은 직접적으로 공산주의로 반전될 수 있다. 계급의 정치학은 이러한 전도를 수행하여 직접적으로 공산주의를 만들어 가는 것으로 이루어진다. 공산주의는 재화로 물질적 세계를 만드는 구성적 주체의 활동의 결과이다. 그러나 이러한 주체는 가치법칙과 임노동이라는 자본주의적 통제로부터 스스로 해방되어야 한다. 공산주의의 미래는 이탈리아 공산당 이론이 주장하듯이 자본주의 발전의 종료지점에 그 목표가 설정되지 않는다. 그보다는 자본주의로부터 자주성을 주장하여 자본을 파괴함으로써 그 자신을 구성하는 새로운 주체 형성에 존재한다. 공산주의적 노동거부는 그런 주체의 자유스런 운동의 다양성, 즉 완전한 자주성을 해방시킨다. 공산주의로의 이행은 자주적 주체의 물질적인 자기구성인 것이다.

네그리는 이러한 논의를, 투옥중에 첫 권을 집필한『야생의 변칙, 스피노자의 권력과 잠재력에 대한 연구(*L'anomalia selvaggia, saggio su potere e potenza in Spinoza)*』(1981)에서 스피노자를 읽으면서 계속 진행시킨다. 네그리는 스피노자의 잠재력의 개념이 권력 개념에 대항하는 것으로 파악하면서, 인간의 활동을 통한 존재의 물질적 구성의 원리인 잠재력이 자주이론의 공산주의의 원리와 유사하다고 논의한다. 잠재력의 개념은 이런 해석을 통해 정치적 차원을 획득하며, 대중 민주주의 및 직접통치와 일치된다. 국가는 법에 기초하는 대신에, 물질적 구성의 원리, 즉 인간의 물질적·생산적 잠재력의 자유스런 확대를 뜻하는 해방 위에 기초한다.

네그리의 이론은 그의 시대의 주요 정치적 세력들, 특히 레닌주의와 연관된 좌파와는 분명히 어울리지 않는다. 『계급의 정치학 (*Politica di classe*)』(1980)에서 네그리는 그러한 차이들을 언급한다. 이탈리아 원외(extra-parliamentary) 좌파에 대한 정치적 대탄압의 시기에 쓰여진 이 책은, 보다 큰 수준의 정치적 조직을 요구하고 있다. 물론 네그리는 여기서도 그 조직이 계급의 구성에 연결되어야 함을 논의하면서 평소처럼 레닌주의적 형식과 조심스럽게 구분하고 있다. 즉, (레닌주의처럼) 국가권력의 장악만으로는 충분하지가 않은 것이다. 붉은 여단에 반대하면서 네그리는 독재자의 처단보다는 대중적 불복종의 저항을 옹호하고 있다. 정치적 투쟁이 가장 먼저 시작되어야 하며, 또한 이행의 시기에 욕구에 우선권을 부여해야 한다. 프롤레타리아트의 부와 해방을 위한 욕구가 존재하며, 이것은 레닌주의적 방식에 의해서는 충족될 수 없는 것이다.

아마도 네그리의 작업의 가장 큰 의미는 마르크스주의를 위해 자유주의의 원리적 이념들 — 자유, 평등, 민주주의 — 을 절취하는 방법에 있을 것이다. 즉, 네그리는 자유주의가 순수한 형식적 실행에 속박되어 얻지 못했던 내용과 물질성을 그 이념들에 부여하고 있다. 그러나 네그리는 또한 탈문맥화된 주체성이라는 자유주의 이데올로기 내부에서 작업을 계속한다. 즉, 자기 표현으로서 공산주의를 실현하려는 그의 이론은, 주체에 대한 탈구조주의적 비판의 관점에서 볼 때 형이상학적인 자기동일성(self-identity)의 개념에 여전히 의존하고 있다. 탈구조주의적 관점에서 주체는 비주체적인 과정의 산물로서 일종의 어떤 효과나 위치로 파악된다. 다시 말해, 주체는 표현적 자기동일성의 외관 속에 사회적·문화적 코드들(codes)을 복제하는 담론의 소재지로 파악되는 것이다. 그러나 네그리가 기식하는 자유주의 형이상학의 담론에서는, 주체는 사회적 재현에 선행하는 것으로, 즉 사회적 문맥과 그 수사학적 도구들로부터 손실없이 빼낼 수 있는 핵심으로 생각된다. 주체는 결코 구조나 코드들로부터 형성되는 것이 아닌 표현의 근원인 것이다.

대중 혹은 집단성으로 생각되는 네그리의 표현적 주체의 절대주의는, 단지 자유주의적 개인을 확대해서 강조한 것일 뿐이다. 그가 프롤레타리아트에 할당한 주체적 잠재력은 모든 사회적 매개에 선행하는 (실제로는 초월하는) 것이며, 네그리가 제거하길 원하는 소유권제도 바로 그것에 근거한 내면성의 요구를 상기시킨다. 이것은 '외면적' 수단들8) 혹은 문화적·재현적 형식들에 의해 형성되고 부여된 내용이 아니다. 이로 인해 네그리는 물질성이 인간의 주관성에 의해 생산된 것으로 보며, 민주적 공산주의를 그런 물질성의 단순한 직접적인 표현으로 생각한다. 그러나 인간이 제도적 문맥에 의한 어떤 규정이나 구성이 없이 단순히 생산하기만 할 수 있을까? 제한 없는 과잉생산으로서의 공산주의가 성취되면, 그런 '외적' 상황은 단순하게 제자리를 잡으며 자연적으로 치유책을 발견할 것인가? 이러한 문제들은, 주관적 내면성과 본질주의적 물질성의 형이상학에 의존하는 정치 이론의 문맥에서는 제기조차 될 수 없는 것이다.

이 말은 네그리의 저서에 내재하는 주관성의 형이상학이 그런 문

---

8) [역자주] 라이언의 입장은 문화적·재현적 형식들이 실제로는 외면적 수단이 아니라는 것이다. 라이언은 문화적·재현적 형식들을 주체의 의식내용과 세계의 물질성(사회적 문맥)을 매개하는 수사학적 도구들로 생각한다. 이는 물질적 권력·제도(그리고 주체)와 문화적(담론적) 형식의 분리를 부인하는 탈구조주의 관점과 일치된 것이기도 하다. 그러나 네그리는 그 문화적·수사학적 도구들을 단지 외면적인 것으로 생각한다.

제들에 대해 답변을 주지 못할 것이라는 뜻은 아니다. 네그리의 논의는 이렇게 계속될 것이다. 분배의 도구로서의 시장은 재구성이 필요한 외적 도구로서 취급될 필요가 없는데, 왜냐하면 그것은 자본주의적 주관성의 내적 표현에 다름 아니기 때문이다. 모든 것은 또 다른 주체 위에 군림하는 주관적 권력의 징표로서 설명될 수 있다. 종속된 주체의 해방은, 가치법칙으로서 그런 도구에 의한 억압을 직접적으로 치유할 것이다. 그러나 이런 문제에 대한 해결을 주관성과 물질성의 순수한 이론주의적·본질주의적 모델에서 찾으면서, 네그리는 그 자신의 논의의 논리에서도 중심적인 문제인 것 —— 사회적 상호작용의 형식과 수사학 ——을 부수적이고 이차적인 외면성의 지위로 강등시킨다. 노동자에 대해 자본가의 권력을 매개시키는 방법으로 행사되는 외적 도구로서 가치법칙 그 자체가, 사회적 존재의 내용을 규정하는 데 그런 도구들이 핵심적 역할을 함을 입증한다. 만일 그런 도구들이 없다면, 자본주의의 주관적 권력은 매개 없이 그 스스로 직접적으로 행사될 것이다. 가치법칙은 자본주의적 권력에 핵심적이기 때문에, 그것은 단순히 이차적인 것으로 여겨질 수 없으며, 그런 도구들(가치법칙 등)에 의해 형성되지 않은(주관적인) 주체의 단순한 표현적 형식이라고 생각될 수 없다. 그같은 도구성은, 바로 그 자체의 존재와 필연성에 의해, 주체성(주관성)만큼이나 물질성에 소속된다. 사회적 삶의 도구적 영역, 즉 그 실천적, 형식적, 수사학적 차원을 주목하는 것은, 또한 우리 자신의 언어적 묘사를 물질화하는 것, 즉 우리가 묘사하는 권력의 논리뿐만 아니라 우리 자신의 논리의 수사학적 차원을 파악하는 것을 의미한다. 이탈리아 헌법에 대한 연구에서, 네그리는 물질적·수사학적 묘사를 필요로 하는 이데올로기적 작용을 지적하지만, 그러나 그는 여전히 자유주의적 이성의 언어 내부에 남아 있다. 예컨대 그는 형식적·추상적 법과 실제적 구체적 노동 사이의 대립에 대한 이데올로기적·자유주의적 묘사를 수용한다. 그같은 논리적 묘사는, 합리적으로 보이는 범주적 구분(형식적인 것과 구체적인 것)의 책략 아래 종속의 수사학적·

물질적 메커니즘(괜찮다면 실행의 양식)을 은폐한다. 그러한 묘사를 수용함으로써 네그리는 자유주의적 이데올로기의 용어들을 받아들인다. 만일 네그리가 보다 수사학적인 묘사의 언어를 사용했다면, 그것은 보다 더 '유물론적인' 설명이 되었을 것이다. 즉, 헌법이 언어에 묶여 있음을 강조하면서, 형식적/구체적의 구분을 논리적·사회적 문제인 만큼이나 담론적 형태(혹은 형식)의 문제로 파악했더라면, 그의 설명은 훨씬 더 '유물론적인' 것이 되었을 것이다. 헌법에서는 사회형식의 체계를 이루는 환유적으로 연결된 두 요소(노동, 자본)가, 은유적 동일성으로 융합되며, 그 은유적 동일성 속에서 노동은 자본으로 대체되고 자본의 활동과 해석의 용어 속에 통합된다. 실제로 그러한 통합과 예속은, 자유주의적 자본주의의 법문화 내부에서 수사학을 논리학에, 그리고 대중적 민주주의를 공화파적 권위에 종속시키는 사회적 실행이다.

헌법언어에 대한 반성을 억압하고 권력의 실제적 수사학을 은폐하는 것은 자유주의적 정치에 핵심적이기 때문에, 그런 형식들에 대한 보다 큰 이해, 즉 사회적 사고와 삶이 가정하는 도구적·실천적 형태들은, 네그리가 이론화하는 재구성의 기획에 필수적이다. 그러한 문제들을 주체적인 자유라는 보다 핵심적인 과제에 대해 이차적인 것으로 강등시키게 되면, 우리는 물질성에 대한 자유주의적 억압을 되풀이할 위험이 있다. 또한 형식적 절차와 수사학 도구성의 구성적 역할을 이해하지 못할 경우, 사회적 구성이란 순수한 내용의 문제이며 그에 반해 삶의 형식적 차원은 단지 표현적이고 이차적인 위치에 있다고 생각할 위험을 지닌다. 이 경우 올바른 사회적 내용 —— 예컨대 해방된 주체와 물질적 생산의 충족의 실현으로 생각되는 민주주의적 공산주의 —— 을 선택하는 일은 또다시 형식·형태·절차의 문제 —— 재화의 분배, 착취 없는 자유를 보장하는 법적 형식, 삶의 협의와 협정의 일상적 바탕, 직접적으로 민주주의를 실행하는 정치적 제도 —— 를 소홀히 할 수 있다는 변명이 된다.

사회적 삶의 내용은, 경제적인 혹은 문화적인 수사학적 형식으로 표현되며, 또 그만큼 그 수사학적 형식에 의해 구성된다. 이런 이유로 화폐라는 도구(이는 권력의 은유일 뿐만 아니라 환유적인 연결을 가능하게 하는 요인이다)의 대체 같은 문제는 노동주체의 자유의 실현이라는 보다 더 '물질적인' 문제에 관련해서 단순히 이차적인 것은 아니다. 노동 주체의 자유 그 자체가, 경제 체계를 완전히 민주화하는 방법으로 화폐 같은 도구를 평등하게 사용하게 하는, 어떤 분배 체계의 구성에 의존할 것이다. 네그리는, 화폐가 노동자들로부터 노동가치를 빼내는 데 행사되는 자본주의적 지배의 직접적인 표현에 불과하다고 논의한다. 그러나 그것은 화폐에 그런 의미를 부여하는 문맥의 경우에만 해당된다. 전혀 다른 문맥에서 이 도구는 상이한 의미를 획득한다. 즉, 그것은 단순한 교환의 징표이거나 공동의 계획을 가결하는 수단(자금력), 혹은 다른 사람의 훌륭한 작업을 신용하는 방법이 된다. 이 말은, 가치의 개념 자체가 스스로의 의미를 상실할 것이며, 그 도구가 자본주의적 화폐 같은 기존의 가치를 가정할 수 없는 새로운 계측의 체계로 대체될 것이라는 뜻이다.

다시 말해, 사회적 삶에 한층 더 평등적이고 민주적인 내용을 부여하려는 보다 이상적인 관심은, 도구들 혹은 형식들의 선택에 핵심적으로 의존하며, 자본주의적 문맥에서 어떤 의미를 지녔던 형식들은 다른 문맥에서 새로운 의미들을 부여받을 수 있게 된다. 주체의 삶은, 사회적 존재에 새로운 물질적 내용을 부여하고, 그것이 주체적 자유의 표현이라고 선언한다고 개선되지는 않을 것이다. 오히려 그와는 정반대일 것이다. 즉, 새로운 내용은 새로운 형식들(예컨대 작업관계의 배열 형식뿐만 아니라 교환이나 분배의 형식)과 새로운 실천 및 수사학적 과정들을 만드는 데 의존할 것이며, 그것들은 사회적 존재와 주체적 존재에 새로운 형태와 의미를 부여할 것이다.

따라서 우리의 결론은 형식의 차원에까지 확장된 의미에서 유물론을 충실히 수행하는 입장이다. 그러나 결과적으로 사회적 존재 내의 (유물론이 가정하는) 배열형식으로부터 분리된 심급을 주장하는 유물론은 배제하는 입장이다. 형식의 개념의 급진성은, 형식적 배열 및 상호 관계되는 요소들의 분포 내에 위치하지 않는 실체나 주체는 불가능한 것으로 배제한다는 바로 이 점에 있다.[9] 그런 형식적 배열은 구조로서보다는, 서로 떨어져서 작용하는 세력들에 의해, 함께 유지되는 형상으로서 나타난다. 네그리의 중요성은 이런 노선을 따라 자본주의를 재개념화하면서 마르크스가 그에 부여했던 정치적 의미를 회복시키는 데 있다. 이른바 '경제적' 체계는 세력들이 부딪히고 상호작용하는 자리이며, 노동자(자본의 소유권과 축적으로부터 떨어져 생활하지 않는 사회의 모든 사람으로 넓게 규정되는)의 에너지가 자본가의 통제 권력과 충돌하는 곳이다. 이같은 경제에 대한 대단히 정치적인 이해에는, 노동과정을 그대로 두는 사회주의의 가능성을 암시할 뿐 모든 방면의 경제적·사회적 존재의 철저한 민주화를 부인하려는, 하버마스식으로 변형된 완화제를 위한 자리는 존재하지 않는다. 유물론의 철학적 입장의 가정은 자기결정의 직접성을 실행할 것을 암시한다. 그러나 그러한 실행은, 사물과 주체의 존재가 형성되는 가변적인 형상의 형식들을 가정하는 것으로서 어떤 세력들을 파악하지 못하는 한, 여전히 형이상학에 사로잡혀 있을 것이다. 그리고 그러한 가변성(그리고 불확정성)을 전면에 드러내는 것이 바로 탈구조주의의 과제인 셈이다.[10]

---

9) [역자주] 이것이 바로 탈구조주의의 관점이다.

10) 미국에서의 현대 자주운동에 대한 분석의 예로는 'The Left Today', *Midnight Notes*, no. 7(1984년 6월), 6~8면(P. O. Box 204, Jamaica Plain, MA 02130)을 볼 것. 또한 *Copyright*의 초판을 볼 것.

제3장
해체론의 정치학과 페미니즘

탈구조주의는 정신분석학(라깡, 들뢰즈와 가따리)에서 철학(데리다, 이리가레, 리오타르), 문학비평(바르트, 시쥬, 크리스테바), 사회 및 문화이론(푸꼬, 부르디외, 보드리야르)에 이르는 넓은 영역의 연구를 일컫는다. 이러한 연구들은, 전반적으로 우리의 이해의 패러다임을 인식론적 분석과 총체적 변증법으로부터 보다 더 물질적이고 차이화된 불확정적 사고의 양식으로 전환시켰지만, 전체적으로 이들은 실천적인 정치적 지향의 부재를 겪고 있다. 사상적인 세계나 글쓰기와 삶의 전복적 전략에 대한 설명은 풍부하지만, 어떤 이론도 하버마스가 제안하는 사회이론 같은 것을 시도하거나 네그리가 제공하는 식의 정치적 실천의 모델을 개괄하지 않는다. 탈구조주의는 세계를 이성의 범주들로 포괄하려는 체계들과 로고스중심적 기획에 대해 반감을 갖고 있으며, 따라서 우리는 그들이 하버마스식의 총체적 이론의 변형을 회피하는 이유를 이해할 수 있다. 그러나 명백히 정치적으로 보이는 이 철학들이 왜 그렇게 실천적 정책에는 소원한 것일까?

이 문제에 대한 답변은 부분적으로 구조주의적인 주체의 폐지에서 찾을 수 있다. 알뛰세의 '주체의 과정'은 정치학 없는 과정인 셈이었다. 왜냐하면, 급진적 정치학이란, 적어도 네그리의 견지에서는, 주체의 잠재력을 구속하는 억압적인 객관적 구조에 대한 주체적인 힘의 반란으로 정의되며, 그것은 코드나 구조에 의한 주체의 탈락과는 정반대되는 것이기 때문이다. 구조주의와 탈구조주의의 에고적 의식성에 대한 비판은, 사회적 행동의 중심과 근원에서 개인의 정신을 폐쇄적으로 강조하는 자유주의적 합리주의의 비판에 필수적인 요소이다. 그러나 결정적인 구조·담론·코드를 강조하는 것은, 어떤 개인이나 집단이 그 구조와 코드에 작용하는 급진적 재코드화와 재활용성(reinflection)을 무시하는 것이며, 결국 (그들이 '이데올로기적'이라고 주장하는) 주체의 욕구와 욕망, 민주적 열망보다는 당과 국가의 한층 고차적인 이성적 형식에 특권을 부여할 수 있게 한다.

또한 이러한 설명은 푸꼬의 경우처럼 여러 힘들(forces)이 상호작용하는 공간을 남기지 않는 권력(power)에 대한 설명으로 나아간다.1) 여러 힘들의 상호작용을 안정화시키는 것은 모든 권력의 근원이라고 할 수 있다. 그러나 권력의 힘은 보다 넓은 역동적인 배열의 한 부분일 뿐이며, 또한 대항적인 힘의 운동에 대한 반작용과 대응으로 생각되어야 한다. 대항적인 힘의 운동은 우리가 권력작용이라고 부르는 힘들의 평정만큼이나 사회의 형태를 결정하는 요소인 것이다. 가장 극단적인 예로서, 라깡의 경우에 주체에 대한 비판은, 에고가 자신을 결정하는 요소들에 부여할 수 있는 재활용성2)의 중요성을 무시하는 운명론이 된다. 라깡의 운명론은 본능과 상징적 질서를, 주체가 복종적으로 수용할 수 있을 뿐인 권력이 행사된 것으로서 파악할 뿐이다. 1970년대 중반의 '신철학자들'의 정치적 염세주의와 수동성은 이같은 관점에서 예견된 파생물이었다.

이러한 현상이 모든 탈구조주의에서 나타난 것은 아니다. 즉, 데리다 같은 합리주의에 대한 비판가나 들뢰즈와 가따리 같은 유물론적 급진주의자들은 언제나 훨씬 더 낙관적으로 결정의 벽을 개방하는 쪽을 지향해 왔다. 그들의 연구와 시쮸, 이리가레 등의 프랑스 페

---

1) [역자주] 푸꼬는 권력의 미시적 그물망에 대해서는 자세히 언급하지만 그에 대한 저항력에 대해서는 세심하게 논의하지 않는다. 그러나 푸꼬 역시 권력이 작용하는 바로 그 지점이 반격의 거점이 됨을 말하고 있다.
2) [역자주] 문법변화표와 같은 일정한 체계 내에서의 활용가능성을 체계를 변화시켜 다시 변환시키는 것을 말함. 고정된 활용성을 지닌 라깡의 구조주의에서는 이러한 재활용성을 기대할 수 없다.

미니즘에서는 중첩결정(over-determination)의 모델에 제한되지 않는 탈주체적(post-subjective) 정치학이 발견된다. 주체의 경계의 와해는 안으로 함몰된 것이 아니라 밖으로 폭발된 것으로 나타난다. 그러나 들뢰즈와 가따리의 유목의 자유의지론(nomadic libertarianism)은 그들의 손으로는 다루기 어려운 사회적 제도 형성에 대한 결정을 남기고 있다. 예시적인 정치학으로서 그들의 이론은 현재와 현재의 정치학을 남겨둔 채 지나치고 있다. 이와 마찬가지로 탈구조주의적 페미니즘은 결정의 체계를 수정할 수 있는 모델을 제공하면서도, 그 운동은 배제된 요소를 말소할 수 없는 것으로 재범주화함으로써, '고결한' 여성을 가부장제적으로 특권화시켜 재생산할 위험을 지니고 있다. 자기 자신을 분리시켜 둠으로써 정치학의 내부를 그대로 남겨두게 되며, 기껏해야 완성된 정치학을 포착할 수 없는 지속적인 타자로서 어렵게 할 뿐이다. 그러나 포착의 과정을 지속시키는 것은 허용된다.

나는 이제 페미니즘을 특별히 주목하면서 해체론의 정치학의 문제를 고찰하려고 한다. 해체론은 여성을 불확정성의 형상으로 은유함으로써 어느 정도까지 남성적 철학의 패턴을 따르고 있는가? 그런 은유는 남성적 철학 패러다임의 반복인가, 아니면 그 전제에 대한 내적인 비판인가? 데리다가 남성적 서구철학이 착취적인 용도에 유용하다고 논의할 때, 그는 어느 정도까지 한수 앞선 존재(남성)를 차이화하는 게임을 반복하는가? 또한 얼마만큼이나 남성적인 철학적 실천의 수사학과 그 전통의 유지에 핵심적인 결합적 유대의 과정을 되풀이하는가? 철학을 다양하게 산포된 용도에 열려 있는 유용한 것으로 정의함으로써, 즉 철학을 '여성적인' 것으로 만듦으로써, 데리다는 단지 자기 자신이 가장 순수하게 '남성적'이 될 뿐일까? 나는 미국에서 데리다를 어떻게 이용하는가 고찰함으로써 논의를 시작할 것이다. 그런 논의중에 나는 니체의 여성의 형상에 대한 데리다의 독법을 비판하게 될 것이다.

정치적인 가치를 철학적 방법론에 귀속시키려 하는 것은 위험한 시도이다. 정치적 의미와 마찬가지로 정치적 가치는 일반적으로 철학을 어떻게 이용하느냐의 문제이다. 헤겔은 변증법을 군주제 공화국을 조장하는 것으로 보았지만, 마르크스는 동일한 방법을 어떻게든 급진적인 정치경제적 민주주의의 이념을 위해 사용하려 했다. 어떤 것을 사용한다는 것은 개별적인 장르와 양식 곧 개별적인 용법을 수반하는 것이다. 다시 말해, 그것은 그 자신의 고유한 형태와 형식 곧 그 자신의 수사학을 지니는 것이다. 정치적 가치가 분명해지는 것은 철학을 어떻게 사용하느냐 하는 양식적 차이의 문제이다. 변증법은 현존하는 제도를 인정하고 민주주의를 부정하며 진보적 인식을 배제할 때에는 보수적이었다. 그러나 변증법을 급진적으로 사용하게 되면 전혀 다른 형식들을 갖게 된다. 변증법의 급진적 용법은, 사회적 세계가 운동한다는 것과, 이전의 결론은 단지 출발점에 불과하다는 것, 그리고 많은 것이 계속 인식될 뿐만 아니라 형성된다는 것을 느끼도록 촉진한다. 이러한 급진적 용법은 변증법의 모자를 벗겨내어 삼각형을 네 변이 열린 사각형으로 변환시킨다.

해체론은 자유주의자들과 급진주의자들의 관심을 끌었지만 보수주의자들에 대해서는 공격적이었다. 이는 부분적으로 해체론이 마르크스가 만들어낸 변증법의 급진적 용법 같은 것을 철학적으로 정당화하기 때문이었다. 결과적으로 일종의 우발적인 실천의 문제였던 것이 어떤 방법론적 영속성뿐만 아니라 원리적인 일반성을 얻게 되었다. 해체론은 그 자체의 고유한 권한을 지닌 철학이기도 하지만, 또한 철학을 급진적으로 이용하는 철학이기도 했다. 해체론은, 비판적 반성에서 면제된 실증주의 같은 방법이, 왜 실제로는 그럴 수 없는지 올바르게 설명했다. 즉 실증주의적 방법은, 그 자체가 일종의 수사학이며, 어떤 비유들과 그 형성과정에 따라 전개된다. 실증주의는 사회적·수사학적 결과를 원인의 자리에 놓는 전유(轉喩)적 역전 —— 방법 자체 —— 을 통해 자신의 사회적·역사적 위치를 폐쇄시킨다. 이 때문에 실증주의는 서로 다른 용법들로 분리될 수 있다. 즉, 어떤 근거도 실증주의적 방법을 제자리에 고정시키지 못한다.

데리다는 왜 그같은 용법들이 가능하며 또 불가피한지에 대해 철학적인 설명을 제공했다. 그리고 왜 그런 상이한 용법에 따른 분리들이 나타날 수 있고 또 필연적인가에 대해 설명했다. 어느 정도까지 데리다는, 철학이 열린 결말을 지녀야 하는가 아니면 닫혀져야 하는가(다시 말해, 비판적이고 민주적이냐 아니면 보수적이고 엘리트적이냐)의 질문을, 폐쇄 불가능성에 대한 철학적 정당화를 제공함으로써 폐쇄시켰다. 데리다는 급진적 입장이 우월할 수밖에 없음을 — 단순히 생략에 의해 — 입증한 것이다. 보수주의자들이 모색한 폐쇄는 단순히 불가능할 뿐이었다.

보수주의자들이 그토록 화를 낸 것은 놀라운 일이 아니었다. 그러한 분노는 미국에서 표출되었는데 특히 주요 지성적 잡지 —『뉴욕서평』3) — 에서 탈구조주의에 대한 일관된 부정적 논평의 형식으로 제기되었다. 데니스 더너규(Denis Donoghue)와 존 설(Johe Searle) 같은 기고자들은 보다 많은 사람들에게 그 잡지를 알리도록 요구받았지만 실제로 그들은 결코 그런 운동의 전문가로 볼 수는 없는 사람들이었다. 그 잡지의 논평은 논점이 확실했고 또한 항상 비판적이었다. 나는 조나단 컬러의『해체론에 관하여(On Deconstruction)』에 대한 설(Searle)의 한 서평을 보다 자세히 고찰할 것이다. 문제의 어떤 부분은 전통적으로 미국이 유럽적이고 이론적인 것을 믿지 못하는 점과 관련이 있겠지만, 또한 이 문제는 언어철학에 대한 보다 보수적인 관점과 급진적인 관점의 차이와 연관되어 있기 때문이다.

설의 데리다에 대한 설명은 주로 컬러의 설명에 근거하고 있기 때문에 설이 잘못 진술하고 있다고 비판하는 것은 적절하지 않을 것이다. 컬러가 데리다의 철학과 정치적 관심을 거의 폐쇄적으로 문학적 관심으로 전환시킨 것은 얼마만큼은 그에 맞는 신뢰성이 부여되어야 한다. 예를 들어, 설이 컬러를 따라서 해체론을 발화(speech)와 글쓰기(writing), 즉 진리와 허구 같은 대립을 역전시키는 방법으로

---

3) Review, *The New York Review of Books*(1983년 10월 27일).

정의할 때, 설은 단지 부분적으로만 적절한 셈이다. 왜냐하면 데리다는 결코 진리와 허구에 대해 논의하지 않기 때문이다. 실제로 데리다의 저서에서 대립성에 대한 논의는, 로고스중심주의에 대한 비판에 관련해서 파생적으로 나타난다. 로고스중심주의란, 진리가 현존으로 생각된 존재에 대한 언어적 적합성으로 이루어진다는 관념이며, 대립성은 그런 로고스중심주의의 한 징표인 것이다. 로고스중심주의적 철학의 진리는 플라톤 이래로 줄곧, 재현적·경험적 가변성으로부터 정수해낸 것으로, 즉 그 자체에 고유한 어떤 것으로 생각되고 있다. 데리다는, 이런 진리의 개념이 일련의 규범적인 대립쌍들——내부/외부, 이상/비이상, 초월/경험 등——에 의존한다고 논의한다. 음성 혹은 발화(speech)는 정신에 한결 가까운 듯이 보이기 때문에, 일반적으로 (화자, 정신, 관념의) 비현존(non-presence)을 나타내는 글쓰기, 외면성, 비생존, 재현의 기법보다 더 '진실'하다고 생각된다. 그러나 이러한 대립은, 진리가 항상 재현에 우선하고, 진리의 기호인 발화가 재현의 형식인 글쓰기에 우선함으로써만 의미 있을 뿐이다.

　설은 발화/글쓰기의 대립을, 실제로는 그 대립이 부수적인 경우(경험적인 행위)의 예를 들면서 핵심적인 것으로 취급한다. 데리다는 정작 경험적 행위로서의 발화와 글쓰기에는 관심이 없었다. 그보다도 데리다는, 그런 대립이 어떤 철학적 가치의 징표가 되는지에 관심을 가지고 있었다.4) 설은, 글쓰기가 발화보다 우선적이라는 경험적 증거를 데리다가 제시하지 않았다고 말하면서, 논점을 교묘하게

---

4) [역자주] 글쓰기(writing)는 프랑스 원어로 에크리튜르(écriture)라고 부르기도 한다. 좁은 의미에서의 글쓰기는 발화(음성언어)와 구분되는 문자언어를 말한다. 문자로 된 언어는 음성언어와는 달리 의미가 직접적으로 현존하기보다는 매개적이고 차이적인 작용을 통해 의미를 발생시키는 것으로 느껴진다. 그러나 사실은 음성언어 역시 매개와 차이화가 작용하며 이런 뜻에서 글쓰기를 포함한다고 할 수 있다. 따라서 넓은 의미에서의 글쓰기는 의미를 현존하게 하는 모든 매개작용과 차이작용을 말한다. 마이클 라이언, 『해체론과 변증법』, 나병철·이경훈 역(평민사, 1994), 79면 참조.

회피한다. 그러나 논점은 그 문제에 있는 것이 아니다. 논의의 초점은, 정신 속의 현존의 직접성이나 초재현적 이념성으로서 진리의 로고스중심적 모델이, 일반적인 재현성과 매개성(글쓰기의 특수한 실천적·공간적·반복적·차이적·도형적 성격뿐만 아니라)을 파생적이고 이차적인 것으로 생각할 것을 요구한다는 점이다.

데리다는 이 문제에 관해 세 가지 사항을 논의한다. 첫째는 그런 이념적 진리의 구성은 글쓰기와 연관된 재현·매개·현실적인 가변성·불확정성 등의 배제에 의존한다는 점이다. 그러나 우선권을 지닌 항목 ── 정신 속에 현존하는 진리 ── 은 글쓰기가 재현하는 것 ── 즉, 재현·매개·차이·공간화 등 ── 의 결과인 셈이다. 두 번째 논의는, 명예훼손된 글쓰기의 특성 ── 예컨대 화자의 생생한 현존에서 분리된 다른 문맥에서의 반복가능성 ── 이, 실상은 발화가 정신 속에서 어떻게든 나타나도록 해준다는 점이다. 정신 속의 발화는 기호를 필요로 하는데, 어떤 기호도 소통이 가능하지 않으면, 즉 직접적인 문맥으로부터 타자들에게로 전이되지 않으면 존재할 수 없다. 더욱이 모든 정신적인 재현은, 재현이 전개되는 공간을 전제로 하는 점에서 '글쓰기와 같다.' 세 번째 논의는 만일 현존(예컨대 정신의 발화)에게서 공간적인 재현이 나타날 수 있다면, 그러한 재현은 그 현존에 내적인 구조적 가능성이지, 외부로부터 현존에 밀어닥친 단순한 우발적인 사례가 아니라는 것이다. 재현은 진리의 체계의 한 부분인 것이다. 즉 재현은 보다 더 순수한 (명백한, 정확한, 엄격한) 진리의 내부에 대한 외부라고 주장될 수 없다. 이러한 논의의 목적은 글쓰기가 발화보다 우월하다고 특권을 부여하려는 것이 아니다. 그보다는 진리에 대한 로고스중심적 정의에 내재하는 가치들(내부는 외부보다 우월하며, 현존은 재현보다, 이념은 가변성보다, 보편성은 역사성보다, 자연은 테크놀로지보다 우월하다 등등)의 신성성에 의문을 제기하려는 것이다.

설은 데리다의 이러한 취지를 담은 긴 일절을 인용하지만, 그러나 그것에 담긴 명백한 암시를 간과한다. 그 일절에 담긴 주요한 암시는, 의식적 정신에 현존하는 것으로서, 혹은 가변성·재현·차이에 선행하는 것으로서, 진리의 단순한 결정으로 보이는 것은 순수하지가 않다는 것이었다. 즉, 그것은 가치적 주장들을 숨기고 있는 것이다. 데리다의 연구의 목적은 그런 숨겨진 주장들을 밖으로 분출시켜서 그것들이 비판적 고찰에 견딜 수 있는지 알아보는 것이다. 대개의 경우에 숨겨진 주장들은 비판적 고찰을 감당하지 못한다. 그러나 이런 비판의 결과는, 설의 논의처럼 진리·합리성·논리란 존재하지 않으며 단지 기표들의 놀이가 있을 뿐이라고 주장하는 것은 아니다. 그보다는 진리·합리성·논리를 가능하게 하는 조건은, 바로 그런 로고스중심적 개념이 부적절하고 이차적인 것으로 주장하길 원하는 어떤 것임을 말하려는 것이다. 실제로 설은, 발화/글쓰기의 문제가 데리다가 부당하게 되살려낸 일종의 한계적인 사례(즉 부적절한 것)라고 주장함으로써, 로고스중심적인 개념의 각본을 반복한다.

데리다의 비판이 암시하는 것 중의 하나는, 외견상 자명한 듯 보이는 철학적 진리나 가치의 개념들에 대해 의문을 제기해야 한다는 것이다. 설은 후설식의 변형인 초월적 근거가 과학·논리·합리성을 위해 필수적이 아니라고 온당하게 지적한다. 그러나 데리다는 결코 그런 가정을 만들고 있지 않다. 데리다는 이렇게 강조해서 말한다. 즉 언어분석의 토대나 목표로서 진리는 항상 로고스중심적 방식으로 정의되며 어떤 예언적인 가치들 ── 직접적 현존은 매개성보다 우월하며, 동일성은 차이보다, 이념성은 실천적, 상황적 우발성보다 우월하다 등등 ── 을 가정한다.

설 자신은 다음과 같이 말하면서 그런 가치들에 경도되고 있다. 즉, '일급' 철학자들(자신을 포함해서)은 데리다보다 '대단히 우월'한데, 그것은 그들의 글이 명확성, 엄격성, 정확성, 이론적 포용성, 그리고 무엇보다도 '지적인 내용'을 지니기 때문이다. 명확성은 현존의 매개성과 부재보다는 가시적인 현존성을 전제한다. 엄격성과 정확성은, 차이적 상호관계 및 문맥적 차이의 혼란을 깨끗이 해결하는 적절한 한정적 결정이 가능함을 암시한다. 이론적 포용성은 잔여물을 남기지 않는 보편적인 이념적 폐쇄가 확립되어야 함을 가정한다. 또한 지적인 내용은, 의미작용 형식의 가변적 세계를 지배하는 의식적 정신에 가치를 부여한다. 일반적으로 의미론은 구문(syntax, 구문론) 위에 군림하며, 의미론의 가능조건이 비의미적으로(asemic) 작용하는 구문이라는 사실은 망각한다. 이러한 것들이 바로 해체론이 의문시하는 로고스중심적 가치들이다. 따라서 설이 데리다의 질문에 난처해 한 것은 놀라운 일이 아니다.

설과 논쟁하는 중에, 데리다는 설이 많은 점에서 자신에 동의하며, 때로는 설의 그에 대한 반박이 은연중에 데리다 자신의 논의를 이용한다고 지적한다. 흥미롭게도 해체론이 반대하는 설의 서평의 어떤 논의는, 부분적으로는 해체론이 전체적으로 무엇에 관한 것이냐라는 규정이다. 즉 '해체론이란 어떤 현상을 불확정적이라고 정확하게 규정하는 불확정적 현상에 대한 정확한 이론의 적합 조건이다.' 설과 데리다의 차이는, 데리다가 우리의 방법은 언어 속에 묻혀 있으므로 또한 불확정성에 종속된다고 논의할 것이라는 점이다. 우리의 이론은 실천적이고 가변적이다. 그리고 바로 그것이 이론들이 설명하는 세계의 본질적인 요소이다. 따라서 데리다는 '적합성'의 가능성을 의문시할 것이다. 왜냐하면 적합성이라는 말은, 우리가 세계의 외부에 있으며 본질적으로 세계 바깥의 언어로 세계를 설명함을 가정하기 때문이다(형식주의는 여전히 분석철학의 꿈이다). 데리다는 또한 정확성의 가치를 의문시할 것이다. 왜냐하면 사물의 본질상 부정확한 언어(차이와 우발성을 환기시키는 언어)가 보다 더 정확할 것이며, 불확정적 현상을 보다 잘 재현할 것이다.

데리다의 글쓰기 양식이 설에게 그렇게 문제거리인 것은 바로 이 때문이다. 데리다는 세계의 진리는 로고스중심적 전제와 방법으로써 결정할 수 없다고 가정한다. 만일 존재의 본질이 차이적이어서 이념적·이론적 범주로서 정확하게 명명되는 현존으로 확정될 수 없다면, 그것을 정밀하게 기술하는 방법 자체가 어느 정도는 불확정적·차이적·가변적·실천적이어야 할 것이다. 비트겐쉬타인을 인용하면서, 또한 부주의하고 어설프게 데리다를 흉내내면서, 설이 말하는 모든 것은 아주 똑같은 것이다. 그러나 그것은 또한 미세한 차이를 지니고 있다.

설이 데리다를 잘못 말한 것 중의 하나는, 정신(사상, 관념, 이념적 진리)은 문자(의미작용 체계, 언어개념의 역사, 의미 효과를 창조하기 위한 언어의 산종적5) 잠재력)에 의존하며 문자는 결코 정신에 의해 완전히 통제될 수 없다는 데리다의 주장을 확정하는 방식이다. 설의 확언은, 데리다가 로고스중심적 철학에서 기인된 것으로 본 가치들을 무의식적으로 드러내면서, 원래의 데리다 주장의 요점을 잃어버린다. 예컨대 설은, 로고스중심주의와 남근중심주의가 서양철학에서 동일한 것이었다는 데리다의 주장을 무시한다. 그러면서도 설은 같은 절에서, '순수한 지식'과 '모조품'의 구분을 요구하며, 또한 정당한 지배감정과 허세적인 다변의 단순한 열광을 구분할 것을 주장한다. 이제 설의 부정적인 용어들은 서양 철학의 전통을 망라해서 은유와 여성에서 기인된 모든 용어들이 된다. 여기서 은유와 여성은 (이런 표현이 괜찮다면) 데리다가 남근중심주의라고 부른 것의 두 희생자인 셈이다. 순수한 지식은 정신에 대한 이론으로서 현존(가시성)하며, 반면에 은유는 '단순히' 이차적인 재현물 혹은 '모조품'이 된다. 여성에게는 '열광', 실제로는 히스테리가 배당되며, 반면에 남성은 엄격하고 강인하고 합리적이다. 밀(Mille)에 의하면, '여성은 추상화하고 나면(길들이면) 결코 난폭해지지 않는다.' 은유성과 '여성성'의 은유는

---

5) [역자주] 산종(散種, dissemination)은 어원상 종자(種子, semence)가 원래 태어난 곳에서부터 멀리 떨어진 곳으로 흩뿌려진다는 뜻을 지니고 있다. 종자는 현존하는 의미가 아니라 의미의 씨앗을 말하는 것으로 흩뿌려진 종자들은 원래의 단어(혹은 사물)가 지닌 의미소로 환원되지 않는다. 이런 의미에서 산종은 한 단어가 여러 의미를 지닐 수 있음을 말하는 다의성의 개념과도 구분된다. 또한 의미가 완전히 거세된 것이 아니라 끝없이 차이화되고 연기되는 것을 나타낸다는 점에서 차연이나 글쓰기의 개념과 일치된다. 마이클 라이언, 앞의 책, 71면 참조.

설의 가치체계에서 결합되며, 따라서 설은 데리다가 남근중심주의라는 말로 의미했던 것의 훌륭한 표본을 제공한다.

데리다에 관한 설의 '소개(presentation)' 자체가, 설의 정신 속에서 확고하게 파악된 진리의 재현이기보다는, 부정적인 '모조의' 효과를 나타내도록 고안된 수사적 행위인 것이다. 설의 잘못은 주로 미국 예일학파의 해체론 문학 비평을 데리다의 저서와 혼동하도록 한 데 있다. 양자 사이에는 큰 차이가 있는 것이다. 그런데 설이 궁극적으로는 어떤 차이를 나타내긴 하지만, 그의 논의의 첫 수순은 그 양자를 계획적으로 혼동하도록 되어 있다. 따라서 니체식 인과율 문제에 대한 컬러의 예(핀과 아픔)는 차이성이 무화된 해체론의 예로서 (설에 의해) 허용되고 있다. 실제로 데리다는 결코 그같은 심리학적 예를 다루지 않는다. 설은 또한 '진리는 자신의 허구성을 망각해 온 허구들'이라는 컬러(데리다가 아니라)의 주장을 해체론의 논의로 받아들인다. 이러한 주장은 실상 니체로부터의 인용문인데, 이 인용문에서 원래의 '은유'와 '은유성'이라는 단어가 '허구'와 '허구성'으로 대체된 것이다. 설조차도 은유와 허구는 서로 다른 것임을 인정한다. 보다 큰 한계는, 설이 데리다가 플라톤·루소·후설만을 '약간 상세하게' 논의한다고 주장하는 것이다. 설은 아리스토텔레스, 라이프니츠, 데카르트, 콘딜락, 헤겔, 마르크스, 니체, 하이데거, 레비너스, 오스틴, 설 그리고 그 밖의 다른 사람들에 대한 언급을 간과한다.

보다 조심스럽고 폭넓은 독서를 했더라면 설은 정확성이라는 그 자신의 철학적 이념을 한층 잘 지킬 수 있었을 것이다. 그러나 설의 서평을 좋은 예로 들 수 있는 전달의 오류[誤傳]의 문제는 그 경우에만 특별한 것이 아니다. 오전(誤傳)은 의사소통과 번역의 본질 자체에 각인된 것이며 특히 문화가 교차될 때 생기는 문제이다. 이 문제는 데리다가 주장하듯이 실제적인 작업(예컨대 조심스러운 독서)의 문제이지 관념적 영역에서 이뤄지는 자발적으로 직관적인 이론적 숙련도의 문제가 아니다. 의사소통에서 내용을 놓치거나 잘못 전해질 구조적 가능성이라는 '문제'에 대한 답변은 다음의 두 가지이다. 즉 그 오전 가능성의 문제를 폐쇄시키거나(로고스중심주의), 그렇지 않으면 열린 채로 놓아두고 무엇이 일어나는지 찾아내려 노력하는 것이다. 로고스중심적 폐쇄에 대한 전통적인 정치적 비판은, 그런 폐쇄가 진리의 인식자라는 엘리트의 입장에서, 권위(진리를 소유했다는 자만심)의 특별한 가정이 요구된다는 점이다. 따라서 설의 서평이 엘리트주의의 은유('우월한', '일급의' 등)로 가득차 있는 것은 시사적이다. 데리다의 연구 프로그램은 보다 더 민주적인(실제로는 민주적 사회주의적인) 결론들을 지닌다고 나는 주장하고 싶다. 그것이 암시하는 바는, 세계가 '무엇이라고' 강요하길 그만두고 대신에 어떤 새로운 것 — 우선 새로운 지식의 언어 — 을 건립하기 시작해야 한다는 것이다. 그러한 철학은 궁극적으로 **구성주의적인** 철학이다.

따라서 설과 데리다의 논쟁은 철학적 결과뿐만 아니라 정치적 영향을 지닌다고 시사하고 싶다. 또한 비록 인식의 이론과 실천적 정치가 서로서로 모습을 드러내진 않지만, 그럼에도 불구하고 철학적 이론화의 형식에는 실천적인 암시가 내재하고 있다. 예컨대 우리는 이런 상상을 해 볼 수 있다. 만일 설과 데리다가 가난한 이웃 노동자 마을을 통과하는 고속도로 건설 계획의 임무를 맡는다면, 아마도 두 사람은 서로 다른 방법으로 일을 진행시킬 것이다. 설은 그 계획의 의도와 의미를 달성하기 위해 무엇이 필요한지를 정확성과 명료성, 엄밀성을 가지고 결정할 것이다. 비용이 정확하게 계산될 것이며, 지출이 효율적으로 책정될 것이고, 거주자들을 이주시키기 위해 법이 집행될 것이다. 그리고 이론적인 계획을 현실적으로 실행하는 목표가 발효될 것이다. 나는 데리다의 경우 시작하기 전에 조금 지체하지 않을까 생각한다. 데리다는 그 계획을 세울 때 어떤 가정이 만들어지는지 물을 것이며, 또한 계획을 실현할 때 어떤 목적과 이해가 제시되는지 질문할 것이다. 이런 일 자체는, 설의 입안자들 쪽에서 보면, 불안할 만큼 불확정적이며 엄밀성이 없고 부정확하게 진행시키는 것일 터이다. 다음으로 데리다는 — 아직도 그 문제에 대한 어떤 진리의 결정을 보류하면서 — 아마 파괴될 그 마을의 역사와 형성에 관해 물을 것이다. 그는 그 이웃 사람들의 의견이 참고되었는지 물을 것이며, 아마도 그가 그들과 의논하려 할 것이다. 따라서 이 때 그 계획의 통일성 속으로 목표와 이해의 급진적 차이가 틈입하게 된다. 데리다는 인종적·사회적 영향을 판단하기 위해 숙고할 것이다. 그는 자본주의와 그 조건 하에서 설계된 도시의 역사, 즉 전체국가로서의 도시의 문맥에, 이론적이고 실천적으로 그 계획을 위치시킬 것이다. 다시 말해 데리다는 외견상 단순해 보이는 그 계획의 주변에 매우 불확정적인 문맥들과 차이적 관계들의 그물망을 구성할 것이다. 그 계획의 진리는——어떤 문제도 전혀 제기하지 않고——아무 어려움이 없는 것처럼 명료하고 엄밀하게 실현될 수도 있는데도 말이다.

따라서 해체론은 설이 그려보인 것 같은 백치의 걸작품이 아니라고 나는 논의하고 싶다. 즉 해체론은 철학의 중요한 맹점에 대한 의미 있는 비판이며, 그 자신의 급진적인 용법을 지니고 있다. 그럼에도 불구하고, 해체론이 급진적 용법을 지닌다면 또한 보수적 용법도 있을 수 있다는, 이 명백한 사실을 간과한 채 너무 무비판적으로 공상에 빠지는 것도 잘못일 것이다. 실상 텍스트를 읽는 방법으로서 해체론은 매우 실수할 가능성이 있으며, 특히 정치적 분석을 수행할 필요에 직면할 경우에는 더욱 그렇다. 해체론 자신의 판단의 기준은, 그 비판의 영역이 동일성·현존·의미의 문제에 제한되는 그런 것이다. 데리다가 마르크스의 경제분석의 언어(잉여가치)를 자신의 방법 속에 통합시키고 있는 것은 사실이다. 또한 데리다는 자신의 정치적 신의를 매우 명백하게 만들어 왔다. 그러나 해체론적 분석의 목표——불확정성의 생산, 아포리아[6]의 발견, 개념적 근거들의 탈신비화——는 급진적인 정치적 선취를 지닌 작가와 사상가들에게 매우 난처한 것이 될 수 있으며, 또 난처한 것으로 입증되어 왔다. 해체론을 그들이 이용할 수 있는 가능성에 대해서는 이제까지 이론의 여지가

---

6) [역자주] 논리적인 난궁을 말함.

없는 것 같다. 그러나 문제는 여전히 남아 있다. 즉, 급진적 비판이 본질·진리·동일성의 이데올로기적 모델에 대처할 때 불확정성의 입장을 분명히 취함에도 불구하고, 긍정적 입장의 체계화에 관련된 동맹자로서, 그런 비판이 불확정성이나 미결정성을 가정할 때는 보다 많은 어려움을 갖게 된다. 급진적 정치학이나 대안적 철학의 근거로서 불연속성과 차이성의 모델에 의존하는 네그리, 들뢰즈/가따리, 이리가레에게겐 미안하지만, 평등·민주주의·자유를 위해 투쟁하는 사람들은 훌륭한 투쟁을 수행하는 가운데 그들의 발밑에 아포리아보다는 한층 확고한 어떤 것이 필요함을 빈번히 느낀다.

나는 이리가레와 네그리의 입장을 살펴볼 것이다. 즉, 평등성을 옹호해서 동일성과 현존성의 가치에 근거한 철학적 위계질서에 대해 비판적으로 질문하는 입장, 그리고 불확정성과 불연속성의 입장이다. 그러나 이러한 입장이, 모든 해체론적 독서가 급진적 목적들을 만족시켜 줌을 의미하는 것은 아니다. 해체론은 서양철학에 내포된 근원적인 정치적(Proto-political) 가치들에 대해서는 비판적인 일관성을 지니지만, 그러나 분석의 과정만으로는 어떤 정치적 결과가 다른 것보다 우월하다는 것을 명백히 보장하지는 못한다. (교정 중에 실제로 나 자신의 문제를 여기서 말해야 할 것 같다. 내가 생각하기에 해체론은 진보적·평등주의적·반위계질서적 가치들을 분명히 암시한다. 그러나 이 사실이, 가령 비극적 염세주의를 옹호해서 —— 폴드만의 저서에서 처럼 —— 그런 가치들을 간과할 수 없다고 말하는 것은 아니다.) 결과적으로 문제는 해체론의 방법이 페미니즘 같은 실제적인 정치적 문제에 부딪힐 때 발생할 수 있다. 실제로 정치적 결과들을 '괄호 안에 넣거'나 '제쳐놓음'으로써, 해체론은 모순의 유미주의(aestheticism)가 될 위험에 처할 수 있다. 또한 정치적 입장들이 나타나는 텍스트가 미결정적이거나 불확정적이라는 점을 근거로, 의심스러운 정치적 입장들에 대한 변명으로 나아갈 수도 있다. 니체의 여성에 관한 글쓰기를 다룬 데리다의 에세이 「문체의 문제(La guestion du style)」가 바로 그런 경우라고 주장하고 싶다.7)

데리다는 니체가 '(니체 자신의 텍스트에서) 약간 길을 잃고 있다'고 논의한다. 즉 니체는 여성에 관한 논의에서 스스로 모순을 드러낸다. 그는 때로는 여성을 디오니소스적인 긍정적 힘을 지닌 것으로 적극적으로 묘사하며, 또 때로는 '진리'를 신봉하는 이상주의자나 교조적인 철학자를 닮았다고 비판한다. 그러나 궁극적으로 여성은 진리 일반에 대해 비진리를 지향하는 모습을 지니며, 따라서 긍정적인 힘으로 나타난다. 그럼에도 불구하고 데리다는 자신의 주장을 입증하기 위해 니체를 선택적으로 인용하고 있다. 즉, 때로는 중요한 일절을 남겨두거나 부분적으로만 인용하며, 또 때로는 니체의 아이러니를 무시한다. 한번은 데리다 자신의 논의에 맞추게끔 오역하며, 또 한번은 두 개의 분리된 인용문을 한데 모음으로써 인과관계가 있다는 인상을 만든다. 그리고 전체적으로 니체의 수많은 비망록을 간과하고 있다.

또한 데리다의 논의가 가치 없는 것은 아니지만 — 데리다는 성적인 차이(sexual difference)의 진리는 존재하지 않는다고 주장한다. 다시 말해 어떤 한 성(gender)의 그 타자에 대한 위계질서적 권한의 토대가 될 수 있는 성의 독특한 정체성(identity, 동일성)은 존재하지 않는다고 말한다 — , 많은 페미니스트들은 그런 환영할 만한 이상이, 간단히 말해 자신들의 운동에 큰 도움이 되지 않는다고 적절히 주장할 것이다. 데리다의 이상은, 모든 피억압 집단이 자신들의 예속적 위치에서 해방되기 위한 투쟁에서, 그들 자신의 것으로 주장할 고유한 정체성(identity, 동일성)을 단지 말소할 뿐이다. 양자(데리다와

---

7) 'La guestion du style', *Nietzsche auhourd'hui?*(Paris: Livres de poche, 1975). 이 에세이는 이후에 'Eperons'라는 제목으로 재출간되었다. 니체에 대한 데리다의 논의를 담은 장의 이 부분은 처음에, 1976~77년에 Fontenay-aux-Roses에 있는 Ecole Normale Superieure에서의 Michelle Le Doeuff의 '여성과 철학' 세미나에 대해 쓰여졌다. 이 내용은 1977년 봄 영국 Bristol에서 열린 급진적 철학 페스티벌(Radical Philosophy Festival)에서 논문으로 발표되었다.

다른 페미니스트들)의 차이는 궁극적으로 이리가레(Irigaray) 같은 해체론적 페미니스트와 맥키넌(MacKinnon) 같은 정치적 페미니스트의 차이이다. 이리가레의 경우 이성(reason)의 동일성은 본래적으로 남근중심적이다. 반면에 맥키넌의 경우 불평등이 일차적 사항이고 그 불평등에 의해 종속 체계를 직접적으로 역전시킬 필요성이 생겨난다.

　따라서 니체의 텍스트 같은 것을 읽거나 해석하는 문제는 또한 정치적인 문제이기도 하다. 데리다는 니체의 여성에 대한 입장은 다양하고 모순적이며 니체의 텍스트에서 여성의 모습은 그런 의미의 불확정성을 나타낸다고 논의한다. 진리는 일종의 가장(dissimulation, 꾸밈)의 문제인 것이다. 즉, 진리는 힘의 차이와 상이한 경험으로부터 동일성(identity)을 만드는 은유들로 이루어진다. 진리는 항상 이런 '비진리(non-truth)'를 은폐한다. 즉, 진리는 동일성으로서의 진리의 개념을 가능하게 하는 그런 가장의 과정을 숨기는 것이다. 이는 니체의 텍스트의 경우에도 마찬가지이다. 데리다에 의하면, 니체의 여성에 대한 다양하고 모순적인 입장은, 텍스트에 단일한 의미나 진리를 할당하는 (하이데거의 해석 같은) 해석을 피하는 의미의 미결정성의 증거이다. 니체 자신의 문체는 패러디적이고 아이러니적이며 다원적이고 '여성적'이다. 왜냐하면 니체 텍스트에서의 여성의 모습처럼, 그의 문체는 단지 진리를 가장하고 꾸밀 뿐이기 때문이다. 그러나 텍스트에서 남성에게로 미결정적으로 정체성(identity, 동일성)을 넘겨주는 여성처럼, 니체의 문체는 의문시되는 정체성이나 '고유성(proper)'을 상정한다. 따라서 데리다의 에세이에서 '문체(style)'란, 그가 다른 곳에서 '글쓰기(writing)'라고 부른 존재와 사고의 모든 동일성(정체성) 하에 놓인 의미론적으로 미결정적인 차이작용(differentiation)의 과정을 일컫는다. 데리다는 니체의 비망록으로부터 한 행 ── '나는 나의 우산을 잊었다' ── 을 인용함으로써 자신의 에세이의 결론을 내린다. 데리다의 결론적인 논의는 그 행이 무엇을 의미하는지 우리는 결코 알 수 없다는 것이다. 그 행은 하이데거 같은 해석학자가 확립하려 했던 의미의 지평 바깥에 놓여 있다. 즉, 텍스트의 의미를 완전히 충족시키는 지평 외부에 존재한다. 따라서 문체——기록(inscription, 각인), 수사학, 은유, 재현 등—— 는 진리가 의미를 지니는 데 필수적이지만, 문체 자체는 진리와 동일시될 수 없다.

데리다는 니체가 그의 글에서 여성을 공격하고 있다는 것을 인정한다. 그러나 데리다는, 니체에서 여성은 또한 디오니소스적인 힘으로, 즉 '현존, …… 내용, 물자체, 의미, 진리'에 대한 교조적인 관념론 철학자의 열망으로부터 거리를 두는 사람으로 나타난다고 주장한다. 따라서 여성은, 단일한 논제나 의미로 결정될 수 없는 문체의 복수성(미결정성)과 가장을 통해, 동일성의 진리를 침식하는 긍정적인 형상이다. 데리다는, 결과적으로 니체의 여성에 대한 명제들은 단일한 진리로 환원될 수 없다고 주장한다. 진리, 여성, 거세 같은 용어들은 다른 용어들과의 결정가능한 대립들 속에 위치해야 하는 것인데, 니체의 글쓰기의 패러디적이고 이질적인 문체는 그것을 배제하고 있다.

데리다가 텍스트의 '처녀막(hymen)의 문자(graphic)'라고 부른 것은 의미의 지평의 통제로부터 한계적 사례를 항상 뽑아내며, 따라서 무한한 미결정성의 예측을 열어 놓는다. 이것이 의미하는 바는, 진리/비진리, 현존/부재, 의미론/통사론, 여성/남성 등과 같은 대립들이 서로서로 보충적이라는 것이다. 한쪽 항목을 규정하려면 반드시 다른 쪽 항목을 끌어들여야 하며, 오직 한계적 사례(mangin)를 인정했을 때만 어떤 항목의 동일성의 경계가 정해질 수 있다. 그러나 그런 부가나 보충은 또한 감소나 결손인 셈인데, 왜냐하면 그것이 의미하는 바는 결정된 그 항목의 동일성이 자신의 타자와의 연관이 없이는 결코 완전하게 완결될 수 없다는 것이기 때문이다. 어떤 항목의 내부 혹은 자기동일성 —— 데리다가 소유권(propriété) 혹은 고유성이라고 부른 것 —— 은 항상 또한 그 자신의 외부인바, 곧 내부와 외부 사이의 어떤 지점인 것이다. 데리다가 그것을 묘사하기 위해 처녀막(hymen)의 은유를 사용한 것은 이 때문이다. 내부에 있는 것의 동일성은 그대로 (처녀처럼) 지켜지고 남게 되지만, 또한 그 경계를 정하는 바로 그것에 의해 외부로 열려진 채 터져 있는 것이다. 진리나 현존 같은 어떤 대립적인 개념을 규정할 때 외부로부터 내부를 한정하는 것은 또한 바로 그 한정에 의해 양자(내부와 외부)를 혼동시키기도 한다. 구문론은 항상 자기충족적인 의미론에 부가되는 것으로 생각되지만, 그러나 구문론이 없으면 의미론은 결여된 상태일 것이며 동일성을 지니지 못할 것이다.

해석학자가 니체의 글 같은 텍스트에 대해 의미의 동일성을 결정하려 할 때에도 유사한 일이 일어난다. 언제나 무엇을 덧붙일 필요가 있을 것이며, 바꿔 말해 의미의 지평으로부터 언제나 무엇이 빠져나갈 것이다. 텍스트 자체의 문자적(혹은 비유적, 수사적, 은유적) 요소가 의미를 지니지 않으면서도 의미에 핵심적이라면, 의미의 지평은 결코 완전히 충족될 수 없을 것이다. 그러나 보다 중요한 것은, 의미(가령 여성의 비유)의 동일성은 항상 텍스트 내에서 비유의 다른 용법들과의 관계에 의존할 것이라는 점이며, 또한 그 관계들은 결코 모두 완전히 단일한 주제 속에 고려될 수는 없을 것이라는 점이다. 항상 차이들이 존재하며, 결과적으로 한계적 의미들이 항상 빠져나간다. 즉, 의미의 '고유한' 동일성은 결코 존재할 수 없다. 여성의 은유의 비유성과 문자성 자체가, 의미가 그것에 의존함에도 불구하고 결코 의미의 이상적 수준에까지 고양될 수 없는 것이다.

특별히 눈치빠른 사람이 아니라도 데리다의 입장이 점차로 곤궁에 처해가고 있음을 알아챌 수 있을 것이다. 이 경우에 데리다가 선택한 은유는 최선의 것이 아니다. 왜 '처녀막'인가? 그가 이 단어를 어떻게 사용했는지 알기 위해서는 1960년대 말에 쓰여진 그 단어가 처음 나타난 에세이 ——「이중의 회의(La double séance)」—— 를 상기할 필요가 있을 것이다. 이 시기는, 남성 언어나 여성적 은유의 남성적 전유에 대한 현대 페미니스트들의 지적 비판이 아직 나타나지 않았을 때였다. 더욱이 공식적인 철학 토론회에서 남성이 페미니즘 운동에 가담하는 것은 아직 일반적 일이 아니었다. 시기적으로 (데리다의) 조숙하고 독특한 주장(남근중심주의에 대한 비판을 발전시킨 남성 철학자로서)은 데리다가 미결정성— 어쩔 수 없는 주부로도 알려진, '구원의 여성(ewige Weiblichkeit)', 즉 표현할 수 없는 영원한 여성이라는 뉘앙스— 을 명명하기 위해 잽싸게 여성의 생식기(그리고 그 당시의 처녀성의 상징)를 선택하게 했을 것이다. 그러나 지금에 이르기까지 새로운 판단기준들이 형성되어 왔으며 그런 식으로 처녀막을 사용하는 것은 비판을 모면하기 어려울 것이다. 실제로 그같은 은유의 선택이 데리다의 니체에 대한 논의에 영향을 주었을 수도 있다.

데리다에 의하면, 니체의 경우에 여성은 필연적으로 다원적(plurality)이고 불확정적인 문체(바꿔 말해, 일반적인 재현 혹은 기록)로 비유될 뿐만 아니라, 그 성적인 정체성(identity, 동일성)이 미결정적인 형상으로 그려진다. 이는 그럴 듯한 생각이지만 그것이 사실일까? 다시 말해 그것이 니체의 텍스트에 대한 정확한 설명일까? 만일 그렇지 않다면 그 때도 데리다의 설명을 정확성과는 무관하게 어떤 정치적 효과를 만드는 훌륭한 해석학적 변환으로 칭찬할 수 있을까? 그래서 우리는 데리다의 텍스트에 대해, 그 논의의 대상(니체의 텍스트)을 잘 꾸며낸 훌륭한 재현이며, 보다 진실한 것이라고 말할 수 있을까?

먼저 데리다의 텍스트에 나타난 부정확성을 주목하기로 하자. 데리다에 의하면, 니체는 『이 사람을 보라(*Ecce Homo*)』에서 자신이 여성을 알기 '때문에' 다원적(plural) 문체를 사용한다고 쓰고 있다.8) 니체의 이 텍스트를 검토해 보면 그런 인과율의 개념('~때문에 <puisque>', ~이므로, 왜냐하면)은 눈에 띄지 않으며 상이한 절들에서 두 종류의 문장이 나타남을 알수 있다. 또 다른 곳에서 데리다는 반절만을 인용하면서, 여성이 비진리에 대한 명명이라는 자신의 주

---

8) 데리다는 이렇게 쓰고 있다. 즉, '*Ecce Homo*에 실린 두 개의 단락들은 서로 뒤따라 나오는데, 여기에서 니체는 성공적으로 논의를 진전시키면서, 자신이 "수없이 가능한 문체들"을 갖고 있다고, 혹은 그가 "여성을 잘 알고 있기" 때문에 "문체 그 자체"는 존재하지 않는다고 쓰고 있다'(269).

장과 모순되는 다음과 같은 부분을 빼버린다. '우리가 여성을 사랑할 때 여성이 얽매어 있는 모든 불쾌한 자연적 기능 때문에 우리는 쉽게 자연을 혐오하게 된다. …… 우리는 생리학과 그 법칙에 은밀히 주의하는 것을 거부한다. 즉, "나는 인간이 영혼과 형식 이상의 어떤 것이라는 사실에 귀를 기울이려 하지 않는다." …… 우리는 자연적인 것을 무시한다.'[9] 왜 데리다가 이런 일절을 인용하지 않으려 했을까? 이는 아마도 니체가, 생리와 자연을 용인하고 '영혼'과 같은 정신적인 관념을 거부하는 능력을, 모든 혐오스러운 존재를 인정하는 그의 디오니소스적 작업과 끊임없이 연관시키기 때문일 것이다. 여성이 그러한 혐오와 연관되어 있는 것은 사실이다. 그러나 여성은 그것을 인정하기보다는 덮어 버리려는 시도와 더 많이 관련된다. 실제로 이것이 니체의 텍스트에서 여성이 매우 자주 갖게 되는 역할이다.

데리다가 부분적으로만 인용하고 있는 또 다른 일절에서, 니체는 여성이 성적 욕망(sexuality)을 수용하거나 이해하는 능력이 부족하다고 쓰고 있다. 데리다는 다음과 같은 부분을 빼버린다. '여성은 남편을 그녀들의 정조에 관한 질문으로 경험하며 자신을 사죄와 보상으로 경험한다.'[10] 이처럼 자연세계에 대해 도덕적 의미를 부과하는 것은 니체의 디오니소스적 작업이 반대하는 바로 그것이다. '의지와 힘의 부족으로 자신의 의지를 사물에 부과할 수 없는 사람은 누구나 적어도 어떤 의미를 사물에 부과하게 된다. …… 물리적·형이상학적 세계에 처벌의 개념을 투사하는 것과 죄의식에 반대하는 나의 투쟁 …… 반복의 사상을 견지하기 위하여, 우리는 도덕성으로부터의 해방을 필요로 한다.'[11] 다시 말해, 우리는 자연에 정신적 의미를 부

---

9) *The Gay Science*, W. Kaufmann(역)(New York: Vintage, 1974), 122면. *Nietzsche Werke*(Berlin: DeGruyter, 1968), Vol. V, pt. 2, 20면.
10) 위의 책, 128면; 105면.
11) *The Will to Power*, W. Kaufmann(역)(New York: Vintage, 1967), 318면, 528면, 545면. *Nietzsche Werke*, Vol. VIII, pt. 2, 30면, 119면; Vol. VII, pt. 2,

과하는 기독교적인 도덕적 이상주의의 형상으로서 여성으로부터의 해방을 필요로 한다.

니체에서 여성의 형상은 미결정적이지만 그러나 그것은 다음과 같은 의미에 한해서이다.[12] 즉 여성은, 디오니소스적적인 남성 철학자가 용인해야 하는 대상인 동시에, 또한 혐오스러운 현실을 가장하기 위해 진리의 이상적인 개념('영혼' 등)이 실현되는 방법의 상징이기도 한 것이다. 흔히 여성이 수치심 — 'Scham' — 의 은유와 연관되는 것은 바로 이 때문이다. '사람들은 자연이 수수께기 뒤에 감춘 수치심을 존중해야 한다. …… 아마도 진리는, 자신의 이성을 내보이지 않는 이유를 갖고 있는 여성인 것인가? 아마도 여성의 이름은 — 그리스어로 — Baubo인가?[13] 여성은 기독교적 관념론 진리의

223면.

12) [역자주] 니체 텍스트의 미결정성이 데리다의 미결정성의 개념과 다르다는 뜻임. 데리다의 미결정성(undecidability)은 세계를 형식논리적으로 체계화하거나 그에 근거해 진리를 주장하는 것이 불가능함을 보여주는 용어이다. 예컨대 후설의 현상학의 체계는 직관으로부터 형식적·논리적 명제들을 연역해 내려 하지만 그것의 완성을 위해서는 지표적(indicative) 기호를 필요로 한다. 그런데 지표적 기호는 의식적 직관이 아니므로 후설의 체계 외부의 요소이다. 이처럼 체계의 내부와 외부에 동시에 소속되는 것이 미결정적 요소인데, 이 미결정적 요소는 체계의 완결성을 와해시킨다. 완결된 체계에 미결정성이 끊임없이 나타난다는 사실은 어떤 폐쇄된 체계에 근거한 진리나 명제는 항상 불완전함을 뜻한다. 미결정성이 해체론의 핵심적 개념의 하나인 것은 이 때문이다. 니체의 디오니소스적인 탈이분법적 유희는 이 미결정성의 개념과 연관되어 있다. 데리다의 논의는 니체가 여성에 대해 니오니소스적인 힘과 미결정성을 지닌 것으로 묘사하고 있으며 그 점은 니체의 문체 자체에서 나타난다는 것이다. 이는 데리다가 니체를 페미니스트의 원조로 보고 있음을 의미한다. 그러나 라이언은, 니체 텍스트에서 여성의 미결정성은 그런 해체론적 의미가 아니라 단지 일관성이 결여된 양면적 혼란을 드러낼 뿐임을 지적한다. 미결정성의 개념에 대해서는 마이클 라이언, 『해체론과 변증법』, 나병철·이경훈 역(평민사, 1994), 58~59면 참조.

13) *Gay Science*, 38면, 20면. Baubo는 음란한 여성 악마, 즉 여성의 생식기의 화신이다.

가장에 내재하는 총체적 물질성을 명명하는 점에서 비판적 형상을 지니지만, 그러나 여성은 또한 그 물질성의 진리의 은폐를 나타낸다.

따라서 여성은 데리다의 주장처럼 디오니소스적인 긍정적 힘을 드러낼 것 같지는 않다. 특히 니체의 경우에 디오니소스적인 것은 명백하게 남성적인 임무이며, 그것은 니체의 텍스트에서 매우 자주 여성에 의해 제시되는 기독교적 이상주의와 항상 모순되게 정의되기 때문이다. 디오니소스적 임무는, 혐오스러운 자연(여성의 성적 욕망)을 직접적으로 응시하게 하며, 그런 혐오를 정신성(니체에서 비진리인 여성에 의해 항상 명명되는 것) 같은 기독교적 이상주의의 진리 개념으로 가장하는 것을 피하게 한다. 우리는 데리다가 인용하는 다음과 같은 여성과 진리의 등식에서 디오니소스적인 것의 남성적인 의미를 느끼게 된다. '진리가 여성이라고 생각해 보면 — 그러면 어떻게 되는가? 철학자들이 교조주의자인 한 그들은 모든 여성에 관해 미숙했다는, 그런 의심이 근거가 없게 되는가?'14) 만일 교조주의자들이, 자연의 혐오(공포)에 대한 진리의 형상인 여성에 대해 충분히 남성적이 아니라면, 디오니소스적인 철학자는 충분히 남성적일 것이다. 실제로 디오니소스적인 것은, 여성 생식기가 인식적 권력들(powers)의 보상적 과장을 통해 드러내는 거세공포에 대한, 보상의 시도에 다름 아닌 것으로 해석될 수 있다.

누이에 의해 쓰여진 니체의 자서전에서 발췌한 다음의 인용문을 살펴보자. '에러니와 누이로부터 이제까지 내가 받은 대우는 말할 수 없는 공포를 불러일으킨다. …… 그 이유를 나는 알지 못한다. 그러나 줄리어스 시저가 나의 아버지일 수도 있었을 텐데 — 혹은 알렉산더, 그 사랑이 풍부한 디오니소스가 …… 이 글을 쓰고 있는 지금 우체부는 나에게 디오니소스의 머리를 가져온다.'15) 여성에 대한 공

---

14) *Beyond Good and Evil*, W. Kaufman(역)(New York: Penguin, 1966), 2면. *Nietzsche Werke*(Berlin: DeGruyter, 1968), Vol. Ⅵ, pt. 2, 3면.
15) F. Nietzshe, *Ecce Homo, Werke*, G. Colli·M. Montinari(편)(Berlin: DeGruyter, 1960), Bd. 6, pt. 3, 267면. 발췌한 것으로는 Montinari, 'Ein neuer

포감과 그에 따르는 거세의 상징은, 시저나 알렉산더 같은 부권적 힘의 형상에서 보상을 찾는 정신병리학과 상응하는 것이다. 보상과 위협은 디오니소스에서 합체되는 것 같으며, 실제로 니체의 디오니소스 개념 역시 자기함양(self-empowerment)과 공포(혐오)에 연결되어 있다. 성적 욕망의 함의는 니체가 여성을 자연의 두려운(혐오스러운) 진리에 일치시킬 때 풍부하게 나타난다. 즉, '나는 앞의 철학자들을 "진리"를 여성의 외투에 감추는 비열한 난봉꾼으로 취급한다.' 똑같은 단락에서 니체는, 자신이 '자기 스스로에 대한 엄격성에서, 즉 순수와 용기에서' ' "진리"의 사도'보다 우월하다고 말한다.16) 자기 스스로에게 금욕적 고통을 강요하는 것은 여성이 제기하는 위협을 내면화시켜 빗나가게 하는 것이다. 사람들은 외부로부터 상처입은 고통에 자신을 열어두기보다는 자기 스스로에게 상처를 입히게 된다. 이로 인해 여성의 성적 욕망에 접해서 순수성이 지켜지며 난봉을 피하게 된다는 점이 또한 중요하다.17) 이제까지 본 바와 같이 니체의 성적 욕망에 대한 태도는, 여성 생식기와 연관된 거세공포에 의해 자극된 개인적인 매조키즘적 정신 병리학으로 이해될 수 있지만, 그럼에도 불구하고 분명히 약간 알 수 없는 면을 지니고 있다.

사실상 디오니소스적인 작업은 여성에 반대되는 방향을 지향한다. 또한 니체가 관념론적 페미니즘에 반대할 뿐이라는 데리다의 주장은 부정확한 것이다. 니체는 일관되게 페미니즘을 자연에 대한 부정인 거짓과 허위에 연관시키지만, 그는 또한 일반적으로 여성을 기독교

Abschnitt in Nietzshes *Ecce Homo*', *Nietzshe Studien*, 1(1972), 380~418면을 볼 것. 이 문제에 대한 보다 깊은 논의로는 M. Ryan, 'The Act: *Ecce Homo*', *Glyph*, 2(1977), 64~87면과, M. Meskel · M. Ryan, 'Pas de deux: Esquisse d'un (non)-rapport', *Qui a peur de la philosophie*, GREPH (편)(Paris: Flammarion, 1977)을 볼 것.
16) *Will*, 257면. *NW*, Vol. VIII, pt. 3, 402면.
17) [역자주] 이러한 금욕적 고통의 강요는 니체 자신의 철학과 모순되는 것이며, 이 점은 페미니즘과 연관해서 디오니소스적인 것이 (여성해방적이 아니라) 남성적이라는 사실과도 관련이 있다.

138

정신과 동일시하기도 한다. ‘기독교적 도덕성 ── 가장 나쁜 형태의 거짓 의지이자 인간성에 대한 실제적인 키르케18)(마녀) …… 생각해 보라. …… 대다수가 …… 신앙을 가진 여성이 자신의 고해신부로부터 받아들이는 자기폄하와, 신앙을 가진 기독교인이 자신의 교회로부터 아주 일반적으로 수용하는 자기폄하 …… 여성에게는 아직도 얼마나 많은 “노예적인 것”이 남아 있는가?’19)

데리다가 인용하는 어떤 단락에서, 니체는 직접적으로 기독교정신과 여성을 등식화한다. 그러나 데리다는 니체가 여성을 긍정적으로 이야기한다는 느낌을 주기 위해 이를 약간 편향되게 번역한다. 그 단락은 「오류의 역사(The History of an Error)」에 나타난다. 오류란 관념론자들의 믿음처럼 현상세계의 이면에 진정한 세계가 존재한다는 사상을 말한다. 데리다는 이 말이 진리의 사상 그 자체에 관한 것처럼 그 의미를 바꾸지만 사실은 그런 것이 아니다. 이 말은 전적으로 보다 제한되고 역사적인 의미를 지니고 있다. 그런데 데리다는, 플라톤적이고 기독교적인 진정한 세계의 이데아를 ‘현존’으로서의 진리의 개념과 동일시하기 위해, ‘Die wahre Welt, unerreichbar für jetzt ……’20)(지금은 접근할 수 없는, 진정한 세계 ……)라는 독일어 문장을 ‘Le monde vrai, hors de portée dans le présent ……’로 번역한다. 이 번역에서 역사적인 의미를 지닌 구절 ── ‘für jetzt(지금은)’ ── 이 철학적인 의미 ── ‘dans le présent(현존으로는)’ ── 로 대체되고 있는데, 이는 데리다가 ‘그것이 여성이 되고, 기독교인이 된다’를 해석할 때 ‘진리의 비현존’을 말하기 위한 것이다.21) 진정한

---

18) [역자주] 『오디세이아』에서 남자를 유혹해 그녀와 자고 난 남자를 돼지로 만든 마녀.

19) *Ecce Homo,* W. Kaufmann(역)(New York: Vintage, 1969), 332면, 334면. *Nietzsche Werke*(Berlin: DeGruyter, 1969), Vol. VI, pt. 3, 369~372면. *Beyond,* 209면. *NW,* 224면.

20) *Nietzsche Werke*(Berlin: DeGruyter, 1969), Vol. VI, pt. 3, 74면; Vol. VI, pt. 3, 74면.

21) [역자주] 즉 진리가 (플라톤의 이데아와 같은) 현존으로는 접근할 수 없는 것

세계가 여성이 된다는 구절을 정당화될 수 없는 비현존이 됨을 암시하는 것으로 해석하면, 여성과 기독적 정신의 등치에 포함된 정치적·역사적 의미를 회피하게 된다.

데리다에 의하면, 니체의 여성적 작업은 거리, 가장(dissimulation), 다원적 문체로 이루어진다. 그러나 그보다는 여성이 기독교적 가장을 나타낸다는 것이 더 옳을 것 같다. 그리고 그 기독교적 가장은 니체가 그의 디오니소스적 작업의 투쟁 대상으로 본 것이었으며 또한 그 가장 때문에 디오니소스적 작업은 어떤 거리를 유지하는 것이 요구되었던 것이다. 실제로는 니체의 경우에 가장이 긍정적인 가치를 지니는 것이 사실이다. 즉, '나의 디오니소스적 사상은 …… 오류를 바라는 모든 삶의 힘이다. 오류는 사고의 전제조건이기도 한 것이다. "사고"가 있기 전에 "고안(invention)"이 있었음에 틀림없다. 즉 동일적인 사례들의 구성, 곧 동일성의 구성이, 동일성의 지식보다 더 시원적이다.'22) 그러나 모든 진리의 이러한 비진리성은, 여성이 기독교적 죄의식과 속죄의 사상을 상정할 때 회피하는 인식인 것이다. '본질적으로 부정확한 세계에서, 진리성은 반자연적 경향을 띨 것이다.'23) 따라서 디오니소스적인 '웅장한 문체(grand style)'는 여성이 빠지기 쉬운 '열광적인 해석들'을 반대한다. 즉, '남성을 자연으로 다시 옮기는 것, 많은 헛된 열광적인 해석들을 지배하는것 …… 이것이 이제까지 …… 자연인(homo natura)의 영원한 근본적 텍스트 위에 그려져 왔다.'24) 그리고 니체는 보다 명백하게 이렇게 말한다. '예술가의 위대성은 그가 환기시키는 "아름다운 감정들"에 의해 측정될 수 없다. 그러한 생각은 여성에게 맡겨라. …… (웅장한 문체는) 향락을 경멸한다. …… 웅장한 문체는 지배한다. …… 웅장한 문체는 의지를 나타낸다. …… 웅장한 문체의 개념은 궁극적으로 음

이 되었음을 나타내기 위한 것이다.
22) *Will*, 292~3면. *NW*, VIII, pt. 2, 216면.
23) 위의 책, 161면. *NW* 175면.
24) *Beyond*, 161면. *NW*, 175면.

140

악에서 영혼에 ── 우리의 음악에서 "여성"에 ── 반대되는 입장이 아
닐까?'25)

　이같은 웅장한 다원적 문체는 데리다가 니체 텍스트의 여성적인
면이라고 주장하는 것이다. 그러나 니체의 텍스트에서 그렇게 해석
할 만한 것은 아무 것도 없다. 니체의 텍스트가 암시하는 것은, 웅장
한 문체란 디오니소스적 자기함양인 반거세(counter-castratory) 행위
의 수사학적 등가물이라는 것이다. 웅장한 문체는 여성적이라기보다
는, 여성성의 위협을 물리치도록 만들어진 것이다. 그러나 남성적 권
력의 행위로서 웅장한 문체는 또한 여성에게서 확증을 얻도록 해야
한다. 이것이 니체의 여성에 대한 태도의 기묘한 양면성(미결정성은
아니지만)인 것이다.

　예컨대 니체가, 여성에게 임신하게 함으로써 그녀를 구원하는 행
위와, 존재의 가장 혐오스러운 측면에 대한 웅장한 긍정을 통해 존
재를 구원하는 행위를 묘사하면서, 동일한 은유 ── 구원(erlosen)과
수수께끼(Räthsel) ── 를 사용하는 것은 주목할 만한 점이다. '내 대
답이 어떻게 여성을 구제하는가 ── 여성을 "구원하는가"(erlöst) ──
의 문제에 대한 것으로 들렸는가? 사람들은 그녀에게 아이를 준다.
…… 여성의 모든 것은 수수께끼(Räthsel)이다 ── 여성의 모든 것은
해결책을 지니고 있다. 즉, 임신 …… 이것만큼 쓰여지고 느껴지고
경험된 것은 아무 것도 없다. 따라서 그것은 일종의 신을, 디오니소
스를 경험하고 있다. 그러한 빛 속에서 태양의 외로움의 찬가에 대
한 대답은 아리아드니(Ariadne)26)일 것이다. 내 곁의 누가 아리아드
니가 무슨 일을 하는지 알 것인가! 그런 수수께끼[Räthsein]에도 불
구하고 이제까지 어떤 해결책을 가진 사람은 아무도 없었다. ……
짜라투스트라가 그의 임무를 규정했을 때 ── 그것은 역시 나의 것이

---

25) *Will*, 443~444면. *NW*, VIII, pt. 3. 38~39면.
26) [역자주] 테세우스(人身牛頭의 괴물을 퇴치한 영웅)에게 미궁 탈출의 실을 준
　　미노스 왕의 딸.

다. …… 그는 모든 과거조차도 구원[Erlosung]하면서, 용인할 수 있는 정도까지 긍정(Yes)을 말한다.'27) 이런 은유의 유사성은, 성적 용맹의 자기함양(self-empowering)의 행위와 존재의 공포(혐오)를 긍정하는 디오니소스적 작업 사이의 유사성, 즉 그 '수수께끼(riddle)'를 해결하고 구원(redeeming)하는 데 있어서의 내용의 유사성을 암시한다.

이와 같은 유사성은 디오니소스와 아리아드니의 관계를 추적해 보면 보다 더 뚜렷해진다. 니체는 어떤 곳에서 자신의 문체에 대해 말하면서, '똑같은 파토스를 느낄 수 있고 또 그런 가치가 있는 귀가 존재'하게 마련이라고 쓰고 있다.28) 니체에 의하면, 문체의 법칙은 '우리의 귀에 연결되어 있는 귀를 가진 사람들에게 열려' 있어야 한다.29) 니체가 아리아드니에 대해 말할 때마다, 아리아드니의 귀는 그녀에 대한 묘사 중에서 두드러진 특징을 나타낸다. 그리고 물론 아드리아니는, 니체가 자신의 문체에 대해 즐겨쓰는 은유인 미궁(labyrinth)을 통해 그녀의 길을 갈 수 있는 신화적인 인물이다. 『디오니소스 찬가』에서 실린 「아리아드니의 슬픔(Klage der Ariadne)」에서 니체는 이렇게 적고 있다. '현명하라, 아리아드니! …… 너는 작은 귀를 가졌고, 나의 귀를 가졌다. 현명한 언어를 내부로 꿰뚫어라. …… 나는 너의 미궁이다.'30) 니체가 항상 언어의 능동적이고 힘있는 역할('긍정을 말하고 긍정을 실행하는')을 강조하는 견지에서, 모든 가치를 재평가하는 그의 디오니소스적 작업을 …… 설명한 점을 상기하면, 언어의 힘은 어떤 무의식적 차원에서 니체에게 성적 의미를 지니는 것처럼 보일 것이다. 위대한 남성 철학자만이 용인할 수 있는 여성의 생식기는 힘있는 언어에 의해 꿰뚫린 작은 귀 속으로 기

---

27) *Ecce,* 267면. *NW,* 304면. *Nietzsche Werke*(Berlin: DeGruyter, 1977), Vol. VII, pt.1, 120면. *Ecce,* 308면. *NW,* 346면.
28) *Ecce,* 265면. *NW,* 302면.
29) *Science,* 343면. *NW,* 316면.
30) *Nietzsche Werke*(Berlin: DeGruyter, 1969), Vol. VI. pt. 3, 399면.

묘하게 승화된다.

니체의 문체는 여성의 비하를 전제하는 명백한 남성적 작업으로 보일 것이다. 심지어 니체가 여성을 가상·표면·꾸밈의 창조물이라고 칭찬하는 부분조차도 똑같이 내가 제기한 해석과 일치하는 것으로 읽힐 수 있다. 여성은 비진리이지만, 그러나 그것은 니체가 그토록 싫어한 '화려한 미사여구 …… 도덕적 언어의 수식', 즉 '정직, 진리의 사랑', '낡은 허위의 화려함', '겉치레의 색조와 화장', '옛날의 공상적인 새잡이들의 사이렌31)의 노래' 같은 아름다운 단어들의 비진리일 뿐이었다.32) 이런 은유들은 모두, 남성적 담론에서 여성이 일반적으로 인위적이고 피상적인 것으로 묘사되는 방식을 상기시킨다. 다시 말해, 여성에 대한 칭송은 칭찬하는 동시에 비하하는 남성의 여성에 대한 전통적인 이중적 태도에 속하는 것이다.

자신의 텍스트 속에서 길을 잃는 혼란되고 시대에 뒤진 니체를 읽으려는, 데리다의 독서는 정말로 가상한 것이다. 그러나 니체의 여성에 관한 거의 광적인 헛소리를 생각할 때, 데리다의 노력은 어차피 오도될 수밖에 없을 것 같다. 아마도 가장 기묘한 것은, 데리다가 니체의 텍스트에서, '진리의 비진리성'을 옹호하는 논의의 토대가 될 어떤 측면을 간과한다는 점이다. 즉, 진리의 사상들이 그 사상을 배열하는 수사학(즉 재현)을 벗어날 수 없는 양상에 대한, 논의의 기초가 될 어떤 측면을 데리다는 놓치고 있다. 니체 자신은, 그의 재평가의 철학적 작업이 새로운 문체, 즉 언어의 능동적 사용에 의존한다고 주장한다. 또한 실제로 그의 정신병리학은 그의 문체적 모티프들에서 매우 구체적으로 명시된다. 우리는 니체의 철학적 작업이 특정한 수사학으로, 즉 담론의 어떤 징후적 특성으로 실행된다고 말할 수 있다. 그러나 데리다는 그런 영역을 완전히 간과한다. 데리다의

---

31) [역자주] 아름다운 노래소리로 뱃사람들을 유혹하여 근처를 지나는 배를 파선시킨 그리스 신화의 바다의 요정.

32) *Beyond*, 161면. *NW*, 175면.

독서는 개념적 의미들을 산정하지만, 바로 자신의 에세이('문체의 문제')의 주제로 내건 문체 그 자체에는 주의하지 않는다. 만일 데리다가 수사학(니체는 수사학이 개념성의 핵심적 차원이라고 주장했다)에 유의했더라면, 그는 디오니소스의 형상이 일종의 은유적 대체물이며, 진리로서의 여성은 성적 치환이고, 웅장한 문체는 공포와 보상의 응축임을 발견했을 것이다. 이러한 운동과정이 니체 텍스트의 개념성을 형성하는 것이며 또한 그 텍스트의 경계를 넘어서 다른 텍스트들로 흘러들어 가는 것이다. 이때 니체 자신의 텍스트는 가령 어떤 끔찍하고 환상적인 우편물33)의 치환(혹은 굴절)으로 위치하게 된다.

데리다의 텍스트는 니체 텍스트의 운동과정에서 보다 넓혀진 것에 적용된다. '데리다'는 어떤 개념적 내용을 옹호하는 이름으로서, 또 그만큼 어떤 수사학의 실천인 것이다. 그리고 그 수사학은, 데리다가 왜 니체의 여성의 형상을, 재현되는 중에 현존·의미·진리를 상실한 이름으로 읽게 되었는지 설명할 수 있게 한다. 즉 데리다가 니체의 여성의 형상을, 비극적 웃음으로써 용인되어야 하는 상실로 읽은 이유를 설명할 수 있게 하는 것이다. 데리다는, 그러한 여성적인 의미의 상실이 어떻게 하이데거 같은 해석학자에게 포착되지 않는가를 설명하기 위해, 자신의 에세이에서 '보다 힘있는'('plus puissante') 같은 단어를 세 번 사용한다. 데리다는 다른 에세이들에서, 처녀막(hymen)의 문자성(graphic)을 이용하기 위해, 하이데거를 너무 약한('trop faible') 혹은 힘없는(불능한?, 'impuissant') 등으로 묘사한다.34) 이 점에서 데리다의 수사학은 너무도 뚜렷하게 니체 자신의 것을 닮고 있다. 따라서 여기서 문제가 되는 것은 여성의 형상성보다는 남성의 성적 욕망과 한층 더 관련이 있을 것이다. 그렇지 않으면, 아마도 핵심은 철학과 성적 욕망이 마치 철학과 수사학처럼 항상 어떻게든 서로서로 겹쳐진다는 점일지도 모른다.

---

33) [역자주] 가령 우체부가 디오니소스의 머리를 가져오는 것.
34) [역자주] 처녀막의 문자적 의미를 뚫지 못하는 불능(impotent)이라는 뜻.

해체론을 비판하는 동시에 옹호하기 위해 여기서 제시해 온 논의의 결론으로서, 해체론의 정치학은 미결정적이라고 주장하는 것은 부정확한 것일 터이다. 해체론은 많은 것을 제공할 수 있지만 그것이 역사의 외부에 존재하는 것은 아니다. 데리다는, 급진적 기획에 핵심적으로 유용한 방법으로, 그가 처리하고 확대하는 자신의 문화적·지적 문맥으로부터 사고의 어떤 실마리를 얻는다. 그러나 그 역시 자신이 비판하려는 바로 그 세계의 징후가 되는 어떤 패턴들을 분명히 복제한다. 우리는 그것을 지적할 수 있지만, 그러나 우리 중 누가 그같은 덫을 피할 수 있는지는 의심스러운 것이다. 실제로 내가 위에서, '데리다의 텍스트는 니체 텍스트의 운동 과정에서 보다 넓혀진 것에 적용된다'라고 말한 것을 보라. 데리다가 인정하지 않을 것 같은 보다 넓혀진 (니체의) 텍스트에 대한 나의 통찰은 나를 더 큰 힘의 위치에 놓는다. 그리고 그것에 대한 나의 인식조차도 불가피하게 유사한 무게를 수반한다. 여기서 '불가피하게'라는 단어의 사용은, 이 모든 것의 근원에 어떤 필연적 (그리고 자기 변호적) 구조를 가정함으로써 어떻게든 나를 변호하는 것 같지 않은가? 반성의 경로는 항상 본래의 근거지에 이르게 된다. 데리다는 우리가 결코 담론·재현·수사학의 외부에 놓일 수 없다는 사실에 우리의 주의력을 끌어 왔다. 우리가 우리의 사고의 코드(code)인 사회역사적 입장 외부에 설 수 없다는 사실 역시 마찬가지로 옳을 것이다. 이것이 내게 암시하는 것은, 작업의 중요한 영역은 드러난 개념과 숨겨진 일화(anecdote)가 만나는 경계선 혹은 한계선(margin)일 것이라는 점이다. 그 곳은 철학과 사회학이 합쳐지는 지점이며, 우리에게 망상과 피해의식을 극복할 가능성과 잠재력뿐만 아니라, 그것들에 대한 통찰을 제공하는 곳이다. 데리다가 주장하듯이, 그 작업은 문체의 문제이다.

다음 장에서 나는, 일반적으로 해체론과 탈구조주의가 어떻게 형식의 개념을 둘러싸고 합리주의와 유물론 사이에 다리를 놓게 하는지의 문제를 계속 천착할 것이다. 이성의 지시와 물질의 명령 사이에서, 욕구와 욕망은 사회적·제도적 형식에 대한 매우 가변적이고 논쟁적인 문제를 설정한다. 또한 일상생활의 실존의 양식을 선택하는 문제, 개인적·심리학적 형성 양식의 문제, 그리고 현실을 구성하는 수단으로서 문화적 재현의 문제들을 설정한다. 합리주의와 유물론의 교차영역에 구성될 수 있는 정치이론에 해체론이 부가하는 것은, 어떻게 문화적 재현과 사회적 형식이 합치되는가에 대한 감각이다. 즉, 문화를 그 외부에 존재하는 사회적 세계에 의해 형성된 것으로 보는 결정론의 노선으로서가 아니라, 문화적 재현과 수사학적 형식이 사회적 삶의 내용을 구조하는 데 강력한 역할을 한다고 보는 구성의 과정으로서, 문화적 재현과 사회적 형식이 어떻게 만나는가에 대한 감각을 보여주는 것이다.

제4장
포스트모던의 정치학

예술로서의 포스트모더니즘의 위치는 철학 및 사회이론으로서의 탈구조주의의 위치와 일치한다. 그 둘은 시기적으로도 거의 동일한 때에 발생했다. 즉, 포스트모더니즘은 구조주의가 탈구조주의로 변신하던 1960년대 말에 등장한 것이다. 포스트모더니즘은 발전된 자본주의의 문화운동을 지칭하며, 특히 아이러니·패스티쉬·알레고리·모조품·기성품·예술의 구조된 성격을 강조하는 예술운동을 일컫는다. 테크놀로지, 산업, 과학의 이미지 속에 문화적 세계를 형성하려던 모더니즘의 진보주의적 꿈을 냉소하면서, 포스트모더니즘은 예술·문화·사회·철학을 가능케 한 신화에 대해 단호하게 반어적 태도를 취한다. 철학적으로 포스트모더니즘은 마르크스주의와 모더니즘의 지배 서사를 똑같이 폐기처분하며, 예술적으로는 강조점을 표현이나 내용에서 형식이나 문체(style, 양식)로 전환시킨다. 기호들의 은유적 의미의 치환은, 형식들의 단순한 우발성, 임의성, 예측불가능성으로 넘겨진다.

따라서 포스트모던 철학의 핵심적 비판대상 중의 하나는 고전적인 재현원리이다. 고전적인 재현원리는 의미나 진리가 선행하며 그것을 전달하기 위한 재현을 결정한다고 주장했던 것이다. 이런 재현원리는 포스트모던 철학의 맥락에서 사회적 규범성과 연관되며, 따라서 재현에 대한 비판은 정치적 가치를 지니게 된다. 재현의 수사학적 힘과 물질적 효과를 주목하는 논의는 고전적 가부장제와 자본주의적 이데올로기에 반대하는 논의이기도 한 것이다.[1] 고전적 가부장제와 자본주의적 이데올로기는, 전적으로 재현의 외부에 존재하는 것으로 주장되는 진리 및 실체의 관념 속에 사회적 제도를 기초함으로써 정당성을 획득해 왔다.

마르크스주의 같은 근대적인(modern) 진보적 운동을 발생시킨 전통적인 인식론적 틀에 대한 포스트모던적 반대는, 어떤 마르크스주의자들에게 포스트모던 운동에 대한 부정적인 반작용을 야기해 왔다. 예컨대 제임슨은 고전적인 마르크스주의적 태도 속에서 포스트모던 운동을 후기자본주의의 문화적 표현이라고 주장한다.[2] 이러한 판단은, 문화가 여전히 경제적 현상의 직접적 표현일 수 있음을 전제한 것이며, 다시 말해, 포스트모더니즘이 비판하는 재현이론의 한 예일 수 있음을 전제로 한 것이다. 포스트모더니즘이 암시하는 것은, 후기자본주의가 경제적 필연성에서 벗어난 문화를 창조할 수 있는 효과를 지닌다는 것이며, 또한 선문화적(pre-cultural) 실체에 의한 담론 외적 결정론을 탈피한 문화를 만드는 효과를 갖는다는 것이다. 그러한 문화적 가능성은, 제임슨의 논의가 형성하는 선문화적 형식들을 통제하는, 재현적 표현과 물질적 중첩결정의 논리를 전복시킨다.

운동으로서의 포스트모더니즘이 발견한 것은 고전적 재현이론에

---

1) [역자주] 재현을 재현 외부의 진리나 실체를 전달하는 수단으로 보지 않고 재현 자체의 수사학과 물질성이 형식이나 내용을 이루는 것으로 보는 것은 재현 외부에 진리나 실체를 상정하는 사회적 제도(그리고 그에 기초한 가부장제와 자본주의)를 반대하는 의미를 지닌다.

2) F. Jameson, ' "Post-Modernism" or the Cultural Logic of Late Capitalism', *New Left Review*(1984년 7월), Vol. 140, 53~92면. 포스트모더니즘에 관해 공감을 나타내는 수많은 훌륭한 설명들이 있다. 특히 B. Wallis(편), *Art After Modernism: Rethinking Representation*(New York: New Museum of Contemporary Art, 1984), H. Foster, *Recodings: Art, Spectacle, Cultural Politics*(Port Townsend: Bay Press, 1985), 그리고 런던 현대예술 협회(the London Institute of Contemporary Art)에서 출간된 포스트모더니즘에 대한 특집을 볼 것.

서 결과로 생각된 것이 원인일 수 있다는 것이다. 즉 재현은 재현이 반영한다고 주장되던 내용을 창조할 수 있다. 이는 다음의 두 가지 측면에서 주목될 수 있다. 하나는 거칠고 미숙한 생산 영역을 훨씬 압도함으로써 자본주의 이데올로기를 옹호하는 책략, 정보주의, 그리고 전적으로 모조된 현실로서의 기술문화를 지향하는 운동이다. 다른 하나는 진보적 가능성을 지닌 운동인데, 이 운동은 소재로서의 세계가 더 이상 문화를 결정하는 외부적 요인일 수 없으며, 고정된 것으로 생각되어 온 그 세계가 재형성될 수 있음을 알려준다. 이 운동은 인간의 창의와 집단적인 사회적 창조성의 영역에 포섭되어 왔다. 따라서 고도 자본주의(hige capitalism)에 의해 명백히 가능한 문화적 풍경 속에서 우리는 탈자본주의적 세계의 긍정적인 윤곽을 엿볼 수 있게 된다. 자본주의는 문화적인 수준에서도 자신의 무덤을 파게 되는 것이다.3)

　마르크스에 유추하자면, 자본주의의 최고도의 성취가 또한 공산주의 가능성의 최초의 지표이듯이, 자본주의 문화 역시 최고도의 성취(이 단계에는 문화 혹은 시뮬라시옹4)이 전체 현실을 포섭한다)가 탈자본주의적 세계를 구성하기 위한 도구가 된다고 할 수 있다. 이러한 등식에서 핵심적으로 역전되는 것은 기호와 사물, 즉 문화와 사회(혹은 정치나 경제)이다. 바로 그런 역전에 의해 문화가 아직 물질성에 의해 결정되는 것으로 생각되던 때에는 소유할 수 없던 힘을 문

---

3) [역자주] 문화가 자본의 지배영역이 된 시기에는 또한 문화가 반격의 주요한 거점이 될 수 있다. 즉, 자본주의의 문화적 지배가 최고도로 이른 시기는 또한 탈자본주의적 문화가 가능한 시기이기도 하다.

4) [역자주] 시뮬라시옹이란 가장된 인공물을 만드는 행위이며 그에 의해 만들어진 인공물은 시뮬라크르라고 한다. 시뮬라크르는 모방하는 원본이 없다는 점에서 모조품과는 구별된다. 시뮬라크르란 한마디로 가장된 이미지인데 그 이미지는 현실보다 더 현실적으로 기능한다. 즉 현실은 시뮬라크르에 의해 지배되며 우리는 실제 현실보다도 시뮬라크르를 더 실제적이라고 생각한다. 장 보드리야르, 『시뮬라시옹』, 하태환 역(민음사, 1992). 스티븐 코너, 『포스트모던 문화』, 김성곤·정정호 역(한신문화사, 1993), 57~71면.

화에 부여할 수 있게 되는 것이다. 미리 존재하는 내용(substance, 실체)의 표현적 재현이기보다는, 문화적 기호는 그 자체가 새로운 내용(실체)들을 창조하고 환기하는 능동적인 요인이 된다. 즉, '운명'·'본질'·사회적 '현실'의 자리를 전환시키는 새로운 사회적 형식, 새로운 행동과 사고방식, 태도를 만드는 요인이 되는 것이다. 바로 이런 한계상황에서 외견상 완전히 자율적이고 초연한 듯이 보이는 문화가 사회적·물질적 힘으로 변화되고 그런 힘이 되는 것이다. 즉 그것은 재현 외부의 실체적인 근거들에 대한 모든 주장을 불신하는 의미작용의 힘인데, 그런 불신은 정치적 제도, 도덕적 규범, 사회적 실천, 경제적 '현실'에 동일하게 적용된다. 문화적 기호는, 정치적·사회적·법률적 제도를, 선재하는 진리나 지시대상의 재현으로 보는 존재론에서 벗어나 있다. 즉 이미 확립되어 미리 존재하는 도덕적·사회적 질서의 표현으로서 그런 제도들에 의미를 부여하는 존재론에서 벗어난다. 그 대신에 문화적 기호는, 새로운 근거, 의미, 제도들을 창조하는 도구임이 밝혀진다.

따라서 포스트모더니즘의 정치적 가치는, 결정적으로 보수적이라기보다는 적어도 미결정적이라는 것이다. 어떤 문화적·사회적 운동을 비판하는 논거는 그 운동이 어떤 자본주의의 단계에 의해 가능하다는 사실에 의존(대학과 문학비평가가 결국 그렇듯이)해서는 안되며, 그 운동의 내적 가치와 가능한 효과에 대한 평가로부터 나와야 한다. 문화 운동은 그 자체가 의미론적으로 다양하며, 또한 다양하게 이용될 수 있다. 포스트모더니즘의 일부는 실제로 후기자본주의의 명령을 수행할 수 있으며 심지어 그런 가치를 표현할 수 있다. 그러나 그 운동의 동일한 측면이, 또 다른 세계를 건설하기 위해 고도의 사회적 발전의 수준이 필요함을 알리는 것으로 (예컨대 자동화에 대한 마르크스의 해석) 해석될 수 있다. 또한 포스트모더니즘 운동의 다른 부분은 진보적 목적이나 그 이상의 급진적 시도들을 위해서 똑같은 포스트모더니즘의 도구들을 이용할 수 있다. 실제로 포스트모더니즘은 여러 측면에서 그같은 가변성과 수사학의 철학이다. 포스트모더니즘은 자본주의의 경제적 필연성을 넘어설 수 있음을 암시한다. 즉 가변적(우연적) 연관의 논리를 지닌 놀이(play)가 일(work)을 대체할 수 있다. 일은 욕구와 욕망을 상징적·물질적 축적의 규칙에 종속시키는 자본주의적 효율성의 수사학에 의해 만들어진 개념이다. 사회 현실의 실체와 물질적 필연성의 결정력에 대한 포스트모던적 질문은, 단지 말썽많고 명백하게 투쟁적인 철학적 가능성만은 아니다. 그것은 또한, 대다수의 사람들에게 엄격성·효율성 및 예속을 부과하는 사회적 권력을 쥔 사람들로부터, 그 근거(물질적 필연성, 사회적 현실)를 빼앗는 중요한 정치적 개방이기도 한 것이다.

나는 일차적으로 미학적 포스트모더니즘보다는 정치적 포스트모더니즘에 관심을 갖을 것이다. 나의 논의는, 포스트모더니즘적 통찰들이 급진화될 필요가 있으며, 리오타르나 보드리야르 같은 사상가에 의해 성취된 지점을 넘어설 필요가 있음을 말할 것이다. 나는 짐 플레밍과 실비어가 세미오텍스트(Semiotext)에서 출판한 외서(外書) 시리즈의 번역본을 주로 고찰할 것이다.

리오타르의 『표류』[5]는 대부분 1970년대 초에 쓰여진 에세이들로 이루어져 있다. 또한 이 에세이들은 1968년의 흔적을 지니고 있으며 그 중에서도 전통적인 좌파 정치학의 재고에 대해 설명하고 있다. 리오타르는 정치적인 억압을 이성과 동일시하면서, 또한 그것을 의미론적 내용·의미가 구문론적 언어 놀이의 억압을 뜻하는 양상과 연관시킨다. 이 과정에서 리오타르는 데리다와 크리스테바 같은 사상가의 노선을 따른다. 데리다와 크리스테바 역시 수사학에 대한 이성의 특권을 반대했으며, 또한 언어의 물질성에 대한 추상적 관념성의 특권을 비판했다. 리오타르의 주장에 의하면, 이성은 언어를 필요로 하기 때문에 덫에 걸리게 되는데, 그러나 이성의 개념은 외견상 초수사학적(meta-rhetorical)인 것처럼 보인다. 이성은 구성적으로 언어에 부착되기 때문에 자신이 주장하는 대로 명령적 전개일 수는 없

---

5) J-F. Lyotard, *Driftworks*(New York: Semiotexte, 1982).

다. 언어의 물질성과 생산성은 매우 무질서하고 비이성적인 의미의 결과를 발생시키는 잠재력을 내포하기 때문이다. 결과적으로 리오타르는, 의사소통적 효율성과 과학적 조작주의(개념의 절차로의 전이)의 합리적 질서 및 의미의 질서를 침식하는, 언어·형식·형상화의 미학적 전략 속에 급진적인 정치적 잠재력을 위치시킨다.

이는 어떤 점에서 포스트모더니즘 미학의 고전적인 선조직화(pre-formulation)인 셈이다. 리오타르는 이러한 통찰을 정치적인 조직의 문제에까지 확장시킨다. 그 시대의 많은 다른 좌파들처럼 리오타르는 정치적 조직들이 그들의 지향과는 반대로 권력의 질서를 재생산할 뿐임을 지적한다. 권력적 담론의 해체가, 무엇을 말하는가보다는 어떻게 말하는가에, 즉 담론이 전개되고 배열되는 방식에 관계하는 것처럼, 전통적 정치학의 해체는 거대 조직을 제쳐두고 일상적인 사회적 실천의 장소와 제도를 주목함을 의미한다. 전통적인 정치적 담론을 내용의 견지에서 보지 말고 지금 이곳의 시간과 장소에서 살펴보면, 그 담론의 체계 속에 억압이 숨어 있음이 드러난다. 이러한 프로그램 속에서 우리는 1970년대와 1980년대의 서구의 새로운 사회운동을 특징짓는 일상생활의 분자적 정치학(molecular politics)의 윤곽을 발견한다.

리오타르의 논지는 다른 방식으로 이렇게 말할 수 있을 것이다. 즉, 언어의 물질적·상황적·사회역사적 성격과 그 개방된 의미론적 가능성, 그리고 의미의 사회적인 협상적·계약적 성격을 받아들이지 않도록 심리학적으로 훈련된 사람들은, 정치생활에서 조직의 정치학을 반성하길 거부하는 사람들, 그리고 민주주의적 형식들을 무정부주의적인 것으로 부인하는 사람들과 서로 짝이 맞을 것 같다는 것이다. 리오타르가 이 합리주의의 두 형식들을 의문시하는 것은 옳다고 할 수 있다. 그러나 그의 대안은, (종교로 방향이 바뀌는 또 다른 영역에서의 이리가레의 대안처럼) 합리주의자들이 포스트모더니즘의 비합리주의적 운명에 관해 느끼는 최악의 공포를 단지 확인하는, 신비주의의 위험이 있다. 리오타르에게 있어 자본주의와 가족, 개인적 동일성(identity)은 무의식과 욕망에 대립하는 동맹관계에 있다. 우리는 리비도적인 충동을 해방시키고 자본으로부터 벗어나며 '표류(drift-works)'라고 부른 단수자들(singularities)의 복수성 속으로 풀려남으로써 그 동맹체와 싸워야 한다. 이러한 책략은 어떤 대상을 억누르는 권력을 모색하는 것이 아니라 스스로를 리비도적인 '작용들' 속으로 해소시키는 것이다. 이런 종류의 선(禪)적인 마르크스주의는 담론에도 적용된다. 왜냐하면 어떤 조리있는 담론이라도 궁극적으로는 권력의 목적에 봉사할 것이기 때문이다. 우리는 담론·추상화·논리에 선행하는 수준을 모색해야 한다.

이 모든 논의는 옳고 훌륭한 것이다. 그러나 그같은 비판은 합리성의 다양성이나 이성을 사용하는 유형을 구분하는 데는 실패한다. 또한 리비도적인 자유낙하가 당연히 비극적 결과보다는 행복을 가져올 것으로 생각하고 있다. 리오타르의 논의는, 자유주의적 이성이 서구 문화 속에 매우 깊이 새겨져 있어서, 그 권위주의적 측면으로부터 벗어나는 것은 폭력·잔인성·지배보다는 더 좋은 세계를 낳을 것이라는, 모호한 가정 속에 전개된다. 더 좋은 세계는 자유주의적 이성을 거부한 뒤에 빛나게 된다. 이러한 논의는 다음의 두 가지 측면에서 이해될 수 있다. 하나는 선한 어머니가 머리 위에 아치처럼 존재하는 것을 전제로 악한 아버지에게 방출되는 울분으로서이다. 다른 하나는, 아직 덜 발전된 상황에서는 폭력이 실제로 가능하며 명백한 억압이 작용하는데, 그런 억압으로부터 해방되는 진보적인 실험으로서이다. 후자의 선택이 보다 더 포용력이 있으며, 또한 리오타르가 그와 함께 진행되도록 촉진하는 개방과 보다 잘 어울릴 것 같다.

이러한 구도 속에서, 리오타르의 기획은 이리가레처럼 이성이 요구하는 것 — 질서, 일관성, 예측성 등 — 의 타자 쪽으로 움직이도록 되어 있다. 이성은 똑같은 규칙이 모든 곳에서 똑같은 방식으로 적용되어야 함을 전제로 한다. 합리주의의 건너편에는, 각각의 상황이 그 자신의 이해를 유도하는, 즉 그 자신의 이성과 감정의 적절한 수준을 이끌어내도록 요구하는, 차이의 물질적 현실에 존재한다. 이런 관점에서 보면, 이치에 맞는(reasonable) 삶은 일관성보다는 가변성을 요구하며, 다른 상황에서 동일한 것을 유지하는 능력보다는 각각의 새로운 문맥의 요구에 따라 다른 역할을 가정하고 변화시키는 능력이 요구된다. 올바른 사회에서는, '서로를 죽이지 맙시다'와 같은 합리적 규범의 토론에 참여하는 능력이 필요한 것처럼, 또 그만큼 리오타르가 '표류'라고 부른 그런 가변성의 능력이 요구될 것이다. 그리고 합리적인 규범은 항상 또한 욕망과 감정의 문제이며, 물질적 문맥과 상호주관적 구조의 문제이기도 할 것이다. 만일 리비도적 해방이 폭력에 대항하여 수호하는 온당한(reasonable) 세계의 내포적 규범을 항상 전제로 한다면, 이성 자체는 외견상 전혀 관련이 없는 듯한 타자인 감정과 욕망을 늘상 전제로 한다. 온당한 규범과 합리적 법칙은 궁극적으로 사람들이 서로서로에 관해 어떻게 느끼느냐의 문제로 귀착되며, 리오타르가 제안한 리비도적 해방이 살인의 귀결이 없이 나타날 수 있을 때에야 비로소 죽임이 없어질 것이다. 이것이 포스트모더니즘에 대한 리오타르의 해석이 거는 내기(혹은 희망)이다. 이러한 입장은, 물질적 재구성보다는 억제를 통해 질서를 찾으려는 보수주의적 이성과 대조된다. 그런 입장은 폭력 없이 감정을 표현할 수 있는 능력 즉 표류의 능력 속에서 찾아진다. 그것은 밑으로부터 합리성을 구성하는 적극적인 요법이며, 궁극적으로는 외적·법률적 매개를, 억압 없이 윤리적 삶을 가능하게 하는 심리학적·가정적·경제적·정치적 양식으로 대체할 사회적 세계의 요소이다.

따라서 프랑스의 포스트모던적 이성 비판은 그에 관해 어떤 온당성(reasonableness)을 지닌다고 할 수 있다. 일반적으로 비판의 대상은, 불확정성·우발성·민주주의의 영역을 효율성·지배·권력의 이성으로 환원하는 질서의 원리로서, 가부장제적 자본주의 문화에서 발견되는 이성이다. 장 보드리야르의 저서에서는 그런 비판이 보다 신비적인 경향을 띠기 시작한다. 『시뮬라시옹』과 『침묵하는 다수의 그늘 아래서』6)에서, 보드리야르는 해체론적 통찰을 사회적 현상에 적용시킨다. 그러나 그의 결론은 확언적이라기보다는, 무의미를 찬양하고 모든 정치적 행동의 무용성에 대한 평가를 단념하는 '무의미주의(asemism)'로 기울어진다.

『시뮬라시옹』에서 보드리야르는 데리다의 사상을 빌려와서 그것을 사회이론으로 확대시킨다. 보드리야르가 빌려온 사상은 다음과 같다.

(1)재현적 체계(특히 언어)의 지시대상은 재현적 체계 외부에서 결정될 수 없다. 기호는 어떤 지점에서도, (그 자체로는 어떻게도 재현과 결속되지 않는) 지시대상이나 의미와 교환되지 않는다.

(2)재현은 객관적 실재나 그에 덧붙여지는 어떤 의미 다음에 오지 않는다. 인간 정신에 의한 객관성 영역의 지시는 재현을 필요로 하며, 마찬가지로 관념성이나 의미의 조건은 재현이다.

(3)언어적 재현은 차이의 체계로 구성되며, 차이의 체계에 의해 각 실체적인(substantive) 항목들은 체계 내의 모든 다른 항목들과의 상호연관을 통해 구성된다. 바로 그 때문에, 그리고 언어는 자신의 실제적인 문맥으로부터 분리될 수 없기 때문에, 객관적 실재의 지시와 의미의 소통에서 불확정성의 가능성은 결코 완전히 제거될 수 없다. 언어의 단위들은 서로서로 참조관계를 이루는데, 그 단위들이 사물이나 관념을 지시하는 기능을 하게 되는 것은 바로 이에 의해서이다. 따라서 실제로는 기호와 사물 간의 일대일의 대응보다는 기호들

---

6) J. Baudrillard, *Simulations*(New York: Semiotexte, 1983)과 *In the Shadow of the Silent Majorities*(New York: Semiotexte, 1984). 자신의 정치적 팜플렛에서 보드리야르의 입장은, 조금 더 보수적인 논쟁을 지닌 자주이론의 요소와 결합한다. 특히 *La gauche divine: chrinique des annees '77~'84*(Paris: Grasset, 1985)를 볼 것. 그의 최근의 저서는 마르크스보다는 사드(Marquis de Sade)에게 더 영향을 받은 것 같다. 또한 그는, 더그 켈너(Doug Kellner)가 보드리야르의 정치학에 대한 근간의 책에서 (Blackwell과 함께) 언급한 것처럼, 다른 사람들과 모든 정치적 관념론의 조소에서 약간 냉소적으로 쾌락을 찾는 귀족적인 전망에 항복한 것처럼 보인다.

의 순환이 존재하는 것이다.

보드리야르는 이런 생각을 다음과 같은 방식으로 사회적·정치적·역사적 방향으로 전환시킨다. 그의 논의에 의하면, 이제는 모델들이 현실의 재현이기보다는 오히려 현실을 결정하게 된다. 예컨대 워터게이트는 모든 면에서의 재현의 조작으로 이루어졌다. 그것은 회생을 목적으로 한 스캔들의 시뮬라크르(simulacrum)[7]였다. 워터게이트 사건의 도덕적 비판에 참여하는 유혹에 빠짐으로써, 좌파는 우파의 작업을 하는 것으로 종말을 맞았다. 좌파는 시뮬라크르를 실제적인 것으로 받아들임으로써 그것에 그럴 만한 가치가 없는 신빙성을 부여한 것이다. 보다 일반적으로 보드리야르는 권력이나 담론의 안정된 위치는 더 이상 결정될 수 없다고 주장한다. 즉, 모든 것은 단지 해석의 현기증일 뿐이다. 현재의 매체의 힘은 이제 더 이상 실재(the real)란 존재하지 않는다는 것을 암시한다. 이미지 혹은 시뮬라크르는 재현의 끊임없는 순환적 놀이로서의 '존재'물을 결정한다. 질서는 이런 놀이를 가상적 현실로 환원시키는 것으로 이루어진다. 심지어 혁신적 담론조차도 이런 조작의 혐의를 지닌다. 핵무기에 의한 전쟁 억제는 하나의 예를 제공한다. 왜냐하면 그것은 모든 사회적 기회를 핵질서로 환원시키는, 균형의 공포나 마찬가지인 공포의 균형이기 때문이다. 자본주의와 공산주의는 둘 다 지배의 형식이기 때문에 전쟁의 가능성은 단지 양측의 권력을 유지하는 속임수일 뿐이다. 보드리야르는 모든 정치는 조작의 형식이라고 결론을 내린다. 심지어 민주주의적 형식들조차도 마찬가지인데 왜냐하면 민주주의적 형식들은 참여의 평등을 가장하기 때문이다.

『시뮬라시옹』의 제2부에서 보드리야르는 근대의 역사를 기호학적 견지에서 시기구분한다. 오늘날(contemporary period)은 시뮬라크르의 시대이며, 어떤 곳에서도 현실과 접촉하지 않는 기표들 혹은 재현물

---

7) [역자주] 가장해 만들어 놓은 인공물을 말함. 모방하는 원본이 없는 점에서 단순한 모조품과는 구별되며 시뮬라크르 자체가 현실을 규정한다.

들이 끝없이 순환하는 시대이다. 생산은 재생산으로 넘겨졌고, 이제 시뮬라시옹이 결정요인이다. 예컨대 여론 조사는 예정된 결과를 낳는다. 즉 전달 매체가 메세지를 통제하며, 이미지가 실재(the real)를 앞지르는 것이다. 해체론적으로 움직이면서, 보드리야르는 '항상 이미' 재생산된 것이 아닌 실재는 존재하지 않는다고 주장한다. 발생적 코드들의 '불연속적인 불확정성'은 이제 전달 매체의 몽타주 논리로서 사회 자체에서 작동한다. 그런 몽타주 논리는 더 이상 진리와 거짓의 구분을 인정하지 않는다. 거짓 이미지는 어떤 가상의 진리만큼이나 진리인 것이다.

『침묵하는 다수의 그늘 아래서』는 프랑스 사회주의 좌파에 대한 인민주의적 자유주의의 논쟁이다. 침묵하는 다수 혹은 대중은 그들에게 어떤 의미·이성·질서(심지어 사회주의적인 것이라도)를 부과하려는 모든 시도를 거부하는 특권을 지니고 있다. 여기서 보드리야르의 인민주의적 신낭만주의가 전면에 부각된다. 대중은 모든 합리적인 의사소통을 거부하지만, 아직 명료하지 않은 채로 그들은 좌파 지식인이나 혁명론자들이 포착할 수 없는 방식으로 급진적이다. 즉, 대중은 행동과 목표의 합리적 균형을 관리하려는 시도인 경제(economy)를 방해한다. 그들은 해방이란 존재하지 않는다는 것을 알고 있으며, 또한 체계는 단지 '초논리(hyper-logic)' 속으로 밀어넣어야만 파괴될 수 있음을 알고 있다. 초논리란 구심적이고 복수적이며 반권위주의적이고 비재현적인 내부적 파괴를 말한다. 침묵하는 다수는 테러리즘을 좇아 모든 재현적 체계와 모든 전통적인 정치적 의미를 거부한다. 따라서 그들은 확대와 해방을 요구하는 혁명에서 벗어나 있다. (번역본은 원래의 프랑스판에 있는 에세이 하나를 빠뜨리고 있는데, 이 에세이는 처음에 우익지인 『피가로』에 실렸던 프랑스 사회주의 정부 비판에서 한걸음 더 나아가 반좌파적 논의를 펼치고 있다.)

보드리야르는 아마도 '정치학의 종말'이라는 슬로건을 야기시킨 1968년 이후의 전통 좌파에 대한 비판을 신격화하고 있는 것 같다. 그러나 국가사회주의와 레닌주의적 전위주의에 대한 비판이 다른 논자들을 '자주(autonomy)의 영역'에서 대안적인 사회적 모델들을 모색하도록 한 반면, 보드리야르의 경우에는 맥루한과 캐스터네더(Castaneda)를 뒤섞은 '촉각적 신비주의'로 이끄는 것 같다. 그럼에도 불구하고 대중 자신의 내부에 비레닌적인 정치적 잠재력을 상정하는 점에서 보드리야르의 작업에는 자주이론적인(autonomous) 차원이 존재한다.

정치적인 관점에서 보다 문제적인 것은, 선진 자본주의 국가에서의 정보시대의 도래가 재생산이 생산을 대체했음을 암시한다는 (보드리야르의) 주장이다. 제1세계의 정보시대의 물질적 토대인 컴퓨터 칩은 아직 말레이지아 같은 제3세계 국가에서 공장노동에 의해 생산된다. 그리고 여성 노동자가 보다 더 '순응적'이고 보다 덜 노동조합에 가담할 것 같기 때문에, 그러한 노동은 매우 여성적이다. 따라서 보드리야르의 이론은, 지적인 상류계급 같은 태도로 주변적 노동을 망각하는 점에서, 어찌보면 산업노동을 백인 중심에서 비백인의 주변부로 이동시키는 자본주의를 복제한다. 자본주의적 근대화(실제로 산업생산을 제3세계로 이동시킴으로써 제1세계의 생산경제를 정보나 위락 같은 제3의 혹은 재생산적 활동으로 대체하려고 노력하는)의 전제를 수용함으로써, 보드리야드의 이론은 비백인과 비남성에게 착취적 생산을 강요하는 데 가담할 위험을 지닌다.[8]

이에 덧붙여서, 정보시대가 생산을 시뮬라시옹(simulation)으로 대체했다는 주장은, 대부분의 법인 단체들이 의존하는 정보가 회계 유형과 관계된 것임을 간과한 것이다. 다시 말해, 그런 정보는 지급임금과 도출가격에 근거한 효율성을 추적하는 것, 즉 정보론이 대체했다고 가정하는 생산의 물질적 세계 그 자체와 관련된 것이다. 이는 경제의 세계가 재현의 외부에 놓여 있다고 주장하는 것은 아니다. 말레이지아의 여성 노동자들은, 유행하는 여성미의 이미지 광고에

---

8) A. Fuentes · B. Ehrenreich, *Women in the Global Factory*(Boston: South End Press, 1985).

따라 자신을 다시 꾸밀 수 있게 하는, 화장품을 사기 위한 돈의 조건에 의해 공장에 유혹된다. 그들은 이상적인 노동자들인데, 왜냐하면 그들의 내부에서 복종과 순응의 사회적 태도를 유발하는, 그런 문화를 통해 재현의 내면화를 보여주기 때문이다. 심지어는 노동 자체의 물질성조차도 재현적이다. 왜냐하면 그들의 노동은 하루종일 현미경을 통해 마이크로칩을 보는 것인데, 이는 궁극적으로 재현적 권력에 박탈당한 반맹목의 상태로 귀결되는 노동이기 때문이다. 따라서 우리는 다음과 같은 사실을 말할 수 있다. 즉, 자본주의는 모조품적(simulational)이지만, 효율성 모델의 집행(예컨대 제3세계에서 IMF에 의한)은 결사대처럼 살인적일 수 있으며, 정보론은 단지 권력이 사용하는 언어를 변화시킬 뿐으로 보인다.

보드리야르의 자본주의 문화에 대한 절망 역시 반항적인 충동, 긴장, 그리고 내재된 저항적 잠재력을 간과한 것이다. 아도르노와 매우 유사하게 브드리야르의 자본주의 문화에 대한 이해는 지나치게 일면적이고 비관적이다. 그가 부정적으로 읽은 것들은 긍정적인 굴절이 주어질 수 있다. 시뮬라시옹의 힘 역시 대안적 세계의 모델을 생산할 수 있는 힘이다. 즉, 시뮬라시옹의 힘은 자본주의적 용법에 대항하는 것으로 전환될 수 있다. 그러나 그러한 전환은 의미론적 유연성, 즉 사회적 도구들의 다의성의 감각을 필요로 한다. 시뮬라시옹의 대안적 용법을 계획하기 위해서는, 외견상 일가적(一價的)인 사회적 현상을 다양한 의미론적 효과를 일으킬 수 있는 것으로 파악해야 한다. 비단 지배의 근거지뿐만 아니라, 매체(media)가 쟁점의 자리로 초점이 맞춰져야 한다. 그 곳에서 청중으로부터 나온 의미들은 지배의 의도와 전적으로 어긋날 수 있다.

대중들의 일상적 저항성에 대한 보드리야르 자신의 설명은 그런 현상에 대한 지배적 좌파의 해석을 대신할 수 있는 의미의 가능성을 열어놓는다. 그의 설명이 암시하는 것은 다음과 같다. 즉, 좌파 혁명적 지식인들이, 단지 그들의 정당한 추상적 개념을 (자신들이 가상한) 민중의 일상적인 물질적 관심에 연결시키는 데 실패한다는 이유

160

로, 민중의 맹목적 선점 같은 선개념적 욕구(욕망)에 헤게모니적 권
력에 대한 대항이 존재하지 않는다는 주장은 사실일 수 없다는 것이
다. 보드리야르가 혁명이 단지 올바른 사상의 문제일 뿐만 아니라
욕구와 욕망의 문제임을 암시한 것은 온당한 것이다. 비록 이성에
대한 탈구조주의적 저항이, 그가 사상과 욕망이라는 한 쌍의 용어들
의 필연적인 매개를 성취하는 것을 방해하지만 말이다. 그러나 혁명
이 자원의 분배를 위한 어떤 이성적인(reasonable)(즉, 원칙적이고 합
당한) 메커니즘도 없이 오직 욕구충족에만 눈멀 수 있을까?

따라서 보드리야르의 대중 저항의 권력이론은, 문화에 관한 그의
지적 냉소주의의 거울 이미지인 민중주의적 형이상학에 빠질 위험을
지닌다. 그것은 마치 그에 수반되는 시뮬라시옹의 이론이, 궁극적으
로 침묵하는 다수에 의해 충족될 진정성이나 순수성에 대한 숨겨진
갈망을 그 이론 속에 내장했던 것과도 같다. 자본주의의 문화는 나
쁜데, 왜냐하면 실재를 시뮬라시옹으로 대체했기 때문이다. 그리고
실재적인 것은 자본주의 문화의 외부인 미분화된 민중(populo) 속에
서, 즉 반영되지 않는 일종의 전언어적 영역에서 발견될 것이다. 그
러한 외부를 상정하는 것은 낭만주의의 특징적인 수사법의 하나이
다. 그같은 태도는 순수성을 지닌 어떤 타자의 존재를 암시한다. 즉,
모든 구문적 표현과 의미론적 코드화에 대해 외적이라는 바로 그 점
에서 초월적 의미를 지닌 시뮬라시옹 이전의 어떤 근거를 암시한다.
그것이 바로 전적으로 언어 외부에 존재하는 침묵하는 다수인 것이
다.

만일 보드리야르가 자본주의 문화에 대한 그의 비판이 시작된 범
주들 내부에서 보다 일관되게 움직이길 원했더라면, 그는 이른바 시
뮬라시옹 외부의 실재조차도 시뮬라시옹의 성격을 지님을 기술했어
야 했을 것이다. 즉 시뮬라시옹의 '외부', 혹은 '타자'가, 얼마나 그런
다수를 비민주적인 침묵으로 추방하는 재현적인 힘에 의해 형성되는
가를 설명했어야 했을 것이다. 사회적 입장의 지형은 그 자체가 수
사학적 혹은 시뮬라시옹적 과정이며, 사회에 의해 가정되는 그 형태

는 수사학적 용어로 설명하는 것이 불가피하다. 자신들의 문화가 무엇이 될 것인가라는 민주적 결정에서 배제당함으로써, 보드리야르의 침묵하는 다수는 은유적 대체의 희생자가 된다. 즉 치환에 의해 그들은 부분적으로 전체에 연결되거나 제유적으로9) 사회에 연결되지 않을 수 없게 된다. 사회의 형태는 응당 그들이 결정해야 하는데도 말이다. 심리학에서처럼, 수사학에 의해 부여된 형태들은 전도된 형식으로서 사회적 실재(reality)를 구성한다. 다시 말해, 보다 더 충족된 존재일 수 있는 것을, 잠재적 충족을 외면하고 왜곡시키는 형태로 빗나가게 하는 것이다. 침묵하는 다수의 삶은 또 다른 가능한 삶의 형태(형식)의 수사학적 왜곡이다. 이렇게 해서 시뮬라시옹은, 보드리야르가 시뮬라시옹 문화의 외부에 그것의 타자로서 놓았던, 시뮬라시옹 이전의 실재로 보이는 것의 뿌리에서조차 발견될 수 있다.

보드리야르를 적용한 중요한 저서인 아더 크로커와 데이비드 쿡의 『포스트모던 상황』에서도 이와 유사한 문제가 명백하게 나타난다.10) 자신이 쓴 부분에서 크로커는, 미학과 정치학의 경계가 얼마나 흔들리는 것인가를 보여주면서, 현대 예술과 사회이론을 확신을 가지고 함께 잇고 있다. 그러나 보드리야르처럼 크로커는 문화의 지배적 효과를 강조하면서 또 다른 가능성을 희생시키고 있다. 그는 문화를 투쟁이나 차이의 영역으로 생각하지 않고 있다. 즉, 문화는 어떤 내재적인 진보적 잠재력도 포함하지 않으며, 권력의 동일성에 대해 대안적 가능성을 표시하는 급진적인 긴장의 노선들을 지니지 않는다.

크로커의 주요 논의 중의 하나는, 마르크스가 자본주의적 상품형식에 대한 분석으로서 적극적으로 제시한 것의 부정적인 측면을, 니체가 드러내고 있다는 것이다. 그러나 우리는, 네그리가 실제로 그런

---

9) [역자주] 부분으로써 전체를 나타내는 표현법.
10) A. Kroker · D. Cook, *The Post Modern Scene: Excremental Culture and Hyper-Aesthetics*(New York: St. Martin's Press, 1987).

것처럼, 마르크스의 상품에 대한 설명을 경제적 계측으로 위장된 정치적 힘에 다름 아닌 것으로 읽을 수 있다. 상품은 단지 지배력의 은유일 뿐이다. 더욱이 상품형식은 이제 더 이상 생산의 문제가 아니라 완전히 기호현상으로 넘겨졌다는 논의는 받아들이기가 어렵다. 왜냐하면 비록 상품이 점차 시장의 의미작용에 의존하긴 하지만, 전 세계의 상비군의 존재는, 상품은 늘상 또한 눈에 잘 드러나지 않는 대다수의 민중들에게, 신체적 상해의 숨겨진 위협을 통해 노동을 강제(강요)하는 문제임을 보여주는 것 같기 때문이다. 또한 설령 위협이 재현적이고 정신적인 기호에 불과한 고통일지라도, 여기서 암시되는 것은 현실의 재규정(예컨대 실체에서 시뮬라시옹으로)이 그런 현실에 적용되는 윤리적 판단의 양식에 영향을 주지 못한다는 사실이다. 고통스러운 시뮬라시옹은 고통스러운 현실의 사물만큼이나 나쁜 것이다. 크로커는 보드리야르처럼, 문화가 점차로 시뮬라시옹적이 되어 왔으며, 시뮬라시옹 외부의 어떤 지점이 있을 수 있음(그리고 있어 왔음)을 암시하는 듯한 구절('실재의 사라짐', '의미작용 문화의 승리')을 사용한다. 그러나 플라톤과 소피스트에서 레이건(Reagan)과 전성기의 TV에까지, 시뮬라시옹은 언제나 문제가 되어 왔다고 할 수 있다. 모든 사회는 정당성을 유지하기 위한 책략에 의존하며, 주체를 위치시키기 위한 제의(rituals)에 의존한다. 또한 공유하는 현상적인 현실의 연속성을 보장하는 상호적인 재현적 세계를 안정화하기 위해 수사학에 의존한다. 이미지는 항상 지속력과 연출력을 지녀 왔으며, 인공물과 타락이라는 크로커의 은유에 의해 암시되는 순수하고 진정한 사회가 일찍이 존재했었는가는 의심스러운 일이다. 보드리야르에게서처럼, 우리는 아마도 크로커에게 어떤 향수가 존재한다고 생각할 수 있다. 즉, 테크놀로지·화장술·매체화·상품화 이전의 세계에 대한 열망, 불신과 합리성으로 타락하기 이전의 종교적 신념과 유사한 세계에 대한 열망이 존재하는 것으로 여겨질 수 있다. (크로커의 책에 어거스틴에 대한 긍정적인 명상이 포함되어 있는 것은 아마도 놀라운 일이 아닐 것이다.)

　　보드리야르는 모조된(simulated) 문화를 설명하기 위해 매혹이라는
은유를 사용함으로써 섹스주의라는 비난을 받아 왔다. 크로커는 보
다 덜 비난 받을 것 같지만, 그럼에도 불구하고 매체화(mediascape)
의 시대에 문화가 '화장술(cosmetic)'(유감스러운 성적 전제를 지닌 은
유)이 되었다는 생각에는 약간의 문제가 있다. 그가 앨런 파슨스
(Alan Parsons)의 노래 '하늘의 눈(Eye in the sky)'를 읽도록 유도하
는 것도 아마 그와 유사한 성적 무의식일 것이다. 이 노래는 일반적
인 감시(surveillance)를 주제로 한 급진적인 포스트모던 텍스트로서,
감시의 권력을 통해 전개되는 여성에 대한 남성의 권력을 노래하고
있다('나는 더 이상 갖지 않을 것이다 …… 당신 눈의 태양/믿을 만한
거짓말들로 만들어져/나는 하늘의 눈이다/당신을 보고 있는/나는 당신
의 마음을 읽을 수 있다/나는 규칙의 제정자이다/바보들을 다루는/나는
당신의 맹목을 속일 수 있다 …… 내가 내 마음을 바꾸지 않는 이유를
울부짖지 마라'). 이 노래가 남성 퍼스나(persona, 인격의 탈)가 여성
에게 말하는 것인 점을 유의하면, 이 노래의 성·정치적 억양은 매
우 명백해 보인다.

　　보드리야르와 크로커는 남성적, 지적 유형의 담론을 (내가 여기서
그런 것처럼) 실천한다. 그런 유형의 담론은, 우리가 어떤 특정한 관
점으로 말하면서 일반성을 가장할 뿐임을 겉으로 드러내지 않고 세
계의 진리를 설명할 수 있게 한다. 만일 포스트모더니즘이 무엇을
가르쳐준다면, 그것은 현실(reality)이 균열되어 있으며 복수적이라는
점일 것이다. 즉, 현실은 상이한 이본들(versions)을 갖고 있으며, 어
떤 판본도 완전하지는 않은 것이다. 백인 남성의 입장은 특별한 특
권을 지니며, 내가 생각하기에 그들이 자신들의 번영한 시대를 갖는
것에는 아무런 잘못이 없다. 그러나 우리는 적어도 타자의 질문을
제기해야 하며, 타자의 관점과 그가 창조한 또 다른 (타자의) 현실을
질문해야 한다. '미국 파멸의 장난스러운 분위기'를 레이건 시대의
일차적 희생자였던 흑인들이 실제로 공감할 수 있을까? 그렇지 않으
면 그들은 그 파멸을 신체적 고통이나 풍요감의 부정, 행복의 부재

등으로 조금 다르게 묘사할 것인가? 내가 이런 질문을 하는 것은, 도덕적인 고압적인 정신 자세로서가 아니라 우리 자신의 담론적 전제에 놓아야 하는 한계를 강조하기 위해서이다. 우리들 백인 남성 지식인들이 바로 그런 전제적 한계인 것이다.

보드리야르의 저서를 보면 포스트모더니즘의 정치적 사고와 마르크스주의는 서로 화해가 가능하지 않을 것처럼 생각된다. 그러나 그것은 마르크스주의가 전통적으로 총체성의 철학을 구성해 온 것처럼 가정하는 경우에 한한다. 가따리와 네그리의 공저인 외서 시리즈의 또 다른 책『우리 같은 공산주의자들(*Les nouveaux espaces de la liberté*)』은, 마르크스주의가 그처럼 폐쇄적인 형태로 정의될 필요가 없음을 암시한다.11) 이 작은 책은 가따리의 분자적인(molecular) 정치학적, 심리학적 관심과 네그리의 보다 더 마르크스주의적인 거시적 정치학의 윤곽을 결합시킨다. 따라서 그들은 공산주의를, 착취에 대항하는 몰적인(molar, 질량적인) 투쟁12)과 독자성 및 해방을 위한 분자적 투쟁의 타협으로 재정의함으로써 논의를 시작한다. 노동의 해방과 새로운 주체성 양식의 발생은 둘 다 공산주의적 기획을 위해 필수적이다. 따라서 이 책의 정치적인 목적은, 또한 이 책을 만든 공동연구의 방식을 상당히 반영하고 있기도 하다.

저자들은 1968년에 전통적인 좌파 정치학의 종말과 혁명의 재발진을 목격했다고 논의한다. 자본은 무의식을 식민화할 정도로 사회와 재생산의 영역 전반에 걸쳐 광범위한 생산적 지배력을 갖기 때문에, 새로운 혁명운동은 전통적인 계급투쟁뿐만 아니라 일상생활의 문제들을 제기하면서, 최초로 분자적인 것(molecular)과 몰적인 것(molar)을 결합했다. 주변적(marginal) 영역들(실업자)에 새로운 중요성이 부여된 것처럼, 여성운동은 그런 결합의 한 징표였다. 사회주의

---

11) F. Guattari · A. Negri, *Communists Like Us*(New York: Semiotexte, 1987) [이원영 역, 『자유의 새로운 공간』, 갈무리, 1995].
12) [역자주] 거시적 투쟁을 말함.

의 한 모델로서 국가관리적 노동은 거부되었으며, 해방의 신체적 성격에 새로운 강조가 부여되었다. 이제 욕망의 인간적 목적과 가치가 생산을 지향해야 하는 것으로 기획되었다.

그들이 통합된 세계 자본주의라고 부른 자본주의와 사회주의를 포괄하는 개념은, 민족 국가를 대신하는 1970년대의 결정 세력이었다. 핵 보유국은 바로 그 중심적인 표상이다. 가치법칙은 기능을 멈추었고 불안이 사회 전반에 확대되었다. 또한 기아(hunger)는 제3세계를 새로운 노동 예비군으로 전환시키는 무기로 사용되었다. 그럼에도 불구하고 네그리와 가따리는, 불완전 고용의 영역과 공황에 의해 생활이 불안해진 관리자의 영역, 그리고 페미니즘, 인종, 평화를 둘러싼 다양한 새로운 사회운동에서 새로운 혁명적 주체가 등장하는 것을 목격한다. 그들은 테러리즘을 비판하고 조직의 레닌주의적, 국가주의적 모델이 혁명적 주체성의 새로운 구성과 양립할 수 없음을 논의한다. 그들은 일종의 '기능적인 다중심주의'를 요구한다. 기능적인 다중심주의는 새로운 조직 속에서, 단수자들이나 운동들의 다양성 간의 관계의 복수성, 즉 관료적 통제를 넘어서서 집단적인 목적들을 지향하는 복수성을 확립할 것이다. 주요한 작업은 착취에 대항하는 전통적인 계급투쟁의 구성요소와 해방을 위한 새로운 운동을 재통합하는 것이다. 새로운 전략의 중요한 한 요소는 일종의 단수자적인 집단으로서 '스스로 일하는 것', 즉 공산주의의 '인간적인 뿌리'를 재생산시키는 것이다.

그들은 다음과 같은 작업의 목록과 도해적 제안들로 결론을 내린다. 새로운 생산적 주체, 불일치하는 단수자들, 새로운 프롤레타리아적 기구—— 이것들의 발전과 정의(定義)와 표현. 복지와 초과이윤을 둘러싼 투쟁과, 노동에 삶을 지향하는 시간조정을 부과하려는 투쟁. 노동을 조직하는 '자본주의적·사회주의적' 방식에서 독립한 노동의 재정의. 노동일수 입법 건의 문제의 필요성. 국가의 형식과의 관계 절연. 반핵 및 평화운동에의 특권부여. 그리고 마지막으로 새로운 비레닌주의적, 비아나키스트적 조직 형태의 문제제기.

세 개의 제안들은 남/북의 축이 동/서의 축으로 대체되어야 한다는 것이다. 운동은 동/서의 핵 테러에 대항하는 남과 북의 프롤레타리아트의 동맹을 촉진해야 한다. 유럽은 정치적인 지향으로서 재창조될 필요가 있다. 마지막으로 그들은 평화가 남/북의 권력구조를 전복시키기 위한 일차적인 조건으로 파악되어야 함을 제안한다.

『우리 같은 공산주의자들』은, 전혀 통약불가능하진 않지만 지금까지는 이종(異種)으로 보였던 사상과 행동의 정치적 변종들의 중요한 합금이다. 저자들의 용어 중에 '동맹(alliance)'이라는 단어는 그런 이유에서 잘 선택된 것이다. 왜냐하면 이 단어는 통일성 속의 차이성을 암시하기 때문이다. 또한 네그리와 가따리는, 함께 작업하기 위해 상이한 운동들이 서로들 속으로 붕괴되어야 할 아무런 이유가 없음을 현명하게 논의한다. 그러나 그러한 동맹이 구체적으로 어떤 형식을 취할 수 있는지의 문제는 거론되지 않는다. 이따금 네그리와 가따리는, 동맹이 계획적인 것이라기보다는 물질적이고 무의식적이라고 암시하는 것처럼 보인다. 예컨대 중남미의 프롤레타리아트들은, 그들이 부채 상환 거부를 위협하도록 국가정부를 자극할 때, 제1세계의 프롤레타리아트들과 물질적 동맹의 위치에 있게 된다. 이 경우에 있어서도 물질적 연계가 때로는 끌어내지고 때로는 추정으로 남겨진다. 반핵운동과 프롤레타리아 운동 간의 필연적 연계의 논리는 명백하게 형성된다. 즉, 핵 공포는 계급투쟁을 무력화하는 방식으로 사회 전반에 확산되고 있는 것이다. 그러나 가부장제적, 성적 권력과 군사제도의 과대한 공격성, 그리고 자본주의 시장이나 국가 행정의 권력 충동이 연결된다는 관점에서 여성운동과 다른 운동들 간의 관계는 제기되지 않는다. 그같은 물질적 연결이 확립되지 않을 경우, 동맹의 요구는 편의주의적이거나 단지 전술적인 것처럼 보일 수 있다. 진정으로 효과적인 동맹은, 운동들 간의 필연적인 물질적 연계에 대한 이해의 토대 위에서 만들어져야 할 것처럼 보인다.

그럼에도 불구하고 가따리와 네그리의 협력은 어떤 촉매적 결합의 가능성을 나타낸다. 즉 결합을 정당화하기 위해 물질적 필연성이나 역사적 결정론에 반드시 의존할 필요는 없는 포스트모던적인 정치적 콜라주의 가능성을 나타내는데, 이 정치적 콜라주는 마르크스주의 같은 전통적인 '메타서사들'을 소멸시키기보다는 여전히 풍성하게 한다. 설령 그런 연계가 우발적일지라도, 연계가 형성된 사실 자체가 낡은 닻에 얽매일 때 나타날 수 있는 어떤 약점을 넘어선다. 이런 뜻에서 결국 포스트모던 정치학은, 무엇이 행해질 수 있는가에 관한, 즉 필요한 정치적 소재들로부터 무엇이 만들어질 수 있는가에 관한, 지렛대의 감각을 보다 더 높이는 발전을 의미한다. 새로운 정치적 수사학은 은유적인 정치적 형식들이 환유적인 형식들로 넘겨지는 범위에서 나타난다. 은유적인 정치적 형식들은, 다양한 종속적인 운동들이 의미론적으로 보다 중요하고 고도로 질서화된 조직적 통일성과 동일성의 이념들에 포섭되는 것을 강조하며, 환유적인 형식들은 종속의 질서가 아니라 동등하고 다양한 가능성 영역에서의 조화로서, 보다 더 다양한 가변적인 연계와 인접적인 연결을 강조한다. 메타서사를 포기하기(이는 메타서사 자체만큼이나 남성적으로 사회화된 배제와 종속의 태도이다)보다는, 메타서사가 유보되고 심화되며 보다 복합적이 되고 차이화되는 것이다. 이는 스케취(메타서사)를 파괴하고 오직 세부(디테일)만이 옳다고 주장하기보다는 거친 스케취에 세부와 색채를 부여하는 것에 해당할 것이다.

따라서 재현에 대한 포스트모더니즘적이고 탈구조주의적인 비판은 당연히 정치적인 결과를 지닌다. 수사학이 이차적인 것으로 이성에 부착되며 그 자체로는 생산력을 갖지 않는 여분의 부속물이라는 생각은, 구문론 위에 의미론적 이념을 놓거나 단순한 수사학(형식) 위에 의미있는 내용을 놓는 위계질서를 만든다. 이러한 이론적인 위계질서는, 일상적인 물질성 위에 정치적인 이념(자유)을 놓거나 일상생활의 욕구와 욕망의 형식 위에 경제적 물신주의(자유시장)를 놓는 자본주의 사회의 실천적인 위계질서와 유사하다. 특히 좌파의 편에서 그같은 의미론주의(공산주의 같은 사회적 원리가, 일상생활의 존재의 형식에 관심을 갖는 민주적인 물질적·사회적 구성의 수사학적 절차이기보다는, 목적론적 이념이나 내용이라는 가정)는 일상생활의 수사학의 문제(의미론주의가 가정하는 형식)를 종속되도록 한다. 의미론주의는 또한, 가부장제적 가족이나 노동일수 같은 제도들을, 사회의 '사회주의적' 내용 같은 보다 중요한 문제와 핵심적 관련이 없는 이차적인 사회적 수사학의 영역에 놓는다. 그러나 내용 자체가 그런 '이차적' 형식들에 의해 구성되고 형성되는 것이다.

정치적 수사학의 절차가 (그 절차에 의해 재현된다고 가정되던) 내용적·제도적 세계를 구성하는 방법에 대한 이해의 전환은, 필연적으로 일상생활의 수사학적 절차(노동일의 형태와 형식, 성적 관계 등등)가 메타수사학적·재현 외적 현실(혹은 사회적 존재의 내용)이라고 가정되던 것을 구성하는 방법을 이해하려는 전환을 가져온다. 포스트모더니즘이 암시하는 것은, 일상생활의 구체적 모습을 구성하는 형식·절차·양식·형태·장르의 수사학과 무관한 사회적 내용은 존재하지 않는다는 것이다.

따라서 재현에 대한 비판은 핵심적인 방식으로 좌파 정치학과 연관된다고 말할 수 있다. 기호와 사물의 전도는 또한 어떤 양극화나 위계질서를 전도시킨다. 즉, 국가 계획의 내용에 대해 일상생활의 형식을 이차적인 것으로 놓거나, 효율적인 조직화 같은 보다 일차적인 비성적(no-sexual) 관심(흔히 남성적으로 사회화된 이성의 형식에 연관되는 것)에 대해 성적 관계의 형식을 이차적인 것으로 놓는 위계질서를 역전시킨다. 이는 사회적 삶의 물질성만큼이나 그 형식적 차원을 말하는 정치학이다. 이 정치학의 지향은 수직적이고 위계질서적이기보다는 수평적이고 평등주의적이다. 이 정치학은 서로 다른 정치적 차원들 사이의 측면적인 연결을 특히 중시하며 어느 하나가 다른 것에 종속되는 것을 거부한다. 전통적인 정치적·재현적 체계들이 신성시하는 권위는 전적으로 민주적이고 평등화된 운동 속에 용해된다. 포섭(subsumption)은 정치적 삶의 원리가 되지 않으며 접합(conjugation)이 그 자리를 차지한다. 자신의 지위가 수사학임을 알고 있는 그러한 정치학은, 사회적 존재의 대안적 형식의 모델을 발전시키기 위해, 재현을 통한 새로운 세계를 가정하려 한다. 담론 외적인 실체나 재현 이전의 진리라는 거짓 이념에 의존하기보다는, 새로운 형식을 창조하려고 노력하며, 그런 가운데 새로운 내용, 의미, 현실을 일으키게 된다.

결론적으로 이런 통찰로부터 얻을 수 있는 것은, 사회적 권력과 정치는 형식들이며, 가변적인 형태, 주조가능한 요소들의 개별적인 배열, 즉 재형식화에 구성적으로 관계하는 배치라는 것이다. 포스트모던의 관점에서 보면, 정치학은 물질적·재현적 이해관계를 둘러싼, 상상력·전략·창의적 기동력의 급진적 가변성의 영역으로 초점이 맞춰진다. 왜냐하면 권력의 목적은 욕망의 재화, 즉 심리학적인 집착의 요인일 뿐만 아니라 물질적 욕구의 요인인 상품의 축적을 보장하는 것이기 때문이다. 상품이 사물이라면 그것은 또한 기호이기도 하다. 내가 이 글을 쓰고 있는 코네티컷주 미스틱(Mystic)에서 권력의 기호는 거대한 잔디밭, 밀폐된 사유지를 둘러싼 높은 수목들, 아름답고 큰 빌딩들—공간, 평온, 미, 배제—이다. 이러한 기호적인 사물들은, 심리적 이미지의 충족과 감성적 쾌감으로 욕망에 연결된 매우 물질적인 것들이다. 그리고 그것들은 사유지를 구매하는 권력의 원천으로서 세계의 다른 곳에서 임노동의 규범화된 잔인성에 연결되어 있다.

그러나 물질성은 이제 더 이상 시뮬라시옹과 가변성 외부의 어떤 필연성을 지칭하는 용어로 사용될 수 없다. 또한 수사학 외부에 존재하는 어떤 진리를 나타내는 용어일 수도 없다. 사회 정치학의 수사학적 (즉 탈구조주의적 혹은 포스트모던적) 이론은 물질성을 사회적 구성에 의해 주어지는 형태와 분리될 수 없는 것으로 본다. 포스트모던적 의미에서 정치학을 포용하는 것은 문제를 가변성의 영역에 놓는 것이다. 즉 권력이 아무리 '현실'에 근거하고 '물질적' 필연성에 묶여 있는 듯이 보일지라도, 그것은 손에 쥘 수 있고 움직일 수 있으며 따라서 제거할 수 있다는 통찰에 내기를 거는 것이다. 따라서 포스트모던 이론의 반정치학적 흐름은 그러한 통찰을 그리 충분히 갖지 못한다. 즉, 반정치적 포스트모던 이론은, 사회가 시뮬라시옹될 수 없는 실재(reality)가 아니라, 시뮬라시옹적인 것 이외의 결코 다른 것이 아닌, 수사학적 형식과 물질화된 비유들의 배열임을 충분히 통찰하지 못하게 된다. 그리고 포스트모던 정치학의 시작을 말할 수 있는 것은 바로 그 지점에서 그런 통찰력을 지니는 순간인 것이다.

제5장
포스트모더니즘 이후의 새로운 정치적 예술

장 보드리야르의 상품 급진주의는 영어권 예술 세계에 영향을 끼쳐왔으며 '신지구(Neo-Geo)' 예술의 지류를 발생시키기도 했다. 중산계급의 타락한 소비문화에 항상 냉소적이고, 그런 문화를 거부하는 자신의 능력에 늘 낭만적인 현대(modern) 예술은, 향수를 지닌 시뮬라시옹 이론의 적절한 상륙 장소인 것이다. 시뮬라시옹 이론은, 모든 곳에서 타락이 증가하는 것을 보는데, 그 타락은 혼미한 거부감의 팽창에 의해서만 대응될 수 있다. 보드리야르는 어떤 점에서 완전히 현대적인 포스트모던 유미주의자이다. 그는 초연함에 대해 순수하게 초연한 인물이며, 기호 물신주의자의 아버지(Pater)이다. 보드리야르는, 현대 예술의 단순한 화폐가치의 엄청난 증가에 상응하는, 시장성 있는 담론 가치를 지닌 담론의 과대한 팽창을 종합한다. 예술의 화폐가치의 증가는, 지속성이 적은 가치의 형식으로부터 달아나는 자본을 끌어모으는 요소가 되어 왔다. 상품이론은 『차가운 기억(*Cool Memories*)』과 같은 책을 생산하게 되는데, 이 책은 세계 여행을 하는 여행가 겸 이론가의 가장 단편적인 단상들을 이론의 상품화로 미화시키고 있다. 삶 자체는, 낭만적인 예술의 번역이자 초연하고 냉소적인 명상의 대상이며, 신식민지적 약탈의 예술로서 포스트모더니즘이라는 레퍼토리에 하나 더 끼어 있는 항목이다.

그러나 보드리야르는, 예술을 위한 유일한 탈구조주의 및 포스트모더니즘의 지류는 아니다. 실제로 보다 더 급진적이고 참여적인 대안으로서, 사회적 동일성의 해체를 단초로 삼는 방법이 영미의 새로운 정치적 예술에서 발견된다. 나는 한 새로운 정치적 예술가—피오나 번즈(Fiona Burns)—의 작품을 집중적으로 살펴보면서, 그녀가 권력의 동일성을 보증하는 경계의 유동성과 관습성에 대한 포스트모던적 통찰을, 혁명적으로 사용하려 함을 논의할 것이다. 번즈의 작품이 특별히 문제삼는 것은, 미술관 예술과 일반대중의 삶을 분리시키고 심미적 가치와 경제적·정치적 가치를 분리시키는 경계선이다. 그녀의 작품은, 예술 외적인 것으로 이해된 사회를 비판하기 위해 예술을 이용하려 하기보다는, 사회적 존재 자체의 예술적 성격을 탐구한다. 또한 그녀의 작품은 예술적 의식이 정치적·경제적 삶 속으로 스며들게 시도한다. 텍스트의 외부에는 아무 것도 없다는 데리다의 주장에서 단서를 취하면서, 그녀는 예술이 시도해야 할 것은 예술의 영역을 확장하는 것이라고 주장한다. 즉, 예술적 조화의 원리에 따라 길들여진 권력 같은 사회적 시나리오를 개조하는 것으로서, 그리고 예술의 긍정적 가치뿐만 아니라 부정성을 감춤으로써 유지되는 경제적 지배구조를 침식시키는 것으로서, 예술 영역의 확장을 주장한다.

번즈의 작품은 순수한 부정적 예술에서부터 순수한 대중 오락물에까지, 즉 미술관의 작품에서부터 헐리우드 영화와 TV 광고에까지 걸쳐 있다. 보스턴 현대 예술협회(Institute for Contempirary Art)와 연관된 그녀의 공연(peformance, 퍼포먼스) 및 설치 작품(exposition pieces)은 예술 작품을 사회적 문맥과 감상자로부터, 그리고 미술관을 그 주변 환경으로부터 분리시키는 경계선을 재정의하려는 시도이다. 그녀의 대중적 작품은 다른 것에 비해 그렇게 반성적이거나 급진적이지는 않다. 즉, 대중적 작품들은 오락물로 제시되거나 헐리우드 양식의 전통적인 표현을 이용한다. 본격 예술과 대중작품의 목표는 똑같이 예술을 삶으로 밀고 들어가는 방식을 발견하는 것이며, 결과적으로 그녀가 탐사하는 핵심적인 경계선은 '행동하는 예술(doing art)'과 삶 사이에 존재한다. 일련의 관습과 공식의 실행으로 규정되는 사회적 존재 자체가 그녀의 작품에서 문제가 된다. 번즈는 특히 자신의 '살아 있는 작품'에서, 일상적 경험과 행동의 형상성, 즉 예술처럼 선·구성·색채·분위기·비유·짜임에 따라 형성되는 형상화 방식에 관심을 모으려 한다. 번즈의 예술은 가장 멀리는 작업장과 거실에까지 확대되며, 경제적, 합리주의적 가치보다는 예술적 가치에 의해 규정될 상호개인적 교호작용과 사회적 조직의 새로운 구성을 암시하려 시도한다.

번즈의 미술관 작품에서는, 미술관 예술의 개념 자체가 문제시된다. 「문명의 필수품(The Essentials of Civilization)」이라는 제목이 붙은 1987년 다큐멘터(Documenta) 쇼의 전시품은, 실제로는 미술관 자체의 하수도 체계 기능을 하는 투명한 플라스틱 하수도 체계를 갖춘 방으로 구성되었다. 방의 중앙에는 검은 베일로 가려진 물체가 서 있었다. 이 베일 뒤에 서면, 그녀는 문명의 필수품을 기록한 모세의 서판(tablets)의 모조품을 볼 수 있을 것이다. '첫째, 다른 사람이 너를 위해 일할 상황과, 하인이나 노예, 혹은 네가 고용하며 고용되지 않으면 살 수 없는 사람을 만들라. 둘째, 네가 정복하고 고용한 사람들이 너의 집과 재산을 훔치지 않도록 하기 위해 군대를 모으라. 셋째, 양광(陽光) 속에서 이 모든 것을 그리고 너를 찬양할 기념비를 세우기 위해 예술가를 고용하라. 넷째, 너의 군대가 너에게 불만을 가진 사람들을 집어넣을 수용소를 만들라. 다섯째, 네 자신의 그림을 그려서 그것을 신이라고 명명하라. 여섯째, 네가 이룩한 것을 문명이라고 불러라.' 서판의 뒤에는 플라스틱 파이프의 끝인 커다란 플라스틱 하수 용기가 있었으며, 거기에는 관람자의 배설물이 떠다니고 있었다.

그런 작품들에서는 번즈는 아직 미술과 예술의 체제 내에서 창작하고 있지만, 그러나 그녀는 매우 아이러니컬하게 작업한다. 즉, 그녀는 미술관적인 타당성과 동일성을 규정하는 담당자들 위로 조금씩 움직이며 그들의 관심을 끌고, 또한 관람자들에게 뒤따를 수 있으면 뒤따르라고 말한다. 예술 자체가 비평 아래에 놓이지만, 1987년의 이 시점에서, 아직 번즈는 후일 그녀가 '예술가적 태도'라고 부른 것 내부에서 움직이고 있었다. '예술가적 태도'란 '미술관 벽이나 전시장 바닥 중앙으로부터 가르침을 부여하는 관람객에 대한 거의 경멸에 가까운 입장'을 말한다. 그러한 태도 자체는 그녀의 이후의 작품에서 비판적 수정의 대상이 된다.

이러한 단계에서의 번즈의 비망록에는, 제도적으로 자율적인 예술의 가능성 자체에 대한 비판으로서, 나중에 보다 명백하게 창작될 것에 대한 암시가 나타나 있다. 실제로, 우리는 그녀의 다큐멘터 전시가 예술을 매우 수치스럽고 불쾌하게 만들어서 이제 더 이상 미술관 내에 소장될 수 없음을 의미했다고 말할 수 있다. 1988년 초에 미술관 체제 내부에서 작업할 가능성에 대한 그녀의 환멸이 보다 뚜렷해졌을 때, 번즈는 그녀의 에세이 「예술의 종말(The End of Art)」에 이렇게 썼을 것이다. '그것은 마치 캠프 수비대가 어떤 것이 가능한 극장을 세우고, 그것을 예술이라고 부르면서, 모든 창조적인 젊은 이들이 그 안에서 놀게 하는 동안, 그들이 야만화의 일에 빠지게 하는 것과 같다.' 그녀는 그러한 미술관이 매우 우아한 감옥이라고 논의할 뿐만 아니라, 경제·법률·정치와 분리된 범주로서 예술의 개념 자체가 무척 의심스러우며, 그녀와 그녀의 예술적 급진파 세대가 그 토대를 침식해야 한다고 말한다. 그녀는 이렇게 주장한다. 즉, 권력의 세계는 상징적·미학적으로 구조화되지만, '그러나 그 세계의 특정한 형상적 구조의 요소는 감금된 예술을 수반하며, 그 예술은 결국 식용 송아지처럼 보다 온순하고 덜 위험한 것이 된다.'

이렇게 볼 때 번즈가 예술의 종말 바로 그것을 요구함으로써 「예술의 종말」을 끝맺고 있는 것은 놀라운 일이 아니다. 즉 그녀는, 보다 큰 자본주의적 문화의 형상적 과정 내의 한 형상으로서의 예술의 종말을 요구하는데, 이는 자본주의적 문화가 창조적 놀이와 상상력을 그 자극적 힘과 부정성을 무력화하는 분리된 영역들로 구조화하기 때문이다. 그녀는 이렇게 적고 있다. '예술은 미술관에 속하는 것이 아니라 세계에 속한다. 분리될 수 없는 것을 분리하는 경계선을 해체하는 예술의 힘은, 사회적 삶과 분리된 것으로서의 예술 자신의 위치에 맨 먼저 적용되어야 한다. 우리는 예술의 장르를 포기해야 하며 예술의 제도적 체제를 당연한 것으로 여기지 말아야 한다. 왜냐하면 예술의 제도적 체제가 암시하는 모든 것은, 일상생활로부터 상상력을 분리하고 일로부터 즐거움을 분리하며, 또한 자본주의가 창안한 주요 유산 중의 하나인 관리되는 피착취 대상(자연이든 여성이든, 혹은 노동이든)으로부터, 관리하는 주체를 분리하는 것에 관련된 것이기 때문이다. 그러한 분리는, 예술작품의 객관적 위치와 관람자의 수동적 입장을 강조하는 환경(미술관)에서, 관람자 앞에 예술적 대상을 놓아야 한다는 결정으로서, 심지어 급진적 예술에서도 내면화된다.' 이러한 문제에 대한 그녀의 답변은 예술적 대중을 만드는 전략이다. '우리는 미술관을 넘어서서 말해야 하며, "예술가" 이상의 존재여야 한다. 미술관이나 예술가라는 범주는 우리가 더 이상 살지 않는 세계에 속한다.' 고도의 급진적인 포스트모던 예술을 지향하는 번즈의 '타락의 전략'은, '교육받은 엘리트에게만 예술 같은 것의 접근을 허용하는, 격리된 문화체계의 인공물로 파악된 예술의 전체 장치'를 파괴하는 것을 목적으로 한다.

1988년에 ICA와 연합으로 착수한 번즈의 두 가지 계획은, 예술작품을 일반 대중의 공간에 놓는 것과, 작품을 대중의 규모로 분배하는 것이었다. '당신도 권력을 갖을 수 있다'라는 작품은 1988년 봄 보스턴 공립 도서관 앞 광장에 세워졌다. 이 작품은, 사회적이고 상업적인 삶이 사람들 간의 연극적 역할과 극적 관계로서 구성되는 방식에 주목하도록 고안되었으며, 역시 참여적인 작품이었다. 감상자에게 의미를 말하기보다는, 의식의 변화를 유도하는 어떤 행위 속에 참여하게 하면서, 이 작품은 권력·요직·중심성이 사회에서 분배되는 방식에 주목하도록 시도했다.

이 작품은 서로 다른 방들로 이루어져 있었고 미로로 시작되고 있었다. 작품을 통과하는 사람들은 두 사람씩 짝이 되어야 했다. 그리고 매일 이 기획을 감독한 번즈는, 늘상 남자와 여자, 혹은 다른 세대와 인종의 사람들을 짝지으려고 애썼다. 각각의 방에서는 참가자에게 의상과 대본을 주었고 따라야 할 역할을 부여했다. 그 역할 중의 어떤 것은 예상할 수 있는 것——사장과 비서, 호색가 남편과 배신당한 아내——이었고 또 어떤 것은 새롭거나 자극적인 것——두 마리의 소가 도살장으로 끌려가면서 그들이 얼마나 자신들의 목장을 그리워하는가를 이야기하는 것——이었다. 참가자들에게 매력적인 것은 그 과정이 녹화되며 마지막에 각 참가자들에게 비디오 복사본을 준다는 것이었다. 참가자들은 또한 시작 전과 끝난 후에 질문서를 적어 넣었다. 이는 그 작품이 사람들의 마음에 어떤 문제를 제기하는 데 얼마나 성공적이었는가를 측정할 수 있게 하기 위한 것이었다. 번즈는 그 '쇼'가 끝난 후에 권력이 사람들 사이에 분배되는 방식 등에 대해 참가자들이 약간 다른 인식을 지닌다는 것을 발견했다. 이는 특히 학교의 견학 여행으로 전시회에 참석한 많은 젊은이들의 경우에 분명히 나타났다. 같은 해 가을에 열린 이와 연관된 쇼는 「당신도 예술가가 될 수 있다」라는 제목으로 불려졌다. 벤야민의 영향력 있는 논문 「기계 복제 시대의 예술작품」에 관련해서 고안된 이 작품은, 벤야민의 관점에서 한걸음 더 나아가서 예술작품의 아우라(aura)가 해체돼야 할 뿐만 아니라 예술가 자신의 형상 역시 해체돼야 함을 암시했다.[1) ICA의 엘리자베스 서스먼(Elizabeth Sussman)과 데이비드 조셀릿(David Joselit)과 함께 작성한 그날 행사의 '목록'에서, 번즈는 포스트모던 예술이 그 내용과 형식에서의 급진성에도 불구하고 아직 아우라를 추구한다고 쓰고 있다. 아우라란, 일반인을

---

1) [역자주] 벤야민은 사진·인쇄술 등의 복제기술의 발전에 따라 예술의 지각 작용이 변화되었음을 설명한다. 복제기술은 작가·현존성·아우라(aura)라는 기존의 예술적 관습을 파괴하고 새로운 관습을 가져왔다. 가령 회화에서는 일회성에 대한 지각이 아우라로서 작품에 나타났지만 사진, 영화 등 복제예술의 등장은 그 아우라를 파괴하고 반복성과 동질성의 지각을 강화시켰다. 번즈는 이러한 현존성의 해체로서의 아우라의 파괴에서 한발 더 나아간다. 즉 그녀는 사회의 기호화라는 (포스트모더니즘적) 관점을 통해 사회 자체를 예술로 보는 입장을 주장한다.

대중현상에 접근하게 만든 기계적 재생산으로 타락하기 이전의 단계로서, 벤야민이 고전적 예술에 할당한 독특하게 고양되는 느낌을 말한다. 번즈는 이렇게 쓰고 있다. '신디셔먼 쇼에 갈 때 나는 아직도 예술을 보게 될 것이라고 느낀다. 놀랍지 않게 나는 그 쇼가 진행될 때 미술관(museum, 전시관)에 있게 된다.' 여기서 예술이 의미하는 것은 단지 벽에 걸려 있는 것뿐만 아니라 대상에 내재하는 체계를 말한다. 즉, '"쇼"라고 적절히 불려지는 것에서 보게 되는 것들을 만들어내는 방식으로서, 대상과 관객, 예술과 공중의 관계로 들어가는 일련의 가정들'을 말한다.

그녀의 추정에 의하면, 그런 체계 주변의 유일한 길은, 의미를 표현하는 예술가의 이념을 (설사 그것이 급진적인 해체적 의미일지라도) 해체하는 것이다. 그녀가 '예술의 전제'라고 부른 것은 사회적 지배 체계에 의해 수동적이 된 사람들을 또 다른 수동적 위치에 놓는다. 그녀는, 관객의 비판적 반성을 촉구하는 시도인 브레히트식의 예술에서조차, 그러한 작품의 전제를 발견한다. 그녀는 다음과 같이 적고 있다. '궁극적으로 예술가와 감상자의 분리를 파괴할 때만, 우리는 아우라 배후의 잔재에서 벗어날 것이다. 예술이 예술이기를 그치고 삶의 조직의 일부가 될 때에만, 예술은 그 내부에 아직 존재하는 자본주의적 수동성의 형식에서 해방될 것이다.'

「당신도 예술가가 될 수 있다」 쇼의 배경에 놓여 있는 것은 바로 이같은 관심이다. 국제 예술단의 팀 노리스(Tim Norris)의 도움으로, 쇼는 보스턴 무역센터에서 진행되었고 두 주일 동안 계속되었다. 디지털 컴퓨터사가 후원자로 참여했으며(번즈의 가족이 그 회사의 주인이다), 전시장의 가장 중요한 작품인 초고속 컴퓨터를 기증했다. 거대한 스크린이 빌딩 로비에 세워졌고, 사람들은 마음대로 손대고 복사할 수 있는 컴퓨터 예술 작품을 연출하면서 키보드 작업을 하도록 고무되었다. 참가자들은 그 기획에 참여한 수십 명의 보스턴 학교 예술 전공 학생들의 도움을 받았다. 연출된 작품은 고품질의 종이에 인쇄되었으며 그 자체로 '예술 작품'을 구성했다.

미술관(전시관)의 경계를 넘어선 이 예술적 확장의 실험이 굉장한 관심을 끌었다. 그러나 번즈는 이 실험이, 살아 있는 세계 자체가 현존하는 사물의 형태를 상상적으로 재조정하는 재형상화에 감염되어야 한다는 자신의 생각을 실천하지는 못한다고 주장한다. 그녀의 이러한 '탈아우라적' 사상은 예술가와 일반인의 경계뿐만 아니라 예술과 경제·정치·사회학의 경계를 넘어서는 것을 필요로 한다.

그런 경계를 넘어서는 데 가장 성공적이었던 실험은, 보스턴의 가난한 록스베리(Roxbury) 지역에서의 이른바 예술 블럭(Arts Block)이었다. 이 지역은 노후된 주택과 공설 아파트가 들어찬 눈에 띄는 흑인 구역이다. 번즈는 그녀의 집안 재산으로 한 구획의 낡은 붉은 벽돌 건물들을 상속받았으며, 그것을 체육관, 카페테리아(셀프서비스 식당), 어린이 보호시설, 예술가 스튜디오, 컴퓨터 디자인실, 영사실, 필름 현상시설 등으로 꾸며진 공공의 장소로 개조했다. 그곳은 곧 이웃의 공동부락이 되었으며, 그 곳에서 그 지방 사람들은 자유롭게 예술적 생산의 훈련을 받았다. 또한 그 곳에서 아이들은 엄마들이 일하는 동안 떨어져 있으면서 초보적인 창조적 기술의 훈련을 받을 수 있었다. 그 곳은 마을 창년들의 예술적 에너지를 계발하고 자극하는 곳이기도 했다. 이 예술 블럭은 또한 매우 성공적인 공예품 가게가 되었고 거기서 잘 디자인된 가정용품과 가구가 제작되고 팔렸다. 예술 블럭을 운용한 첫해(1988) 말까지, 예술 블럭은 자립적인 경제적 기획이었다. 그러나 원래 이웃사람들의 가정에 상상력을 풍부하게 하기 위해 만들어진 미려한 디자인의 물건들은, 곧 캠브리지의 강을 건너오는 고소득 구매자들을 위한 물신화된 대상이 되었으며, 많은 백인 고소득층 전문직업인의 가정을 위한 물건이 되었다. 그럼에도 불구하고 그 블럭은 토착적인 유대를 지닌 채 살아남았다. 그러한 유대는 아마도 블럭 스튜디오에서 만들어지고 콘서트 홀에서 연주된 (즉, 지방 흑인 예술가들에 의해 작곡되고 연주된) 음악에서 가장 분명할 것이다.

사람들이 번즈의 거대한 재산을 알게 된 것은 예술 블럭의 덕택이었다. 번즈의 재산은 분명히 아일랜드에 있는 그녀의 고향마을 근처에서 아버지가 발견한 작은 금광에 의한 것이었다. 개인적인 재산이 때로는 웅대한 예술적 실험을 가능하게 한다는 사실은 그녀를 지원하고 추앙하는 어떤 사람들에게는 논란거리였다. 그러나 번즈는 자본주의에 대항해서 자본주의를 이용하는 것은 적절한 전략이라고 논의한다. 이 문제가 처음 제기되었을 때, 그녀가 그같은 특수한 전략에 얼마큼 열중하고 있었는지—예컨대 그녀가 이미 오리온 프로덕션을 입수하고 몇 편의 영화를 제작했다는 사실—를 아는 사람은 별로 없었다. 그러나 1989년 초의 몇 편의 '작품들'은 그녀가 미술관 예술에서 완전히 벗어나서 대중의 영역(그녀의 말에 따르면 '살아 있는' 영역)으로 움직이고 있음을 확실히 보여주었다.

먼저 일본의 퍼포먼스 예술가 테즈오 코가와와 합동으로 수행한 '자유 미국의 라디오'는 '자유 유럽의 라디오'와 같은 기능을 하는 보스턴 지역의 새로운 라디오 방송국의 개국 방송으로 구성되었다. 이 방송은 미국에 관한 '진정한' 뉴스를 하면서('당신의 가격은 미국에서 다시 올랐습니다. 이것은 당신이 더 가난해졌고, 축적된 것 위에 앉아 있는 부유한 사람들은 그만큼 더 풍요로워졌음을 의미합니다.'), 연극과 시를 현대음악과 혼합한 실험적 프로그램뿐만 아니라 대중적 락(rock) 음악도 방송한다. 번즈의 다른 공공적 작품에서처럼 새로운 라디오 방송국은 청취과정을 민주화한 상호작용적 요소를 지니고 있다. 정규 콜인[2] 쇼는 사람들이 자신의 분노를 표현하거나, 서로서로 의사소통을 하고 자신의 삶의 이야기를 들려주도록 한다.

'자유 미국의 라디오'가 방송을 시작한 것과 동시에 번즈의 '살아 있는 작품'이 관심을 끌기 시작했다. '살아 있는 작품'은 그녀의 공공적 예술의 실험에서 더 나아간 것이었으며 예술과 사회적 삶 사이의 경계를 보다 더 와해시키려는 시도였다. 번즈는 현실의 미학적 성격에 주목하도록 그 작품들을 만들려고 했음을 암시한다. '우리가 살고

---

2) [역자주] 청취자가 전화로 참여하는 프로그램.

있는 바로 이 세계가 예술작품이다. 즉, 지형(紙型)의 언어로 만들어
진 어떤 것, 조각된 이미지들, 잘 인쇄된 경험의 캔버스이다. 우리의
모든 사고는 형상들이다.' 그녀는 이렇게 쓰고 있다. '우리의 모든 행
동은 극적으로 고안된 것이다.'

'살아 있는 작품'을 어쨌든 실제로 작품으로 부를 수 있다면, 그
녀의 말은 그런 종류의 '작품'을 위한 비명으로 세워진 셈이다. 가장
논란이 된 것은, 지방 회사에 실제 직업을 갖고 실제 직장인들과 나
란히 일하면서 현실로 가정된 삶을 사는 수십 명의 배우들을 고용한
점이다. 그들은 매일 저녁 가족들이 있는 가정으로 귀가하며 다음날
아침이면 직장으로 돌아온다. 그러나 그들은 맡은 역할을 연기하는
것이다. 그리고 그들의 역할은 모두, 그들이 자신을 발견하는 경제적
·사회적 체계의 특정한 방면을 '인간화'하도록 고안된 것이다. 실제
로 잃을 것은 아무 것도 없는 상태에서, 그들은 직업세계에 만연된
효율성과 위계질서의 관습을 문제시했으며, 심지어 사무실의 작은
권력의 남용까지 비판적으로 얘기했다. 매번 타인에게 관대하고 공
평한 태도를 보여주는 것으로써, 그들은 일상생활에 인간 행동의 새
로운 수사학을 도입하려고 시도했다. 이러한 실험은 몇 주 동안 계
속되었지만, 배우 중의 한 사람이 사기혐의로 구속되자 취소되지 않
을 수 없었다. 구속된 여배우는 은행에서 거리의 가난한 사람들을
위해 일하면서 은행의 자금을 지급하기 시작할 때까지 그녀의 역을
맡았었다.

이와 연관된 '경제적 작품' 역시 예술과 직업세계 사이의 한계선
상에서 전개되었다. 1987년에 번즈는 보스턴의 극빈 지역인 도체스
터(Dorchester) 근처의 한 공장을 사들였다. 이 공장은 생산 구성 단
위로서뿐만 아니라 예술적인 장소로서 완전히 쇄신되었다. 내부시설
은 아름답고 일하기에 편안한 곳으로 변모되었다. 즉 벽은 매력적인
디자인과 생생한 페인트칠로 꾸며졌고 작업대는 노력의 만족을 극대
화하도록 고안되었다. 노동자들이 고용되는 대신에 자신의 소유인
자기관리적 단위의 공장이 그들에게 주어졌으며, 작업장은 계획적으

로 남녀의 수나 백인, 흑인, 아시아계, 스페인계의 수가 동일하도록 구성되었다. 번즈는 이 작품을 '디자인된 경제'라고 부르는데, 개업목록에는 '경제적 예술' 작품이라고 적혀 있었다. 이는 이 작품이, 흔히 예술적 이념에서 벗어난 것으로 생각되는 삶의 영역에, 예술적 원리를 지니게 한다는 뜻에서였다. 그녀는 이렇게 쓰고 있다. 이 작품의 목적은 '필연성의 세계란 존재하지 않으며 경제는 변화가능한 특수한 디자인의 예술과 조금도 다르지 않다는 것을 보여주는 것'이다. 이 공장은 디지털(Digital)의 수익으로 매수되었으며 따라서 실제로는 번즈가 주장하는 성공적인 탈자본주의적 실험이 아니라고 주장하는 사람이 있긴 하지만, 아직도 공장은 성공적으로 운용되고 있다.

오리온의 후원 하에 제작된 번즈의 대중문화 작품은 그녀의 초기의 옹호자를 많이 잃게 했다. 그들은 그녀가 실천가능한 급진적인 정치적 시도로서의 예술에 대한 헌신을 포기했다고 논의한다. 한 비평가가 지적하듯이 이제 예술적 부정성의 기호들은 모두 사라지고 '대중성의 허튼소리'가 대신했다. 한 인터뷰에서 번즈는 그것을 부인하면서, 예술가가 공적인 체제 내의 작업에 의해 수행돼야 하는 것을 효과적으로 성취하려면, 예술가들이 작업해야 할 영역은 대중성이라고 논의한다.

오리온을 통해 번즈는 영화, TV쇼, 광고물을 제작하기 시작했다. 그녀의 광고물은 미국 TV의 가장 유명한 광고들을 그대로 본뜬 것이지만, 그러나 약간 다른 메세지를 내보낸다. 예컨대 '미국의 심장의 고동에 귀를 기울이세요'라는 자동차 광고는 원래 국가주의적 메세지가 담긴 서구풍의 따뜻한 이미지로 가득찬 것인데, 대초원 지하에 숨겨진 미사일 격납고에서 똑딱거리는 미국 핵 병기고에 관한 메세지로 개조된다. 화면 뒤의 목소리가 말하듯이, '미국의 심장의 고동 — 핵 파괴, 대량 학살, 더 이상 대초원은 없습니다. 더 이상 미국은 없습니다. 더 이상 생명은 없습니다.'

새로운 오리온 케이블 TV방송망을 통한 모든 작품이 그녀에게 할당될 수는 없지만, 그럼에도 불구하고 많은 작품이 그녀의 특징

(어떤 사람은 그녀의 자아<ego>라고 말할 것이다)을 지니고 있다. 분명히 수많은 젊은 작가들이 새로운 TV쇼를 쓰도록 위촉받았다. 그런데 그 중 많은 작가들은 전통적인 형식을 즐기고 또 많은 작가들은 TV시청의 새로운 영역을 확립하려 모색한다. 보다 전통적인 쇼 중에는 '새미와 제인'이 있는데, 이 작품은 여성의 노동과 직업의 불안으로 고통을 당하는 노동자계급 가정의 문제를 희비극적으로 제시하고 있다. 다른 한편 '소년 소녀'는 얼마간 모험적인 작품이다. 번즈 자신에 의해 고안된 이 쇼는 양성(兩性)적인 흑인 고등학교 학생들에 관한 작품이다. 이 작품에서 학생들은, 그녀/그의 부모와 친구들이 그/그녀(자신의 또 다른 성)의 특성과 타협하도록, 강요할 수밖에 없게 된다. 번즈의 또 다른 작품인 '대통령 부인'에 대해서도 똑같은 것을 말할 수 있다. 이 작품은 펠릭스 컬퍼(Felix Culpa)라고 불리는 흑인 펑크족 천사를 그리고 있는데, 그는 약간 일그러진 백악관의 삶을 내려다 보고 있다. 정치적 관점에서 봤을 때, 아마도 가장 흥미로운 이 새로운 방송망의 특색은, 급진적인 대중적 민주주의를 시도하고 있는 점일 것이다. 정부가 안고 있는 모든 문제들은 전화참여 프로에 의한 공공 투표적인 여론조사로 제시된다. 번즈에 의하면, 대중문화는 이제 통치를 시작하기 위한 수단을 제공하는 지점에까지 이르렀다. 그리고 그 지점이 바로 번즈가 오리온을 통해 성취하고자 했던 목표 중의 하나인 것이다.

번즈의 오리온 영화 중에 단지 한편——『요부(Vamps)』——만이 실제로 상연되었다. 이 영화가 적당히 흥행에 성공함으로써, 번즈의 대중적 실험이 분명히 실패했다고 생각했던 몇몇 극장용 영화제작자들은 자극을 받게 되었다. 그러나 이 영화 역시 여성이 만들어야 하는 여성의 재현물의 성격에 관한 논쟁의 초점이 되었다. 이 영화—자신들을 추적하는 마녀 사냥꾼을 속이려 애쓰는 맨하턴의 세 명의 여자 흡혈귀 이야기——는 실제로 재미가 있으며, 유태인 대학살(Holocaust) 경험의 강한 반향뿐만 아니라 흑인 비극의 계기도 지니고 있다. '요부'는 연약함, 일탈, 소수파, 피업압자, 사냥의 대상의 상징으로서 동정적으로 그려진다. 흡혈증을 에이즈와 유사한 질병으로 상정함으로써, 이 영화는 억압과 이탈에 대한 수많은 현대의 모티프들을 상연한다. 또한 아주 전통적인 응징——흡혈귀를 죽이려는 열정을 지닌 두 명의 전(前)나치는 모든 이탈자들을 몰살시키려는 열망과 동일시된다——은 그 모든 형식에서 기존의 억압의 상투형이다. 그러나 이 영화는 또한 여성의 권력과 성적 욕망을 연관시키는데, 이는 이 영화에서 가장 비난을 초래한 측면이다. 즉, 어떤 사람들은 이 영화가 단지 대중적 편견에 영합할 뿐이며 여성의 종속적인 '육체적' 위치를 재확인할 위험이 있다고 주장한다.

번즈는 이 영화가 남성적 지배를 부인하는 저항적인 여성적 권력을 강조한다고 주장한다. 하나의 대안으로서 이 영화는 금욕적인 자매애보다는 적극적인 성적 가능성의 스펙트럼을 제시한다. 흡혈귀 중의 한 여자는 레즈비언이며 반면에 또 다른 여자는 한 의사와 깊고 지속적인 애정관계를 갖는다. 그 의사는 그녀에게 피를 가져다줌으로써 그녀가 사람들을 먹이로 하려는 유혹을 버리게 한다. 또한 번즈가 성적 욕망을 전적으로 권력의 영역으로 그리게 한 것도 아니다. 여자 흡혈귀가 물어 뜯는 서스펜스 모티프에 의해 괴기스러워진 몇 개의 에로틱한 장면이 있는데, 여기서 그 모티프는 여성이——대개의 경우에——예비로 지니길 원하는 권력에 대한 은유로 제공된다. 더욱이 번즈는 여성 흡혈귀가 애인으로 선택한 남자를 죽이지 않고 피만 빨게 함으로써 그녀의 부정적인 상투적 이미지를 중화시킨다.

『그래픽 예술(*Graphication*)』에서 피터 비스킨드(Peter Biskind)와의 대담을 통해 번즈는 이렇게 주장한다. '핵심은 공포 모티프가 존재할 필요가 있으며 재형상화될 필요가 있다는 것이다. 당신이 원할 경우 물어 뜯는 행위를 얼마간 배제하는 새로운 변형이 주어지면, 역사적으로 공포의 모티프의 특징을 드러내온 공포의 여성(fear-of-women)은 재코드화될 필요가 있다. 우리는 공포의 여성을 진정시킬 필요가 있는데, 그 한 방법은 지배적인 형상을 전도시켜서, 공포스럽기보다는 방어적인 긍정적 힘을 여성에게 부여하는 것이다. 즉, 보수적인 남성 인물, 곧 두 명의 나치 마녀 사냥꾼으로 표상되는 공포스러운 폭력에 대한 방어력을 부여하는 방법이다.' 번즈는, 그녀가 영화에서 관객의 흥미를 본위로 한 헐리우드 서사물의 이데올로기적 형식에 영합한다는 주장에 대해, 그런 비판의 금욕주의적 입장을 비판하면서 대응한다. 그녀가 비판하는 금욕주의적 입장은, 흥행이란 당연히 이데올로기적이며, 흥미는 응당 미혹이나 지배이고, 소비는 마르크스주의 문화비판의 진정한 대상의 하나라는 가정을 지니고 있다.

번즈는 그녀의 에세이집 『인간 모닥불의 재(*Cinders from a Human Bonfire*)』에 실린 「나의 비판에 대한 응답」에서, '나는 소비문화가 자본주의적 지배의 형식이라는 생각에 이의를 제기한다'라고 쓰고 있다. 그녀는 그같은 '금욕적 마르크스주의'의 근원을 20세기 초엽 유럽의 현상학과 마르크스주의의 교차영역에서 찾고 있다. 그녀는 특히 루카치의 저서에서 그 근원을 발견하는데, 그의 저서에서는 처음으로 생산에 대한 비판이 소비에 대한 비판으로 대체되고 있다. 번즈에게 그런 생각은, 사회주의적 의무를 강요하며 국가·당·집단을 위해 개인의 즐거움을 말소하는 스탈린주의 시절과 완전히 일치하는 것일 터이다. 그러나 스탈린주의의 종말과 함께 그런 소비에 대한 비판도 끝났다고 그녀는 논의한다. 그같은 비판은, 생산관계에 대한 비판과, 소련 국가사회주의 규정 하에서의 자본주의적 노동 지배의 보류에 대한 비판으로부터 비껴가기 위한 수단이었다. 그녀는 도전적인 어조로 이렇게 논의한다. '정통 마르크스주의의 경우 인공적이고 쾌락추구적인 것은 근본적으로 나쁜 것처럼 보일 수 있다. 그러나 그렇지가 않다. 신생아적이고 모성적인 진정한 공동체의 잠 속에서 뒹구는 어떤 자연주의자가 아닌, 그같은 인공적인 능력은, 궁극적으로 우리를 권력의 밑에서부터 나와 평등의 세계로 들어가게 할 것이다.'

번즈와 같은 예술가가, 그녀가 신봉하는 이념과 참여하는 예술적 실천이 어떻게 그녀 자신의 삶에 적용될 것인가의 문제에 필연적으로 직면하지 않은 채, 혼자의 힘으로 확립한 작업의 노선을 계속 견지할 수 있는지는 의심스러운 일이다. 그녀의 삶 역시 '예술'일 것인가? 그같은 문제의식을 지닌 그녀의 투쟁에 대한 설명은 『인간 모닥불의 재』에 모인 작품들 속에 포함되어 있다. 1988년에 발간된 이 책은 비평과 소설을 담고 있다. 이 책에서 그녀는 자신의 시도를, 동일성(identity)이라는 '심층적인 회복의 힘'을 경계선이 교란되는 '불가피한 위험'과 결합하는, 개인적인 관계들을 그리는 것으로 설명한다. 그녀의 소설들(혹은 그녀의 자서전적인 설명?)에서, 실비아 같은 인물은 한 명의 연인과 안정된 관계를 유지한다. 그러나 실비아는 또한, 아프리카에서 일년을, 이탈리아에서 그 다음 일년을, 그리고 뉴욕에서 또 일년을 보내면서, 세계를 자유롭게 돌아다닌다. 번즈는 이렇게 쓰고 있다. '동일성의 문제이면서 다양성의 문제이기도 한, 우리 자신을 형성하는 새로운 방식이 나타날, 새로운 주제적 가능성이 존재한다.' 다중적인 성적 욕망은 이런 새로운 심리학에 핵심적이지만, 번즈에게 보다 더 중요한 것은 실제로 다른 사람이 되기 위해서 서로 다른 동일성을 가정하는 능력이다. 「가면 무도회」에서 번즈는, 문맥 사이를 이동하고 상황에 필요한 태도를 취하면서 서로 다른 역할을 맡고 다르게 변장해 옷을 입는, 한 인물을 묘사한다. 번즈는 이렇게 말한다. '이것은 우리가 하나 이상의 존재가 될 수 있어야 한다는 하나의 진리이다.' 설령 번즈가 단지 제한된 소수에게 필요한 실험적인 수준을 묘사하고 있더라도, 적어도 그녀는 이 문제에 대해 잘 알고 있다. 그녀는 자신의 에세이 「고문(Toture)」에서 이 문제에 직면한다. 즉, '자본주의가 가능케 하는 것의 가장자리에서, 우리가 열망하던 해변을 힐끗 보기 시작할 수 있다. 또한 만일 죄가 멀리 바깥을 보기 위해 우리가 치러야 하는 댓가라면, 죄는 희망만큼이나 보다 더 반성하고 (또 아마도) 보다 더 행동하기 위한 자극이므로, 우리는 죄를 가정하고 살아가야 한다.'

번즈는 가장 최근에 비디오에 노력을 기울여 왔으며, 비디오를 통해 주류 문화에서 어떤 표상을 갖지 못한 사람들에게 목소리를 부여하려 모색해 왔다. 그녀는 특히 시골지역이나 노동자계급 환경으로부터 여성을 찾아내려 했다. 그 결과물——「다른 목소리들(Other Voices)」—— 은 아니크 알뤼메트(Anike Allumette)와 같은 프랑스 인류학자와 부분적으로 협력해서 만든 비디오이다. 이 비디오는 여성들이 세계 각지에서 자신의 일상적 관심을 말할 뿐만 아니라 정치와 경제 일반에 관한 불만의 목소리를 내도록 허용한다. 남성적 합리주의 사회이론에 대한 비판과 의미를 담은 이 작품은, 그 사회이론과 살아 있는 여성의 삶의 현실을 병치시킴으로써 작동한다. 아마도 가장 흥미있는 단편은 페루의 인디언 여성에 관한 것일 터이다. 그녀가 두 아이와 함께 살고 있는 (그녀의 남편은 그 지역의 군사 토벌로 무차별적으로 살해된 것으로 추측된다) 작은 산의 집을 배경으로, 화면은 그녀의 갈색 얼굴의 깊은 주름뿐만 아니라 그녀의 야윈 손에 초점을 맞춘다. 독일 이론가 위르겐 하버마스의 저서로부터 몇 개의 인용문을 읽은 후에, 영화 제작자와 인류학자는 그녀에게 그녀의 사회이론을 말하라고 요구한다.

'이론이 뭐죠?' 알마투미가 묻는다.

'그건 사물에 대한 일반적인 설명인데, 그 설명은 당신에게 무엇이 잘못된 것이고 또 사물을 올바르게 놓기 위해선 무엇을 해야 하는가를 말해 줍니다.' 알뤼메트가 용감하게 대답한다.

'군인들이 우리를 죽이지 못하게 하세요.' 씹는 담배에서 나온 검은 타액을 뱉기 위해 고개를 돌리면서 그녀가 말한다.

'그래요. 하지만 이론은 그것 이상이라는 것을 알아야 합니다.' 알뤼메트는 말한다. '이론은 당신이 그런 주장을 훌륭한 합리적 이성을 사용해서 정당화할 것을 요구합니다. 그렇지 않으면 당신의 말은 타당한 것으로 받아들여지지 않습니다.'

알미투미는 고개를 흔들었다.

'군인들을 막으세요. 그리고 밤에 나와 함께 잘 수 있는 남편을

돌려주세요. 여기는 추워졌어요. 그리고 나는 마을의 젊은 사람들에게는 너무 늙어버렸어요. 당신이 여기 머무는 동안 젊은이들도 바꿔주세요. 젊은이들이 나이 많은 여자를 사랑하게 만들어주세요.’

알뤼메트는 고개를 끄덕이면서 말한다. ‘알아요, 알마투미, 당신의 말뜻을 알아요. 하지만 합리적 정당화는 우리의 대담자가 합리적으로 수용할 수 있는 타당한 개념들을 사용하면서 우리의 경우를 말할 것을 요구합니다. 모르겠어요?’

‘당신의 나라는 부자고 우리는 가난하다는 것을 나는 압니다. 군인들 뒤에 있는 큰 차를 탄 큰 사람들을 나는 압니다. 당신이 그것에 관해 아무 것도 하고 있지 않다는 것을 압니다. 이것이 당신이 말한 단어로 정당한 겁니까?’

‘알마투미, 자 이봐요. 논의를 뒤따르도록 노력해 보세요. 만일 당신이 당신의 제안들에 대해 논거를 제공하는 법을 배우지 못하면 그런 문제들이 종식된 정당한 사회를 어떻게 상상할 수 있겠습니까?’

알미투미는 말없이 카메라를 쳐다본다. 그녀는 고개를 돌리고 다시 침을 뱉는다. 그리고 나서 그녀는 입을 닦고 말한다.

‘나는 옛날 전설에서처럼 하늘이 땅으로 오는 것을 봅니다. 나는 들판의 옥수수가 살아나는 것을 봅니다. 하늘과 옥수수는 전사들이고 또 여성 전사들입니다. 전사들은 공기의 담요로 군인들을 덮어서 그들을 잠재우고 그들의 무기를 손에서 떨어뜨립니다. 그리고 나서, 옥수수는 우리들의 양식이 되고, 사라져 버린 모든 것들을 우리에게 되돌려 줍니다.’

그녀는 말을 멈춘다. 그리고 고개를 돌리고 다시 한 번 침을 뱉는다. 이윽고 카메라를 쳐다보며 말한다. ‘얌(yams)[3]을 좀 건네 주세요.’

이처럼 번즈의 작품에서는 보드리야르가 포스트모던 예술에서 떠

---

3) [역자주] 참마 속(屬)의 식물이나 그 뿌리.

올렸던 수동성과 냉소주의에 대한 하나의 가능한 대안이 나타난다. 이성의 다른 쪽에서는 광기가 아니라 정치학으로의 복귀가 있으며, 사회 현실의 기호적 성격에 대한 포스트모던적 통찰은, 항복에의 초대가 아니라 오히려 참여를 향한 자극이다.4) 이러한 예술적 정치학의 부활은, 하지만 포스트모더니즘의 아이러니적인 태도뿐만 아니라 해체론적 논의에도 의지한다. 번즈와 같은 실천가에 의하면, 예술을 '사회'라고 불리는 예술 외적인 것에 저항하는 것으로 가정하는 것은 그 답변이 아니다. 그녀는 이렇게 주장한다. '우리는 우리 자신의 작품 속에 존재한다. 그러나 그 사실이 우리로부터 힘(power)을 빼앗아가는 것은 아니다. 그것은 우리에게, 스스로 사회적 재형상화의 행동의 지점을 계획하는 힘을 부여한다. 지금 여기에서 우리는 무엇을 해야 할 것인가?' 설령 이 새로운 정치적 예술이 이전의 정치적 참여의 변형으로 복귀하는 것 같더라도, 그것은 탈정치적 경험으로 훈련된 감각을 갖고서이며, 부분적으로는 눈짓과 묵인을 지니고서일 것이다. 번즈는 이렇게 주장한다. '우리가 어떤 당에 가담해야 하는가만큼이나 또 우리는 언제 그 당을 시작할 것인가를 물어야 한다. 한낮의 어둠이 지난 후에 한밤의 빛이 나타날 것이다.'5)

---

4) [역자주] 사회현실이 일종의 기호로 이루어져 있다는 포스트모더니즘의 관점은, 번즈에게서처럼 사회 자체를 (기호적이고 재현적인) 예술로 보아 사회 개조를 위한 실천을 보다 용이하게 할 수 있다.
5) [역자주] 자본주의가 어둠처럼 가득찰 때 새로운 사회의 빛(혹은 당)이 나타난다는 뜻임.

제6장
이데올로기의 수사학과 영화

이데올로기의 본질과 기능에 대한 이론적인 연구는 지난 20년간 프랑스의 마르크스주의 철학자인 루이 알뛰세의 에세이인 「이데올로기와 이데올로기적 국가기구」[1]에 의해 주도되어 왔다. 이 글의 목적은 알뛰세의 입장에 대한 수많은 비판들을 자세히 열거하는 것이 아니다. 그 대신 나는 이데올로기(지배체계에 더욱 헌신하도록 하는 경험의 양식으로 이해된)의 실제적인 수사학적 작용들과, 헐리우드 영화에서 작용하는 이데올로기의 수사학이 가지는 정치적인 함축들을 이해하는 다른 방법을 제공하는 데에 논의를 집중할 것이다.

알뛰세의 이론에 의하면 이데올로기의 주요 작용 중 하나는 사회적 갈등과 정치적 대립을 해소하여 그것들을 상상적으로 해소하게 하는 것이다. 그런데 알뛰세의 이론이 무시하는 것은, 가장 그럴 듯하게 해결된 대중문화의 연예물들조차 결과적으로 사회적 갈등 및 그 내부의 모순들을 포함한다는 사실이다. 예를 들어 문제적인 공적인 이슈들을 세련된 사적인 이야기들로 전환할 때, 영화는 그런 이슈들을 뒤집고 대치하고 압축하여 부정적이고 모순적인 것을 긍정적이고 만족스러운 어떤 것으로 바꾼다. 그러나, 그 결과 사회적 모순과 정치적 의미에서 가장 사면된 듯한 영화들은, 그것이 암묵적인 불평등과 지배와 같은 사회의 중심적 상황들을 유지시키려고 가장

---

1) L. Althusser, 'Ideology and Ideological State Apparatuses', *Lenin and Philosophy*, 앞의 책.

노력한다는 의미에서 종종 가장 정치적이 된다. 만일 풍경화가 소외된 특수집단(ghetto)에 의해 그려진다면, 그것은 그 부자연스런 비정치적 내용에도 불구하고 스스로 피하려고 노력한 것에 의해 정치적인 가치가 부여될 것이다.

이데올로기적인 문화 산물들이 이중적 성격(해결과 모순이 동시에 일어난다는 것)을 가지고 있다면, 그 산물들을 단지 문제를 가지지 않은(unproblematic) 지배와 헤게모니의 실천으로 보는 것은 일면적일 것이다. 이데올로기에 대한 알뛰세의 이론은 지배가 문화적 분석의 일차적인 초점이라고 생각한다. 하지만 우리는 이데올로기가 이차적인 것이며 더 분석할 만한 가치가 있을 듯한 다른 요인들에 대한 반응이라고 주장할 수 있을 것이다. 이데올로기는 그 요인들에 대한 반응으로서 발생하게 되는데, 침묵해야만 하는 그 요인들은 적극적인 정치적 가능성의 자리이기도 하다.

이러한 개념적 틀을 사용함으로써 우리는 이데올로기에 대해 다음과 같이 생각할 수 있게 될 것이다. 즉 이데올로기란 어떤 불평등한 사회에 내재한 긴장을 억압하기 위해 필요하며, 또 자기보존을 위해 대다수의 구성원들을 착취하는 모든 사회적 체계 내부에 존재하는 대변동의 잠재성을 억압하기 위해 필요한 것이다. 그러한 사회들은 불합리한 분배의 원칙에 입각하고 있으므로, 그 중심에는 해결할 수 없는 아포리아(aporia)들이 포함되어 있다. 그런 사회들의 특징은, 억압된 사람들이 지배체계에 대항하여 행사하는 힘으로부터 딜레마가 야기되어, 그것이 끈질기게 반복된다는 사실에 있다. 그런 딜레마와 힘들은 이데올로기 내부에 포함된 것이지만, 또 동시에 이데올로기에 의해 바깥으로 내몰려진다. 이렇게 보았을 때 이데올로기는 알뛰세가 말하듯 공적 의식(public consciousness)을 결정하는 것이라기보다는, 일종의 방어 작용 즉 달래서 잠재우지 않으면 사회를 내부에서부터 분열시킬 여러 요소들에 대한 반응이다. 그러므로 이데올로기는 힘의 실행이다. 그러나 이는 또한 헤게모니에 공헌하도록 활용되지 않을 경우 사회로 하여금 완전히 다른 분배, 지금과

는 정반대의 것을 실행하도록 할 여러 세력들의 힘에 대한 반응이
다.

따라서 우리는 힘의 구조가 스스로의 내적 긴장의 힘에 의해 평
등화 쪽으로 가는 경향이 있다고 말할 수 있다. 그리고 이데올로기
는 이런 경향이 현실화되지 못하도록 막으려는 시도일 뿐이다. 그러
므로 이데올로기는 지배의 적극적인 벡터(vector)라기보다는 지배가
내적으로 침식되는 것을 막으려는 하나의 부정적인(negative) 시도이
다. 그것은 '반이데올로기(anti-ideology)'로 규정되는 세계, 또는 이데
올로기가 등장하지 못하도록 막고 있는 완전히 다른 또 다른 세계,
다시 말해 현존하는 세계를 거꾸로 뒤집게 될 세계를 막으려는 시도
인 것이다. 하지만 그 다른 세계는 음화(negative) 필름처럼 이데올
로기 내부에서 해독될 수 있다.

불평등의 구조는 필연적으로 평등을 향하는 경향이 있는데, 이는
욕구와 욕망의 물질적 운동 때문이며, 또한 사회적 의식 속에 널리
작용하는 유추의 수사학 때문이다. 소수의 손에 부와 권력이 축적될
때, 박탈당한 다수 속에는 그것을 모방하고 싶다는 욕망이 생겨난다.
경제적 분화의 안정성은 내부로부터 끊임없이 위협받으며, 계속적으
로 조정되어야 한다. 경제학적 신비화를 통해 인플레이션(가격과 임
금의 악순환적 상승 진행)이라고 불리는 것은 이러한 계속적인 구조
조정을 지칭하는 이름일 뿐이다. 개발도상국의 우익 독재로서건 또
는 산업화된 선진국의 공화제적 행정 엘리트주의로서건, 정치적 불
평등의 차별에 대한 민주주의의 위협에 반응하여 이와 비슷한 권력
의 인플레이션이 일어난다. 하지만 그러한 조정은 단지 더 높은 수
준에서 안정화된 불안정한 상황을 반항하는 것일 뿐이다. 판돈을 올
림과 더불어 몫에 대한 욕망은 더욱 증대된다. 불평등을 평정하려는
온갖 시도와 더불어 불평등을 허물어뜨리려는 경향 역시 성장한다.

그러한 경향을 모방(emulate)의 욕망이라고 부르면서, 나는 그 욕
망과 관련된 문자 그대로의 배고픔이라는 물질적 차원 및 의식을 좌
우하는 유추의 모습으로서의 수사학적 차원 모두를 강조하고자 한

다. 왜냐하면 추구되는 것은 모방, 다시 말해 자기 몫으로 똑같은 것을 획득하는 일이기 때문이다. 그러므로 부자와 권력가가 단지 자신들의 조건을 유지하여 계속 부자와 권력가이고자 하는 것 자체가, 다른 사람들로 하여금 그 부자와 권력가의 이해관계에 반발하게 하는 경향을 발생시키는 것이다. 당신이 하고자 한다면, 불평등은 평등을 낳는다.

그러므로 오히려 이데올로기는 스스로 쫓아내려고 한 바로 그것, 즉 구조적인 불평등에 대한 급진적인 전도 가능성의 한 징후로서 읽힐 수 있다. 중립화되지 않을 경우 급진적인 전도를 발생시키게 될 힘들을 무마하고 물꼬를 트고 전환하려 함으로써, 이데올로기는 스스로가 부인하는 바로 그 힘을 증언한다. 불평등과 억압은 억제할 수 없는 구조적 긴장을 산출한다. 이때 그 구조적 긴장은 필연적으로 이데올로기적 반응을 유발한다. 그러나 그 긴장은 이데올로기의 치료작용에 면역성을 가지고 있으므로 이데올로기로써는 치료되지 않는다. 따라서 이데올로기적인 문화적 고안물들은 한 사회에 잠재된 급진적 변화 가능성을 가늠하는 바로미터가 될 수 있다. 그러한 구조적 긴장 및 잠재한 파괴적 힘들에 대항하여 그것들을 감추고자 함으로써, 또한 이데올로기는 동시에 그것들을 공공연하게 드러내놓게 될 것이다. 이는 너무나 깨끗하게 씻은 손이 오히려 뒤로 호박씨를 깠다는 사실을 가리키게 되는 것, 또는 다량의 백혈구로 인해 질병에 걸렸음을 알게 되는 것과 같다.

따라서 나는 문화적인 이데올로기에 대해 이중적으로 읽어야 (double reading) 한다고 주장하려 한다. 한편으로 그것은 욕망과 공포가 헤게모니를 강화하도록 하는 길을 연다. 그러나 다른 한편으로 그것은 권력을 위협하는 다양한 힘들에 대한 척도를 제공한다. 그러므로 보수적인 고안물들조차 비판적인 사회적 통찰을 낳을 수 있다. 왜냐하면 그것들은 일종의 전도된 부정(inverse negative)을 통해, 보수적인 반응을 유발한 힘들이 존재한다는 사실을 지시하기 때문이다. 예를 들어 현대의 반페미니즘적인(anti-femminist) 보수적 영화를 표면적으로 볼 때, 우리는 페미니즘이 약하고 패배한 것이라고조차 생각할 수 있을 것이다. 그러나 또한 보수적인 영화는 은유로서도 읽힐 수 있다. 즉 페미니즘의 도전으로부터 전통적인 제도들 쪽으로 흐름의 방향을 굴절시키려는 시도로서 말이다. 역사적·사회적으로 굴절된 그러한 은유는 대개 보수적 정치가 방어하고 있는 세계를 위협하는 어떤 것을 지시한다. 달리 말해 비록 이데올로기적임에도 불구하고, 보수적인 영화들은 공공연한 페미니즘적 논쟁만큼이나 페미니즘의 힘을 고백하는 것이다.

그러므로 이데올로기적인 영화들은 특히 전적으로 모순적인 두 가지 것을 동시에 구현한다. 이를테면 그것들은 하나의 적극적인 프로젝트——『타워링 인페르노(*The Towering Inferno*)』에서 보이는바, 사회에 대한 기술관료적 비전이나, 『크레이머 대 크레이머(*Kramer vs Kramer*)』에서 나타나는 약간 자유주의화된 가부장제에 대한 긍정—— 로서의 이데올로기이다. 그러나 그것들은 또 다른 사회적 가능성들(대중적 민주주의, 또는 적극적인 페미니즘적 기획이 원칙대로 끝까지 추구되는 것)에 대한 부정과 거부이기도 하다. 따라서 이데올로기적인 영화들은 부정하고, 굴절시키고, 대체하는 모종의 방식에 따라 그 특징을 드러낸다. 굴절되고 대체된 것의 결여된 현존(absent presence)은 이데올로기 위에 자신의 그림자를 드리운다. 그것은 이데올로기로부터 단순한 긍정의 자명한 권위를 박탈한다. 권력의 독백이란 사실 언제나 대화임이 판명된다.

알뛰세의 이데올로기론에 대한 비판은 최근에 이룩된 비레닌적(non-leninist) 마르크스주의 정치 이론과 대상·관계 정신분석학(object-relations psychoanalysis)[2]의 발전에 의해 촉진된다. 알뛰세의 이론은 고전적 레닌주의이며, 또한 다분히 라깡의 신프로이트적 정

---

2) [역자주] 이드심리학과 에고심리학을 화해시키려는 시도로서, 이는 자아와 세계의 관계를 중재하는 심리 과정과 그것이 예술의 형식적 측면에 어떤 의미를 지니는가에 관심을 갖는다. (엘리자베드 라이트, 권택영 역, 『정신분석비평』, 문예출판사, 1989. 109~141면 참조.)

194

신분석학의 영향을 받은 것이다. 개인적 주체성의 양상으로 이데올로기를 정의한다는 점에서 알뛰세의 이론은 레닌적이다. 이데올로기적이 되는 것은 가족 등의 이데올로기적 사회기구들에 의해 동일성이 부여된 하나의 주체로서 '질문받는(interpellated) 것'이다. 따라서 자기동일성의 의미는 반공적인 부르주아 자본주의 정신의 징후로서 부정적으로 묘사된다. 개인적 주체성에 대한 이같은 개념은 1968년 이후 통렬한 비판적 검토를 받아온 불행한 정치적 의미를 지니고 있다. 이는 개인을 사회적 계급보다 덜 중요한 것으로 놓고, 당을 정치적 힘의 장소 또는 개인적 의지의 궁극적인 매개자로 슬며시 설정하는 레닌주의적 담론틀과 관계된다. 레닌주의 하에서 사회주의는 개인을 커다란 전체 속에 지양하는 것으로서 정의된다. 차이, 자주성, 복수성(multiplicity)보다 총체성, 통일성, 동일성에 특권이 부여된다. 최근의 마르크스주의 이론, 특히 1970년대에 이탈리아에서 네그리 등에 의해 발전된 자주이론(autonomy theory)3)은 그러한 정치적·철학적 균등성(equation)에 이의를 제기한다.

　자주이론은 억압된 사람들이 자기 자신들에게 필요한 것, 그리고 자신들의 가치 및 소중함을 경제체계가 요구하는 이득보다 중시하게 될 때에만 자본주의가 극복될 수 있다고 주장한다.4) 자본주의의 지배적 추진력을 오히려 자본주의에 대항하는 힘을 창출하기 위한 용도로 전환하는 자기가치증식이, 자기부정(self-denial)을 대신하여 문화와 경제 모두에 걸친 마르크스주의 정치의 동력이어야 한다. 이같은 대항력(counterpower)의 전략은 동시에 국가의 지배가 없는 탈자본주의 사회의 이상이다. 그것은 스스로를 운영하며 충분히 민주화된 사회적 조정을 뜻한다. 마르크스는 사회적 협동 속에서 충분한

---

3) [역자주] 1950년대 후반에 시작해서 1979년까지 이어진 이탈리아의 사회운동. 이는 공산당이나 사회당, 또는 노동조합으로부터 독립적으로 전개되었으며, 각각의 분자적 운동, 자율성, 소수집단 운동 등을 강조한다. 제2장을 참조하라.
4) 제2장을 볼 것.

자기계발을 가능하게 하는 것으로서 공산주의를 꿈꾸었다. 하지만 알뛰세로 이어지는 레닌주의적 전통은 그런 생각을 거꾸로 뒤집었다. 즉 자기 자신을 없애는 것(self-annulment)이 사회주의적 이상과 동일시되어, 노동자들에게는 내핍생활이 부과되었을 뿐, 스스로의 생을 결정하는 일에 민주적으로 참여하지 못하게 되었다. 그 정치학적 잔여물은 구조주의적 이데올로기론의 보수성 속으로 이월된다. 1970년대와 80년대의 자주주의적 마르크스주의는 특히 알뛰세가 이단이라고 선언한 『그룬트리세』와 같은 텍스트들을 부활시킨다. 이 책의 관점으로 보았을 때 자본주의는 주체를 만들었기 때문이 아니라, 오히려 충분히 계발된 주체성이 나타나지 못하도록 했기 때문에 비난된다.

　좀더 가능성이 있는 비레닌적 마르크스주의 모델들이 유용하듯이, 알뛰세가 사용한 라깡적 심리학보다 정치적으로 좀더 기대되는 정신분석적 모델들이 발견된다. 그것은 특히 라깡이 전생애에 걸쳐 그토록 경멸했던 대상 관계 심리학이다. 프로이트·라깡적 생각은 사회적 차이들, 결정요인들, 문맥들이 정신병리학을 산출함에 있어 어떤 역할을 하는가에 대해 전혀 깨닫지 못한다. 특히 라깡의 경우, 가부장적 부권주의(paternalism)는 사회적 삶의 한 가변적인 구성물이라기보다는 자연스럽고 규범적인 것으로 가정된다. 그러나 부권주의가 아니였다면 사회적 삶은 지금보다 덜 병리적이었을 수도 있다. 대상 관계 이론은 주체의 구성에 있어 작용하는 재현의 역할을 강조한다. 다시 말해 그것은 문화와 심리 사이의 연속성 및 심리의 적응가능성을 강조한다. 자아란 타자들을 내면적으로 재현함으로써 이루어진 구조라고 한다면, 이때 자아는 변화와 진보적 재구성에 좀더 순응적이 된다. 사회적 관계에 의한 결정 외부에 있으며, 따라서 사회적으로 재구성될 수 없는 경향들을 강조하는 라깡적 접근에 비해, 이 접근 방법은 심리의 모든 차원, 이를테면 무의식적이고 직관적인 것조차도 역사적이고 사회적이라는 사실, 다시 말해 변화될 수 있다는 사실을 한층 분명히 암시한다.5)

이런 식의 정신분석학적 접근에서 유래한 이론은 변화불가능한 경향들로써 사회적 삶을 과도하게 결정하는 것보다는, 대중문화로 반영되기 이전의(pre-reflexive) 차원에서 작용하는 가변적인 욕구, 욕망, 공포 등에 더욱 유의할 것이다. 또한 이 이론은 권력이 유지될 수 있는 방향으로 그 욕구와 욕망들을 형성하는 재현들에 더욱 주의할 것이다. 그 욕구, 공포, 욕망 등은 재현과 분리될 수 없다. 왜냐하면 어떤 것을 무서워하거나 욕망한다는 것은 공포나 욕망의 대상과 정신적 재현관계를 맺는 것이기 때문이다. 일반적인 문화적 재현이 내면화될 경우, 그것은 위의 감정들을 이데올로기적 태도 내부에 구성하게 되는데, 이때 이데올로기적 태도란 지배를 재생산하도록 하는 사고와 행동의 양식에 다름 아니다. 그러나 그 감정들 자체가 이데올로기적인 것은 아니다. 즉 그것들은 다른 식의 재현을 통해 재구성될 수 있기 때문이다.6)

이데올로기론에 대한 이같은 재구성은 아마 문화의 재현적 체계 내부에 있는 대항 이데올로기의 가능성들을 지적할 것이다. 문화적

---

5) 이런 류의 정신분석학에 있어 본질적인 것은 자아 영역의 개념이 타자들, 특히 가장 가까운 보호자에 대한 재현을 내면화함으로써 구성된다는 생각이다. 이는 사회적이고 수사학적인 자기동일성 구성의 이론이다. 이에 대해서는 N. Chodorow, *The Reproductions of Mothering*(Berkeley: University of California Press, 1972)을 볼 것, 그리고 더욱 전문적으로는 G. Platt · F. Weinstein, *Psychoanalytic Sociology*(Baltimore: Johns Hopkins University Press, 1972)와 R. Schafer, *Aspects of Internalization*(New York: International Universities Press, 1968)을 볼 것. 그 외의 자료로는, D. Beres · E. Joseph, 'The Concept of Mental Representation in Psychoanalysis', *International Journal of Psychoanalysis*(1970), no. 51, 1~9면; S. J. Blatt · S. Schichman, 'Two Primary Configurations of Psychopathodology', *Psychoanalysis and Contemporary Thought*, Vol. 6(1983), no. 2, 187~254면.

6) 대중적 문제들 주변의 대중적 생각에서 나타나는 모순적 충동들에 대한 연구로는, C. Reinarman, *American States of Mind*(New Heaven: Yale University Press, 1987)을 볼 것.

재현은 지배에 필요한 조건들을 만족시키는 쪽으로 형성될 수 없는, 욕구와 욕망의 물질성을 지시한다. 이데올로기가 부과하는 이념적 재현과, 그 재현이 다루고 있는 물질적 욕구 및 욕망 사이에는 필연적인 불일치가 있다. 그리고 진보적인 정치적 가능성은 이같은 파탄적 아포리아 안에 있다. 만일 이데올로기가 잠재적인 대항 헤게모니적 욕구와 욕망을 지배가 유지되는 쪽으로 형성함으로써 구성된다면, 그때 미결정적인 힘의 차이는 수사학적 양식의 차이로서 발생될 가능성이 높다. 재현과 극적 연출의 수사학적 양상은 파토스(pathos)에서 자만(hubris), 환유에서 은유, 아이러니에서 과장(hyperbole), 독설(invective)에서 비가(elegy) 등등에 이르는 범위를 포괄한다. 이 모든 비유법들은 하나의 고유한 정치적 의미와 맺어지지 않는다. 그것들은 모두 다양한 정치적 용도를 가지고 있다. 그러나 보수주의자들은 불평등과 위계질서를 안정되게 하는 양식들을 선호한다. 한편 자유주의적이건 급진적이건, 진보적 경향의 사람들은 권력을 불안정하게 하고 평등을 진작하는 양식들을 선호한다. 수사학을 보수적으로 사용함으로써 사람들은 가변적이고 우연적일 뿐인 사회적 배열에 자연적(본성적) 근거를 부여한다. 반면 진보적인 사람들은 경직된 사회적 질서의 제약들로부터의 해방을 암시하기 위해 자연의 비유를 사용한다. 양쪽 모두가 똑같은 비유를 사용한다. 그러나 그 목적과 방법은 다르다.

나는 수사학을 보수적으로 사용하는 것이 언어학에서 말하는 수직축과 연결되는 것으로 생각될 수 있음을 암시하려 한다. 그 수직축은 보통 은유, 대체 및 계열체(paradigmatic)의 영역(각각 서로 다를지라도, 동일한 기능을 수행하거나 한 문장 안에서 같은 위치에 올 수 있는 일련의 단어들)과 맺어진다. 한편 수사학의 진보적 사용은 수평축과 일치하는 것으로 기술될 수 있다. 그것은 환유, 치환 및 통합체(syntagmatic)의 영역(문장 안에서 단어들이 서로 맺는 관계의 계기적인 순서를 이루는)과 맺어진다. 물론 이는 보수주의자들만이 은유를 사용한다든지, 또는 은유가 원래부터 보수적인 것이라든지 하는 말이 아니다. 이는 돈과 권력을 가진 사람들의 적법한 지배를 보증하는 수직적인 사회 배열을 보수주의자들이 좋아한다는 뜻이다. 반면에 진보적인 사람들은 정치와 경제 모두에 있어 수평적 사회 배열을 좋아한다. 그리고 이 차이는 수사학적으로 형태화되어 은유축과 환유축 사이의 차이로 나타난다.

나는 위의 논의에서 설정한 이 수사학적 차이가 납득 가능한 것이라고 생각한다. 하지만 나는 또 다른 식의 이해가 가능하다는 점을 논의할 것이다. 달리 말해 우리는 어떤 종류의 진보주의, 특히 해방신학과 같이 종교적·비유물론적이며, 초월적·관념적인 다양한 진보주의가 그 본래적 성질에 있어 은유적이라고 쉽게 주장할 수 있을 것이다. 더 나아가 환유적, 유물론적인 축은 스스로를 은유적으로 형성하는 이데올로기에 대한 비판적 지렛대로서 특권부여되지만, 그러나 또한 우리는 보수적 사회에서와는 완전히 다른 새로운 용도와 새로운 의미로 은유가 사용될, 평등이 성취된 혁명 이후의 사회(post-revolutionary)를 상상할 수 있다. 내가 환유적 영역이라고 부르는 것의 한 특색은 의미의 유연성인데, 그것은 의미를 동일성의 문제로 만들려고 하는 보수적인 노력을 허물어뜨린다. 그리고 이는 내가 여기서 사용하고 있는 모델조차도 다른 의미로 생각될 수 있다는 사실을 뜻한다.7)

보수적인 목적에 가장 잘 이용되는 수사학적 축은 알레고리, 상징, 은유와 같은 비유법들과 결합된 수직적인 축이다. 이 세 가지 것은 모두 명백한 문자적인 의미와 숨은 의미로 구성된다. 발설되지 않은 감추어진 의미는 주로 추상적이거나 관념적인 어떤 것이며, 그 의미의 경험적 매개물보다 고차적인 것이다(예를 들어, 독수리=자유의 이상). 그것은 경외로운 의미를 이끌어내며, 또 신비적 의미를 산출하

---

7) 내가 은유와 환유의 차이에 대해 이런 식으로 생각할 수 있게 된 것은 내 학생 중의 한 명인 에릭 리드(Eric Reed)의 훌륭한 보고서 덕분이다. 나는 그에게 감사한다.

는데, 이 둘은 모두 보수주의가 선호하는 헌신과 복종의 정치적 태도에 잘 맞아떨어질 수 있다. 나는 은유라는 단어를, 위와 같이 작용하는 수사적 축 및 비유법들을 지칭하는 것으로 사용하겠다. 그리고 나는 특히 그것들이 어떻게 보수적인 가치들을 유지시키는가에 대해 관심을 가질 것이다.

은유는 역사 외부의 변화되지 않는 동일성의 세계를 함축하는 정적인 구조(static structure)이다. 동시에 이는 자연과 비슷한 질서 안에 존재한다. 미국의 독수리는 자유를 의미한다. 그리고 이 정적인 동일성은 대치될 수 없을 뿐 아니라, 또 협상이나 논의의 대상도 아니다. 독수리는 매개를 통해 물질적인 것 — 이를테면 가발이 정부의 귀족정치적 장신구였다는 사실과 연관되어 '큰 가발들(big wigs)'이 환유적·접촉적으로 권력자들을 대신하듯이 — 과 연결되는 부분적인 기호(sign)가 아니라, 자유의 더 높은 이상에 대한 직접적이고 총체적인 상징(emblem)이다. 은유는 전통 및 권위와 결합된다. 다시 말해 그것은 규약, 연역 과정, 그리고 서로 다른 것들을 동일하게 만드는 유추적 사고방식을 통해 작용한다. 독수리와 같은 은유가 의미하는 바를 알기 위해, 당신은 그것을 이해하는 전통적인 방식, 즉 그 의미를 미리 결정하는 규약(code)을 잘 알아야 한다. 당신은 스스로 그 의미를 선택할 수 없다. 대신 의미는 이미 확립된 패러다임으로부터 연역된다. 독수리는 자유의 관념, 개인, 자유시장, 또는 그 일단의 패러다임 내부의 모든 다른 의미들과 '같거나(like)' 또는 유사하다(analogous).

은유는 원래부터 문맥에서 독립적이며 보편주의적이다. 즉 독수리 등의 은유는 그 현실적, 구체적 상황에 기대지 않는다. 자유의 관념이나 의미는 사회적 위치와 역사적 시간의 특수성들을 초월해 있는 보편적인 것이다. 은유는 은유가 낳는 의미들이 그렇듯이, 문맥에 의해 규정되지 않으며 타자들과의 불가피한 연결로부터 독립된 자율적인 자아를 함축한다. 은유의 스타일은 계열체적(paradigmatic, 순서를 의미하는)이고, 종속적(hypotactic, 단어들의 종속관계가 따르는)이며,

선언적(選言的, disjunctive, 이것 아니면 저것의 명제로 작용하는)이다. 독수리의 은유는 어떤 것 아니면 다른 어떤 것이지 그 둘 다가 아니다. 다시 말해 그 은유의 의미는 앞으로 결정될 것이라기보다는 이미 결정되어 있다. 게다가 그 의미는 실제적인 물질적 이미지를 더 높은 수준의 이상적인 의미론에 종속시킨다. 은유를 이해하는 과정에서 실제적인 물질적 형상들은 완전히 사라진다. 그것들은 단지 관념을 대신하는 것일 뿐, 그 자체는 전혀 중요하지 않게 된다. 의미에 대한 이같은 생각은, 기호와 관념 사이의 예언적이며 모순 없는 등가관계로 세계가 구성되어 있다는 것을 함축한다. 따라서 상징, 알레고리, 은유 등과 같은 관념화하는 비유법들은 보수적인 사회적 제도들이 요구하는 사고방식들을(복종, 경외심, 충성 등과 같은) 촉진하게 된다.

나 자신을 포함한 많은 사람들이 매우 보수적이라고 생각했던 『디어 헌터(*The Deerhunter*)』 같은 영화를 생각해보라. 마이클 브론스키(로버트 드니로)는 새로운 지도자의 은유이다. 그는 공동체에 가해진 상처들을 치료한다. 그는 그의 문맥 너머로 상승하여, 물질적 세계를 초월하는 의미를 획득하는 듯하다. 종종 그는 높은 산들, 또는 거의 영적으로 보이는 샤만적 지식과 결합된다. 다른 등장인물들은 더 숭고한 그의 능력에 종속된다. 은유가, 단지 배울 수 있을 뿐 논의될 수는 없는 권위적인 의미를 확립하듯이, 영화에서 마이클은 하늘이 부여한 듯한 권위를 움켜쥐고 있다. 또 은유적인 의미가 그렇듯이, 그 힘은 그가 속한 문맥이나 관계들로부터 주어진 것이 아니다. 그 힘은 그에게 고유한 내재적인 것이다. 그것은 이미 설정된 어떤 규약에서 발생한다. 더 나아가 마이클은 다른 사람들보다 상승된다. 마치 은유의 의미가 그 물질적 형상 너머로 상승하듯이 말이다. 그는 이상화된다. 그리고 그의 가장 초월적인 계기는 그 자체의 인공성, 즉 보통의 물질적 리얼리즘에 대한 초월을 강조하는 듯한 재현적인 형태 속에서 부여된다. 만일 은유라는 것이 재현의 수직적 축에 대한 명칭이라면, 이 영화에서 그것은 수직적인 사회적 이상의 확립과 결합된다. 마이클은 원래부터 우월한 위치에서 힘을 행사하는 어떤 지도자에 대한 은유가 된다.

그러나 1979년에 이 영화가 어떻게 받아들여졌는가를 잘 알고 있는 사람이라면, 누구나가 이 영화가 당시 미국의 인민주의적(populist) 정신에 호소했었다는 사실 역시 알고 있다. 다시 말해 철강 도시의 수많은 노동자들은 분명히 이 영화를 좋아했다. 왜냐하면 이 영화가 그들의 세계를 정확하게 재현했기 때문이다. 이를테면 『디어 헌터』는 권위주의적 보상의 이데올로기를 제시했을 뿐만 아니라, 또 그러한 보상적 이미지의 필요성을 촉진한 시절의 물질적 생활 현실을 묘사했다. 즉 이 영화는 경기침체, 고도의 인플레이션, 만연한 실업(특히 이 영화의 무대인 철강공장에서 그러했다)이 일자리를 파괴하고 있었던 1970년대 후반의 매일매일을 묘사했던 것이다. 은유의 형태를 통한 이데올로기적 치료를 제공함과 함께, 또한 이 영화는 사회의 근본적인 상처를 제시했다. 따라서 『디어 헌터』는 그 이상화하는 은유적인 수사학과 더불어, 바로 그 은유적 수사학이 왜곡하는 물질적 문맥에 기반한 또 다른 수사학마저도 포함한다(그리고 그 수사학에 포함된다). 그 수평적인 수사학의 이름은 환유(metonymy)이다.

환유는 같은 층위에서 모종의 방식으로 관련되는 인접적인(contiguous) 단어들 사이의 연합적 연결들(associative links)로 구성된다. 환유로서의 독수리는 은유에서처럼 자유의 관념을 대신하는 것이 아니라, 새들이 살지 않는 텅 빈 산 속의 둥지들, 사라져가는 다른 야생조, 자유의 이상이 초래한 자본주의적 산업화에 의한 실제적 환경 파괴 등과 인접적이고 수평적으로 연결된다. 환유는 은유의 이상화하는 경향과 궁극적으로 모순되며, 그것을 허물어뜨리는 물질성에 해당된다. 환유적으로 보았을 때, 마이클 브론스키는 우월한 지도자라기보다는 계급적 압박에 희생된 사람으로 나타난다. 그는 그를 둘러싼 물질적 문맥에 결박된 한 사람의 노동자이자, 사슴 사냥과 같은 보상적 행위들을 통해 그 물질적 조건을 초월하려 한 사람이다.

은유는 물질성과 사회적 문맥을 벗어난다. 그러나 환유에서 그러한 현실성들은 전면에 등장하며, 어떠한 초월적 이상화도 그 현실성에서 탈출할 수 없다.

은유가 그 경험적 매재들(empirical vehicles)과는 다른 이상적인 의미(독수리와 관련된 자유)를 가지고 있는 반면, 환유적인 기호들은 다른 경험적 기호들과 연결된다. 즉 환유적인 수사학은 이상적이거나 감추어진 의미에 의해 더 고차적인 의미론적 의미작용(semantic significance)으로 상승되지 않는다. 만일 은유가 고정된 의미의 연역적인 질서를 설정한다면, 환유는 잠재적으로 무한하며 결코 지상을 떠나 에테르와 같은 관념성으로 가버리지 않는 단어들 사이의 다양한 연결을 창조한다. 은유의 전통지향성과는 대조적으로, 환유는 미래지향적이고 동적이며 미결정적이다. 인접적 관계 및 연결들은 불확정적이고 필연적으로 다양하며, 따라서 종속이나 유추적 등가관계의 질서 속에 한정되지 않는다. 하나의 환유는 특정 부분에 의해 다른 어떤 것(날개가 새를 지시한다든지, 텅 빈 둥지가 위험에 빠진 환경을 지시한다든지 하는 식으로)과 연결된다. 그리고 언제나 그 어떤 것은 의미있는 방식으로 또다시 물질적 실제 세계의 또 다른 부분과 연결된다. 이런 기호들의 의미는 완전히 포화되거나 결정될 수 없다. 그리고 그 기호들 중 어떤 것도 초월적으로 작용하여 다른 기호들을 종속적인 위치에 둘 수 없다.

그러므로 환유는 이상적이고 보편적이라기보다는, 경험적이고 특수한 것이다. 환유적 연결이 규약이나 범례와 상관없는 우연한 의미들을 산출함에 따라 은유를 지탱하는 규약들은 완전히 고갈된다. 환유적인 의미들은 문맥 의존적이고 조합적이며(combinatory), 병렬적인(paratactic, 또는 동등한) 동시에 접속적(conjunctive, '둘 다/그리고'의 명제들로 작용하는)이다. 환유는 은유가 그렇듯이 두 사물들을 우월한 의미와 종속적인 구체적 형상으로 분리하는 대신, 그 두 가지를 하나로 묶는다. 독수리가 둥지나 환경 등을 지시하는 것처럼, 환유는 연관된 문맥의 한 부분으로서만 이해될 수 있다. 어떠한 규약도 환유의 의미를 결정하지 않는다. 오히려 '독수리'라는 기호가 다른 것들과 수많은 방식으로 연결될 수 있다. 바로 그 형상성(figurality)은 한 인간의 정신적 고유성을 인식적인 총체(cognitive entity)나 이상으로 보는 은유의 실체화된 자연적 이상보다는 좀더 민주적이고 급진적인 종류의 '자유'에 해당된다. 환유는 깨닫고 복종해야 할 권위있는 의미, 또는 다른 사람들보다 상위에 있는 우월한 개인(더 높은 의미에 접근할 특권을 가진 사람)을 지시하지 않는다. 환유는 의미가 사회적으로 구성된 것이라는 사실을 함축한다. 즉 의미란 존재하는 물질적 관계들이 만들어낸 여러 가지 있을 수 있는 의미들이거나, 또는 필요에 의해 사람들 사이에서 관습적으로 형성된 것일 뿐이다.

우리는 환유적인 재현 형식이 기꺼이 민주적이고 평등적이며 반권위주의적인 사회적 원칙과 가치들을 이용하게 될 이유에 대해 알 수 있다. 실로 『대부(*Godfather*)』를 감독한 프란시스 코폴라(Francis Coppola)나 『디어 헌터』를 감독한 마이클 치미노(Michael Cimino)와 같은 보수주의자들로부터 로버트 알트만(Robert Altman)과 같이 꽤 급진적인 영화를 만드는 사람을 구별하는 한 가지 방법은 다음과 같다. 즉 코폴라와 치미노가 주로 은유적인 재현 방법을 쓰는 반면, 알트만의 지배적인 수사 양식은 환유라는 사실을 파악하는 것이다. 알트만의 영화에서는 한 명의 남자 영웅이 다른 사람들 위에 군림하지 않는다. 다시 말해 알트만의 모든 등장인물들은 그들 모두를 똑같은 일반적 수준으로 유지시키는 인접적 관계와 연결들을 통해 기능한다. 그의 스타일에 함축된 정치적인 가치는 민주적이고 반보수적인 것으로, 권위를 정당화하는 것이 아니라 권위에 대해 질문을 던진다. 은유가 전통의 권위와 결합된 것이라면, 환유는 자기 재구성을 향한 민주주의적 지향의 열린 목적성(open-endedness)과 연결되어 있다. 또한 은유는 개인주의 및 지도자들의 권위와 연결된다. 반면에 환유는 집단성과 협동을 의미한다. 후자에서 나는 더욱 사회주의적이고 민주적인 재현의 원칙을 발견한다.

은유와 환유라는 용어로써, 우리는 영화가 사회적 재현을 구성하는 방식들을 설명할 수 있다. 내 생각은 다음과 같은 것이다. 즉 아마도 은유가 가장 강력한 이데올로기적 재현 형식인 반면, 환유는 모든 은유적인(즉 권위적이고 반평등적이며 위계질서적인) 문화적 재현 및 사회적 구성들을 무너뜨리게 되는 불가피한 원칙이라는 것이다. 나는 이데올로기가 현존하는 보수적 현실을 안정시킬 뿐 아니라, 그를 대신할 새로운 세계가 나타나는 것을 저지한다고 논의해 왔다. 또한 나는 사회적 구성이 원래부터 해체적인 경향을 가지고 있음을 암시했다. 즉 사회는 위계질서와 불평등을 허물어뜨리는 평등화(equalization)를 지향한다. 이제 나는 수사학의 용어를 사용하여, 이 평등화의 과정을 은유에서 환유로 가는 운동으로 기술하려 한다. 그리고 나는 사회적 세계를 구성하는 재현적인 전략에서 나타난 것과, 실세계 자체에서 발생한 것 사이에는 어떤 연관 관계가 있음을 암시할 것이다.

사회적 권력은 공공연하게 사용된 재현들에 의지한다. 그리고 그 재현들의 형식은 권력의 구조와 유사한 형태로 되어 있다. 이데올로기로서의 은유는 수직적 사회구조들을 합법화하는, 세계에 대한 수직적 이해 방식들을 건설하려고 애쓴다. 즉 그것은, 사회적 현실이 어떠한가(또 어떠해야 하는가)에 대한 특정한 관점만을 개념적으로 재생산되도록 하는, 동일성과 의미의 고유한 영역들을 확립하려 한다. 또 그것은 사회적 체계의 물질적 불평등이 구조적으로 발생시키는 사회적 지향성을 부정하는 이상화의 방향으로 사회를 이해하도록 한다. 은유는 고유한 사고와 행동뿐만 아니라, 의미의 권위를 확립한다. 그리고 이는 사회적 질서와 보수적인 이상들을 유지하는 것과 연결된다. 자유주의 및 보수주의의 모든 정치적 원칙들은 이런 식으로 사회의 정치적 의미나 가치들을 결정하는 은유가 되어버린다.

환유는 이러한 이데올로기적 작용과는 상관이 없다. 즉 환유는 수직적인 안정화로부터 일탈하는 측면적 운동을 생산하고, 다른 식의 이해를 막는 의미의 고유성을 무너뜨리며, 또 문자의 자기 주장 및 모든 은유(가장 이상화된 것까지 포함하여)를 만든 물질적 매체의 환원불가능성을 재현하는 것이다. 환유의 개념은 이데올로기 비판적이다. 왜냐하면 환유는 인접적 관계들, 즉 권위적이고 명령적인 은유로부터의 복수적이고 미결정적인 일탈들이, 환원되거나 초월될 수 없음을 암시하기 때문이다. 또한 환유는 은유적인 외관상의 관념성과 동일성 속에 잠복한 물질적 결정요인들을 지시한다. 친자본주의적 관점으로 규정된 '자유'의 이상적 의미는, 자유를 은유하는 독수리가 다른 단어들과 결합하는 것을 막을 수 없다. 그리고 이 결합은 자본주의에 의해 청부된 독수리의 은유적인 의미를 넘어서고 무너뜨리게 된다. 그리하여 독수리는 위협받는 야생 동물들을 의미할 수 있게 될 것이며, 또 자유는 은유적 의미와는 다른 어떤 것(예를 들어 자본주의적 자유를 타도할 자유)이 될 수 있을 것이다.

모든 것은 재코드화(recoding)될 수 있다. 즉 그러한 불확정성과 미결정성으로부터 면역된 것은 없다. 그리고 이는 해석의 우연성 때문이 아니라, 재현의 구조 자체가 은유적인 위계질서를 환유적으로 해소하여, 그 권위적 의미를 복수적이고 민주적인 여러 방향들로 환원불가능하게 확산시키는, 수평화의 경향(levelling tendency)을 지니기 때문이라고 나는 주장하고 싶다. 나는 이 수평화하는 환유적 경향을 현존하는 사회적 세력의 체계 내부에 있는 정치적 잠재성과 힘들에 연결할 것이다. 내가 보기에 이는 더 민주적이며 사회주의적인 사회적 조정 쪽으로 움직이고 있다. 나는 '사회주의적'이라는 말을 주로 환유적인 재현 역학에 의해 함축되는 (권력이나 보수 등의) 평등화를 의미하는 것으로 사용할 것이다.

이미지가 관념으로 전환되는(예를 들어 마이클 브론스키가 애국심이라는 관념으로 전환되는) 수사 양식인 은유는, 측면적이거나 인접적인 결합으로써 작용하는 환유(여기서 마이클은 실제로 절실히 느껴지는 베트남에서의 손실에 대한 분노이다)보다 더 근본적인 것으로 보인다. 그러나 모든 은유는 환유로 읽힐 수 있다. 즉 은유들이 촉진하는 관념들은 실제적이고 물질적인 욕망이나 이해관계, 또는 욕구와 인접적으로 연결된 것으로 해석될 수 있다. 은유적인 관념은 물질성을 초월적 보편성의 외관으로 전환시킨 것일 뿐이다. 따라서 『디어 헌터』에서 나타나는 애국심의 관념은 상실감에 대한 환유로 읽힐 수 있다. 애국심은 바로 그 상실감을 보상하고 있는 것이다.

게다가 이데올로기적인 사회적 은유들은, 은유의 고유성과 권위를 구성하는 동시에 허물어뜨리는 환유적인 치환(displacement) 과정(단어들을 수평적으로 연결함으로써 발생하는 인접적 관계들)에 의존하고 있다. 치환은 은유를 구성함에 있어 필수적인 것이다. 왜냐하면 치환은 어떤 의미가 하나의 형상이나 이미지로 이동하도록 하는 것이기 때문이다. 이때 그 이동이 없다면 의미는 발생하지 않을 것이다. '자유'라는 이상적 의미가 독수리의 이미지에 달라붙도록 하고, 이를 통해 자유의 이상적 의미가 불평등하고 부자유스러운 사회적 구성에 부착되도록 하는 메커니즘이 없다면, 이데올로기적 은유는 불가능할 것이다. 경험적인 현실을 무시하는 이상화 및 현실 의미에 부착된 치환(이때 치환은 현실 의미를 정당화하지 않는다)은 이데올로기로서의 은유가 기능함에 있어 필수적인 것이다.

하지만 그러한 이데올로기적 의미들이 발생하도록 하는 바로 그것은 또한 그 의미들이 고정되거나 절대적이 되는 것을 저지한다. 초월적인 이상이 타락한 사회적 현실에 부착되도록 허락함으로써 은유가 가능하도록 하는 바로 그 치환의 과정은, 의미가 필연적으로 계속 치환될 것이라는 사실을 함축한다. 다시 말해 치환은 통제되지 않은 채로, 통제 불가능하게 계속된다. 그리고 치환은 은유적 의미와 충돌하여, 그것을 필연적으로 허물어뜨리는 참조관계와 열려진 의미작용들을 산출해 낸다. 보수적인 의미 도식은, 예를 들어 '자유'가 어떤 특정한 종류의 자유 —— 자본주의적 기업가의 자유 —— 만을 지시할 것을 요구한다. 그 의미를 다른 사회적 제도들(예를 들어 경제의 대중 통제)로 치환하기 위해 우리는 은유를 구성한 것과 똑같은 수사학적 원칙을 사용한다. 동일한 수사학적 원칙이 은유적 의미를 이룩함과 동시에, 그와 정반대되는 의미 역시 발생시키는 것이다.

달리 이는 다음과 같이 설명될 수도 있다. 즉 은유는 추상적인 관념적 의미가 비관념적이고 물질적인 문자적 현실을 대신하도록 하는 수직적 의미 구조를 만들지만, 이 관념적 의미를 문맥적이거나 인접적인 참조관계(reference)에 연결시키는 수평적 운동은 그 수직적 구조를 허물어뜨린다는 것이다. 일반적으로 은유적 의미는 절대적이고 애매하지 않은 의미론적 동일성이며, 그 의미론적 동일성의 진리는 자신의 관념성, 즉 단순한 물질적 삶으로부터의 초월성에 의해 보증된다고 주장된다. 하지만 환유는 재현양식과 실제 사회 모두에 있어 그러한 수직적인 위계질서로부터 벗어난 필연적인 수평적, 측면적 운동을 나타낸다.

코폴라 감독의 『대부』에서 보이는 남성 주인공에 대한 찬양은 수직적으로 관념을 구성한 한 예이다. 돈 코르레오네(Don Corleone)는 은유적인 반신(demi-god)이며, 또 은유적 이데올로기에 의하면 자연적 통치자이다. 그러나 측면적인 환유적 연결들은 그로부터 부채처럼 펼쳐져 나아간다. 그리하여 그는 종족적인 사회적 생의 타락한 물질적 현실, 가부장적 가족구조, 지방적 애향심 등등과 결합된다. 이 연결들은 비유가 의도한 보수적인 의미를 대신할 새로운 의미들을 나타낸다. 이 연결들은 측면적이고 수평적이다. 그것들은 물질성으로부터 관념으로 움직이는 상승운동을 하지 않는다. 다시 말해 그것들은 참조관계의 동일한 수준에 머물며 또 다른 물질적 기표들을 똑같은 수준에서 연결한다. 그것들은 더 높은 수준의 의미로 이동하지 않는다. 따라서 이 영화의 은유적 관념은 성적 불평등주의, 준종족적인(quasi-tribal) 가족 형태, 또는 그러한 가족 형태에서 발생한 남성 정신병리학의 물질적 징후로 읽힐 수 있다. 그리고 어떤 좌파적 관점으로 보았을 때, 마피아 패밀리(mafia family)의 은유는 시장 자본주의의 맹공격에 직면한 전통적 공동체의 죽음을 뜻한다. 이 환유 및 좌파적 의미들은, 영화적 은유로 조장된 남성적 지도 원리와 보수적 가족 권위의 신성한 이상화를 무너뜨리는 경향이 있다.

수직적인 사회적 위계질서의 꼭대기에 있는 것은 아마 그 남성적 지도 원리와 보수적 가족 권위일 것이다. 왜냐하면 그것은 특별하고 고유하며 또 고귀하기 때문이다. 수사학적 전략으로서의 은유는 그러한 사회적 제도에 어울리는 특수하고 특별한 의미를 암시한다. 돈 코르레오네는 가부장적 권위를 행사할 능력을 유일하게 가지고 있다. 류크 스카이워커(Luke Skywalker)[8]만이 유일하게 제국(the Empire)을 무찌를 능력을 부여받았다. 또한 마이클 브론스키만이 베트남을 구조할 권능을 받았다. 개인적인 특별함과 권능에 대한 감각은 보통 개인적인 이상성(ideality)이나 우월성에 대한 강한 느낌을 동반한다. 따라서 은유적이거나 관념화하는 수사적 형식들이 이러한 이데올로기를 수행한다고 할 수 있다. 사회적 지도력을 최고로 가진다는 것은 그 자신의 정신이 세계 위에 있어, 위에서부터 세계를 다스릴 수 있다고 느끼는 것이다. 그 스스로의 의미는 권위적이다. 그것은 민주적인 타협이나 차이보다 우월하다. 은유적인 형식은 그러한 유일한 자기동일성이나 의미의 고유성을 암시한다. 은유로서의 돈 코르레오네는 이러쿵저러쿵할 수 없는 가부장적 권위의 이상을 암시한다. 은유로서의 류크는 '자연적'이고 명백한 엘리트주의적 공화주의(republicanism)의 화신이다. 그리고 마이클은 공동체 지도력의 이상을 은유한다.

따라서 이데올로기적 은유의 한 가지 기능은, 주관적인 독자성의 감각을 정의하고 방어하는 보편적이고 초월적인 진리를 상정함으로써 의미의 고유한 영역들을 확립하는 것이다. '자유'는 구속받지 않는 의지의 보편적 가치를 의미하게 된다. 그리고 은유는 그 자유의 의미를 하나의 경계선 안에 가둔다. 이를테면 그 경계선은 자유라는 말이 일반적인 사회적 해방을 의미하지 못하도록 하는 것이다. 자유라는 말의 '고유한' 해석은 바로 그 의미와 관계될 뿐, 다른 어떤 것일 수 없다. 이 고유성은 자기동일성 및 사회적 권력과 서로 관련된 것이다. 그리고 그 동일성 및 권력이 타자의 배제에 기반하듯이(독

---

8) [역자주] 영화 『스타 워즈(Star Wars)』의 주인공임.

자적이라는 것은 비범하다는 것, 다른 사람들과 같지 않다는 것이다), 이 의미 역시 배제적이고 완전히 결정 가능한 것이어야 한다.

이제까지 내가 암시했듯이, 환유적 치환은 의미가 그런 결정적이고 명확한 동일성을 획득할 수 없다는 사실을 함축한다. 의미는 특수하고 보편적이지 않은, 사회의 물질적 문맥과 관련된 환유로서만 결정될 수 있다. 이는 전혀 고유하지 않은 복수적인 의미들이 불가피하게 발생한다는 뜻이다. 왜냐하면 사회적 문맥들은 관점의 다양성을 초래하기 때문이다. 타자는 환원되거나 제거되지 않는다.『람보(Rambo)』는 베트남인들의 힘과 현실을 고백('의미')한다. 베트남인들의 힘과 현실을 제거하려고 노력함에도 불구하고 말이다. 따라서 승리를 연출하고 있음에도 불구하고,『람보』는 패배한 현실의 상징일 뿐이다. 이러한 의미의 이중성은 이데올로기적 은유의 모든 고유한 의미 안에 깃들어 있다. 이데올로기가 문자적인 현실들을 쫓아내거나 물질적인 차이들(이는 이데올로기적 의미의 자기동일성을 굴절시켜 흠집을 냄으로써 그 의미 위에 흔적과 표시를 남긴다)을 통합하려고 노력하는 것에서도 알 수 있듯이, 이데올로기적 은유들은 일종의 반동 형성이다.

사회적 조화와 통합의 이상을 상정하고 있음에도 불구하고, 모든 이데올로기적 은유들은 필연적으로 부조화의 현실을 지적한다. 물질적이고 환유적인 연결들이『대부』에서 보이는 남성 자아의 이상 속으로 말소되고 환원될 수 없다는 사실은, 그러한 이상을 정당화하는 사회적 권력이 결국 환원불가능하게 불안정한 것임을 가리키는 것이다. 만일 사회체계 자체가 차이, 투쟁, 부조화의 장소가 아니라면, 문화적인 재현들이 그런 식의 곤경에 처하지는 않을 것이다. 근본적으로 람보의 모습은 사회적 집단들 사이의 급진적인 차이, 즉 타자들 사이의 힘의 행사를 나타낸다. 따라서『람보』는 성공적인 군국주의나, 아니면 억압의 파토스를 의미할 수 있다. 또는 그 둘 다를 한꺼번에 의미할 수도 있다. 아마 로날드 레이건(Ronald Reagan)은 전쟁을 정당화하는 것으로서 이 영화를 논할 수 있을 것이다. 그리고 노동자들은 단 게오르가키스(Dan Georgakis)를 따라 이 영화를 '체계에 대한 반항'으로서 찬양할 수도 있을 것이다. 의미의 미결정성은 이 영화가 은유하는 사회적 삶의 이중성을 징후적으로 나타낸다.

환유는 고유하게 소유되었다고 가정되는 것의 공동성(common-ality)을 드러내거나, 또는 자기동일적이라고 생각되는 것의 미결정성을 밝히는 수사법이다. 그리고 바로 그때 환유는 또 은유적 관념의 물질성, 즉 비유의 문자성(literality)을 지시하기도 한다. 관념화하는 은유는 그 은유를 의사소통시키는 문자적이고 물질적인 매체와 분리되지 않는다. 만일 돈 코르레오네가 측면적이거나 수평적인 환유적 연결들을 통해 물질성과 결합된다면, 그 역시 스크린에 나타난 그의 이미지를 통해 물질적 세계와 문자적으로 묶인다. 가부장적 지도력의 은유적 이상인 돈 코르레오네 역시 그의 내면 깊은 곳의 자궁 같은 암흑에 의해 보호되고 있는 어떤 사람일 뿐이다. 다시 말해 그는 어떤 커다란 여성(a large woman)의 이미지에 의해 내려다보여지는 한 지점에 있는 글자 그대로의 아이일 뿐이다. 이때 그 커다란 여성의 이미지는 새로운 모성적(neo-maternal) 힘을 암시하는데, 거기에 편향되거나 지배되는 것은 두려운 일로 나타난다. 이 이미지들의 문자성에 의해, 즉 그 이미지들이 남성적으로 사회화된 세계에 물질적으로 결합됨으로써, 은유의 관념성은 허물어진다. 은유의 이데올로기적 목적은 사회적 현실에 대한 특정한 관점을 이상화하는 것이다. 그러나 은유의 물질적 매재는 그런 이상화 속으로 환원되거나 사라질 수 없다. 그것은 끝끝내 남아, 이데올로기적 비전으로의 통합에 저항하는 물질성을 암시한다. 『대부』의 은유는 남성적 자유, 또는 가부장제의 자애로운 특성이라는 관념을 제시한다. 그러나 그것은 또 심리학적인 경계의 유동성 및 성적 애매성을 참지 못하는 신경증적 구조임을 문자적으로 보여줌에 틀림없다. 남성적 가족 파시즘(male family fascism)은 남성적 자기이상화의 현존을 거짓으로 꾸미는 하나의 문자적인 재현 스타일이다.

따라서 이데올로기적 은유는 미결정적이다. 왜냐하면 그것은 스스로 물질성에 닻을 내리고 있다는 것을 보여줌으로써만, 물질적 현실에 대한 성공적인 초월을 제시할 수 있기 때문이다. 그것들은 보편성이나 관념성으로서 — 인종적 조화의 이상으로서의 『비버리 힐스 캅(*Beverly Hills Cop*)』, 가족 생활의 보편적 진리로서의 『애칭(*Terms of Endearment*)』, 자연적인 남성 지도력의 보편적 의미로서의 『디어 헌터』 등 — 제시된다. 그러나 사실 그것들은 물질적 삶의 한 국면(전문직을 통한 흑인의 사회적 통합, 보수적인 가족 사회화, 우익 노동계급의 병리학 등)을 이상화한 것이다. 다시 말해 사실 그것들은 환유이다. 즉 초월적 보편성이 아니라, 현실의 특수한 부분에 대한 물질적 연결의 수사법이다. 이 징후적인 물질적 연결들은 은유로써 제시된 이상적 관념을 그 공동의 구성성분으로 끌어내린다. 따라서 관념의 고유성이나 진리성 등은, 자신을 의사소통하기 위해 불가피한 바로 그 수단에 의해 은연중에 의심스러운 것이 되고 만다.

만일 이데올로기적 은유가 사회적 권력을 뒷받침한다면, 환유적 과정에 의해 불가피하게 그러한 은유들을 무너뜨리는 것의 사회 정치적 의미는 무엇인가? 이데올로기적인 문화적 재현은, 권력과 보수가 물질적으로 불평등하게 분배되는 체계에 대한 순종을 목적으로 한다. 미국을 지배하는 작은 백인 남성 집단은 백인이 아닌 하층계급을 통제하기 위해 공공연하게 경찰력과 감금에 의존한다. 그러나 백인 노동자와 중산층에 대해서는 문화적 통제라는 좀더 눈에 띄지 않는 수단이 요구된다. 왜냐하면 그들은 지배계급의 경제적 힘을 정당화하는 개인주의적 '자유'라는 이데올로기에 깊이 젖어 있기 때문이다. 이런 류의 체계에서는, 구조적 불평등이 필요로 하는 욕구와 욕망의 불가피한 좌절에 대한 보상으로서, 은유적 만족이 제공될 필요가 있다. 그러나 은유의 문제는 다음과 같은 것이다. 즉 은유는 실제적이라기보다는 관념적이므로, 물질적인 욕구는 충족되지 않은 채 그대로 남는다. 따라서 은유가, 이데올로기적 은유로써 제공된 관념적 해결을 넘어서는 욕구와 욕망이 지시하는 환유를 불가피하게 포함하게 됨은 놀라운 일이 아닐 것이다. 분석을 통해 은유에 내재한 물질적 관련성 및 그 심리적 뿌리를 파고들어갈 때, 우리는 일반적으로 좀더 평등한 세계를 만들기 위해 작용하고 있는 욕망과 욕구를 발견하게 된다. 그러므로 이데올로기적인 은유는 항상 현실적 욕망을, 즉 자본주의적 미국에서 생활의 제약을 벗어나고자 하는 절실한 욕구를 가리키는 환유를 포함할 만큼 언제나 '비판적'이다.

예를 들어 영화 『이티(*E.T.*)』의 백인 가족은 결국 복원된 가족의 조화라는 보편적 이상을 제시한다. 최초의 아버지 부재는 관념적 아버지의 획득으로써 보상된다. 그러나 영화가 보여주는 이미지의 문자성(literality)은 물질적 연관을 산출하는데, 그런 물질적 연관은 '보편적인' 백인 남성의 관념이 하나의 환유로 읽힐 수 있도록 한다. 즉 '보편적인' 백인 남성은 교외의 고급 주택지에 사는 소수의 상류 중산층 계급을 특정하게 의미하는 것이다. 그 이미지들은 상류 중산층 계급의 세계를 도시에 사는 흑인 하층 계급의, 배제된 '타자'의 세계에 연결시킨다. 이때 그 흑인들의 빈곤은 백인들이 향유하는 부의 구조적인 전제조건이다. 더 나아가 완전한 가족에 대한 꿈은 그 이상을 허물어뜨리는 물질적 매재나 이미지를 필요로 한다. 실상 가족은 붕괴되었다. 그리고 비록 은유적 재현이 그 결핍을 치료한다고 할지라도, 은유의 문자적 이미지는 가부장적 가족 생활이 쇠퇴하는 현실, 즉 가부장제에 대한 향수가 완화할 수 없는 욕구, 공포, 욕망 등을 생산하는 현실을 지시한다.

따라서 이데올로기적 은유에 나타나는 비유적 의미와 문자적 이미지의 필연적인 불일치는 물질적 현실이 환원불가능함을 암시한다. 즉 물질적이라는 바로 그 이유로 인해 구조적 불평등 및 관념화하는 은유적 해결을 벗어나는 욕구, 욕망, 공포의 현실은 환원불가능한 것이다. 이와 비슷하게 환유적 치환이 이룩하는 새로운 대안적인 의미 쪽으로 분석을 진행함으로써, 우리는 또한 변화하는 욕망들과 마주치게 된다. 언제나 의미는 욕망의 문제이다. 즉 그것은 사물들의 의미와 존재에 대해 우리들이 소망하거나 바라는 바와 연관된다. 물질적 현실을 물질적이지 않은 다른 것으로 돌려, 그 물질적 현실을 초월하도록 작용하는 은유적인 관념화는 실상 욕망의 가장 명백한 실례이다. '미국'은 레이건의 시대에 있어 단지 은유적 차원에서만 승리자였다. 이는 현실적으로는(그레나다에 대해서는 실례의 말이지만) 미국이 전혀 승리를 거두지 못했다는 바로 그 이유 때문이다. 영화 『이티』에 나오는 복원된 가족의 은유적 이상은, 경제적 고난의 시기에 있어서의 안전에 대한 현실적 욕구를 가리킨다. 즉 이 현실적 욕구는 환유를 통해 공적 영역의 보수적인 인종주의를 사적 영역의 보상적인 자유주의 전망 요법으로 치환한 것이었다. 의미를 은유적 관념화로부터 환유적으로 치환하는 것은 또한 세계를 변화시키기 위해 작용하는(이를테면 람보를 혁명의 한 실례로 전환하는) 욕망의 예이다.

나는 이데올로기적인 은유를 허물어뜨리고 있는 이같은 환유적 힘들이 '진보적인' 잠재력의 운반자라는 것을 논의하려고 한다. 이때 그 잠재력 안에서 환유적인 힘들은 이데올로기가 불평등을 유지하기 위해 설정해 놓은 허락된 영역들을 초과하는 (공동체와 안전과 자기 가치에 대한) 욕망들을 지시한다. 그러한 힘들이 실현될 경우, 그 힘들은 필연적으로 사회를 평등의 방향으로 이끌 것이다. 마이클 브론스키와 같은 수직적 관념화에서 벗어나, 수평적이거나 측면적으로 펼쳐지는 새로운 대안적인 의미(이는 수직적인 관념화가 초월하고자 하는 욕구와 욕망의 물질적 현실 속에 다시 닻을 내리게 하며, 또한 그 수직적 관념화의 원래 의도와는 달리 오히려 대항 이데올로기적 의미를 산출하도록 한다)의 발생은, 의미작용의 물질적 국면에 있어서의 환원불가능한 수평화의 경향을 가리킨다. 그리고 문화적 재현의 수준에서 나타나는 이같은 불가피한 수평화와 미결정성은 이와 유사한 사회적 세계의 수평화 경향들을 지시한다. 사람들의 필요와 욕구는 물질적 만족을 지향한다. 그리고 내가 논의해 왔던 재현적 과정을 통한 욕구의 광범위한 만족은 필연적으로 불평등한 사회적 위계질서의 수평화로 나아가게 될 것이다. 의미가 욕망의 한 기능이라면, 의미의 환유적 산종(dissemination)은 미국 문화 속에서 은유적 관념으로써 확립된 고유한 한계를 넘어서는 욕구와 욕망의 증식을 표시하기 때문에, 나는 환유가 이같은 사회적 잠재성 및 가능성을 가리키는 문화적 재현의 차원임을 암시하려 한다. 만일 영화가 스스로의 의도보다 더 많은 것을 의미한다면, 그것은 영화가 드러내는 욕망들 역시 제공된 것보다 많기 때문이다. 만일 어떤 문자성과 물질성이 은유의 존재를 위해 필요한 것인 동시에, 궁극적으로는 은유의 관념화 작용을 전복하는 것이라면, 그와 똑같이 이데올로기적인 은유를 통해 제출된 물질적인 욕구와 욕망 역시 은유가 성공하게끔 하는 것인 동시에, 또 문화적 관념으로는 절대로 메꿀 수 없는 필연적인 초과로써 그 은유를 위협하는 것이기도 한다. 왜냐하면 욕구와 욕망의 물질적 경향은 관념적이지 않은 실제적 만족을 지향하기 때문이다. 만일 미국인들에게 '자유'의 관념 및 이상 대신에 물질적 욕구를 만족시키기 위한 실제적인 선택 능력이 부여되었다면, 그들은 보수의 재분배를 선택할 것이고, 이는 그 문화적 관념들이 신성시하는 불평등한 위계질서 및 수직적인 사회 형성을 위협할 것이다.

바로 그렇기 때문에 사람들뿐만 아니라 의미 역시 치안이 유지되어야 하는 것이다. 의미란 사람들이 욕망하는 것에 대한 문제이다. 다시 말해 어떤 것의 의미는 사람들의 욕구, 욕망, 공포 등으로써 형성된다. 헐리우드는 수평적·공동체적인 사회 구조에 대항하는 수직적·개인주의적인 방향으로 사고와 감정과 행동을 나아가게 하는 어떤 의미들을 제공한다. 만일 영화 및 영화가 소속된 문화적 기구가 이 과제를 수행하지 않는다면, 욕망의 수평화하는 힘은 현존하는 불평등한 구조들을 침식하게 될 것이다. 따라서 환유는 단순한 재현적 스타일 이상의 어떤 것이다. 환유는 재현적 구조들의 침식 및 사회 구조들의 침식을 가리키는 것이다.

예를 들어 보수적인 정책의 모델로서 부권을 설정하는 사회적 재현은, 가부장적 가족과 공화정 정책이라는 두 가지 수직적 구조를 유추적으로 동일화하는 하나의 은유이다. 하지만 그 은유는, 수직적인 관념에 저항하는 문자적인 물질적 연결 과정인 측면적 참조관계의 힘에 의해 끊임없이 침식의 위협을 받는다. 이러한 환유적 운동은 연속 결혼 일부일처제(serial monogamy), 독신 양육(single par-enting), 레즈비언 양육(lesbian parenting) 등의 새로운 제도들이 근원적인 가부장적 모델을 통해(그 관습에 의존하지만 전적으로 존중하지는 않으며) 산출될 때 나타난다. 근원적인 것은 일탈(deviation)이나 시뮬라시옹(simulation)을 가능하게 한다. 그리고 그 일탈과 시뮬라시옹은, 근원적인 것이란 결국 관습적인 것이라는 사실을 강조한다. 그렇게 함으로써 그 관습성이 단지 하나의 구성물, 즉 일련의 가능한 사회적 형태 중 한 가지 가능성이라는 사실을 드러냄으로써 그 권위를 대치한다. 이와 비슷하게 가부장적 가족은 우선 억압된 아내들끼리의 인접성의 관계를 가능하게 한다. 그리고 그 다음으로는 해방된 독립적 여성들을 가능하게 한다. 모든 것은, 은유를 통해 타락된 현실(가정에서의 노예 상태)을 하나의 이상(완벽한 아내)으로 대치함으로써 부과되는 고유한 질서에 대항하는 새로운 인접성과 연결의 관계들을 산출한다. 사회적 권력과 재산의 모든 심급들은 이러한 불의의 사건에 종속된다. 모든 사회적 은유들은 그 은유들을 허물어뜨리는 환유적 결합의 발생에 종속된다. 따라서 해체와 재구성의 원칙은 바로 이같은 사회적 권력의 체계 내부에서부터 나타난다.

　나는 이제 위와 같은 분석 방법을 사용하여 요즘 나온 한 편의 중요한 영화를 간단히 고찰하겠다. 『스타 워즈』(1978)는 모든 인간을 한 명의 영웅적 개인주의자(류크 스카이워커)로 대치함으로써, 본질적으로 은유적인 수사학적 기능을 수행한다. 류크는 보통 사람이기 때문에, 즉 모든 사람들이 그와 동일화될 수 있다는 바로 그 이유 때문에 특수한 인물이다. 만일 공화제적 정부형태(이는 모든 사람 대신 우월한 남성 개인주의 엘리트들을 내세우는 은유적, 수직적 치환이다)가 합법적인 것으로 보이려 한다면, 개인주의와 집산주의 모두에서 동시에 나타나는 정치적 재현의 미결정적 구조는 폐쇄되어야 한다. 어떤 다른 재현 형식이었다면, 평등한 능력을 가진 다수의 사람들(그 중에 어느 누구도 선출된 개인으로서 특권이 부여되지 않는다) 사이의 공동작용을 낳는 서사를 제출했을 것이다. 그러나 이 영화는 그렇게 하지 않았다. 그러므로 『스타 워즈』에서는 유감스럽게도, 권위가 부여된 어떤 하나의 항목도 새로운 조합이 산출되는 것을 통제할 수 없도록 하는 잠재적으로 좀더 민주적인 순열(permutation)의 원칙이, 전환(commutation)의 원칙으로 치환되어 버린다. 이 전환의 원칙에서 각각의 것은 가능성들의 장을 통제하여, 그 결과 계속되는 조합과 순열을 폐쇄하는 중심적 항목으로 대체되거나 동일시됨으로써만 자신의 가치를 발견하게 되는 것이다. 류크는 모든 사람들의 자리를 차지한다. 이것이 류크의 이데올로기적 은유로서의 의미이다. 따라서 이 수사학은 한 명의 개인을 특권화한다. 그는 또한 사회적 의미에 있어서도 지도자적 권위를 가진 인물이다. 이러한 수사학은 『스타 워즈』 시리즈가 나왔던 1970년대 말과 1980년대 초, '자유로운' 개인주의와 정치적 엘리트주의(또는 공화주의)를 동시에 주장했던 미국 인권당(American Right)의 수사학과 비슷하다.

그러나 『스타 워즈』의 이데올로기적 은유는 그 내부에서부터 허물어진다. 내가 지적해 왔듯이 관념화하는 장치로서의 은유는 감추어진 이상적 의미, 즉 비유의 물질적 매재 이면의 더 높은 현실에 대한 감각을 증진한다. 류크의 유일무이성은 그가 더 높은 관념적 현실('힘')에 참여하고 있다는 감각에 기초한다. 그러나 영화의 은유는, 그 이데올로기의 관념화하는 겉치레를 허물어뜨리는 환유적, 물질적 연관 속에 자신의 문자적 기원을 놓는다. 이를테면 류크의 집은 작은 농장이며, 고아인 류크는 그곳에서 친척들에 의해 양육된다. 죽음의 별(Death Star)과의 마지막 전투에서 류크는 그 농장에서 배웠던 농업 기술로써 승리한다. 이같이 류크를 통해 시골 풍습과 우월성을 은유적으로 동일시하는 이데올로기적인 목적은, 자기 신뢰와 '자연적인' 남성 개인주의라는 보수적 가치를 증진하려는 것이다. 그것은 영화에서 '제국'으로 나타나는 자유주의적 관료적 연방정부의 가치, 즉 『스타 워즈』가 만들어진 1970년대 후반의 우파적 도시 괴물(the urban bogeyman of the Right)의 가치에 대항한다.

그러나 그 은유적 등식은, 영화가 확립하려는 관념들의 계열적 동일성(시골 풍습/남성 우위성)의 기초를 이루는 환유적 연결을 제시한다. 그 연결은 위대한 개인주의적 남성 지도자에 대한 보수적인 이상이, 기껏해야 치환된 농부, 또는 교육받지 못한 농민들이 가진 농촌 보수주의의 전시민적(pre-civil) 가치들을 정치적 사회적 프로그램으로 치환한 것일 뿐임을 보여준다. 따라서 이는 히틀러의 바바리아(Babaria)에서 레이건의 일리노이주 딕슨(Dixon, Illinois)에 이르는 대중적 독재주의와 보수적 공화주의의 시골뜨기적 기원을 보여준다. 환유적 치환으로 은유를 읽을 때, 우리는 위대한 남성 개인주의자가 실상은 더 큰 공동체적 사슬에 속한 하찮은 구성원이라는 사실, 즉 사회에서 한정적이고 제한된 물질적 위치를 점하고 있는 사람이라는 사실을 알게 된다. 실로 이러한 사실은 영화에서 나타나는 남성에 대한 과장된 자만심을 부분적으로 설명해줄 것이다. 다시 말해 남성에 대한 과장은 그것을 발생시킨 물질적 현실(동시에 그 자만심은 물질적 현실로부터 빗나간다)에 대한 반동인 것이다.

게다가 류크의 시골 가족이 보여주는 주목할 만한 특색은 아버지의 부재와 더불어, 아버지에 대한 아주 가부장적인 대체물인 삼촌이 존재한다는 사실이다. 남성의 자기 과장은 또한, 보수적인 가부장적 가족의 무정하고 권위주의적인 구조를 보상하는, 자상하고 이상적인 아버지에 대한 욕망에 의해 고무된다. 그 자만심은 냉정하고 강력한 아버지가 조장하는 결핍의 감각과, 그 아버지가 재현하는 권력의 이미지에 대한 내면화 모두를 보상하는 것이다. 그러한 구조적 결핍은 절대로 충족될 수 없다. 그리고 이 문자적 진리는 영화에서 이야기가 시작될 때 이미 실제 아버지가 (아마도) 죽어 있으며, 삼촌이 그 대체물로 기능한다는 사실에 의해 알려진다. 세 편의 『스타 워즈』 모두에서 아버지에 대한 새로운 대체물이 발견된다. 단지 다시 죽기 위해서 실제 아버지가 재등장할 때까지 말이다. 다시 말해 환유적 치환은 욕구와 욕망의 연속성을 폐쇄시키지 못하게 하며, 보수적인 가부장제의 이중적 결합(권위주의적 아버지로부터 도망침과 동시에 그와 동일시되어야 하는 이중의 필요)으로 야기된 아포리아를 봉쇄하지 못하게 한다. 보수적인 가족 모델은 강력한 아버지를 중심으로 작용한다. 그리고 이는 남자 아이에게 그러한 힘에 대한 결핍감을 조장한다. 부재하는 아버지는 자기 발전의 모델 및 사회적 권위의 공적 정치적 사례로서 추구된다. 그러나 그 아버지는 다름 아니라 내팽개쳐지기 위해, 즉 반항적인 개인주의의 모델을 선호하여 국가의 아버지적인 기질을 거부하기 위해 추구된다. 또다시 영화는 공적인 은유의 문자적 기원을 나타낸다. 영웅적인 남성 개인주의의 문화적인 은유는, 단지 보수적인 가족 종족주의에 의해 남성들 내부에 창조된 오이디푸스적인 정신적 외상(trauma)의 하수도 구멍에 대한 필연적으로 성공할 수 없는 일시적인 마개에 불과하다. 즉 보수적인 가족 종족주의는, 어리석고 고집센 남성들이 자신들의 자명한 권위를, 그 가족 및 (은유적 치환에 의해) 사회의 모든 다른 사람들의 인생 위에 행사하고 있는 사회적 구조인 것이다.

이런 식으로 이데올로기적인 은유 내부에 숨어 있는 환유는 영화의 이데올로기를 해체하도록 흘러넘칠 수 있다. 그러나 그 해체는 적극적인 의미를 갖는다. 해체는 단지 부정적인 해석학(negative hermeneutics) 내부의 실천인 것만은 아니다. 왜냐하면 해체는, 가부장적이고 개인주의적이며 불평등한 사회에서, 『스타 워즈』와 같은 관념화하는 은유적 재현을 통해 문화적으로 충족되어야 하는 심리적인 욕구를, 물질적 곤경이 예언적으로 창조한다는 사실을 의미하기 때문이다. 다시 말해 물질적 곤경(『스타 워즈』는 미국 사회사의 결정적인 순간에 나타났다. 즉 많은 사람들이 거대한 경제적 고난을 겪고, 자유주의적 관리에 있어서의 공적인 신용이 엄청나게 쇠퇴하던 시절에 말이다)에 대한 은유적 초월 자체가, 그 곤경에 대한 고발인 것이다. 그것은 또 곤경을 만든 사회적 구조들의 요구와는 상반되는 실제적 욕구들을 널리 알리는 것이기도 하다. 따라서 그 욕구들은 진보적인 잠재력의 운반자들이다.

나는 『스타 워즈』에 대해, 의미작용의 구조 및 사회사에 대한 징후적 고안물로서의 객관적 의미를 부여해 왔다. 그러나 그럼에도 불구하고,『스타 워즈』와 같은 영화는 또한, 정태화되고 과도하게 규약화된(over-coded) 관념화에 저항하여, 좀더 측면적이고 환유적이며 민주적인 의미의 가능성을 증진하는 복수적인 해석에 개방되어 있다. 이 영화는 보수적인 가치들을 은유화하고 있다. 그럼에도 불구하고 이 영화는 또한 불공정한 권력을 타도하고, 속박으로부터 벗어나며, 자기 가치를 획득하려는 소망들, 즉 그 자체가 필연적으로 보수적일 수 없는 감정들을 지시한다. 실로 급진적인 내 동료들 중 몇몇은『스타 워즈』를 (아주 정당하게) 불의에 항거하는 혁명적인 투쟁을 알레고리한 것, 또는 군주제에 대한 민주주의적 투쟁으로 읽었다. 그리고 관객들에게 의견을 물어보았을 때 역시, 이 영화를 자유주의적으로 보거나 또는 급진적인 가치를 가진 것으로조차 보는 수많은 예를 발견했다.9) 다시 말해 이 영화는 어떠한 방식으로든 이용될 수 있다. 그리고 영화 스스로가 확립하고자 하는 경계들을 넘어서 실제적이고 문맥적으로 의미들을 산종하는 것 역시, 영화가 내세우는 의미론적 권위와 정치적인 위계질서 등을 제도화하는 아주 완전하고 절대적인 방식은 있을 수 없다는 것을 나타낸다.

결국 문화적 이데올로기에 대한 나의 이론과 알뛰세적 접근 사이의 차이는 정치학의 차이로 나아간다. 이데올로기로서의 결정적인 의미를 부여함으로써 헐리우드 영화를 간단히 처리해버리는 것보다는, 내가 바라는 방식으로 그것들을 읽는 것이 정치적으로 더 유용한 태도이다. 나의 분석 방법은 다음과 같은 사실을 암시한다. 즉 반박할 수 없는 공포와 진정시킬 수 없는 욕구의 지표들을 이용함으로써, 현재의 문화 내부에서 새로운 사회적 조정의 실현을 지시하는 그 어떤 것을 찾아낼 수 있다는 사실을 말이다. 영화의 이데올로기가 지배의 실행만큼이나 하나의 반영이라면, 다시 말해 영화적 이데올로기가 중립화하려고 하지만, 근본적으로 그 중립화 작용의 통제

---

9) Ryan · Keller, *Camera Politica*(Bloomfield: Indiana University Press, 1988)을 볼 것. 특히 부록을 볼 것.

를 벗어나 있는 어떤 것들에 대한 반응이라면, 미국 영화 문화의 이데올로기에 대한 연구는 필연적으로 그 반대의 것, 즉 영화의 이데올로기가 대항하는 것(즉 불평등에서 야기되는 폭발적인 잠재력을 지닌 긴장, 합법화할 수 없는 사회적 체제의 자기모순, 억압된 사람들의 희망과 공포, 그리고 가부장적·백인 중심적 자본주의 사회가 부의 착취를 안정화하는 것에 대항하는 자신의 재산과 동일성에 대한 욕망 등)에 대한 연구가 될 것이다.

이러한 독법은 이데올로기를 미결정적인 현상으로 본다는 점에서 해체적이다. 즉 이데올로기는 불평등을 안정화하는 것일 뿐만 아니라, 또 그만큼이나 불안정성을 드러내는 것으로도 생각되는 것이다. 실로 알뛰세주의 영화 비평가들로 하여금 헐리우드 영화를 비난할 수 있게 하는 바로 그것(이데올로기적인 테마와 형식을 끈질기게 반복적으로 사용하는 것) 자체가 욕구와 욕망의 지표이다. 다시 말해 그 반복적인 집착은 현존하는 사회적 체계가 그 욕구와 욕망들을 충족시킬 수 없다는 사실을 지시하는 것이다. 백인적 가부장적 자본주의는 그 근본적인 작용 법칙(탐욕, 경쟁, 적자생존주의, 박애와 공감의 거부, 공동체의 원자화, 효율성의 이상화 등등)으로 인해, 영화 문화 속에 명백하게 나타나는 안전, 자기 가치, 복지, 평등, 공동체 등에 대한 폭넓은 욕망들을 만족시킬 수 없었다. 현재의 미국 영화 문화 속에서 이러한 욕구와 욕망들은 종종 보수적인 방향으로 그 배출구를 찾아왔다. 그러나 그럼에도 불구하고 내가 윤곽을 그린 이론적인 패러다임은, 그 욕망들이 또 다른 정치적 변화를 줄 수 있는 진보적 가능성을 내포한다는 사실을 암시한다.

이 자체가 하나의 해체적인 전략을 구성한다. 즉 그러한 대중적인 열망들에 정치적인 핵심과 의미를 부여하지 않으려는 노력, 또는 대리적인 정치적 구조들(그 안으로 대중적인 열망들은 현 국면에서 가능한 단 하나의 의미를 규정하는 것으로 번역되어 편입된다)을 받아들이지 않으려는 노력을 말이다. 그리고 이같은 의미의 미결정성은 사회 현상에도 적용된다. 1970년대 후반 미국 정부의 과세에 대한 인민주의적 반응은, 1980년대 중반에 이르러 정부의 과도한 방위비 지출에 대한 반응이 된다. 결국 내가 주장하려는 것은, 가장 완강해 보이는 욕구와 욕망들은 종종 사회주의적 사회 형태만이 제공할 수 있을 어떤 것들에 찬성하고 있다는 사실이다. 여기서 사회주의적 형태란 사회적·문화적·정치적·심리적·경제적으로 작용할 평등의 원칙을 의미한다.

그러므로 나는 다음과 같은 논의로써 결론을 대신하려 한다. 즉 해체론적인 분석은, 현존하는 이데올로기와 지배의 체계 내부에 대안적인 사회 체계를 지시하는 힘들을 위치시키기 위한 하나의 모델을 제공한다는 것이다. 그 모델 내부에서는 경제적 불평등과 사회적 위계질서의 해체적 평준화가 실현될 것인데, 이는 관념의 실행으로서가 아니라, 오히려 이데올로기가 부과한 경계 및 한계들에 대항하는 물질적인 잠재력의 성취로서 이루어질 것이다.

알뛰세의 이데올로기론에 대한 해체론적 재고찰은 정치학을 불가능하게 하기보다는, 오히려 알뛰세주의적인 입장에 의해 함축되는 것과는 아주 다른 정치학을 가능하게 한다. 대중은 기만당하고 있으므로 상층 계급의 문화적 반영물에 대해 레닌주의적인 안내나 전위의 지도가 필요하다는 것을 알뛰세의 이론이 암시한다면, 그 이론을 해체적으로 다시 쓰는 것은 이데올로기의 핵심에 있는 해결할 수 없는 문제점을 시사한다. 그 완화할 수 없는 모순의 집요함은, 이데올로기가 필요하게 되면 될수록 그 이데올로기는 더욱더 실패하게 됨을 암시한다. 또한 해체론적 재고찰은 물질적 욕망과 문화적 재현이 교차하며 서로서로를 규정하는 그 단층의 접촉선(fault line)에서 작용하는 다양한 힘들을 나타낸다. 그 힘들은, 이데올로기의 힘으로써 스스로의 붕괴 위기를 막아내는 동시에, 완전히 다른 세계가 도래할 잠재력을 억누르고 있는 현존하는 세계를 밀어젖힌다. 바로 그렇기 때문에, 대중적 재현 영역 내부의 작용에 내포된 중요성과 필요성에 대한 인식이야말로, 이데올로기론에 대한 이같은 재고찰의 주요한 정치적 결과라는 점을 나는 결론적으로 논의하고 싶다. 왜냐하면 대중적 재현의 영역은 그러한 진보적인 잠재력들을 지닌 욕구와 욕망들이 가장 손쉽게 재활용될 수 있는 곳이기 때문이다.

제7장
자유주의의 수사학

나는 사회적 현실의 실체가 비유적이며 구성된 것, 즉 제도화된 수사들(tropes)을 배열한 결과라고 주장해왔다. 한번 예를 들어 보자. 경제적인 힘의 구조를 시간적인 운동의 형태로 변형하는 진보나 '성장'의 이야기, 대중적 참여를 대표제의 엘리트주의로 대체하는 민주주의의 구성, 상호관계적인 사회적 현실들을 지워버리는 개인적 자유의 은유, 마약과 스포츠 같은 단편적인 물신들(fetishes)이나 부분적인 대상들을 통한, 대중적 수준에서 이루어지는 행복에 대한 환유적 형성, 억압과 폭력적인 분출이라는 이중적 부정의 역학으로 성적 욕망을 패턴화하는 것 등등. 사회의·실체는 이같은 형태 부여의 과정들, 즉 존재하는 제도들에 의해 '표상되는' 수사 이전의(pre-rhetorical) 현실적 외관과 결과를 창조하는 배열들로 구성된다. 그러한 사회적·수사학적 구조들에 있어 흥미로운 것은 그것이 하나의 긴장을 포함하고 있다는 사실인데, 그 긴장은 존재하는 체제의 안정화(stabilization)와, 그 안정화에 반작용하여 그것을 설정된 경계의 바깥으로 미는 힘들 사이에서 발생한 것이다. 이 장을 통해 나는 그 긴장들이 자유주의의 사회이론에서 어떻게 작용하는가를 고찰할 것이다.[1]

---

1) '자유주의'란 말로써 나는 개인주의의 사회적 이론을 의미한다. 자유주의의 일반적 의미에 대해서는, R. M. Unger, *Knowledge and Politics*(New York: The Free Press, 1975)와 T. Spragens, *The Irony of Liberal Reason* (Chicago: University of Chicago Press, 1981)을 볼 것. 스프라젠스는 그가

　거의 모든 사회 이론들은 자유주의와 같은 사회적 현실을 구성함에 있어 작용하는 수사학의 힘에 대해 그렇게 적극적으로 설명하지 않는다. 또 수사학의 주장을 반박하려고 애쓰는 사회이론도 거의 없다. 자유주의는 스스로를 원래(17세기 말에) 합리적인 사회적 체계로 제시했다. 즉 자유주의는 봉건적인 사회관계를 특징짓는 비합리적인 권력의 행사에 대한 직접적인 반대에 자신을 위치시켰다. 그러나 이 합리성은　민주적·물질적이거나　실질적·평등주의적이라기보다는, 형식적·관념적이었으며 또 보편적·초월적이었다. 그것은 수사보다 논리에 특권을 부여했으며, 현실화된 물질적인 것으로서가 아니라 형식적이고 추상적인 의미로서만 권리를 보장했다.

　보편성을 주장하기 위해, 사회이론으로서의 자유주의는 아주 특수한 사회적 형식, 즉 불평등의 합법화를 요구하는 자본주의와 결합되었다. 그리고 그 때문에 자유주의는 곧 많은 논리적 문제들과 마주치게 되었다. 가장 대표적으로, 자유주의는 단지 실질적인 불평등을 증진하는 방식으로만 추상적인 개인적 자유의 이상을 선언한다. 자유주의적 추상작용은 구체화된 물질성으로서는 절대 존재할 수 없었다. 따라서 자유주의의 이상은 늘 그 실제적인 결과들과 반목하는 듯 보였다. 게다가 보편적, 합리적, 논리적이기 위해 그 이상은 또한 수사학을 초월해야 했다. 즉 자유주의의 이상은 힘의 단순한 실행 또는 지시된 언어형식에 따라 재생되는, 겉만 번지르르한 관념의 형

　'자유주의적 이성'이라고 부르는 것을 다음과 같이 성격부여한다. 이는 '이성의 "자연적인 광명"에 의해 인도된 인간적 이해가 자율적일 수 있으며, 또 자율적이어야 한다는 것을 가정한다. 더 나아가 그것은 기준과 수단을 구성하며, 그것으로써 다른 모든 것들이 측정된다. 지식에 대한 탐구를 훌륭하게 시작할 수 있으며 이는 필요한 일이다. 지식에 대한 요구를 명백하고 분명하고 의심할 나위없이 자명한 기초 위에 놓는 것이 가능하며 필요하다. 이 기초는 단순하며 애매하지 않은 관념이나 지각으로 구성될 것이다. …… 타당한 인간적 지식은 방법과 실질 모두에서 하나의 총체(unity)이다. …… 어떤 의미에서 진정한 지식은 확실하고 "검증이 가능하며" 전적으로 명백하게 만들어질 수 있다.'

성을 초월해야 했다. 자유주의는 올바른 관념과 관계했으며, 실제적인 담론적 책략과는 무관했다.

그러나 물론 그 실제적 측면을 초월하려고 하면 할수록, 자유주의는 자본주의를 정당화하기 위해, 종속과 배제, 압축과 치환의 매우 실제적인 체계인 수사학을 극히 정교하게 구사해야만 했음이 더욱 명백해졌다. 그리고 이 수사학은 단순히 언어의 문제가 아니었다. 그것은 또한 자유주의적 생활 형태를 배열하고 구조하는 형식적 과정을 구성했다. 합리적 정치학은 직접 민주주의보다는 대리적 위임으로 이루어질 것이다. 경제학은 직접 배분이나 평등한 분배보다는 매개되고 치환된 소유와 통제로 이루어질 것이다. 사회적 배열은 남성의 개인적 자유에 대한 이상화와 과장을 중심으로 이루어질 것인데, 이때 남성의 개인적 자유는 제한되지 않는 물질적 욕심, 경제적·정치적 힘을 한 곳으로 집중하는 것, 중심부(majoritarian)적 관점을 주변부(margins)에 관철시키는 것, 여성과 유색인, 그리고 노동자들의 이익을 자본가계급의 이익에 복속시키는 것 등으로 규정된다. 충분히 실현된, 또는 보편적인 물질적 자유는 어떤 형식적 자유들로 대체될 것이다.

가장 형식적이고 추상적인 의미의 자유와 평등을 제외했을 때, 자유주의적인 사회적 담론의 형식들은 불평등하며 근본적으로 부자유스러운 것이었다. 따라서 자유주의가 이데올로기적인 사회 형태라는 것은 일찍부터 명백해졌다. 즉 그것은 진정한 인식을 어떤 이상화된 주장들로 대체하여, 더 일반적인 잠재성을 제한적으로 제시하는 것이었다. 모두가 자유롭다는 주장은 모든 이가 불평등하다는 현실을 은유적으로 대체할 것이다. 한편 필요한 것을 모두 소유하는 일반적인 자유는 시장에서의 제한된 기회의 자유로 대체될 것이다. 그러나 그런 은유성(metaphoricity)의 대가는 이성적 이상과 비이성적 실제, 약속된 유토피아와 제한된 현실 사이의 분리였는데, 그 분리는 그 이상이 진지하게 받아들여질 것이라는 가능성, 즉 실제로 적용된 보편성의 외관을 열어놓은 반면, 체계 내에 끊임없는 불균형과 오식된

페이지(slippage)를 생산했다. 개인적 자유에 대한 은유적인 이상화를 위해 다수의 이익을 현실적인 환유로 치환하는 과정이 고찰될 수 있을 것이며, 그것은 은유적인 과장에 비유되고 불합격으로 판정될 것이다. 바로 이것이 이 장에서 다루어지는 문제이다.

두 개의 서로 다른 말들 사이에 비교적인 동등성을 설정하는 은유의 구조에서와 마찬가지로, 자유주의 이론에서 시민사회와 자연은 처음부터 교환가능한 것으로 생각되었다. 즉 '사회의 모든 위대한 법칙은 자연의 법칙'2)이라는 것이다. 로크에서 루소에 이르는 자유주의의 위대한 초기 텍스트들에서 시민사회는 자연과 자연법학에 유추적으로 비유되었다. 즉 다음과 같은 식이다. '정부 아래에 있는 인간의 자유는 …… 그 사회의 모든 사람들에게 공통된다. …… 자연의 자유가 자연법(Law of Nature) 이외의 그 어느 것의 제약도 받지 않는 것과 마찬가지로 …… 자연이 훌륭하게 틀이 잡힌(well-formed) 인간의 키를 제한하는 것처럼 …… 바로 그렇게 국가의 가장 훌륭한 구성에 관계된 것 속에 제한들이 있다. …… 긴 지렛대의 끝에서 무게가 더 무거워지는 것처럼, 통치는 거리가 멀어질수록 더욱 힘들어진다. …… 힘을 가지려 하는 국가는 견고한 기반을 가져야 한다. …… 왜냐하면 데카르트의 소용돌이(the Vortices of Descartes)처럼 모든 사람들은 일종의 원심력을 발생시키기 때문이다.'3)

왜 자연인가? 자연은 속박으로부터의 자유뿐만 아니라, 전체에 포함된 부분들 사이의 질서와 조화를 함축하기도 한다. 달리 말해 이는 자유의 제도이자 속박의 제도이기도 한 자유주의적 자본주의의 이중적 성질을 암시한다. 자본가는 왕권의 지배로부터 자유로울 것이고, 노동자들은 통제될 것이다. 사회를 자연과 같이 조화로운 전체에 가능한 한 가깝게 유지할 책임이 있는 경찰에 의해 재산은 보호

---

2) T. Paine, *The Right of Man*(London: Penguin, 1979), 187면.
3) J. Locke, *Two Treatises of Government*(New York: Cambridge University Press, 1980), 324면.

될 것이다. 따라서 기업가의 개인주의를 합법화하고 자본주의적 시장의 무질서를 중심으로 질서의 뼈대를 유지하는, 정치적·사법적 형식들(통치권, 계약)을 정당화함으로써, 유추와 은유는 이데올로기적 기능을 위해 봉사했다.

자유주의는 논리적, 합리적 형식을 획득하였는데, 이는 처음부터 가지고 있었던 것처럼 가장되었다. 그러나 실상 애초에는 단 한번 최초의 몇몇 유추들이 허용되었을 뿐이다. 첫 번째 유추는, 자연법과 같이 시민법은 사회의 모든 사람들이 자유롭고 동등하다고 규정한다는 것이며, 둘째는 시민사회가 자연의 과학적 법칙에 따라 기능한다는 것, 다시 말해 시민사회는 질서있고 합리적인 일종의 기계라는 것이다. 첫번 유추에서는 개인적 권리의 교리가 도출된다. 자유롭고 자기소유적인(self-possesed) 개인은 말하거나 재산을 소유하는 것 등에 있어 똑같은 권리를 갖는다는 것이다. 두 번째 유추에서는 정치적 통치권의 교리가 도출된다. 전체로서의 국가는 하나의 통합체, 즉 부분들의 질서있는 조화로서 유지되어야 한다는 것이다.4)

자연 유추의 한 가지 목적은, 개인적 자유를 은유적이거나 순수하게 형식적인 원칙으로 만들려는 것인데, 이 원칙은 사회를 그 일상 생활의 물질적 전개 외부에서 규정한다. 자유주의 사회에서, 자유와 평등은 실질적으로 보증되거나 구성되지 않을 것이다. 따라서 단지 형식적인 평등만을 소유한 채 실질적으로는 불평등한 사람이 있을 개연성은 언제나 존재할 것이다. 그러므로 첫 번째 자연 유추의 형

---

4) 이같은 관점은 자유주의적 교리를 거듭 주장하는 Hayek, *Law, Legislation, and Liberty: The Mirage of Social Justice*(London: Routledge and Kegan Paul, 1976)에 명백하게 나타난다. 헤이에크에게 자연은 역사 이전의 범주가 아니다. 그것은 탈자유주의적, 반자본주의적인 사회주의 실험을 지칭하는 명칭이다. 그는 다음과 같이 말한다. '실로 "사회적 정의에 대한 요구는, 사회적 정의와 같은 눈에 보이는 공동의 목적이 없는, 커다란 사회(Great Society)의 통일이라는 추상적 요구들에 대한 종족적 정신의 반항을 표현하는 것이다'(144면). 나는 이 말이 무슨 뜻인지 모르겠다.

식 내부에는 긴장의 가능성이 놓인다. 두 번째 유추는 바로 이 가능성에 대해 대답한다. 첫 번째 유추가 모든 이에게 은유적이거나 형식적인 의미에서만 자유를 부여했다면, 두 번째 유추(사회는 자연이라는 기계의 과학적 법칙에 따라 조정되는 조화로운 전체라는 것)는 실질적 불평등을 수정하려는 긴장으로 고무된 사람들에 대한 힘의 행사에 이론적 해석을 제공했다.

물론 자유주의 이론은 이와는 달리 설명했다. 개인적 자유와 전체의 질서 사이에는 타협이 작용할 것이다(밀, 『자유에 관하여』). 또는 개인적인 이익을 자연적으로 자유롭게 실행하는 것은 결국 사회적 조화로 결과할 것이라고 주장하는(스미스, 『국부론』) 방향으로 이론이 진전될 수도 있다. 또는 정치적 통치권의 제도가, 안전을 위한 권리의 계약적 교환의 개념(홉스, 『리바이던』)이나 시민사회의 각 부분들 사이에 일어나는 과학적인 비율(scientific ratio) 및 균형(루소, 『사회계약론』)의 개념으로써 자연적인 평등의 권리와 사회적 불평등이라는 실제 사실 사이를 중재할 것이라고 주장될 것이다. 어떤 경우든 두 개의 유추는 공동으로 작용했다. 이는 한편으로는 자본가의 자유를 보장하고, 다른 한편으로는 자연 유추(그 결함)에 의해 암시되는 물질화된(순수하게 형식적인 것이라기보다는) 평등의 급진적 잠재력이 한계 안에 갇힐 것이라는 사실을 명확히 했다.

자유주의 이론에서 자연은 시민사회와 유추적으로 동일시되는 모습을 지닐 뿐만 아니라, 또 시민사회가 주의깊게 경계하여 쫓아내야 하는 타자로서도 기능했다. 모두에 대항하는 모두의 시민전쟁, 법을 넘어선 힘의 만연, 그리고 소유권 보장의 전적인 결여로서 정의되는 자연은, 적어도 자유주의적인 시민사회가 존재하기 위해서는 반드시 극복해야 하며 또 영구히 사회의 외부에 두어야 하는 어떤 것을 지칭하는 이름이었다. 이러한 이미지들과 함께 자연은 불평등에서 발생하는 시민사회 내부의 긴장을 지칭하는 것이 되었다. 자유주의의 논법에 의하면, 시민사회 내부에서부터 나타난 소유권에 대한 위협은 자연으로의, 즉 이성보다는 힘에 기반한 세계로의 회귀 가능성을 형성했다.

그리하여 자연의 이중적 의미는 자유주의 사회의 핵심에 있는 필연적인 이중성을 지시했다. 자연은 강제되지 않으며 위협하는(특히 법률적으로 인가되고 보호되는 소유권에 대해) 어떤 것이었지만, 또 소유권을 보호하는 법률의 시행 및 제약을 정당화하는 질서와 합법성의 원칙이기도 했다. 자율적인 남성 자아(자유주의가 창안됨과 더불어 설정된 유일한 합법적 소유권 보유자)의 영역은 질서의 모성적(maternal) 원칙에 의해 보증되었는데, 그 모성적 원칙은 위협받는 자아와 불안정한 자기소유(self-possesion) 주위에 안전한 경계를 설정하였다. 그러나 모성적 원칙—— 이 말로써 나는 여성, 노동, 노예상태, 마법 등등의 모든 물질성(materiality)을 의미한다. 이는 남성적·개인주의적·추상적 자유의 지표인 합리적 타당성을 가진 경계부여된 동일성으로부터 배제되었다—— 은 또한 그 모성적 원칙이 기반한 소유권과 자기동일성을 전복하고 삼켜버릴 가능성을 가장 강력하게 산출하는 것이기도 했다.

따라서 순수하게 객관적이고 감정적이지 않으며(anti-affective) 탈문맥화된 이성의 남성적으로 사회화된 어떤 원칙(a male-socialized principle)이, 그 위협을 제거할 도구가 되어야 한다는 것은 당연하다. 초기 자유주의와 초기 자본주의는 아버지들과 어머니들 사이의 싸움의 역사를 보여주는데, 여기서 어머니들(노동의 물질성에 묶였으므로 추상작용이라는 이성의 높이에 오르지 못했던 사람들을 '어머니들'이란 말로써 나타낸다면)이 패배하고 있다.5) 자유주의 이론은 이같은 작용을 순수하게 논리적인 것으로 제시했다. 그러나 그것은 또 그만큼이나 순수하게 수사학적인 것으로 쉽게 규정될 수 있을 것이다. 자유주의 이론의 논리는 다음과 같다. 즉 자유로운 자연과의 유추에 근

---

5) 유럽에서의 자본의 본원적 축적을 종의 재생산이라는 여성적 힘의 축적으로 설명한 것으로 S. Federici · L. Fortunati, *Il grande Calibano: storia del corpo social ribelle nella prima fase del capitale*(Milan: Angeli, 1984)을 볼 것.

230

원을 두고 있는 개인주의적 자유(무제한의 남성 이기주의)의 이상은 과학적으로 연역된 자연법을 확실히 할 뿐만 아니라, 세계와 객관적으로 관계함에 있어 개인적 정신(이성의 저장소인)이 작용하는 양식이기도 하기 때문에 합리적이라는 것이다. 자유롭게, 또는 자연스럽게 결정하는 것은 합리적이 되는 것이다. 그리고 그러한 자유로운 자기소유는 논리적으로 자신의 자아와 재산을 어떻게 처리할 것인가를 자유롭게 결정할 권리로 바뀐다. 홉스는 다음과 같이 말한다. 즉 '소유가 없는 곳에는 …… 국가(commonwealth)가 없으며, 타당성이 없다.'6) 순수논리 및 순수하게 과학적인 합리성에 대한 이상은 이같은 사회적 이상들과 결정적으로 맺어진다. 그러나 이런 이상들(자연, 자유, 개인적 의지, 소유권) 사이의 연결은 은유(자연과 사회 사이의 유추관계)에서 환유(소유권과 같은 사회적 제도 또는 일종의 물질성과 개인 사이의 끊임없는 연결)로 움직이는 부수적이며 비유적인 것일 뿐이다. 자유주의적 이성은 수사학적 과정에 근거하는데, 이는 자연적이며 비수사학적이라고 하는 자기 자신의 전제와 모순한다. 자연은 자명한 의미의 비수사학적인 근거를 암시한다. 그러나 자연과 자유주의적 시민성(civility)을 연결하는 바로 그 유추는 자명성의 명백한 기반 속으로 수사학이 스며들어가게 한다.

더욱이 자연 은유에 자유주의의 기초를 두는 것은, 한 사물에서 다른 것으로(자연에서 시민사회로) 가는 하나의 유추적 치환으로서의 은유를 가능하게 하는 치환의 과정을 전제한다.7) 시민사회는 하나의 치환인데, 이는 자연을 시민성이나 법률로 바꾼 것이다. 그리고 이는 필연적으로 권리를 사람들로부터 통치권으로 이동시킨다. '따라서 아

---

6) T. Hobbes, *Leviathan*(London: Macmillan, 1962), 113면.
7) C. B. MacPherson, *The Political Theory of Possessive Individualism* (Oxford: Clarendon Press, 1962)을 볼 것. '시민사회로 들어가는 계약은 어떠한 새로운 권리도 만들지 않는다. 이는 단지 자연상태에서 자기들의 자연적 권리를 보호하기 위해 남자들(원문대로)이 가지고 있던 힘을 시민적 권한(civil authority)으로 바꾼 것일 뿐이다'(218면).

주 많은 사람들(Men)이 하나의 사회로 완전히 묶여져 모두가 자연법의 실행을 그만두고 그것을 공공에 위탁하게 된 곳에는 어디나 단지 하나의 정치적 사회 또는 시민사회가 있을 뿐이다. …… 그리고 이는 모든 논쟁들(Contro-versies)을 종결시킬 권위와 더불어 지상의 심판을 확립함으로써 인간(Men)을 자연 상태로부터 국가(Common-wealth)에 위치시킨다.'[8] 그러나 자유주의적 은유가 사회를 '자연법'과 동일시함으로써 확립하려고 하는 권위는 그 은유를 존재하도록 하는 치환이 이루어지는 바로 그 순간에 치명적으로 반박된다.

은유를 가능하게 하는 치환의 구조는 의미가 고유의 것이 아니며, 정치적 권리들처럼 시민사회로 입회하는 동안에 한 사물에서 다른 것으로 이동될 수 있다는 것을 가정한다. 그러나 그것이 사실이라면, 자유주의적 의미에서 자연적인 것은 아무 것도 없다. 다시 말해 아무 것도 자기 자신 및 자신의 고유한 의미를 행사할 힘을 갖지 않는다. 이는 인간의 통찰 외부에 스스로 존재한다고 가정된 자연의 법칙만큼이나 거역할 수 없는 사실이다. 치환으로 인해 어떤 의미도 자유주의가 주장하는 대로의 자연적 의미만큼, 즉 자연 쪽으로 비춰진 단순한 거울처럼 자기충족적일 수 없다. 자유주의 이론가들에게 자연이란 완전히 치환의 외부에 있는 어떤 것이다. 그것은 본래적이고 완전히 자기충족적이며 또 독립적이다. 하지만 치환은 다음과 같은 사실을 함축한다. 즉 어떤 이타성(alterity), 곧 자기 자신이 아닌 것이 될 가능성이, 또는 은유적 이동 행위를 통해 자신의 고유한 의미나 존재의 영역 바깥으로 나아갈 가능성이, 자유주의적 가정들을 고정시키는 자연적 근거 바로 그것을 가능하게 한다는 것이다. 자연법이 자유주의적 시민성으로 치환되려면, 그리고 자연의 본래적 의미가 아마도 탈자연적(post-natural)일 자유주의의 제도들로 이동되려면, 자연은 원래부터 치환이 가능해야 한다. 자유주의적 사회 형태(자연법에의 유추)에 강제적인 힘을 주는 듯이 보이는 바로 그것은,

---

8) Locke, *Treatises*, 460면.

따라서 그것이 자유주의에 준 만큼의 것을 빼앗으려고 위협한다. 자기동일성 및 자연의 독립성을 주장하기 위해, 자유주의는 바로 그 자기동일성과 고유성을 불가능하게 하는 치환의 원칙에 의지해야 한다.

문제는 특히 자유주의 이론의 중심, 즉 개인적인 소유권('모든 사람들이 자연법의 집행력을 갖는다는 것')과 관계된다. 그러나 다른 사람에게 양도하거나 넘길 수 없는 절대적인 소유권이란 없다. 왜냐하면 개인적인 소유권에 대한 자유주의적 이론의 근거가 되는 치환은 동시에 바로 개인적인 자기충족성(self-sufficiency)의 관념 자체를 뒤흔들기 때문이다. 권리는 양도가 불가능한 것으로 설정되어야 할 필요성이 있는데, 이는 오히려 그 권리의 제거가능성을 입증한다. 권리를 양도하는 것이 분명히 가능하기 때문에, 양도가 불가능하다고 단지 선언될 뿐이다. 따라서 권리를 주장하는 것은 언제나, 권리(자연과 유사한 것으로서의)가 부정하고자 하는 바가 실제로는 가능하다는 사실을 방어적으로 긍정하는 일이다. 달리 말해 소유권은 사회적으로 보증된 '자연적' 권리로서 긍정되어야 하는데, 바로 그렇게 사회적으로 보증된 소유권은 이미 비자연적이고 조건 부여된 것일 뿐이다.

소유의 치환 가능성은 소유권에 의해 긍정되는 동시에 부정된다. 소유권이란 소유권자가 아닌 어떤 다른 사람이 그것을 가지거나 빼앗을 것이라는 사실을 함축한다. 따라서 재산 소유와 관계된 자기동일성은 분열된다. 즉 '공동의 것'이 아닌 경우에 있어서만 '고유한' 것은 그 고유성을 가진다는 것이다. 실로 로크는 소유를 공동의 것(commons)으로부터 빼낸 어떤 것으로서 정의한다. 그러므로 소유권이란 스스로가 본래적이거나 또는 어떤 사람에게 고유한 그 무엇이 아니다. 그것은 재산을 공동으로 소유하거나 치환할 수 있다는 사실을 부정하는 것이다. 그런데 이같이 치환의 위협이 존재하고 또 방어되는 이유는, 소유권이란 것이 은유를 통해 '자연적' 권리로서 소유권을 구성하는 과정 자체인 소유권 제도의 내부에 있기 때문이다.

소유권을 주장함으로써 소유권에 내재된 위협을 막아내는 것으로 보아, 자연에 대한 자유주의적 담론이 가진 방어적인 성격은 명백하다. 소유권에 대한 주장 자체가 재산을 빼앗으려 하는 갖지 못한 자들의 존재를 함축하기 때문에, 자유주의 사회에서 소유권은 실질적인 현실이 아니라 형식적 권리 및 추상적 이념으로서만 보편적일 수 있다. 그러나 이는 바로 모두에 대한 모두의 싸움이라는 자유주의 이전(pre-liberal) 상태의 특징적인 모습일 터이다(이는 자유주의적 시민성으로 바뀌었다고 가정된다). 사람들을 소유권으로부터 오히려 배제시키게 되는(단 한 사람이 모든 재산을 가진다고 해도 자유주의는 여전히 합리적이고 논리적일 것이다) 소유에 대한 법률적 권리의 필요성은 다음과 같은 사실을 나타낸다. 즉 어떤 사람들은 실제로 실행되지 않는 형식적 권리로서만 소유권과 관계를 맺을 것이라는 사실 말이다. 소유권에 대한 법률적 보호는 또한 필연적으로 소유권의 박탈이기도 하다. 왜냐하면 어떠한 법률적 메커니즘도 동등한 분배나 최저 소유를 보증하지 않기 때문이며, 또 소유에 대해 법률적으로 보호한다는 것은 결국 재산을 다른 사람에게 빼앗길 가능성이 전혀 없을 만큼 소유권이 충분히 보편적이지 않다는 사실을 의미하기 때문이다. 재산에 대한 '권리'가 존재한다는 사실 자체는, 소유하지 못한 사람들로부터 소유권의 우연성이 보호되어야 하는 사회적 상황을 의미한다. 따라서 자연법과 유사한 보편성의 표시이자, 또 단순한 자연을 넘어서는 시민성의 표시인 자유주의적 법률 자체는 자유주의적 시민사회의 야만적인, 즉 배타적이고 적대적인 성질을 가리킨다. 그 진정한 본질은 일종의 시민전쟁이라고 할 수 있다. 소유를 보증하기 위해 법률이 필요하다는 사실 자체는 결국 소유가 보편적이지 않음을 지시한다. 그리고 그것은 가지지 못한 사람들에게 결핍과 박탈의 힘을 동시에 행사하는 비일반적인 개별성으로서 소유권을 규정한다. 소유권은 자유주의적 시민사회 내부에 있는 야만의 표시이다. 그것은 자유주의적 시민사회의 비시민성(uncivility)을 표시하는 것이다.

이 해체적 자기모순9) 속에 하나의 진보적인 가능성이 있다. 합리적인 보편성이라는 과학적 원칙은 보편적이지 않거나 균형 잡히지 않은 현실에 억지로 적용된다. 그럼에도 불구하고 이 원칙은 현실을 균형 잡히도록 만들기 위해 필요한 변화들을 함축한다. 합리적인 보편성이란 자유주의가 자연 은유를 통해 얻는 진정한 이득일 터인데, 바로 그 합리적인 보편성의 원칙을 만족시키기 위해 자유주의 사회는 보편적 평등이나 소유의 균등성을 보증할 필요가 있을 것이다. 물론 그 모든 것은 자유주의식 소유(즉 배제의 실행으로서의)의 소멸을 의미할 것이다. 보편성은 비고유성(non-properness)과 비개별성(non-particularity)을 함축한다. 즉 보편적인 것은 개인적 자기동일성의 경계들을 가로지른다. 공동의 것으로부터 빠져나오고 방어되는 소유된 어떤 것으로서의 고유성은, 필연적으로 분배의 공평성을 함축하는 보편적인 원칙들로 된 어떤 사회에서는 존재할 수 없을 것이다. 따라서 자유주의는 스스로를 소멸시킬 도구들을 제공하는 셈이다. 이때 자유주의적 시민사회는 자신의 시민성 부재를 스스로 누설하는 한편, 또한 더욱 시민적인 사회적 조정을 향한 길을 제시하게 된다.

자유주의의 예상적인(proleptic) 성질은 자유주의의 기초를 이루는 은유에 내포된 치환의 원칙에서 가장 명백히 발견된다. 치환은 자유주의의 가능성의 조건이다. 동시에 치환은, 자유주의가 자신을 위해 설정한 윤곽과 경계 안에 고스란히 갇힌 체계가 될 불가능성의 조건이기도 하다. 치환에 의해 자유주의의 뿌리에서부터 생산되는 불안정성은 또한 자유주의를 그 경계 바깥으로 무자비하게 밀어낸다. 자유주의는 자연에서 시민사회로 가는 최초의 의미론적 전이나 치환을 가정한다(국가에 소속되기 위해 자연권을 포기하는 것, 또는 그 국가의 법률적 모델을 제공하는 자연법과의 유추 역시 그렇다). 그러나 치환의

---

9) [역자주] 원문에는 'antimony(원소번호 51의 안티몬이라는 금속)'로 되어 있다. 아마도 'antinomy'의 오식인 듯하다.

과정이 계속 되지 못하도록 막는 것은 아무 것도 없다. 실로 거기에 함축된 자유주의적 권리 담론의 내부적 불안정성은 계속적으로 작용한다. 그리하여 결국 자유주의적 사회이론의 역사는, 자유주의적 제도에 내재한 치환이 불가피하게 생산하는 틈을 메꾸려는 여러 시도들에 대한 서술이 된다. 만일 군주와 귀족으로부터 땅을 소유한 시민계급이나 도시 상인에게로 권리가 옮아갈 수 있다면, 상인이나 시민(gentry)에게서 여성, 노예, 노동자들에게로 권리가 이동되는 것은 왜 불가능하단 말인가? 만일 정부라는 것이 애초부터 전이나 치환과 관계된 것이라면, 왜 그것은 무한히 치환되는 것이어서는 안되는가? 근본적으로 자유주의에 연루되어 있는 자유주의 사상가들은 이 문제들에 대해 치환의 효과를 중립화하는 방식으로 대답하려 할 것이다. 그러나 그들이 부과하는 한계는 단지 통제불가능한 일탈의 표시가 될 것이다. 그리고 지나치게 굳게 닫힌 그 문은 실제로 문이 열릴 것에 대해 그들이 걱정하고 있다는 사실에 대한 증거이다.

　예를 들어 몽테스키외의 『법의 정신』10)을 보라. 몽테스키외는 단지 세 종류의 정부만 존재하길 원할 것이다. 그런데 각각은 그 특수한 부패의 형태를 갖는다. 그러나 공화제 민주주의의 부패는 외적인 우연한 일이나 악(evil)이라기보다는, 자유주의적 시민사회 내부에서 네 번째의 정부 형태를 향해, 자유주의가 설정한 경계들을 넘어 힘이 분산될 수 있다는 가능성의 지표이다. 몽테스키외는 다음과 같이 말한다. '평등의 정신이 사라질 때뿐만 아니라 사람들이 과격하고 극단적인 평등 정신에 떨어질 때, 그리고 각각의 시민이 자기들이 뽑은 명령권자와 기꺼이 동일한 위치에 있고자 할 때에도 민주주의의 원칙은 부패한다. 그렇게 될 때 자기들이 위임했던 바로 그 권력을 감당할 수 없는 사람들은 모든 일을 되는 대로 처리하고자 한다. …… 이러한 방종(license)은 곧 일반화된다. …… 부인들, 아이들, 노예들은 모든 종속을 뿌리칠 것이다. 그렇게 되었을 때 더 이상 예

---

10) B. de Montesquieu, *The Spirit of Law*(New york: Hafner, 1949), 109면.

의, 질서, 미덕 같은 것들은 존재하지 않게 될 것이다.' 몽테스키외는
자유주의의 기본적 원칙들이 무한히 치환될 수 있게 되었을 때, 즉
자유주의의 토대인 치환이 법률, 관습, 권력 등에 의해 제한되지 않
게 되었을 때 일어날 일에 대해 정확하게 기술하고 있다. 평등은 법
률에 의해 제한되고 한계부여되는 권리라기보다는('자연 상태에서 모
든 인간은 평등하게 태어난다. 그러나 그들은 이 평등을 유지할 수 없
다. 사회는 사람들이 평등을 잃도록 한다. 그리고 오직 법률적 보호를
통해서만 평등을 회복한다', 111면), 제한되지 않는 힘(force) 즉 모든
사람들에 의해 주장되는 권리가 될 것이다. 이전의 홉스나 록크처럼
몽테스키외 역시 치환의 위험을 인식한다.11) 통치자에게 전이된 권
리들은 그 반대쪽으로도 전이될 수 있다. 자연으로부터 재산을 가진
남성에게 전이된 권리들을 '부인들, 아이들, 노예들'이 가질 수도 있
는 것이다.

고전적인 자유주의 이론가들이 설정한 경계 너머로 권리가 전이
될 가능성의 원칙을 적절하게 이용한 최초의 자유주의 이론가 중의
한 사람은 마리 볼스톤크라프트(Mary Wollstonecraft)라는 페미니스
트였다. 『여성 권리의 옹호』라는 책에서 그녀는 다음과 같이 말한다.
'여성에게 권리를 주어라. 그러면 여성들은 남성 못지않은 미덕을 가
지게 될 것이다.'12) 가부장적 헤게모니는 단지 자유주의의 이차적
성격이 아니다. 최초의 이론적 구성에 있어 자유주의의 교리는 뿌리
깊게 남성적이다. 소유권은 누가 무엇을 소유하는지, 그리고 누가 무

---

11) [역자주] 홉스는 애매성, 얼버무림, 부적절한 은유 등을 난동과 관련시킨다.
  홉스에게는 형이상학적 합리주의와 정치적 절대주의가 서로 떠받치고 있기
  때문이다. 이 점은 언어에서 의미의 절대주의적 이론이 권위주의적 법률이
  론과 상호의존하는 방식에서 잘 드러난다. 이를테면 군주의 법률의 권위는
  언어의 명료하고 적절한 의미를 확립하는 것에 의존하는 것이다. (『해체론
  과 변증법』, 평민사, 1994, 34쪽 참조.)
12) M. Wollstonecraft, *A Vindication of the Rights of Woman*(London:
  Penguin, 1978), 319면.

엇을 상속받는지를 알 수 있는 능력에 의존한다. 소유의 이전가능성은 아버지의 이름에 의해 조정되고 아들에게 이어진다. 그러므로 가부장제는 자유주의적 시민사회의 기반인 재산의 보존에 있어 결정적인 것이다. 부계의 성(姓, patronymic)은 자유주의의 남성적 본질을 보여주는 표시이다. 그러나 자유주의에 존재하는 타당성, 통제, 제한 등을 보여주는 다른 지표와 마찬가지로 부계의 성 역시 무제한적 치환의 위험이 있음을 입증한다. 물론 부계의 성은 무제한적 치환에 대해 방어하려 하지만 말이다. 자유주의 시민사회가 살아남기 위해 재산은 이전되어 보존되어야 한다. 그러나 시민사회의 생존을 보장하는 바로 그 전이는 또한 시민사회가 사라질 가능성을 초래한다. 부계의 성은 재산이 통제불가능하게 전이될 수 있는 현실을 제한하는 동시에 또한 가리킨다.

따라서 볼스톤크라프트가 주창한, 남성으로부터 여성에게로 권리가 이전할 가능성은 단순한 시민적 자유의 확대 이상의 것과 관계된다. 그녀의 주장은 소유권과 자유주의의 연관성, 또는 재산을 가진 남성들의 정치경제적 권력과 자유주의의 핵심적 연관성을 다루고 있는 것이다. 존 스튜어트 밀(John Stuart Mill)은 여성의 권리를 원칙적으로 인정하지만 그것이 실제로 실현되지 않게 되기를 요청함으로써, 자유주의로 하여금 이러한 도전에 대한 대답을 마련하게 한다. 여성은 '자신의 일을 선택할 자격이 있다. …… 개인적인 의견에 속하는 모든 인간적 관심에 일정한 영향을 미칠 자격이 있다. 그녀가 그 일들에 실제로 참여하려 하건 그렇지 않건 간에 말이다.'13) 이 논의는 소유에 대한 자유주의적 정당화를 개괄한 후에 나온다. 소유는 추상적이고 형식적인 권리이며, 그 자체로는 보편적이다. 그러나 그것은 구체적이고 실질적인 현실로서는 보편적일 수 없다. 보편적 원칙의 형식은 권리를 형식적 추상의 수준에 위치시키기 때문에, 그

---

13) J. S. Mill, 'An Essay on the Subjection of Women', A. Rossi(편), *Essays in Sexual Equality*(Chicago: University of Chicago Press, 1970), 222면.

스스로가 소유의 현실적 비보편성이 초래하는 결과들을 방어하는 하나의 방법이다. 이와 비슷하게 원칙적으로 여성은 권리를 부여받는다. 그러나 실제에 있어 여성들의 첫째 의무는 가정 내부에 있다고 밀은 주장한다. 이같은 자유주의적 논의에는 권력의 동어반복(tautology)이 작용하고 있다. 추상적이고 이론적인 — 또는 메타 실천적인(meta-practical) — 소유권이 암시하듯이, 밀에 의하면 여성들에게 권리를 주면서 빼앗는 추상적 원칙의 태도는 여성보다는 남성에게 부여된 사고 형식(추상)에서 기인한 것이다.

페미니즘 이외에, 자유주의에 기초를 놓은 이론적 아버지들이 설정한 경계들을 넘어 권리의 치환을 증진시킨 또 다른 운동은 사회주의이다. 권리는 최초로 가난한 사람들을 위해 요구된다. 그리고 권리는 노동자 및 그 외의 가지지 못한 사람들을 위해 요구된다. 페느(Paine)는 사회적 복지를 하나의 권리로 만든다. 그는 다음과 같이 말한다. '(가난한 사람들과 노인들을 위한) 이같은 지원은 …… 자선의 성격을 가진 것이 아니다. 그것은 권리의 성격을 가진 것이다.'14) 마르크스는 결국 소유권에 대한 로크의 원칙을 자유주의에 반대되는 방향(소유권이 노동에 의해 결정된다는 것)으로 돌리길 원할 것이다. 그리고 민주주의의 이념을 정치적 제도뿐만 아니라 경제적 제도들도 포함시키는 방향으로 확대하려 할 것이다. 페미니즘에 대해 반응하는 방식이 그렇듯이, 자유주의는 사회주의에 대해서도 합리주의적 노선을 따라 대응한다. 즉 수사학보다 논리를 우위에 놓으며, 구체적이고 실질적인 실천보다 추상적고 형식적인 이론을 우위에 놓는 것이다. 수사학적인 유추(만일 당신이 소유한다면, 우리도 그럴 것이다)에 대한 물질적 요구는 수학적인 효율성이라는 관념적인 계산법(calculi)에 의해 부정된다. 자유주의 이론가들에 의하면, 국가나 사회적 계획은 비합리적이고 비효율적임에 반해 개인들의 합리적 선택에 기초한 시장의 형식적 균형은 합리적이다. 그리고 이같은 계산법이

---

14) Paine, *Rights*, 265면.

깨어졌을 때는, 법률로 표현된 국가 권력의 형식적·보편적 합리성이 조화를 보장할 것이다. 여기서 논리는 더 이상 서술적(descriptive)이지 않고, 규정적(prescriptive)이 된다.

그러나 이러한 부정적인 운동들은 오히려 스스로가 반발하고 있는 바로 그것의 존재를 증명한다. 그 위협은 자유주의에 처음부터 내재한 치환의 힘이 자유주의와는 다른 사회적 편성을 초래할 수 있게 되는 가능성이다. 이때 그 사회적 편성은 자기동일성의 논리(사회=자연, 즉 자본주의적 사회 관계들=과학적 법칙)에 기초하지 않고, 그 논리를 넘어서, 또는 그 논리 아래에(둘 중 어떤 비유가 적절할까?) 있는 치환의 수사학 바로 그것에 기초한다. 일반적으로 그 위협은 물질적이고 수사학적인 차원들을 강조하는 이론들 속에서 표현되는데, 자유주의적 보편성 및 효율성의 계산법은 그 차원들을 간과하거나 억제하도록 고안되어 있다. 자연적이거나 과학적인 법칙과 유사하며 수사를 초월하는 자명한 진리의 원칙들을 강조하는 자유주의적 논리의 관점으로 보았을 때, 그 물질성이나 수사성(rhetoricity)은 필연적으로 불합리하게 보인다. 자유주의는 자유와 조화라는 이상으로써 구체적인 불평등을 숨기거나 이데올로기적으로 정당화하는데, 마르크스주의적 전통에 있어 유물론적 관점은 바로 그 자유주의 시민사회의 구체적인 불평등을 강조한다. 한편 니체적인 인식 비평의 관점은 좀더 수사학적이다. 그것은 외관상 논리적이고 합리적인 자유주의 이론의 범주들(이를테면 근원적인 사회적 인자로서의 개인, 전체를 대표하는 것으로서의 국가, 선택의 객관적인 질서부여로서의 시장 등등)을 발생시킨 유추(analogy), 대조(contrast), 차이화(differentiation), 응축(condensation), 대체(substitution)의 과정을 강조한다. 마르크스주의와 니체의 사상적 전통은 모두, 자유주의의 근본적인 사회적 범주들(개인, 권리, 시장, 소유, 그리고 정치적 통치권)의 치환 가능성과, 이 모든 범주들이 물질적 수사성에 의존하고 있다는 인식에 기초한, 어떤 사회적 형태의 가능성을 가리킨다.

자유주의에 대한 수사학적 비판은 유물론적 비판 못지않게 본질적이다. 수사학적 비판은 자유주의 이론의 물질성(materiality)을 지적한다. 즉 자유주의 이론은 필연적으로, 자유주의적 사고가 계획하고 실제로 구성하는 세계에 대한 이미지를, 구체적인 단어들로써 엮어내야 하는 것이다. 만일 자유주의가 추상적인 합리적 이념을 선호하여 물질성을 억압함으로써 그 기초를 만들어 왔다면(따라서 실질적인 평등한 소유보다는 재산을 모을 수 있다는 형식적 평등을 강조한다), 이때 자유주의는 또한 그만큼 수사학을 억압한 것이기도 하다. 왜냐하면 억압된 물질성이란 수사학, 즉 자유주의의 이념이 재현되고 구성된 언어의 구체적인 형식과 스타일에 다름 아니기 때문이다. 만일 물질성을 강조하는 것이 자유주의적 겉치레를 허물어뜨린다면, 수사학에 대한 강조 역시 그럴 것이다. 왜냐하면 수사학은, 언제나 구체적인 역사적 세계에서 초연한 듯이 보이는 자유주의적 개념들의 성립을 설명하는, 구성의 메커니즘을 그려보이기 때문이다.

자유주의 사회에 대해 물질적으로 이해하게 됨으로써 자유주의의 근본적 제도들(소유와 주권)의 자명성이 해체된다면, 그와 마찬가지로 자유주의 이론에 대한 수사학적 이해는 그 제도들을 정당화하는 것의 자명성을 해체한다. 자유주의가 노동의 물질적 현실과, 소유 및 자유에 대한 자유주의의 모든 이상이 소수의 축재를 위한 다수의 신봉건적(neo-feudal) 억압에 기초한다는 사실을 인정할 수 없듯이, 그와 마찬가지로 자유주의는 수사학의 물질성, 다시 말해 자유주의를 합리화하는 모든 이론들이 결국 그 이론 자체를 무너뜨리는 언어적 형식(예를 들어 유추)에 의존한다는 사실 역시 승인할 수 없다.

자유주의는 임의로 수사학을 억압할 수는 없다. 즉 자유주의는 수사학을 인정할 수는 없지만, 여전히 그 장치들을 보존한다. 수사학은 자유주의 사상가들이 꺼리는 방식으로 물질성을 인정할 필연성만을 의미하는 것은 아니다. 수사학은 또한 자유주의 이론이 단념할 수 없는 고유한 내재적 의미들, 즉 공공의 이득에 책임을 지지 않는 자유로운 경제적 의지의 장소로서의 개인, 한 사람의 주체에게 양도할 수 있는 객체로서의 재산의 제도, 사회적 구조에 의해 형성되지 않은 개인들 및 단체들에 특유한 권리 요구 등등이 가진, 고유한 의미의 치환 가능성을 수반하기도 하기 때문이다. 자유주의를 합법화하기 위해서는 수사학보다 논리가 선택되어야 한다. 왜냐하면 논리는 자유당원으로 하여금 봉건적 당파심을 타도하도록 하는 보편주의적 합리성에 적합한 수사학적 양식이기 때문이다. 그러나 논리는 또한 문맥적으로 연관된 관계에서 발생하는 내포적 의미(implications)를 제한하는 필연성의 규칙을 따른다. 그리고 논리는 자유주의 이데올로기가 실제 내용의 가변성에 저항하면서 순수하게 형식적으로 남아 있을 수 있도록 한다.

다른 한편 수사학의 실제적인 관심은 단순히 형식적인 관심을 극복한다. 보통 수사학적인 항변은 어떤 특정한 정의(justice)를 옹호하기 위한 것이며, 어떤 구체적인 부당성(injustice)에 대항하는 것이다. 하나의 비유는 하나의 특수한 이미지이며 일반적인 관념이 아니다. 또 그것은 하나의 내용이라기보다는 하나의 형식이다. 하지만 이와 마찬가지로 수사학은 어떠한 필연성의 규칙에 의해서도 통제되지 않는다. 다시 말해 수사학의 내포적 의미는 어떤 인과관계적 설명의 원칙에 의해 제한될 수 없다. 수사학의 의미의 연결 가능성은 불규칙적이고 열려 있으며, 그 작용 원칙은 상상력이다. 이때 다른 것으로 치환·대체되거나 혹은 다른 것과 응축되지 않는 고유한 의미란 없다. 중요한 것은 논리에서처럼 그 규칙이 설정된 절차의 형식들에 집착하거나 상상적인 재구성에 대해 면역성을 가진 이미 존재하는 세계에 경의를 표해야 할 필요성이 아니다. 중요한 것은 치환·대체·응축되는 바로 그 순열과 조합의 개방성이다. 이미 존재하며 스스로를 강화하는 규칙들을 따지는 것은 이성(reason)의 몫일 뿐이다.

마르크스주의의 물질성에 대한 강조와 마찬가지로, 자유주의에 대한 인식적인 해체적 비판에 있어서의 수사학에 대한 강조는, 자유주의 내부로부터 자유주의의 경계를 밀어붙이는 민주주의적 운동의 원칙을 펼쳐놓게 된다. 더 구체적으로 이는 자유주의적 동일성의 관점으로 보아 외적인 것으로 생각된 것들이 사회적 논의의 일부분으로 포함된다는 것을 의미한다. 배경적 전제, 문맥, 구조는 개별적인 것으로 추정된 관심들을 고려하며 전경화(foregrounded)[15]된다. 역사를 무시하는 경향이 있는 논리적 합리적 계산법은 사회적 결정들에 문맥을 부여하는 이야기들로써 보충된다. 우리는 외관상 합리적으로 보이는 계산을 결국은 억압된 집단들에 대한 힘의 행사로 만드는 계급적 힘의 구조에 대해 이야기하지 않고서는 더 이상 임금과 가격의 효율성을 계산할 수 없다. 우리는 권리 문제의 정체를 밝히는 필수적인 부분으로서, 고용의 기회를 감축하는 문맥적 구조들에 대해 말하지 않고서는, 일자리가 없음에도 불구하고 백인 남자 대신 흑인이나 여성을 고용하는 문제를 더 이상 논의하고자 할 수 없다. 물질성은 형식적 논리를 구체적인 관심사에 위치시킨다. 한편 동일성에 대한 자유주의의 논리는 여러 문제들을 그 고유한 경계 안에 제한해야 하는데, 수사학은 바로 이 경계의 범위를 확장한다. 그 확장은 단지 추론적이거나 이론적이지만은 않다. 다시 말해 그것은 다른 수사학적 경로—— 예를 들어 사물들끼리의 인접적(contiguous) 연결인 문맥을 고려하는 것—— 를 선택함으로써 문제들 자체, 즉 실제적 내용이 변화된다는 사실을 의미한다. 만일 논리가 사물들 주위에 경계를 그어, 자연이 부여한 것과 유사하며 논리 자체에 내재하는 동일성을 각 사물들에게 주었다면, 수사학은 그 경계들을 넘어서기 위해 작용한다. 따라서 수사학은 엄밀하게 정의되거나 규정된 동일성을 허락하지 않는 다양한 연결들을 만든다.

설정할 수 있는 분명한 수사학적 유추는 아마 다음과 같은 것이리라. 즉 권리와 소유에 대해 똑같이 경계를 부여하고 있다는 점에서 동일성의 논리와 개인주의적 자본주의의 논리는 닮아 있으며, 반면에 동일성이란 관계, 연결, 문맥에서 절대로 벗어날 수 없을 뿐만

---

15) [역자주] 전경화란 원래 무카로프스키의 용어이다. 즉 그는 시적 언어의 기능을 정의하면서, '발화의 전경화가 최대한에 달한다는 데'에 그 특징이 있다고 말한다. 즉 '언어는 의사소통을 위해 사용되는 것이 아니고, 표현행위, 즉 언어행위 자체를 전면에 내놓기 위해서 사용되고 있다'는 것이다.

아니라, 또 그 속에서 치환될 수도 있다는 것을 강조한다는 점에서, 수사학은 사회주의의 논리와 좀더 비슷하다는 것이다. 진실은 아마도 그 사이에 있을 것이다. 왜냐하면 적어도 진정한 합리적 보편성을 추구하게 한 물질성과 수사학의 공적을 인정할 때, 합리적 보편성은 오히려 사회주의적 기획의 본질적인 문제이기 때문이다. 따라서 단순히 자유주의 이론가들이 합리적 보편성을 잘못 사용하여 그것이 실현되는 것을 용납하지 않았으므로 그들이 잘못이라는 뜻은 아니다.

이제 자유주의의 전통적 논의를 통해 내가 방금 기술했던 것을 증명하는 한 가지 실제 예를 제시함으로써 결론을 내리겠다. 다윈(Darwin)은 한 당파의 권리가 집단적 욕구에 의해 매개되며 논리적 동일성의 교리가 실천적인 체계적 관계 및 연결들에 의해 보충되는, 필연적인 문맥적 관계들과 책임들로 된 세계를 기술한다. 그러나 그는 자연과학을 자유주의 이론으로부터 유추하여, 자연 내부에서 발견되는 수사학적 연결과 관계들의 증거를, 개인성 및 동일성에 대한 자유주의적 합리주의의 원칙을 결정적으로 선언하는 틀에 박힌 해석으로 치환한다. 이는 그가 사용한 경쟁, 지위, 자격, 개인성, 이익, 복종 등의 은유에서 명백하게 나타난다. 그리고 이는 그가 결론에 도달하게 된 경위를 스스로 설명하는 다음과 같은 말에서도 잘 나타난다. 다윈은 다음과 같이 말한다. '이는 모든 동물과 식물의 왕국에 적용된 맬더스(Malthus)의 이론이다.'16)

다윈은 자연적 생을 강한 경쟁자가 살아남는 자유주의적 자본주의 경제로 기술한다. 그런 방식으로 지위(rank)와 질서(order)가 보증되는 것이다. 다시 말해 아담 스미스적인 조화는 일반화된 개인적 이익 추구에서 유래한다. 다윈은 다음과 같이 말한다. '조직의 한 부분이 다른 것에 적응하는 이 모든 절묘한 과정은 …… 생존경쟁에서 온다'(75~76면). 다윈은 개인들 간의 경쟁을 강조하고자 한다. 그

---

16) Charles Darwin, *The Origin of the Species*(New York: Collier, 1962), 27면.

러나 텍스트 이곳저곳에서 그의 논의는 개인적인 경쟁과 구조적·체계적인 상호관계들 사이에 존재하는 어떤 미결정성을 지적하고 있다. 그가 기술한 것은, 서로 다른 부분들이 필연적으로 관계를 맺고, 서로 의지하며, 서로를 지원하는 생태 체계(eco-system)와 마찬가지로 구조적, 관계적, 문맥적, 차이적으로 쉽게 해석될 수 있을 것이다. 그러나 그는 일관되게 틀에 박힌 자유주의적 해석을 선택한다. 그는 다음과 같이 자유주의적 개인주의의 관계에서 나타날 수 있는 체계적인 과정을 기술한다. '따라서 나는 서로에게 유리한 약간의 구조적 일탈을 보이는 모든 개별자들의 계속적 보존에 의해, 어떻게 꽃과 벌이 동시에 또는 차례로 천천히 변화화여 가장 완벽히 서로서로 적응하게 될지를 이해할 수 있다. …… 전쟁 내부의 전쟁은 다양한 결과를 도출하며 계속적으로 반복되어야 한다. 그러나 장기적으로 보아 힘들은 훌륭하게 균형잡힌다. 분명히 하나의 유기체가 다른 것에 대해 아주 하찮은 승리를 거둘 수는 있을 것이다. 그러나 그럼에도 불구하고 자연의 모습은 오랫동안 한결같이 남아 있다'(104, 85면).

　　다윈 자신이 미결정적인 것으로 관찰해 놓고도, 그에 대해 오히려 결정적인 해석을 내림으로써 자기모순에 빠지고 있는 가장 두드러진 예는 자연도태의 장 마지막에 등장하는 나무의 은유이다. 다윈은 다음과 같이 말한다. '싹들이 성장함으로써 새로운 싹들을 생기게 하듯이, 만일 그것들이 건강하다면 온갖 방향으로 멀리 가지를 뻗어 수많은 더 연약한 가지 위로 솟아오를 것이다. 그래서 세대를 거치면서 이런 과정이 위대한 생의 나무(Tree of Life)와 함께 해왔다고 나는 믿는다. 생의 나무는 부러지고 죽은 가지들로 대지를 채우며, 끊임없이 뻗어나는 아름다운 가지들로 지구를 덮는 것이다'(137면). 다윈은 행운과 좋은 위치로 인해 어쩌다 잘 자라게 된 그 새로운 싹들에게 특권을 부여한다. 이같이 더 강하고 더 '경쟁력 있는' 개체들에 초점을 맞춤으로써, 다윈은 하나의 나무가 집합적이고 관계적인 체계를 이루고 있으며 그 속에서 각 부분들이 서로를 지탱하고 있다는 사실을 평가절하한다. 자유주의적 해석의 도식에서 '더 연약한 가지'

는 종속적으로 보인다. 그러나 보다 관계적이고 문맥적인 관점으로 보았을 때, 새로운 싹들은 바로 그 연약한 가지들에 의지하고 있다. 왜냐하면 새로운 싹들이 얻은 것은 바로 그 연약한 가지들에게서 빼앗은 것이기 때문이다.

다윈의 예는 스스로 대치의 원칙을 기술하고 있음에도 불구하고, 자연의 공동체적 차원과, 그 자신의 수사학이 가진 재현적이고 투사적인 힘을 간과하도록 하는 개인주의적 동일성의 논리 및 합리적 보편성을 선언하려고 한다는 의미에서, 일반적으로 자유주의적 사고의 징후를 보이는 것이다. 왜냐하면 만일 다윈이, 자신의 논의가 가진 물질성과, 자신의 분석틀이 야기하는 압박을 조정하려 했다면, 그는 그의 결론을 지배하는 동일성의 논리와 싸우고 있는 관계의 수사학이 가진 힘을 인정하지 않을 수 없었을 것이기 때문이다. 또 만일 그랬더라면 다윈은 스스로 어렴풋이 윤곽을 제시했던 소위 일반적 법칙에 대한 하나의 의미심장한 예외를 받아들이지 않을 수 없었을 것이다. 즉 연약하게 발아하여 생존의 논리에 별로 공헌하지 않음에도 불구하고 자신과 같은 학자들이 살아남도록 허락하는, 다윈 스스로가 속한 종(species)의 예외를 말이다.

제8장
주체의 이론과 법률

 탈구조주의는 종종 휴머니스틱한 주체에 대한 비판으로 설명된다. 즉 탈봉건적이고 공화정적인 중상주의 시대의 르네상스에 의해 창조되었으며, 자본주의적 자유주의 시대에 최고로 힘을 획득한 '인간'에 대한 비판으로 설명되곤 한다. 자유주의적인 휴머니즘에 의하면, 자아(the self)는 그가 속한 사회적 기반들과는 상관없이 발생한다. 이렇게 보았을 때 문화에 의해 주어지는 자아의 범주들 및 단어조직들의 존재 방식은 그 심리적이고 정치적인 본질, 다시 말해 인간의 사고와 행동의 자유를 밑받침하는 관념적이고 도덕적인 능력에 대해 이차적이다. 언어들, 분류법들, 정신적 이미지들은 더 근본적인 주체적 실체에서 파생된 모습들이다. 그것들은 자유로운 사고와 행동에 덧붙여져 있으나 결코 그 합리성과 자유를 구성하지는 않는다.

 탈구조주의자들은 주체가 사회적이고 문화적인 담론들(discourses)을 매개로 하여 구성된다고 주장한다. 사회적 제도들과 언어들 안에서 활동하고 있는 주체는 그 제도와 언어의 창설자가 아니라 오히려 그것들에서 파생된 산물이거나 결과로 생각된다. 따라서 이론은 자아에 대한 '탈자유주의적(post-liberal)' 설명을 제공한다. 이러한 새로운 설명에서 중요한 것은 프로이트적, 니체적, 마르크스적인 무의식의 개념들이다. 프로이트의 설명(라깡에 의해 구조주의 안에 옮겨진)에 따르면, 에고란 정신의 주변적이고 파생적인(그리고 일반적으로 신경증적인) 양상이다. 주로 리비도적이고 본능적인 무의식의 힘들은 이성적인 의식의 표면적인 자기지시적인 활동들만큼이나 정신을 지

배한다. 인간의 삶에 발생하는 많은 것들은 무의식적 과정의 징후이
거나 결과이다. 라깡은 프로이트적인 설명을 언어와 연결시킴으로써
구조주의적으로 만든다. 사회적 법칙들, 수사학적인 형식들, 그리고
우리의 모든 행위에 형태를 부여하는 언어 구조들의 영역인 상징적
질서(the symbolic order) 안에 들어감으로써 주체는 겉보기에 독립
적인 존재로 나타나게 된다. 따라서 스스로를 독립적이거나 자유롭
다고 생각하는 주체는 에고의 상상적인 자기동일성의 영역, 즉 자신
의 무의식적 본질에서 구조적으로 소외된 그릇된 의식 내부에서 작
용하고 있다. 니체적인 설명(이는 푸꼬와 데리다의 저서에서 가장 현
저하게 나타난다)에 따르면, 무의식은 리비도보다는 언어나 수사학과
더욱 관계된다. 우리의 사고는 세계와 자아 내부에 자기동일성의 외
관을 창조하는 언어의 작용에 의해 형성된다. 예를 들어 말하는 '나'
가 있다는 바로 그 관념은 담론에 의해 창조된 하나의 착각이다. 그
'나'의 뒤에는, 욕망과 권력의 원천인 수사학적 과정과 담론 형성의
복합성이 있다. 마르크스의 설명(알뛰세와 부르디외의 저서에 의해 탈
구조주의로 표현된)에 따르면, 자아는 계급구조들의 결과이다. 겉보기
에 독립적인 우리의 모든 감정과 행동들은 우리의 사회적 위치에 의
해 형성된다. 우리가 그 무엇일 수 있는 것은 자유의 문제가 아니다.
오히려 그것은 사회적 힘의 분배에 있어 우리를 배치하는 원리들에
의해 결정되는 하나의 범위이다. 주체의 관념은 단지 한 계급사회의
구조적인 차이작용과 그 재생산 과정을 가리기 위해 고안된 이데올
로기적인 구성물일 뿐이다. 우리가 가장 자유롭고 무반성적이며 자
연적으로 행동할 때, 우리는 가장 이데올로기적으로 행동하는 것이
다. 왜냐하면 그때 실제로는 우리를 계급적으로 특수하게 규정된 주
체들로 위치부여하는 차이의 지표들을 다시 확인하게 될 뿐이기 때
문이다.

주체에 대한 탈구조주의적인 비판은 자유주의적인 법이론에 이중
적인 충격을 준다. 그것은 불평등의 보존 및 그에 대한 투쟁 둘 다
의 밑바탕을 이루는 어떤 기반들 —— 가장 두드러지게는 개인의 개념

──을 제거한다. 그러나 그것은 또한 대안적인 법질서를 위한 용어들을 제공한다. 더 나아가 주체에 대한 비판은 권리에 대한 철학적인 기반에 부정적인 영향을 줌과 동시에, 자유주의적인 권리이론의 한계를 극복할 수단들을 제공한다.

자유주의적인 법이론에서 권리는 자기동일적인 주체들에 의해 생성된다. 권리는 자기동일성을 둘러싼 구역이 존재하며, 국가나 다른 사람들은 그곳을 지나갈 수 없다는 것을 주장한다. 그러나 자유주의에서 권리이론은 역설적이다. 그 이론이 사회적 부의 사적 축적을 정당화하는 명백한 이데올로기적 기능을 가지는 반면, 그것은 또한 자유주의적인 자본주의의 부정적 결과들을 경험하는 사람들을 위한 투쟁의 수단들도 제공한다. 그것은 국가에 대항하여 복지를 주장하는 것, 노동조합 조직권으로 노동자들의 힘을 증강할 것에 대한 요구, 과실 상해(negligent harm)에 대해 회사에 대항하는 행위들, 평등하게 대우받을 권리를 주장하는 것 등등이다. 그런 행동들은 자기들이 싸우고 있는 바로 그 제도들에서 자기의 논리를 이끌어내므로, 현재 존재하는 것과 다른 제도적 현실을 구성할 수는 없다. 그러나 그럼에도 불구하고 그것들은 자유주의 내부에서부터 자유주의를 대신할 급진적인 대안을 함축하고 있는 지렛대들이다. 이를테면 권리의 이론(doctrine)은 소유권의 주장 및 사회적 선에 대한 개인주의적 모델과 굳게 결합되어 있기 때문에, 미국에서 어떤 사회주의적 경제를 설립할 권리는 없다. 하지만 그럼에도 불구하고 권리의 이론은 사회주의를 지향하는 노동자들에게 힘을 줄 가능성을 내포한다. 물론 법률로써 권리를 지원하는 제도적 문맥 내부에서 권리가 확산될 수 있는 한계는 명백하다. 그러나 그렇다고 해서 권리의 이론 내부에 어떤 잠재적인 해체 가능성이 스며들어 있지 않다는 것은 아니다. 그것은 명백한 구조적 제한들 내부에서 작동하지만, 그와 동시에 사회의 대안적인 구조화를 향한 출발들을 제공함으로써 그 한계들을 넘어설 가능성을 불러일으키기도 한다.[1]

모든 권리요구(right claims)의 근거가 되는 자유주의적 사회이론에서 주체의 개념은 사유재산 제도와 분리불가능하다. 자유주의적 자본주의에서 사유재산권은 개인의 권리와 결합하여 역사적으로 성장했다. 권리에 대한 자유주의적 이론의 최초의 공식화에 의해 소유권에 대한 침해만큼이나 말과 생각에 대한 침해 역시 금지되었다. 그리고 그 두 가지를 분리하는 것은 이론적으로나 역사적으로나 모두 어려운 일이다.2) 그 두 가지 것은 똑같은 담론 체계에 속해 있는데, 그 안에서 각각은 서로 차이적으로 관계맺으며 존재한다. 이때 각각의 것은 그 권위의 기반을 이루는 은유를 제공함으로써 서로를 합법화한다.

소유권의 은유가 개인의 권리와 (따라서) 다른 모든 권리를 정의한다면, 개인권의 은유는 소유의 개념을 위한 기반을 제공한다. 소유권은 개인권을 규정하는데, 그것은 침해되지 않을 권리, 어떤 물건들을 얻을 권리, 또는 규제없이 독립적으로 행동할 권리 등이 자기소유(self-ownership)의 이미지 주위에 형성되기 때문이다. 사람들은 자기 자신을 소유한다. 그리고 그 어떤 사람도 다른 사람의 자아를 결정하지 않을 것이다. 이를테면 그 누구도 주관적인 소유권의 영역들을 침범하지 않을 것이다. 어떤 사물의 이름을 다른 것으로 대체하는 카타크레시스(catachresis)3)에 의해(예를 들면 상다리), 권리는 사람들의 사고와 행동에 대한 소유권 주장으로서 존재하게 된다. 그리고 시민적 자유를 보호하고, 사람들을 과실 상해(negligent harm)로부터 보장해 주며, 계약상의 약속이 이행되도록 보증하는 등의 법률

---

1) 다음의 글들을 볼 것. M. Minow, 'Interpreting Rights', *Yale Law Journal*, 96(1987년 7월), 1860면; J. W. Singer, 'The Legal Rights Debate in Analytical Jurisprudence from Bentham to Hohfeld', *Wisconsin Law Review*(1982), 975면; M. Tushnet, 'An Essay on Rights', *Texas Law Review*, 62(1984년 5월), 1313면.

2) Q. Skinner, *The Origins of Political Theory*(New York: Cambridge University Press, 1980).

3) [역자주] 수사학에서 말하는 비유의 남용, 그릇된 전용(轉用)이나 난유(亂喩)를 말함.

적 교리들이 이 주장들로부터 나타난다.4)

그리고 그 카타크레시스는 또 반대 방향으로도 가능하다. 즉 법률적 개념으로서의 소유권 역시 개인이나 주체에 대한 은유 위에 구성되는 것이다. 소유권은 소유자를 전제한다. 소유하는 주체가 없이는 어떤 소유권도 있을 수 없다. 소유권은 신성한데, 그 이유는 그것이 자아의 확장이기 때문이다. 소유권을 시간 속에 보존하고 공간 속에서 변화시키는 것은 개인의 자기동일성이다. (그리고 이는 소유자로 기능하기 위해서 한 개인이라는 허구가 법인에 전이되어야 하는 법인 소유권의 경우 특히 명백하다).5) 그러나 이같은 추정된 자기동일성 자체는 소유권의 은유에 입각하고 있다.

따라서 탈구조주의에 의하면, 자유주의 이론의 뿌리에는 그 진실이 점검되고 반증될 필요가 있는 실재(reality)가 존재하지 않는다. 대신 거기에는 수사학 이외에는 그 어떤 확인의 근거가 없는 은유적인 유추(analogy)가 있다. 그 은유들은 물론 자본주의의 '원인'이 아니다. 그러나 그것들은 자본주의의 발전을 가능하게 한 르네상스 내부에서 시작된 사회문화적인 운동의 매우 중요한 한 부분이다. 상업은 잃어버린 그리스와 로마의 텍스트들을 재발견하고 번역하게 한 본질적인 것이었다. 그리고 그 텍스트들(주로 유스티니아누스 법전6)을 말하는데, 이는 탈중세적인 유럽에 인격적 자유의 평등성이라는 스토아학파적인 이념을 부여했다)은 신성한 권위에 반대되는 세속적이고 '인간적인(humane)' 것을 강조함으로써, 개인주의적 자본주의를 주장하고 정당화하는 인문주의적이고 자유주의적인 사회이론들을 생산하는 데에 도움을 주었다. 자유롭게 교역할 권리, 사적으로 소유할 권리, 또는 정치적 제도들을 결정할 권리라는 자유주의적 교리의 배

---

4) P. Bierne · R. Quinney(편), *Marxism and Law*(New York: Wiley, 1982)를 볼 것.

5) L. Fuller, *Legal Fictions*(Stanford: Stanford University Press, 1967)을 볼 것.

6) [역자주] Codes of Justinian, 동로마제국 황제인 유스티니아누스 1세(483~565)의 법전을 말함.

후에는 인문주의적으로 발명된 주체가 있다. 그 주체는 경계부여된 전체(boundaried whole)로서 용접밀폐되고 전용되어 다른 자유로운 주체들의 침범뿐만 아니라 국가의 권위로부터도 보호되는 것으로 생각된다. 이러한 주체의 발명은 어떤 수사학, 즉 확립된 분봉(分封, feudal investiture)의 권위에 대항해, 욕구되는 권력과 특권을 안전하게 하기 위해 고안된 어떤 담론의 전개로서 작용하였다.

자유주의적 자본주의는 가장 좋은 의미에서 사회적 합리성의 외관 아래에 작용하는 하나의 미학적 발명이다. 그것의 구성적 메커니즘은 문학적 의미를 구성하는 메커니즘과 거의 다르지 않다. 따라서 추상적인 소유권(즉, 예를 들어 개념이나 관조를 통해 경험적인 대상의 부재 속에서 소유할 수 있는 능력)에 대한 위대한 자유주의적 이론가인 칸트가 추상적인 소유권을 오성(Reason, Verstand; 물론 이것 역시 최고의 미학적 관조가 획득되어야 하는 정신적 장치이다)의 능력으로 지정할 것이라는 사실은 놀랍지 않으리라. 실로 『순수소유비판(*The Critique of Pure Ownership*)』[7]은 씌어지지 않은 칸트의 네 번째 비판의 제목이 될 수 있을 것이다.[8] 이 모든 것은 자유주의적 소유권

---

7) [역자주] 이는 『순수이성비판』을 염두에 두고 라이언이 가정한 책 이름임. 즉 칸트의 이성과 소유를 동일시하는 것이다.

8) 칸트의 경우, 형식적 추상작용(이념적인 보편성의 이름으로 행해지는 구체적이고 실제적인 규정의 부정)과, 가부장적 자본주의에서 보이는 소유권 및 성적 제도들에 작용하는 사회적 권력 사이의 관계는 명확하다. 즉 '시간과 공간 속의 경험적 소유와 관계된 모든 조건들에서 추상한 후, 나 자신의 외부에 있는 어떤 사물을 소유할 가능성에 대한 명제는 …… 전술한 조건들 너머로 확장되지 않는다. 그것은 종합적 명제이다. 왜냐하면 그것은, 외적으로 당신 것 또는 내 것이라는 개념을 위해 필연적인 것으로서, 강제적 유치(detention)를 포함하지 않는 어떤 종류의 소유를 전제하기 때문이다. 이제 경험적인 소유의 개념 너머로 확장되는 그러한 명제가 어떻게 선험적으로 가능한가를 보이는 것은 이성의 과제이다.' (*The Metaphysical Elements of Justice*, Indianapolis: Bobbs-Merrill, 1965, 571면). 물론 경험적인 유치가 없는 소유는 자본주의에 있어 결정적인 것이다. 즉 '따라서 나는 다음과 같이 말할 수 있다. 지금 내가 실제로 있는 장소와는 완전히 다른 곳에 위치하는

의 제도가 하찮은 것도 아름다운 것도 아니라는 사실을 말해준다.
(어떤 필연적인 기반이나 이성과 결부되지 않았을 때라면, 자유주의적
소유권은 하찮은 것이다.) 자유주의적 합법성은 주관적인 의지에서
독립하여 기능하며 합리적으로 추론된 객관적인 규칙들로써 권력을
대체한다고 주장한다. 그러나 개인성과 소유권 각각에 대한 근본적
인 원칙들은, 다른 용어 및 원칙과 은유적으로 비유됨으로써 스스로
신임을 얻는 바로 그 지점에서 객관적인 합리성에 대한 주장을 희생
해야 한다. 각각의 주장은 다른 용어와의 은유적 관계에 의지하고
있다. 하지만 합리성에 대한 주장은 다른 용어가 은유적이 아닐 것
을 가정해야 한다. 예를 들어 소유권에 비유되는 용어는 진리의 기
반으로서, 또 다른 은유여서는 안된다. 각각의 은유적 관계(개인은
소유권과 같다; 소유권은 개인의 한 부분이다)는 은유적이지 않은
(non-metaphoric) 용어를 요구한다. 그러나 그 다른 용어는 자신을
처음 용어에 비유함으로써 단지 은유가 아닌 것처럼 보일 뿐이다.
사적이고 비사회적이며 '자유로운' 주체성에 대한 자유주의적 개념의
합법성은, 역시 사적인 주체성이 수사학 외부의 한 실체라는 것을
주장함으로써 스스로를 합법화할 수 있을 뿐인, 소유권의 '실재'를
가정한다.

　주체성과 권리에 대한 자유주의적 교리를 비판함에 있어 탈구조
주의가 첫째로 공헌한 것은, 자아가 사회적이고 문화적인 담론의 외
부성으로부터 봉쇄된 '고유한' 내부성(interiority)이 아니라는 생각이

밭을, 그럼에도 불구하고 나는 소유할 수 있다. 여기서 우리는 단지 대상에
대한 지적인 관계, 즉 그것이 나의 권위에 복속하는 한(일종의 오성의 개념
으로서의 소유의 개념인데, 이때 오성은 공간적인 규정에서 독립적이다)에 있
어서만 관심이 있기 때문이다'(61~62면). 추상작용이 가능한 이성적 주체를
객관적인 세계 위로 들어올리는 것은 또한 인간을 그 '대상들' 위로 들어올
리는 듯이 보일 것이다. 즉 '어떤 사람이 그런 이성적 주체에 속하는 한, 그
의 합법적인 소유의 개념에도 똑같은 것이 적용된다(예를 들어 그의 아내,
자식, 종)'(63면).

다. 그 대신 자아는 차이적인 영역이 맺는 관계들의 복합성으로서 형성되는데, 거기에서 내부의 주체적 세계와 외부의 사회적 세계는 하나로 묶여 그 둘 사이에 명확한 경계를 짓는 것이 불가능하게 된다. 그 차이적 영역들과 함께, 자아의 외부에 있다고 생각되는 것이 사실은 자기동일성의 내적 구성요소들(타자들과의 관계, 문화적인 재현, 제도적인 관습, 상징적 질서, 사회적 코드 등등)임이 밝혀진다. 이같은 재개념화는, 더 이상 개인적 삶의 우연적이고 외적인 양상들로만 생각될 수 없는 사회적 관계들 및 문화적 재현들 내부로 주체가 확산됨을 암시한다. 그리고 이러한 재개념화와 함께 소유권에 대한 재형성 역시 필연적으로 나타난다.

주체성에 대한 탈구조주의적 개념은 어떤 심리학적, 경제적, 정치적인 차원을 갖는다. 탈구조주의는 한 인간이란 언제나 최소한 두 사람 이상으로 구성되어 있다고 가정하는데, 그것은 인간이 성장함에 따라 다른 사람들과의 관계를 내면화하며, 또한 인간의 성숙한 생이란 그 내면화된 상호주관적 관계들의 반향들(replications) 및 투사들(projections)에 의해 규정된다는 의미에서 그렇다. 주체가 형성됨에 있어 작용하는 내면화된 관계들에 대한 개념은 또한 문화에서 획득한 재현들이 자아의 영역들을 이루도록 한다는 생각을 포함한다. 세계를 재현하는 능력은 관리인이 부재중일 때 그를 대표(재현)할 수 있는 능력에 근거한다. 그런 능력은 세계를 객관적인 거리에 위치하게 하며, 그로써 주체성의 영역을 설정한다. 사회적 행위에 있어서 주체가 형성될 때, 더 일차적이고 따라서 권위 있는 어떤 것들과 비교해 이차적으로 생각되는 것들이 있다. 그러나 사실은 이차적으로 보이는 바로 그것들이 위에서 말한 내면성의 일차적인 구성 성분이다. 자유주의적인 의미로 '고유'하거나 자기동일적인 개인과 같은 것은 없다. 즉 언제나 한 개인은 관계를 맺고 있으며, 언제나 어느 정도 자기 내부의 타자이다.

또한 탈구조주의적 개념은 개인적 자유라는 이데올로기적 제도 밑에서조차 작용하는 경제적 참여자들의 필연적인 상호관계성(interconnectedness)을 지적한다. 더 나아가 그것은 어떠한 사회적 배치에서도 작용하는 정치적 인자들의 불가피한 상호의존을 지적한다. 주체성에 대한 개인주의적 모델을 해체하는 것은, 시민사회에서 비관계적 행위(non-relational action) 개념이 있을 수 없다는 것을 증명하는 정치적 가치를 지닌다. 정치적 삶은 특히 정치적 자산의 공동 출자, 즉 어떤 목적을 얻기 위해 서로 모이는 것으로 구성된다. 아주 주관적이라고 가정되는 선거 같은 행위조차도 단지 숫자들이 모여서 가치를 지니게 될 뿐이다. 그리고 사회적 집합에 반대하는 개인주의적인 가정에 입각한 정부는 개인주의 자체에 모순된다. 마찬가지로 차이와 경계적 유동성이 없는, 고유하게 자기동일적인 활동이나 사유재산의 축적은 있을 수 없다. 자유주의 경제의 중심인 시장교환 개념 바로 그 자체가 다른 사람에게 준다기보다는 다른 사람들로부터 얻는다는 것을 가정하고 있다. 따라서 소유한다는 것은 구성적으로 타자라는 것이다. 즉 타자들을 포함한다는, 또 그 타자들이 자아 내부에 제공하게 되는 것을 포함한다는 의미이다. 소유권으로 정의된 자기동일성은 언제나 타자에서 끌어낸 것이며, 이타성(alterity)을 자아에 전용(appropriation)한 것이다.

이는 소위 사유재산이라는 것에 대해 특히 잘 들어맞는다. 즉 실상 사유재산이란 다른 사람들 재산의 작은 여러 조각들을 하나로 모아서 한 사람의 몫으로 만드는 것 외에 아무 것도 아니다. 사유재산이란 언제나 이질적이고 차이적이다. 그것은 다른 사람들이 소유한 것이나 소유했던 것을 모으는 것, 즉 하나의 집적이다. 그러므로 자유주의 제도 하에서의 이른바 '자유로운' 소유는 실상 이미 사회적이거나 공공의 것(communal)이다. 만일 어떤 공적 위탁(public trust)을 통해 똑같은 방법으로 공공의 자산을 공동 출자하게 된다면, 크고 초개인적인(meta-individual) 프로젝트들을 수행하기에 충분한 경제적 힘을 창출한다는 공동의 목적이 성취될 수 있을 것이다. 그리고 실제로 이는 자유주의 경제가 성취하는 것이다. 그러나 그것은 개인들을 위한 것이다. 자유주의 경제는 초개인적인(transindividual) 것이 실현될 수 있도록 허용하지만, 권력을 그 초개인적인 것 너머의 공적이지 않은 손들(non-communal hands)에 부여한다. 따라서 심리학 및 정치학과 더불어 자유주의 경제는 두 가지 모순되는 상황을 동시에 보이는 것이다. 즉 그것은 자유주의의 제도화인 동시에, 그 제도 안에서 더욱 크고 더욱 관계적이며 공적인 가능성들을 예시하는 것이다.

이와 비슷한 일은, '자유로운' 주체의 개념과 함께 발생하며, 자유주의적인 정치 경제 제도들을 정당화하는, 합리성이라는 자유주의적 교리를 생각할 때 나타난다.

자유주의적인 사회적 삶과 자유주의적인 법적 합리성은 구성적으로 서로 얽힌다. 사회적 효과나 관계적인 기원에 대해서는 아랑곳하지 않고 자본주의적으로 이익을 추구하며 재산을 지키는 자기동일적인 자유주의적 주체는, 진리에 대한 자유주의적 이상의 자기동일적이며 독립적인 권위, 또는 공화제적인 대표제의 권위 있고 대리적인 권력, 즉 실증주의적인 사고로 보았을 때 법률의 근원이 되는 입법 주권에 의해 반영된다. 그 진리와 정치적인 주권은 각각 하나의 권위 있는 심급인데, 이들은 차이적이거나 관계적이지 않으며, 자기동일적인 형식과 근본적으로 갈등하고 있는 본질적인 상황이나 물질적인 문맥에 연루되거나, 그 문맥에 의해 유발되지 않는다. 이들은 또 스스로를 발생시키는 담론·개념적인 장(discursive-conceptual stage)이나 수사학에 의해 결정되지 않는다. 이들은 자기의 내면성을 이 모든 것들로부터 차단할 때에만 진리이고 주권일 수 있다.

차이적인 영역 관계의 개념이 자유주의의 초월을 통해 사회적 삶의 일차적 범주로서의 개인을 대신한다면, 수사학과 비유의 작용은 담론적인 결정, 물질적인 문맥, 사회사 등을 초월하는 자명한 진리나 권위 있는 주권에 대한 자유주의적 개념을 대신한다. 수사학이란 외적인 상황과 문맥을 법적 진리의 내부에 있게 하는 관계의 결(texture)들을 말한다. 이는 모든 사람이 법 앞에 평등하며 동등하게 보호받을 권리가 있다는 식의 자유주의적 법률이, 자유로운 주체의 고유성, 자명한 진리, 법적 주권의 표현 등으로 이해되어서는 안된다는 의미이다. 오히려 그것은 사회적 제도들을 포함하는 담론적 장(discursive field) 내부의 한 요소이다. 자유주의적 법률은 어떤 제도나 실천에 대한 보증으로서 발생하며, 또 그것들에 의해 필연적인 것이 되므로, 그 제도 및 실천들이 존재하지 않는다면 진리일 필요가 없을 것이다. 소위 합리적이거나 내적인 원칙인 평등만큼이나 이 함축된 문맥 역시 법률의 한 부분이다. 게다가 각각의 이념적 용어는 하나의 역사와 하나의 차이적 가치 체계를 함축한다. '평등'이란 말은, 법에 의해 평등이 보장됨에도 불구하고, 이 특정한 사회체계 내에서는 불평등한 대우가 현실적인 가능성이라는 사실을 함축한다. 이와 비슷하게 '보호'란 말은 보호가 필요한 곳에 위험이 존재한다는 사실을 암시한다. '앞에'라는 말은, 주체나 시민들이 법률 제도에 대한 이 공간적인 은유에 따르는 어떤 종속적인 관계 안에 있음을 시사한다. 그리고 마지막으로 '법'이란 말은, 그 법이 독립적이며 자율적이라는 것, 다시 말해 문장의 다른 모든 단어들에 함축된 사회적 투쟁의 장 외부에 있는 하나의 권위라는 사실을 의미한다. 평등한 대우의 기준이 되는 요소들 각각은 담론적, 차이적, 또는 관계적으로 구성된다. 다시 말해 그 평등의 자기동일성은 사회의 제도적 문맥 및 용어들의 상호관계에서 발생한 환기(evocations), 권유(solicitations), 생산(productions) 및 결정들(determinations)의 결과이다. 그런데 이러한 법률적 규칙(legal rule)은 또 다른 제도적 사회적 문맥이나 현실을 함축하고 환기하는, 가능한 법률적 공식화의 한 영역 안에 위치할 수도 있다. 그 상이한 문맥 및 현실에서는 위험이라든지 제도적, 구조적으로 해를 입을 가능성이 없으므로 보호가 보장되어야 할 필요가 없다. 그런 문맥에서 평등이란 형식적인 법률적 개념이라기보다는 어떤 실질적인 평등을 의미할 것이며, 이때 불평등한 사회적 실체인 사람들에게 보호 등의 형식적 보장들이 적용될 필요가 없게 될 것이다. 또한 사람들이 하나의 권위로서의 법 앞에 설 필요가 없으며, 대신 실제적이고 물질적으로 평등한 조건 하에서 민주적 동의의 구체화로서 법을 구성하게 될, 그런 상황이 법에 의해 창출될 것이다.

자유주의를 이해하고 그것을 벗어나려 함에 있어 수사학이나 담론의 관점으로 옮아가는 것은, 자유주의적 개념이 더 이상 자명한 권위를 가진 진리, 또는 법적 지상권으로 보장되어야 하는 원칙(정당성)으로 생각되지 않는다는 사실을 의미한다. 그 개념들은 수사학적 수단──유추, 상사(parallel), 환유, 은유 등──을 통해 생산된 담론적 효과로 생각되어야 한다. 법 앞에서 평등을 보장하는 것은, 그것이 자유주의적 자본주의가 적절히 운영되기 위해서 상업적 계약이 반드시 보장해야 할 일종의 등가적 보장(equal guarantees)과 유추적으로 비슷하기 때문이다. 그리고 탈자유주의적인 담론이 제안하는 대안적 가치들은 그 스스로 대안적인 제도적 가능성들을 가정하고 창출하는 수사학적 구성물로서 물질적으로 파악된다. 사람들은 법 '앞에' 서 있다기보다는, 법 '안에' 서 있게 될 것이다. 이는 그 물질적 위치, 실질적 문맥, 담론적 관계, 수사학적 공식화 등과 분리된 자유와 같은 형식적인 이상으로 새로운 가치들이 생각될 수 없다는 뜻이다. 사회적 의미를 생산하는 담론적 메커니즘으로 논의의 초점을 옮김으로써, 우리는 또한 그 의미들의 필연적인 물질적 토대로 옮아가게 된다. 이는 평등한 대우 등과 같은 그 어떠한 규준도 물질적이고 제도적인 환경이나 평등한 대우라는 말이 생기게 한 구조적인 불평등 대우의 문맥으로부터 고립될 수 없다는 것을 의미한다. 법 안에서의 평등한 대우는 물질적인 평등을 법률화하는 것과 분리되지 않을 것이다. 관념들이 그 담론적 관계의 그물망과 분리되지 않는 것과 똑같이, 제도 역시 그것이 근거하는 물질적인 관계들과 분리되지 않을 것이다.

자유주의적 주체에 대한 비판은 자유주의의 모든 범주들이 지닌 차이적이거나 담론적인 성격을 보여줄 것이다. 자유주의 너머로 자유주의적 주체에 대한 비판을 투사할 때 나타나는 것은, 배제되었으나 내포된 타자로서 자유주의에 뿌리내린 그 어떤 것이다. 그것은 자유주의를 위협하기 때문에 자유주의로부터 추방되었지만, 그럼에도 불구하고 자유주의 체계의 내부에 있는 그 어떤 것이다. 그 타자는 차이화의 과정인데, 그것은 수사학의 관계적 장치들(connective devices)을 통해 언어적으로 구체화된다. 자유주의적 관점으로 보았을 때 사회주의적 의미의 민주주의란 말이 그런 것처럼, 차이화 과정은 하나의 위협적인 분산, 즉 고정된 규칙과 권위 있는 법률이 그 의미를 잃어버리게 될 잠재성을 뜻한다. 물론 정말로 무서운 것은 자유주의에 의해 가장된 자명한 진리나 절대적 권위가 수사학의 작용이라는 것을 노출하게 되는 것이다. 이와 마찬가지로 자유주의가 공화정 법률의 불필요한 소수주의적 형태(minoritarian form)임이 밝혀지는 것 역시 진정으로 두려운 것이다. 수사학은 언제나 다른 공식화가 가능하다는 것, 즉 이른바 자명한 진리의 언어와 소위 정치적 지배의 합법적인 권위 모두를 다르게 조정할 수 있다는 것을 암시한다. 그리고 아마 가장 위협적인 것은 다음과 같은 사실이다. 즉 수사학과 담론이 어떤 진리에 대해 그것은 바로 이런 것이라고 묘사할 때, 그 진리는 차이적이고 문맥적이며, 개념적인 담론과 사회적 세계 사이의 교차로에 위치한 미결정적인 용어라는 사실이다. 다시 말해 그것은 자기동일성, 적절성, 이성, 권위 등의 가치에 달라붙은 자유주의가, 매번 그런 진리는 존재하지 않는다고 주장하는 그런 것이다.

따라서 주체에 대한 탈구조주의적 비판의 주요 결과는, 또 다른 사회적 현실을 위한 무대를 세우는 것이며, 이를테면 또 다른 담론적 구성(discursive construction)을 만드는 것이다. 그 비판에서 중요한 것은 주체 대신 자아와 문맥 사이의 차이적 영역의 관계 개념이 등장할 것이라는 점, 그리고 자명한 진리나 지상의 권위라는 이념은 수사학적 구성 및 담론적 비유에 자리를 양보할 것이라는 사실이다. 그것은 또 자유주의 내부에서부터 고안된 대안적 사회의 심리학적, 윤리적, 정치적, 경제적 원칙들을 제공한다. 주체를 정서적 유대, 심리적 의존성, 내면화된 재현의 연쇄로 위치시키는 '대상—관계들

(object-relations)'로 넘겨진 자유주의적 주체는 이미 자기 자신과 다른 그 어떤 것이다. 소유권에 대한 자유주의적 이념은 이미, 사회적 부의 상호관계적 성격에 대한 부인이며, 또한 전유(appropriation)는 필연적으로 직접적인 박탈(expropriation)이라는 사실에 대한 체계적 거부이다. 한편 정치적 권리에 대한 자유주의적 이념은 이미 다음과 같은 사실을 인정하고 있다. 즉 권리에 대한 어떠한 주장도 사회의 제도적인 구성에 의한 권리의 거부를 전제로 한다는 사실, 다시 말해 권리란, 권리가 보증하고자 하는 것을 구조적으로 위협하는 상황과 문맥에 의해 유도되고 생산되며 지지된다는 의미에서, 언제나 초주체적(transsubjective)이다.

이제 나는 권리에 대한 자유주의적 교리와 관계하여 주체에 대한 탈구조주의적 비판을 좀더 구체적으로 검토하려 한다. 그 다음에 나는 탈자유주의적인 권리에 대한 어떤 긍정적인 정치이론을 발생시킬 몇몇 방법들을 암시할 것이다.

민주주의와 같은 수사학적인 미학은 언제나 주체 등의 초월성 또는 권위의 심급들에 기초한 정치적 권위에 의해 추방되고 더렵혀져 왔는데, 그 이유는 미학과 민주주의 모두가 이른바 합리적으로 기초된 사회적 제도의 변화가능성을 암시하기 때문이다. 합리적인 사회적 제도라는 편견은 소위 '주류(mainstream)' 담론을 통과하는데, 이는 세계를 '딱딱하거나' 과학적·사실적인 사고와, '유연하거나' 상상적인 문학적 사고로 구분한다. 이때 전자는 경험적으로 인지가능한 사실들을 산정(算定)하는 것으로 지식을 한정함으로써 사회체계의 기초적 가정을 확실히 하는 반면, 후자는 일반적으로 그런 가정들에 대해 좀더 민주적으로 질문을 제기한다. 탈구조주의적 혹은 해체론적 논의는 보통 그러한 대립들의 하부 극단을 잠정적으로 가정함으로써 진행된다. 따라서 나는 문학에서 출발할 것이며, 특히 개인성에 대한 자유주의적 이상으로서 허구적 형식이나 기록적 형식 모두에서 동시에(17세기 말) 지배적이 된 문학적 양식, 즉 자서전에서 출발할 것이다. 자서전의 '이론'을 세우려고 하는 문학비평가들에 의해 제기된 논제들을 논의함으로써, 주체에 대한 탈구조주의적 비판은 좀더 세련될 수 있다.

처음 보기에 자서전은 주체적인 자기동일성이 당연시될 수 있음직한 장르로 생각될 것이다. 실로 자서전에서 개인성(personhood)의 자명함은 단 한번도 의심받지 않은 채 확립되는 듯 보일 것이다. 그러나 이 진실을 확립하고자 하는 유달리 자유주의적인 하나의 시도를 고찰할 때, 우리는 다른 결론들을 암시받는다. 필립 르쮀느(Phillipe Lejeune)의 『자서전적인 계약(*The Autobiographical Pact*)』[9]은 자서전이라는 장르의 자기동일성에 대한 그 어떤 의심이나 차이도 불식시킬, 자서전에 대한 일반적인 이론을 제공하려는 취지로 씌어진 것이다. 장르적인 통제(generic policing)를 위한 이러한 노력은 개인적 자기동일성에 대한 수상하지만 현저하게 자유주의적인 모종의 가정들에 기반하는데, 여기서 고유성은 개인성을 규정하는 지워진 은유로서 당연하게 생각된다.

르쮀느는, 자서전 저자의 자기동일성과 사실성이 검증되고 확인될 수 있다는 이유에서, 자서전이 허구(fiction)보다 더 진정한(authentic) 장르라고 규정한다. 확실성의 표시는 책에 인쇄된 고유한 이름이며, 이는 민법과 출판 계약이라는 두 가지 사회적 제도에 의해 지지된다. 저자는 일종의 '신원보증계약(referential pact)'을 독자와 맺는 것이며, 이는 저자가 진실을 말할 것을 보증한다. 그것은 또 저자라고 주장되는 바로 그 사람임을 보증하는 민법으로써 구체화되기도 한다. 따라서 픽션과 자서전을 구분하는 '변별적인 특징(distinctive trait)', 즉 장르적 자기동일성의 표시는 고유한 이름으로써 확인된 신원보증의 확실성이다.

그러나 자서전의 글쓰기 구조는 픽션의 그것과 다른가? 픽션의 지시물(대상)은 부재하는 듯이 보인다. 즉 픽션은 허구적 저술이 진실이라는 것을 증명하기 위해 자서전의 저자처럼 현존을 불러일으킬

---

9) 원제는 다음과 같다. *Le Pacte autobiographique*(Paris: Seuil, 1977).

수 없다. 하지만 어떤 점에서 자서전의 지시물은 관념적이고 관습적이며, 실재하지 않는 픽션의 지시물과 매우 비슷하다. 자서전의 저자가 한 줄 쓸 때마다 증거를 제시한다고 할지라도, 그것은 단지 이야기된 증거, 다시 말해 또 다른 텍스트이며, 또 다른 일련의 재현일 뿐이다. 그 현존은 언제나 어느 정도 언어에 의해 매개될 것이다. 더욱이 자서전에는 그 자서전이 픽션으로 읽히지 않으리라는 것을 보장할 아무 것도 없다. 그것의 진실성은 단지 저자의 이름을 등기부에 기록하는 법에 의해 궁극적으로 보증될 수 있을 뿐이다. 그런데 그런 법률들 자체가 단순한 관습들, 즉 수사학과 재현의 행위들일 뿐이다. 현존이 어디 있는가?

자서전에 있어 고유한 이름은 아주 중요한데, 그 이유는 이름이 하나의 인생에 사적 소유권을 표시하기 때문이다. 르쉐느는 묻는다. 이름없이 우리는 그것이 '내 인생'이라는 것을 어떻게 알 수 있겠냐고. 물론 그렇다. 알 수 없을 것이다. 일반적으로 고유한 이름은 타자들 및 고유하지 않은 것을 배제하는 하나의 영역을 설정한다. 그러나 그것이 암시하는 것은, 고유한 이름이 그 어떤 '자신(own)'도 알려질 수 없는 일반적인 익명(anonymity)을 자신의 가능성의 하나로 포함하는 어떤 장에서만 발생할 수 있다는 사실이다. 고유한 이름을 제거함으로써 자서전의 주체로 하여금 고유성을 상실하도록 (property-less) 할 가능성은 언제나 존재한다. 그것이 '나의' 인생이었음을 그 누구도 알 수 없을 것이다. 따라서 일반적으로 익명과 비고유성(impropriety)은 고유성 및 자기동일성 속에 내적 배제 상태로 존재한다고 말할 수 있다.

고유한 이름의 제거는 고유한 자기동일성에 매우 파괴적인 영향을 줄 것인데, 그 이유는 주체의 구성요소들이 모두에게 똑같으므로, 결국 모두에게 동등하고 잠재적으로 익명적이기 때문이다. 그러나 그러한 익명성이 고유한 이름과 같은 단지 관습적인 소유권의 꼬리표 없이 가능하다면, 주체의 근본적인 비동일성을 가능하게 하는 그 익명성은 더 일차적인 동일성에 부착된 우연적이며 이차적인 가능성은 아닐 것이다. 오히려 그것은 그러한 동일성의 조건, 다시 말해 거기에서부터 동일성의 모습이 오려져 나오는 옷감이다. 이는 고유한 이름이란 사실상 전혀 고유한 것이 아니라는 뜻인데, 그것은 이름이 주체의 실재를 정확히 이름 부르지 않는다는 의미에서 그렇다. 고유한 이름이 제거되었을 때, 주체성을 압도하려 위협하는 것은 비고유성 및 비자기동일성을 명명하는 고유하지 않은(improper) 이름이다.

정말로 어떤 자서전적인 주체의 동일성이 존재하는가? 주체의 경험들이 누구에게든 속할 수 있는 가능성으로 인해 그런 가정은 곤란에 봉착하는 듯하다. 그러나 그런 일이 일어나지 않게 하기 위해 민법이 필요하다는 사실 역시 주체의 동일성을 문제삼게 한다. 법률의 필요는 주체적 동일성의 구성요소들이 그 동일성의 외부에 있음을 함축한다. 계급, 언어, 문화, 법률체계 등, 이 모든 심급들의 권력은 르쮀느가 자서전적인 동일성과 진실을 궁극적으로 보증하는 것으로서 민법에 의지할 필요가 있었다는 사실을 통해 우리에게 알려진다. 이는 자서전이 한 인생이 실재로 어떠했는가에 대해 충분히 관여할 수 없다는 것을 의미한다. 다시 말해 자서전은 한 인생의 동일성을 이루는 모든 비개인적인 구성요소들을 고스란히 다 망라할 수 없다.

이 결론은 자서전 작가가 진실을 말하지 못할 수밖에 없다는 사실을 함축한다. 그의 '확실한 근거(authentic reference)'나 의미는 주체를 이루는 비개인적 힘들과 결정요소들을 변형한 것이다. 주체의 직접성은 비개인적인 역사적, 사회적 장(場)과의 관계에서 파생된다. 글쓰기는 그 글쓰기가 전개되는 공간보다 더 근본적일 수 없다. 이와 마찬가지로 자서전적인 동일성 역시 하나의 공간 위에 기입되는데, 그 공간은 무매개적인 것으로 보이는 주체의 근원성(originality)에 선행하는 것이다. 그러므로 주체의 직접성, 또는 주체에 일차적이고 자기동일적인 감각을 부여하는 의식은 그 자체가 이차적이며 매개된 것이다. 주체의 사고방식, 언어, 신체적 습성 — 이 모든 것들은 생애의 결과인데, 이들은 모두 확실한 근거가 요구하는 직접적인 현존과는 거리가 있는 것이다. 주체는 결과들의 창고인데, 다른 비전기적인 담론들의 매개를 통과하지 않을 때 그 원인들은 쓸모없게 되어 인과관계가 성립되지 않는다. 그 동일성은 역사적 장이 '이미 거기 있기(already there)' 때문에, 생산되는 동시에 위치변화된다. 르쿄느의 모든 작업은 자기동일성이라는 진리의 모델로써 이같은 비동일성의 '진리'를 저지하겠다는 욕망을 보여준다. 그러나 이러한 프로젝트에 대한 해체론적 비판이 암시하는 것은 겉보기에 사적인(private) 자서전적 주체가 실상은 언제나 공적(public)이라는 사실이다. 그것은 주체가 완전히 '자기 것'으로 절대 소유할 수 없는 사회적·역사적 공간 위에 구성적으로 열려 있다.

이 비판은 권리의 정치학을 논의함에 있어 두 가지 것을 추가한다. 첫째, 주관적인 권리의 '내면성'과 제도적 문맥들의 '외면성'이 분리불가능하므로, 권리의 정치학은 필연적이고 논리적으로 문맥적, 제도적 재구성의 정치학에 이르게 됨을 암시한다. 둘째, 형식적 권리에 대한 자유주의적 교리는 작용가능한 권리에 대한 실질적 이론으로 바뀌어야 한다. 이 두 번째 프로젝트는 주체의 기반을 이루는 내면성의 이상을 해체하며, 주체에 대한 자유주의적 개념의 수정을 요구한다.

주체에 대한 비판은 제도적, 상호개인적인(interpersonal) 외부로부터 심리학적인 내부를 구분하는 경계가 잘못된 것임을 암시한다. 권리의 교리는 권리가 존재하는 내면성과, 권리를 위협하는 외면성(국가, 기업, 다른 사람들)을 분리하는 그러한 경계를 상정한다. 방어적이며 따라서 차이적인 권리의 성질은, 권리에 대한 모든 주장이 제도적 현실을 가정한다는 것을 의미하는데, 그 제도적 현실은 권리가 안전하게 하려고 노력하는 이해관계를 잠재적으로 부정한다. 그렇지 않다면 권리를 주장할 아무런 이유도 없을 것이다. 언론의 자유에 대한 모든 주장은, 사람들로부터 그 자유를 누릴 가능성을 박탈하기 위해 작용하는 제도화된 힘의 현실(institutionalized reality of forces)을 전제한다. 그러므로 내면성과 동일성의 이념에 기반한 듯 보이는 권리, 또는 그 내면성이 당연시되는 경계부여된 자아란, 동시에 그 이념이 거짓임을 나타내는 제도적인 외면성들을 확증하는 것이기도 하다. 내면성의 이념은 동시에 그 내면성을 하나의 교정적 반응으로서 끄집어내거나 환기시킴으로써, 내면성에 대한 긍정을 구성하는 잠재화된 부정적인 외면성을 지시한다.

물론 이는 자유주의적 제도들(정부, 시장)이, 권리의 교리 속에서 분절된 것으로서 그 동일성이 존중되는 주체의 법칙에 따라 작용한다고 주장하는, 자유주의 이데올로기의 핵심적인 가치에 대해 질문한다. 이는 또한 외부의 제도들에서 봉쇄된 그 어떤 것인 양 설정된 합법성을 내면성의 이념으로부터 빼앗는데, 그 이유는 '내면적'이고 개인적인 권리 주장과 '외면적인' 제도적 부정은 모두 담론적이거나 관계적인 똑같은 체계의 부분이기 때문이다. 그에 관해서도 역시 권리에서 제도들로 주의의 초점이 옮아간다. 하나의 권리에 대한 주장은 언제나 하나의 제도적인 주장이다. 어떤 또 다른 개인을 반대하는 주장일 때조차도, 그것은 경제적, 심리적, 정치적, 성적으로 개인적인 영역들의 교차를 허용하고 (더 나아가) 증진하는 식으로 구성된, 사회의 제도적 구성에 대한 반대로 나아가기 때문이다. 따라서 권리들은 동일성이나 개인성의 표지라기보다는, 그 존재가 개인성의 이데올로기에 의해 인가된 제도들(시장, 소유권, 가부장제, 공화정부 등과 같은)에 대한 방어의 표시이다.

이같은 비판의 관점으로 보았을 때, 권리는 더 이상 그 권리의 실행과 분리되지 않는다. 자유주의의 한 특징은, 권리란 주체의 내면적 고유성이므로 존재하기 위해 실행되어야 하는 것은 아니라고 주장하는 데 있다. 자유주의적 권리는 쓰지 않고 둔 '트럼프'이다. 그러므로 자유주의에서 재산을 소유할 권리는 그 권리를 실현하거나 실행하기 위해 필요한 권리가 아니다. 그러나 사적으로 소유된 권리들은 그 문맥 및 물질적 상황에 따라 변화된다. 그 둘은 권리들이 실행 가능할지 어떨지를 결정한다. 그리고 그러한 변화는 자기동일성의 일차적 본질과 관계해서 이차적이지 않다. 오히려 그것은 그 구성 자체에서부터 동일성의 성격에 영향을 미친다.

자서전의 이론에 있어서 주체성을 이루는 익명적 배경, 즉 개인적 고유성이나 동일성을 이루는 고유하지 않은 기반에 대한 분석의 요점은, 개인적인 경계들이 언제나 인위적이고 변화가능한 구성물이며, 자유주의와 같은 사회체제의 제도적 틀에 의해 증진되는 관습적인 고정의 결과라는 사실을 암시한다. 어떤 회사 중역이 많은 재산을 소유할 권리는 그 권리의 기반이 되는 주관적인 내면성에서 완전히 벗어난 전체적인 제도적 구성에 의해 인가된다. 그러한 권리보다는 자연적 원인에 의해 죽을 권리가 오히려 더 '개인적' 권리이다. 그와 반대로 구호대상이거나, 아이들을 위한 식권과 주택을 공급받는 형태로 국가에서 생활보조를 받고 있는 어떤 흑인 독신 어머니의 권리는, 보편적인 기반에 근거한 더 큰 형태의 보호를 부정하는 제도적인 문맥에 의해 형태가 부여된다. 구호대상인 흑인 어머니의 경우와 마찬가지로, 회사 중역인 백인 남성의 개인적 자기동일성 역시 자유롭게 선택되거나 주체적인 근원을 지닌 그 어떤 것이 아니다. 그것은 외적으로 부여되고 이끌어진 것이다. 각각의 주체적 입장의 심리적 태도들은 자기 아닌 다른 곳에 씌어져 있다.

개개의 주체는 그 생각이 다른 사람들에게 보이지 않는 사적인 인자일 뿐만 아니라, 또한 제도적이거나 외부적으로 구성된다. 그리고 그 '자기동일성'의 영역들은 제도적인 힘들의 선으로서 그려진다. 이는 개별 주체의 영역들이 제도적 문맥 내부의 차이들에 따라 수축되거나 확대된다는 것을 의미한다. 회사 중역인 백인의 주체는 확대된다. 그것은 자신의 권리로서 제도적인 소유를 얼마든지 주장할 수 있는데, 그 소유는 행동과 표현의 가능성을 넓히며, 따라서 자신의 자기동일성의 영역 및 실현가능한 권리의 범위를 확대한다. 흑인 여성 주체는 제한된 영역을 갖는다. 그녀는 아주 작은 권리를 주장할 수 있다. 따라서 그녀의 자기동일성은, 회사 중역의 자기동일성과 비교해 크게 수축되어 있다.

자유주의의 수수께끼 중의 하나는, 개인의 권리를 제도적으로 축소시키는 데 가장 책임이 있는 것은 다름 아니라 법인소유에서 극에

달하는 소유권이라는 것, 즉 자본의 사적 축적, 그리고 그 소유권 및 축적에서 유래한 정치적 권력의 주장이라는 사실이다. 소유권과 개인은 궁극적으로 서로 모순한다. 왜냐하면 주체의 개인성이라는 은유에 의해 인가된 소유권은, 그 주체적 개인의 동일성이 바로 자신의 문서(instruments), 동산(effects), 또는 재산(possesions)을 포함함으로써, 그런 문서, 동산, 소유된 재산과는 독립적으로 실현될 수 있다고 가정된 개인적 권리들과 균형을 이룰 수 없기 때문이다.

자유주의적인 소유권의 이론은 주체성의 내면성이 대상과 제도들의 외면성으로 확장된다고(여성, 아이, 노동자, 노예들의 경우조차) 가정한다. 즉 그 두 영역은 연속적(continuous)이라는 것이다. 그러나 개인적 권리의 이론은 그것들이 절대적으로 불연속적임을 가정한다. 소유권을 통해 주체적인 자기동일성이 외부의 동산으로 확대된다고 가정되며, 따라서 어떤 재산의 침해가 개인적 권리의 제한이 된다고 할지라도, 자유주의 체제에서 개인의 권리들은 재산과 관련되지 않는다. 그런 권리들의 내적인 구성에 관한 한, 재산은 외적이고 단절되어 있을 뿐이다. 자유주의적인 구성 내부에서 개인의 권리는 어떤 식으로든 재산의 외면성에 의존할 수 없다. 무엇을 소유했건 상관없이, 모든 이들은 동일한 추상적인 표현과 사상의 자유를 갖는다. 하지만 소유에 대해서 생각할 때, 상황은 역전된다. 재산을 가진 사람들에게 소유권은 그들의 개인적 권리들이 확대된 것이다. 그러나 재산이 없는 이들에게 소유란 그들의 인간으로서의 권리들과 관계해 단지 부수적인 것일 뿐이다. 재산을 소유할 동등한 권리를 가진, 권리를 낳는 주체로서의 그들의 내면성은, 재산을 가질 그들의 권리가 실제로 실행되거나 되지 않거나 상관이 없는 것이다. 그리고 이런 사실은 자유주의의 또 다른 기이함을 만들어낸다. 다시 말해 자유주의에서는, 어떤 사람이 완전히 아무 것도 소유하지 못할 경우조차 그가 여전히 '자유로운' 주체일 수 있다는 것이다.

자유주의에 의하면, 재산이 없는 사람도 재산을 가진 사람과 똑같은 주체적 권리를 갖는다. 실질적인 결핍이 권리 행사의 불가능성을 함축함에도 불구하고 말이다. 자유주의가, 주체란 소유된 실질적 재산과 같은 '외면성'에 의해 확대되지도 축소되지도 않는 자신의 영역 안에 고정된, 고유하고 자기동일적인 내면성이라고 생각해야 하는 것은 이 때문이다. 그러나 이같은 설정은, 주체적인 동일성이 단절이나 인위적인 부가없이 재산 안으로 확장된다고 하는 자유주의의 주장, 즉 소유권의 기반을 이루는 바로 그 개념과 모순된다. 만일 주체성이 사물들 내부로 확대될 수 있다면, 이는 자유주의가 주장하는 순수한 내면성은 아닐 것이다. 그러나 개인의 권리가 실질적인 재산 소유권에 대한 현실적인(실현가능한) 주장이 되는 것을 막기 위해 개인의 권리로부터 소유권의 실제적 실행을 분리하고자 할 때, 자유주의는 그렇게 주장할 수밖에 없다. 개인과 재산 사이의 관계를 규정하는 논리는 아포리아(aporia)10)에 의존하며, 즉 상호 배제적이면서, 또 서로를 지탱하는 명제들 사이의 해결할 수 없는 모순에 부딪친다. 한편으로 소유권은 개인적 자기동일성의 권리를 확장한 것으로서 정의된다. 그러나 개인적 자기동일성은 재산과 같은 외면성과 아무 관련이 없다고 하는 주장에 의해 소유에 대한 현실적 권리는 부정된다.11)

　탈구조주의적인(그리고 탈자유주의적인) 관점으로 보았을 때, 주체는 유연하고 불확정적인 실체이며, 그 내면성은 주체성의 외부로 파악되지 않는 제도적 문맥 안에서 권리를 행사하는 힘에 따라 확장되거나 축소될 수 있는 것이다. 여기서 주체의 내면성은 그 경계의 확고함과 일차성의 가정을 잃게 되며, 대신 재산과 같은 외부의 것들과의 필연적인 관계를 통해 정의된다. '자유로운' 동시에 아무 것도 가지지 않는 상황은 있을 수 없다. 탈구조주의는, 외적인 재현이나 도구들이란 더 일차적이고 본질적인 주체의 내면성에 부수적으로 달

---

10) [역자주] 자기 자신의 논리를 부정·해체하는 논리적인 궁지를 말함.
11) 이와 관련된 논의로는, M. Sandel(편), *Liberalism and its Critics*(New York: New York University Press, 1984)를 볼 것.

라붙은 것이 아니라, 주체의 추정된 기반을 이루는 소급된 구성성분이라고 논한다. 그리고 이때 탈구조주의는 개인과 관계해서 파생적이고 외적인 것으로 가정되는 소유와 같은 제도들이 사실은 주체성을 형성하는 구성적 역할을 한다고 주장하기에 이른다. 우리가 소유한 것이 우리가 누구인가를 결정한다.

이러한 비판에 의해 주체의 경계는 침식된다. 그러나 그렇다고 해서 그것이 동일성에 대한 관념 전체를 희생하는 것은 아니다. 경계선의 침식은 사회적 장의 다른 부분들과의 관계를 초월하는 위치를 주체의 자기동일성으로부터 제거한다. 한편 이는 자기동일성을 이데올로기적으로 만드는 물질적 문맥들이 재구성될 때에만, 자기동일성은 이데올로기적 범주가 되지 않을 수 있다는 것을 암시한다. 재산의 차이와 같은 외부의 것이 주체성의 내용을 결정하는 강력한 역할을 하고 있을 때, 주체의 어떠한 자기동일성도 있을 수 없는 것이다.

이같이 초월성을 침식시키는 것은 또한 법의 형식성을 제거한다. 즉 기회의 균등이라는 추상적인 공식화를 잔존시킬 가능성을 법률로부터 박탈한다. 권리에 대한 자유주의적 이론을 탈구조주의적으로 수정할 때 요구되는 것은, 단지 형식적인 권리들(재산의 소유에 대한 잠재적이지만 현실적이지 않은 주장)을 실행가능하고 실현가능한 권리들로 변형할 필요성이다. 더 이상 권리는 무언가를 할 수 있다는 형식적 가능성으로서 구성되지 않을 것이다. 그것은 그 잠재된 것을 실행하거나 현실적으로 실현하고자 하는 주장이 될 것이다.[12] 모든 사람이 재산을 가질 권리가 있다는 것은, 모든 사람이 재산을 가질 수 있다는, 관념적이거나 실현되지 않는 잠재성만 있다는 것이 아니라는 사실을 의미해야 한다. 그것은 현실적인 일이어야 한다. 이는 말할 것도 없이 자유주의의 종말(end)일 뿐만 아니라, 그와 동시에

---

12) 경제학자 아마르티야 센(Amartya Sen)이 말하는 '능력(capabilities)'은 내가 실현가능한 권리(exercisable rights)라고 말하는 것과 관련된다. *The Standard of Living*(Cambridge: Cambridge University Press, 1987)을 볼 것.

자유주의의 완료(fulfilment)이기도 할 것이다.

제9장
탈구조주의와 법

자유주의 법은 자유주의적 자본주의로부터 크게 이득을 얻지 못하는 사람들이 통제에서 벗어나지 않도록 함으로써뿐만 아니라, 또한 의미의 치안을 유지함으로써도 사회적 세계를 통치한다. 자유주의 법은 평등이나 공정성과 같은 개념들을, 고도의 물질적 불평등과 현실적 불공정성으로 특징되는 자유주의 사회의 기본적 구조를 혼란시키지 않을 정도로 이해되도록 제한함으로써, 의미의 치안을 유지한다. 따라서 예를 들어 평등은 부의 재분배나 권력의 평준화라기보다는 정부에 의한 평등한 대우를 의미할 것이다. 자유주의적 개념틀에서 그와 다른 의미들이나 관련상황들은 잠재적 가능성의 형태로 존재한다. 그러나 그것들은 자본주의에서 노동자와 경영자, 고용인과 소유자를 따로 놓는 것과 똑같은 구분법에 의해 억제된다. 올바른 의미는 물질성, 즉 경험적인 가변성과 차이의 세계로부터 가장 멀리 떨어진 어떤 것으로 생각된다. 올바른 의미란 관념적이고 형식적이며, 따라서 더욱 일반적이고 보편적인 것이다. 그것은 평등 자체가 그렇듯이 모두에게 평등하게 적용될 수 없다. 이는 또 다음과 같이 이야기될 수도 있다. 즉 올바른 의미란 재현과 상황을 초월하는 것이라는 식으로 말이다. 그것은 어떠한 특수한 문맥이나 물질적 위치와도 결부되지 않는다. 또한 그것은 형식적 원칙들이 언어의 외부에 특별하게 존재한다고 항상 이야기되는 것처럼 사고의 물질적 매체 위로 상승한다. 구문론보다 의미론에, 물질성보다 관념성에 특권을 부여하는 이같은 의미의 모델은 통제의 메커니즘을 함축한다. 이러한 체제 하에서 평등이란 아무 것도 의미할 수 없다. 평등의 외연은 적용의 보편성을 옹호하는 이해방식에 붙잡힌다. 평등은 이를테면 재분배의 프로그램을 통해 다른 집단보다 어떤 한 집단을 선호할 수 없을 듯하다. 그러므로 의미론적 통제와 사회적 통제는 서로 교차한다.

자유주의의 합리적인 보편주의는 경험적 가변성과 구문론보다 관념적인 원칙 및 의미론에 특권을 부여해야 한다. 왜냐하면 그것은 시간과 공간에 구애받지 않는 안정되고 일관된 의미를 필요로 하기 때문이다. 모든 의미가 구체화됨에 있어 특수한 상황 및 언어적 형식에 닻을 내리고 있는 재현의 물질성은 필연적이다. 그러나 이는 또 의미론적 안정성에 모순한다. 그 어떤 것도 '평등'이라는 단어가 재분배를 의미하지 못하도록 할 수 없다. 실제로 평등한 대우라는 관념에 의해 보호되는 경영자 엘리트와, 착취당하고 있는 다수의 노동자로 불평등하게 분리된 사회에서는, 기층적이고 물질적인 목적과 관련된 어떤 상황 속에서 그 단어는 직접적으로 재분배라는 특별한 의미를 가지게 될 것이다. 이러한 상황의 차이는 의미의 차이를 끌어들이기 때문에 그런 상황에 접근하지 못하도록 해야 한다. 또한 자유주의 법의 합리적 보편주의가 필요로 하는 통제된 의미를 보호하기 위해서, 그 상황은 또한 제거되어야 하는 것이기도 하다. 왜냐하면 단어들의 물질성은 그 경험적인 문자성 내부에서 모든 것을 의미할 수 있기 때문이다.

탈구조주의는 그러한 주장들을 난관에 빠뜨리는 것으로 악명이 높다. 탈구조주의는 재현의 물질성에 주목하며, 의미로부터 상황이 분리될 수 없다는 것, 그리고 모든 의미론적 제한들을 넘어 참조관계(references)가 끝없이 확산된다는 것 등에 초점을 맞춘다. 평등과 같은 개념의 의미는 자유주의가 바라는 식의 형식적이거나 관념적인 의미에 제한될 수 없다. 오히려 그 말로써 발생되는 참조관계는 그 말이 틈입하는 모든 물질적 연관의 전체 영역에까지 추구되도록 할 수 있다. 그리고 그 연관은 끝이 없다. 평등의 참조관계들은 개념적인 지형뿐만 아니라 사회적인 지형들을 상세하게 그려낸다. 왜냐하면 탈구조주의적 관점에서 보았을 때, 의미는 참조관계의 그물망과 분리될 수 없으며, 참조관계의 그물망은 평등 같은 어떤 재현이 발생하는 상황과 문맥 속으로 침투하기 때문이다. 그렇게 분석했을 때 자유나 평등의 원칙에 대한 관념적인 합리적 이해는 참조관계가 퍼져나가는 것을 막는 방해물로 기능할 수 없다. 이때 실로 자유나 평등이란 말 자체는 더 나아간 의미들, 더 나아간 참조관계의 가능성들을 상징하는 것으로 보이게 된다. 자유나 평등의 원리는 더 이상 참조관계를 정지시켜, 그 참조관계를 형식적이거나 관념적인 진리 속으로 흡수해 버리는 의미의 기반들로 생각되지 않는다. 오히려 그것은 다른 원인들이 만들어 낸 결과이다. 즉 관념적이고 형식적이라기보다는 물질적, 역사적, 상황적인 상이한 의미들의 재현인 것이다. 이렇게 보았을 때 모든 의미는 손쓸 도리없이 물질적인 것으로 생각된다. 다시 말해 의미란 사회적 상황들에 직접적으로 묶인 재현 매체의 문제이다. 내가 이 책에서 이미 사용한 바 있는 어휘를 사용해서 말해 보자. 탈구조주의는, 환유적인 참조관계의 과정이 자유주의적 합법성이라는 은유적 가장을 허물어뜨리는 방식에 주의를 기울인다.

나는 최근에 등장한 몇몇 법이론 학파를 비판하기 위해 이 탈구조주의적 논의(참조관계가 확산되면서, 자유주의적 합법성의 기반들을 허물어뜨리고, 그 기반들이 사회적 상황 및 재현의 결과라는 사실을 보여준다는 것)를 사용할 것이다. 다음으로 나는 탈구조주의의 논의가 대안적인 법체계의 구성에 도움이 될 수 있는 몇몇 방법들을 암시할 것이다.[1)

---

1) 나는 노스이스턴 대학(Northeastern University) 법대에서 있었던 나의 법철학 강의를 수강한 학생들에게 감사하고 싶다. 그들은 이 글을 씀에 있어 음으로 양으로 많은 암시를 주었다. 또 이 강의를 준비하는 데 많은 도움을 준 존 윌셔(John Willshire), 낸시 켈리(Nancy Kelly), 칼 클레어(Karl Klare)에게도 특히 빚지고 있다. 클레어 달턴(Claire Dalton), 메리 조 프러그(Mary Jo

탈구조주의에 의하면 개념은 재현과 분리될 수 없다. 의사소통을 가능하게 하는 물질적 과정과 따로 떨어져 존재하는 초월적 관념이란 없다. 사물들에 대한 형이상학적 설명에서 재현은 이미 구성된 정신적 세계에 부수적인 것으로 가정된다. 그러나 실상 의미론은 구문론, 즉 재현의 물질적 매체들로써 생각을 가능하게 하는 형태와 형식들을 완전히 벗어날 수 없다. 법률적 이성의 모든 개념들은 담론 안에 존재한다. 그리고 그 담론은 물질적, 역사적, 사회적이다. 이는 다음과 같은 사실을 의미한다. 즉 의미는 단어/개념을 존재하게 하는 사회적 힘들의 특수한 관계가 발휘하는 어떤 기능으로 이해되어야 한다는 것이다. 예를 들어 평등과 같은 개념은 그 개념이 반응하는 특수한 역사적 사회적 상황으로 인해 그 현대적 의미를 획득한다. 초기 자유주의자들은 권력을 가진 귀족들을 대하는 수단으로서 평등한 대우의 원칙을 필요로 했다. 그러나 그들은 또 노동계급으로부터 그들의 기업을 보호해야 했으므로, 그 말의 의미를 정부에 의한 대우의 형식적 평등성에 제한했다. 그러므로 평등의 개념은 그런 상황과 따로 떨어진 의미를 갖는 것으로 이해될 수 없다. 더 일반적으로 말해 정부가 시민을 평등하게 대우한다는 자유주의적 관념은 공화정적 대의제 형식을 통해 직접 민주주의를 무력화한다는 것을 전제한다. 그리고 이는 또 불평등한 물자와 힘의 분배라는 경제적·사회적 제도를 전제하는 것이기도 하다. 만일 불평등이 사회를 지배하지 않는다면, 그 누구도 평등하게 취급될 필요가 없을 것이며, 자유주의 하에서 나타나는 것과 같은 형태로 의미가 존재해야 할 필요도 없을 것이다. 자유주의가 지지하는 평등의 원칙과 의미는 불평등한 상황을 전제한다. 바로 그 상황이 자유주의적 의미를 발생시키며, 구조적인 불평등의 더욱 부정적인 몇몇 결과에 대한 반응으로서 그

Frug), 모턴 호로위쯔(Morton Horowitz), 던칸 케네디(Duncan Kennedy), 데이비드 트루벡(David Trubek) 역시 이 강의를 위해 시간과 마음을 써주었다. 그 강의를 행정적으로 가능하게 해준 단 지벨버(Dan Givelber)에게도 감사한다.

의미를 반드시 필요한 것이 되도록 한다. 따라서 의미는 내재적 내용이 그 윤곽을 부여하는 안정되고 일관된 통일체들로 구성되지 않는다. 오히려 의미는 용어들 사이의 차이적 관계, 또는 용어들이 존재하고 반응하는 상황과 그 용어들 사이의 차이적 관계로 구성된다. 그러한 관계들은 수사학으로 나타나 부정, 전도, 치환, 대체 등을 구성한다. 그것들은 단일한 자기동일성보다는 힘의 과정적인 관계들(processional relations)을 규정한다.

이 글에서 나는 원인과 결과를 뒤집어 결과가 원인으로 오해되도록 하는 전유(轉喩, metalepsis)에 주의를 기울일 것이다. 전유는 평등과 같은 법률적 개념의 의미가 그 한정적 상황으로부터 분리되어, 자유주의적 합법성 내부에 있는 재현의 물질적 세계 위로 상승할 때에 발생한다. 이 추상(extraction)의 과정은 평등이라는 말의 의미가, 위치와 신분의 경험적인 특수성과 차이는 고려되지 않은 채 평등한 대우라는 형식적 원칙을 고수하는 관념적인 합리적 이해에 제한될 수 있고, 또 제한되어야 한다는 인상을 창조한다. 이때 평등의 이념은 이성, 즉 사회적 세계의 실제적인 물질적 상황에 대한 어떠한 관심과도 상관없이 발전된 합리적인 정의의 원칙에서 유래하는 것으로 이야기될 수 있다. 이러한 사고틀에서 사회적 세계의 물질적 상황은 단지 외적인 방해물로 보일 뿐이다. 따라서 평등한 대우라는 관념은 자유주의라는 특수한 사회적 상황이 존재하는 것을 정당화하는 수단이 된다. 만일 모든 사람들이 법 앞에 평등하다면, 사회적 불평등의 경험적 특수성은 합법적으로 보이게 될 수 있다. 이는 공정한 규칙과 원칙 하에 이루어진 페어 플레이(fair play)의 결과이기 때문이다. 이같이 보았을 때 평등에 대한 합리적 원칙은 법의 원인이다. 그리고 사회적 불평등은 동등한 대우라는 원칙을 발생시키는 원인이 아니라, 이차적인 결과, 즉 본질적으로 공정한 규칙에서 발생한 우연적인 결과로 생각되기에 이른다. 내가 이미 암시했듯이, 결과(동등한 대우의 원칙)를 원인(모든 사람들을 공평하게 취급한다는 이유로 사회적 불평등을 정당화하는 법)으로 생각하는 이같은 전유적인 실수를 해체적으로 역전시킴으로써 우리는 다음과 같은 사실을 지적하게 될 것이다. 즉 평등에 대한 자유주의적 개념은 불평등한 사회적 상황 바로 그것의 결과이며, 그 불평등한 사회적 상황을 위해 자유주의적 평등의 개념은 원인, 이성, 정당화를 제공한다는 것이다.

자유주의적으로 사고할 때, 사회적 불평등은 자유주의의 첫 번째 원칙들이 있게 한 진정한 원인이라는 사실을 인정할 수 없다. 바로 그렇기 때문에 자유주의에서 의미는 평등과 자유 등의 범주가 지닌 내재적 고유성으로 생각되어야만 하는 것이다. 이때 문맥과 상황은 어떠한 힘도 부여받을 수 없다. 또 재현은 그 자체의 힘을 가지지 못한, 없어도 좋은 의사소통의 매체 이상의 어떤 것으로 생각될 수 없다. 물론 재현은 참조관계의 힘을 지니지만, 자유주의는 그 힘을 골치 아픈 방해물로 생각한다. 다시 말해 합법적인 범주와 원칙들의 내재적 의미가 적절하고 효율적으로 의사소통되도록 하기 위해 그 방해물을 통제해야 한다고 생각하는 것이다.

자유주의 법에서 보이는 전유적인 역전에 대해 우리는 또 다음과 같이 이야기할 수도 있다. 즉 재현은 존재하는 사회적 범주들을 표현하거나 묘사한다기보다는, 바로 그것들을 창조하거나 구성한다는 것이다. 그러므로 권리에 대한 자유주의적인 담론은 우리의 지각을 구성하여, 우리로 하여금 담론의 범주들을 통해 세계를 보게 한다. 이는 일반적으로 다음과 같은 사실을 의미한다. 즉 우리는 실제로 의미의 외관상의 자기동일성을 발생시키는, 용어들 사이의 관계 또는 용어와 상황 사이의 관계들보다는, 의미의 자기동일성 —— 예를 들어 자유롭게 말할 권리 —— 을 본다는 것이다. 예를 들어 권리를 주장하는 것은 어떤 상황에 반응하기 위한 필연성에서 나온 것이다. 그러나 우리는 권리에 대한 주장을 발생시킨 그 상황보다, 또는 특정한 사람들이 다른 사람들보다 발언 능력을 박탈당하기 쉽도록 하는 힘의 관계적인 배분보다, 오히려 '권리'를 본다. 권리는 언제나 상황들과 관계되며, 따라서 그 권리는 또한 언제나 그 상황들에 대한 반응이다. 탈구조주의는 우리의 범주적인 재현들이, 파생되지 않았거나 비관계적으로 보이는 의미론적인 자기동일성을 위해, 구성과 관련된 이같은 복잡한 사회적인 수사학적 과정을 막아버리는 방식에 주의를 기울인다. 이처럼 수사학적 과정을 배제하면 그 범주적인 재현들은 사회적 상황들의 결과라기보다는 법률적 제도의 원인이나 이유인 듯이 보인다.

법적 범주들의 재현적 성질을 지적함으로써 탈구조주의는 또한 다음과 같은 사실을 암시한다. 즉 그 범주들은 사회적 투쟁의 산물이며, 그 범주들의 의미론적 영역을 확장하거나 줄이는 것은 투쟁의 결정적인 논제라는 사실을 말이다. 의미에 한계를 부여하는 것은 또한 사회적 가능성의 축소이거나 잠재적인 정치적 대안들을 제거하는 것이다. 따라서 자유나 평등과 같은 범주들의 의미를 확장하려는 투쟁 — 이는 인과관계(causalty)와 회복(restitution; 사람들을 다시 건강하게 만든다는 것이 무엇을 의미하는가에 대해 재정의하도록 하는 가난과 범죄의 이유에 대한 광범위한 규정) 등의 범주가 확장될 것을 필요로 한다 — 은 제도의 배열 및 부의 분배를 둘러싼 싸움과 분리될 수 없다.

그리하여 자유주의는 자기가 방어하고 있는 사회적 체제에 대해 의문을 제기하지 않고서는, 그 범주들의 물질성, 즉 그 범주들이 재현과 담론을 통해 자신을 정립하는 방식을 인정할 수 없다. 그렇게 한다는 것은 평등과 자유 같은 범주들을, 그 의미의 범위를 형식적 가능성에 제한하고 있는 초월적 추상의 에테르 바깥으로 가져가, 물질적인 우주에 위치시키는 것이다. 이때 그 범주들의 의미는 그 동일성이 다르게 해석(그 다른 해석들이란 형식적 순수성에 대한 자유주의적인 합리적 이상과 모순되는 '전적으로' 물질적인 이해관계로부터 동기가 부여된 것이다)되지 않도록 보증된 의미론적인 이상을 구성하지 않을 것이다. 대신 그 의미는 사회적 힘을 위한 투쟁에서 성공함으로써 나타난 지배적인 해석의 산물로 생각될 것이다. 그리고 그 범주들은 광범위하게 재해석될 수 있을 것이다. 의미론적 동일성 및 형식성의 이상이 제공하는 안전성이 제거될 때, 그 범주들은 사용하는 사람과 놓인 상황에 따라 변화하며 모습을 바꾸기 시작한다. 그 범주들은 더 이상 기원으로서의 진리를 소유하여 그것을 표현하고 다시 드러낸다는 식으로 의미하지 못하게 된다. 대신 그것들은 잠재적인 범위를 미리 결정할 수 없는 의미들을 발생시킨다는 뜻에서 수행하기(perform) 시작한다.

따라서 탈구조주의적 비판은 자유주의적인 법이론에 두 가지 부정적인 효과를 갖는데, 그 효과들은 하나의 원유토피아적(proto-utopian) 가능성들을 발생시킨다. 그 두 가지 효과란, 첫째 투쟁에 유효한 물질적인 담론 내부에 법률적 범주들을 놓는 것이며, 둘째 그 범주들로써 구성된다기보다는 그 범주들 속에 표현되는(즉 그 담론적 재현들) 어떠한 결정적이고 내재적인 의미로부터도 그 범주들을 떼어놓는 것이다. 원유토피아적 가능성은 자유, 평등, 인과관계와 같은 범주들의 의미가 제한될 수 없다는 바로 그 사실에 있다. 의미가 단순한 물질성(의미와 힘을 둘러싼 사회적 투쟁)을 초월하는 가정된 표현적 진리에서 일단 분리되기만 하면, 의미작용에 한계를 부여하는 것은 불가능하게 된다. 참조관계는 끝없이 확산되며, 어떠한 초월적 해석도 그것을 붙잡아둘 수 없다. 만일 모든 것이 물질적이라면, 단지 힘만이 범주들의 미결정성을 가라앉힐 수 있다. 그리고 그 미결정성은 물질성 자체만큼이나 한계가 없는 것이다.

평등은 더 이상 동등한 대우라는 형식적 원칙에 제한되는 단 하나의 의미로 규제될 수 없다. 그러한 의미는 물질적이라기보다는 관념적이다. 따라서 그런 의미는 자동적으로 범주의 확산을, 관념적 의미를 요구하는 것들 — 초월과 형식성 — 에 제한한다. 탈구조주의적 관점으로 보았을 때, 평등은 더 진전된 평등을 창조하기 위한 물질적 가능성이 고갈될 때에만 제한된다. 따라서 사실상 말의 의미가능성은 끝이 없다. 그리고 범주의 확장을 제한하는 경계들을 설정하는 어떠한 관념적이고 형식적인 동일성의 원칙도 그 물질적인 힘을 규제할 수 없다. 그 힘은 아주 다른 다양한 범주들의 형성에 있어 공통적으로 작용한다. 따라서 재현의 물질성 내부에 닻을 내림으

로써 범주의 의미론적 동일성을 파괴하는 것은 그같은 사회적 가능
성들을 풀어주게 된다.

나는 자유주의적인 법률에 대한 탈구조주의적인 비판은 개방된
실질적·물질적 정의를 위한 프로그램을 급진적으로 제기한다는 점
을 논의할 것이다. 즉 세계에 대한 자기동일적 이해(이는 시장 기업
가주의라는 경제적 의미, 주관적 동일성이라는 심리학적 의미, 그리고
의미론적 단일성이라는 언어철학적 의미를 갖는다)에 여전히 은혜를
입고 있는, 권리의 논리에 따른 제한된 평등화를 위한 의사일정을
세우는 대신, 급진적 기획은 미결정성을 중시해야 한다는 것이다. 왜
냐하면 자유주의적 합법성의 원리를 부순다는 점에서 미결정성은 급
진적 기획의 동맹자이기 때문이다. 그런데 이는 프로그램을 세우자
마자 곧 스스로의 프로그램을 포기하는(unprogrammes itself) 그런
프로그램으로써만 가능하다. 이는 평등화 기획을 보다 정교하게 하
는 메커니즘을 창조함으로써 행해지는데, 이때 평등의 의미에 대한
제한된 하나의 관점만을 중시하는 일은 있을 수 없다. 그런 의미에
서 급진주의가 해야 할 일은 모든 토대들을 총체성에 대한 다소 현
혹된 꿈으로 감싸안는 것이 아니다. 그 대신 다른 사람들이 결정한
것을 받아들이는 개방성이 최선이다. 이는 또 미래에 일어날 일에
대해 미리 결정하려고 하는 대신, 아직 알지 못하는 것이나 창조된
바 없는 것에 반응하고, 우리들 중 누군가가 결정할 수 있는 자유나
평등 같은 범주의 진리를 넘어서는 의미의 확산 가능성을 인정하는
태도이기도 하다.

이제 나는 일반적인 자유주의적 전통 내부에서 작용하는 세 가지
법률적 원리에 대해 말하겠다. 나는 위에 제시된 탈구조주의적 관점
으로써 세 가지 모두를 비판할 것이다.

‘법률과 경제학(law and economics)’은, 경직된 친기업적 용어(pro-
business terms)로 효율성을 정의하며, 법이 경제적 효율성을 달성하
기 위해 운용되어야 한다는 관점을 조장한다.[2] 이 법률이론은 특히
기업 규정을 다룬 1960년대의 자유주의적 개혁에 대한 대응으로 발

전했다. 자유주의적 개혁의 규정들은 기업체가 환경 보호 기금을 내라고 명령했다. 보수주의자들은 이 규정이 기업체에 너무 큰 재정적 짐을 지움으로써 효율성을 방해했다고 주장했다. 그들은 기업체들과 오염에 피해를 입은 사람들 사이에 거래(trade-offs)가 이루어질 수 있다는 생각을 가지고 대응했다. 이러한 거래들은 오염을 막는 것과, 오염을 허용하고 나서 배상하는 것 중 어느 것이 돈이 적게 드는가를 결정할 것이다. 오염에 피해를 입은 사람들은 그것을 참는 조건으로 배상을 받아들일 것인가를 결정할 것이다. 그리고 이같은 거래가 정부의 규제를 대신할 것이다. 규제에 드는 비용은 삭제될 것이며, 무엇보다도 오염 방지 사업에 드는 비용 역시 삭감될 것이다.

그러므로 경제 시장(economic market)은 정부의 규제를 대신하여 기업체와 기업체 주위 지역사회 사이의 중개자로서 기능함으로써 더욱 효율성을 증진하게 될 것이다. 따라서 '법률과 경제학' 이론가들은 가능한 한 판결이 시장을 모방하려고 노력해야 한다고 주장한다. 판결을 내림에 있어 판사는 어떤 판결이 가장 효율적인가, 또는 어떤 것이 시장을 완전히 기능하게 하는 것인가를 결정해야 할 것이다.

그에 대한 비판자들은, 만일 법이 최고액 입찰자에게 돌아간다면 경제적 힘을 가진 사람들만이 이득을 볼 것이며, 이에 대한 비용은 결국 그보다 힘이 없는 사람들이 지불하게 될 것이라는 점을 지적한다. 게다가 시장은 지역에 따라 천차만별이며, 보수주의자들이 주장하는 것처럼 경제적 상호작용에 대한 공정하고 중립적인 중재자가 아니다. 더 높은 가격을 요구할 힘을 가진 사람들은 공정한 시장가를 무시하며 높은 가격을 부른다. 그리고 공정한 시장가라는 관념 역시 이같은 외견상 가치중립적인 메커니즘의 배후에 놓인 권력의 역사를 무시하고 있다.3)

---

2) R. Posner, *The Economic Analysis of Law*(Boston: Little, Brown, 1977)을 볼 것.

이러한 비판들은 방법론적이거나 담론적이라기보다는 도덕적이거나 정치적인 경향을 갖는다. 그것들은 이론의 기초가 되는 사고(그리고 재현)방식의 잘못을 표적으로 삼지 않는다. 탈구조주의적 관점에서 보았을 때, '법률과 경제학'은 내면성에 대한 형이상학적 가정에 기반한다고 말할 수 있다. 이는 시장, 특히 외부로부터의 간섭 없이 독자적으로 기능하는 시장이 사회적 문제들을 충분히 해결할 수 있는 메커니즘이라는 가정을 그 기준으로 삼고 있다. 이같은 가정에는 내면성 및 자기동일성에 대한 형이상학적 관념이 함축되어 있다. 도덕성, 정치적 조정, 사회적 결과의 문제 등등은 모두 자기동일적인 시장 외부의 것으로 생각된다. 이런 생각은 다음 두 가지를 함축한다. 즉 첫째, 시장은 독립적이고 스스로에게 고유하며, 부가적이며 외적인 보충이나 지원을 필요로 하지 않는 하나의 기계라는 것이다. 둘째, 시장은 이해, 감정, 재현이나 다른 주관적인 기준에 의해 왜곡되지 않는, 과학적으로 객관적이며 중립적인 척도를 구성한다는 생각이다. 시장은 가변적 재현과 수사학적 논의의 변덕을 초월한 어떤 순수하고 확실한 관념과 비슷하다. 그것은 권위의 감각을 주며, 자연적이거나 과학적인 법칙과 유사한 합리적인 관념을 제공함으로써, 관념성과 물질성 사이의 분리를 재생산한다.

판결은 가능한 한 시장을 흉내내어야 한다는 '법률과 경제학'의 주장은 이론의 경계선 딜레마(boundary dilemma)를 주목하게 한다. 만일 법률이라는 것이 사회적 행위를 통제하는 재현의 일반적 체계 내부에서 작용하는 것으로 생각된다면, '법률과 경제학'의 관점에서 보았을 때 법률은 실제 시장에 덧붙여진, 시장에 대한 하나의 보충적 재현(supplemental representation)이 된다. 시장이 스스로 할 수 없을 일을 성취하기 위해 법률은 시장처럼 행동한다. 그런데 이 주장에서 이상한 것은, 시장이란 그러한 외적인 보충을 필요로 하지

---

3) M. Kelman, 'Trashing', *Stanford Law Review*, Vol. 36(1984), 293~348면을 볼 것.

않는다고 가정된다는 점이다. 시장이 판결의 기준으로 사용되는 이유는, 시장이 경제적, 사회적인 분쟁을 중재하는 완전히 자기충족적인 메커니즘이기 때문이다. 하지만 시장이 외적인 법적 보충을 필요로 한다면, 시장은 자기조절적이며 순수한 내적 체계가 될 수 없다. 그것은 법률적 행위의 모델이나 기준으로서의 가치를 상실하게 된다. 따라서 법률은 시장을 모방해야 하지만, 시장을 위해 법률이 필요하다는 사실은 시장의 결함을 표시함으로써, 시장이 완전한 자기충족성의 이상이 될 수 없음을 암시한다. 자기동일적이고 유기적이며 자연적으로 보이는 것이, 결국은 외적인 법률적 보충에 의존하며 그것과의 차이적 상호관계 속에서 존재하고 있음이 판명되기 때문에, 내면성의 가치는 유지될 수 없다.

'법률과 경제학'은 또 과학적인 재현들 — 최적성 방정식(optimality equations), 그래프들 — 을 사용함으로써 자기충족성의 감각을 창조하기도 한다. 메타재현적이고 우연적이지 않은 객관성의 외관은, 의심과 타협 너머에 있는 법률을 추론하여 따른다는 과학적 합리주의의 이념에 이론이 결합됨으로써 창조된다. 이론은 수학적인 계산과 파레토[4] 최적성(Pareto Optimality)과 같은 표준에 의지하는데, 이는 비용 효율성(cost efficiency)의 척도이다. 이같은 추론과 계산의 특수한 형식은, 그것이 중립성을 파기하는 이해를 배제하고 획득된 결과에 의심할 바 없는 권위를 보증하는 듯 보이기 때문에 선택된다.

그러나 법률과 경제학의 문학(literature)은 또한 예시적인 서사, 즉 의문나는 생각들을 구체화하는 재현에 의지한다. 가장 유명한 것은 지나가는 기관차로부터 튀어나온 불똥 때문에 자기 밀밭을 태워버린 농부와 철도 회사 사이의 논쟁과 관련된다. 철도 회사는 피해보상으

---

4) [역자주] 파레토는 로잔느 학파 경제학자이며, 파레토 법칙이란 소득분포에 대한 최초의 경험적, 통계적 법칙을 말한다. 즉 어떤 특성 또는 활동에 크게 영향을 주는 요인은 적고, 대부분의 요인은 극히 적은 영향밖에 주지 못한다는 경험적인 법칙을 파레토 법칙이라고 한다.

로서 농부에게 일정액의 돈을 지불하겠다고 제의한다. 그리고 그 액수는 기찻길을 바꾸거나 기차가 불똥을 뿜지 않도록 고치는 데에 들 비용보다 적다. 이는 정부의 조정을 대신하는 시장거래의 고전적인 예이다. 본질적으로 철도 회사는 자유시장에서 피해를 입힐 권리를 산다. 그리고 농부는 보상액이 불타버린 밀의 손실액보다 많기 때문에 그 피해를 받아들인다. 이것이 파레토 최적성의 상황이다. 양쪽편 모두가 소송과 같은 시장 아닌(non-market) 방법에 의지했을 때보다 더 많이 얻고 덜 잃는다.

이 작은 서사 ─ 이는 포스너의 『법률의 경제학적 분석』에 하나의 이야기로서 자세히 소개된다[5] ─ 는 이같은 법이론의 배후에 있는 이해관계를 명백히 함과 동시에, 바로 그것으로써 과학적 객관성의 외관을 배반하고 있다는 점에서 독특하고 재미있다. 서사는 하나의 재현이며, 적어도 '법률과 경제학'이 의지하고 있는 종류의 과학적 이데올로기에 있어, 사람들은 보통 이같은 재현이 보다 중심적이고 자기충족적인 개념적 논의에 달라붙은, 단지 이차적인 부가물에 불과하다고 생각한다. 서사는 개념적인 체계의 변경이나 주변에 존재하며, 흥미롭기는 하지만 결국은 없어도 무방한 설명이라는 것이다. 그러나 이 특수한 재현적 설명은 그 이상의 어떤 것이다. 그것은 법률과 경제학 이론의 중심에 놓인 어떤 결정적인 가치들을 구체화한다. 가장 중요한 가치는 자연이다. 도시적, 현대적, 기술적 성격으로 특징되는 사회 및 법적 논의의 분위기에서, 전원적인 아우라(aura)[6]와 배경(setting)을 가진 이 이야기는 아주 인상적인 것이다.

---

5) Posner, *Economic Analysis of Law*, 34~39면을 볼 것. 다른 고전적인 예들 역시 그 성격상 전원적이다. 이를테면 유명한 코아스 일반원리(Coase Theorem)는 카우보이와 옥수수 농사꾼 사이의 상호작용에 기초한다. R. Coase, 'The Problem of Social Cost', *Journal of Law and Economics*, Vol. 3(1960), 1~44면을 볼 것.

6) [역자주] 일반적으로 분위기 등을 말함. 한편 발터 벤야민은 「기술복제 시대의 예술작품」이라는 글에서, '예술작품의 기술적 복제가능성의 시대에서 위

이는 시장이 사물들의 자연적 질서와 더 가깝다는 감각을 강화한다. 그리고 실제로 시장을 따르기를 선호하는 보수주의자들은, 시장이 사물들로 하여금 인간의 간섭없이 자연적인 위치에 놓이도록 하는 방법을 구성한다고 주장한다.

그러나 이 이야기는 단지 전원적일 뿐만은 아니다. 즉 이는 전근대적(pre-modern) 양식으로 전원적이다. 이 이야기는 불똥을 뿜는 기관차의 이미지와, 기업에 대한 정부의 통제가 시작되기 이전, '계약의 자유' 시대로 알려진 19세기 후반을 환기하는 이미지를 포함한다. 당연히 이 서사는 변경, 즉 문명화된(즉 법률적인) 사회의 가장자리나 주변에서 발생한다. 이는 현대적 합법성의 제약으로부터 탈출하는 지지학(地誌學)적이고 역사적인 이미지를 마음 속에 새기게 한다. 따라서 법을 만드는 것이 아니라 법으로부터 탈출하려 하는 이 서사는 '법률과 경제학'의 근본적이고 내면적인 이해를 배신한다. 결국 시장을 흉내내라는 요구는, 사회적 문맥에 책임을 지지 않고 피해를 입힐 자본가의 '자유'를 축소시켜 왔던, 19세기로부터 계속되어 온 법률의 어떤 면을 무효화하라는 요구이다.

그렇게 역사적으로 퇴영적인 서사가, 그래프와 최적성 방정식으로 가득 찬 진보적이고 과학적인 논의에 덧붙여져야 한다는 사실은 놀랍게 생각될 수도 있을 것이다. 하지만 사실 역사적으로 퇴영적인 서사는, 질서를 강요하려는 욕구를 보존하는 전원적 단순성에 대한 욕망을 증명하는데, 이는 결국 '법률과 경제학'의 과학주의에 내포된 불가피한 필연적 결과이기도 하다. 우익 이데올로기에서 전원적 단순성의 신화는 항상 도시적이고 자유주의적인 재구성에서 벗어난 자기조절적인 자연의 이상을 내포해 왔다. 그리고 이는 또 언제나 사물들에 내재한 불가피한 유기적 질서를 암시해 왔는데, 그 자연적 질서는 권위의 봉납, 위계질서적인 위치 부여, 기업합병(corporatist

---

축되고 있는 것은 예술작품의 아우라'라고 논하기도 한다. (반성완 편역, 『발터 벤야민의 문예이론』, 1983, 민음사, 202면.)

bonding) 등의 형식을 통해 사회에 옮겨질 수 있는 것이다.

'법률과 경제학'에서도 이와 똑같은 종류의 어떤 것이 작용한다. 그 도상학(iconography)은 유기적으로 자기 자신을 유지할 뿐, 정부에 의한 보충적인 조정을 필요로 하지 않는 전자유주의적 도시 이전의 전원적 생활의 이상과, 수학적으로 강요되는 과학적 질서의 이상을 결합한다. 이 두 이상은 위반할 수 없는 어떤 것을 함축하는데, 그 힘은 매우 커서 불가피한 결과들을 산출한다. 따라서 현대의 우익이 내세우는 시장 계산(market calculation)은, 앞 시대의 반동적 운동이 표방한 규율의 이데올로기와 등가로 생각될 수 있다. 두 가지 모두가 복종을 함축한다. 그러나 이는 자유주의적 국가 통제에 대한 복종이 아니라 자연, 특히 미국의 전원생활적 자연에 맡겨진 자기 조절의 이상과 결부된 것으로서의 복종이다. '법률과 경제학'의 예시적인 서사는, 이론이 현대의 과학적 성취의 극치로서 스스로를 제시하는 바로 그 순간에 이같은 사실을 폭로한다. 사실상 이는 우익의 전원주의 이데올로기의 한 변형물이며, 전통적인 믿음이 다양한 일화들로써 통용되는 민속적(folksy) 세계의 유물이다.

따라서 보조적인 것으로 가정된 이야기나 재현은, 더 중요한 개념적인 논의에 대한 단순한 보충물일 뿐은 아니다. 오히려 그 이야기는 개념적 체계 내부의 어느 곳에서도 발견될 수 없을 법률과 경제학 이론의 핵심적 진리를 보여준다. 그리고 그것은 독립적, 자율적으로 작용한다고 추정된 시장 효율성의 과학적 계산이, 문화적 재현 및 비과학적이며 단지 주관적일 뿐인 욕망과 이해관계들의 내부에 닻을 내리고 있음을 보여준다.

탈구조주의는 우익 법이론에 대해 위협적이다. 그 이유는 탈구조주의가, 고유한 기준과 규칙, 그리고 모든 관계자들을 초월하여 공평하게 작용하는 자신의 단일한 판결적 권위의 부권적 심급을 가졌다고 하는 법률의 제도적인 동일성의 관념에 의문을 제기하기 때문이다. 해체론적인 관점으로 보았을 때, 법이 동시대의 사회에서 내적인 교리나 일관된 수학적 규칙들을 가진 채 다른 것과 분리되어 존재한다는 것 자체가 그 사회의 병적 상태를 보여주는 징후이다. 법률적 자율성에 대한 욕망은, 그 스스로가 자본주의 사회의 체계적인 불안정성에 의해 생산되는, 권위에 대한 욕망 및 욕구를 표현한다. 불평등한 주체들이 경쟁하는 가부장적 사회는 부권적 결정자가 논리적이며 자연적인 필연성으로 생각되게 한다. 따라서 경쟁적이고 가부장적인 사회 구성은 부권적 결정자를 정당화하는 것으로 여겨지며, 또한 부권적 결정자의 원인으로 보이게 된다. 사회적 불안정성에서 유래하는 가부장주의는 부권적 결정자를 보존하는 구실이 된다.

탈구조주의적인 법이 있다면, 그것은 본래부터 문맥이 존재한다는 것이며, 보충적으로 보이는 것이 실상은 본질적이라는 바로 그 점일 것이다. 따라서 법률은 어떤 상황에 대한 반응, 즉 치료를 요구하는 어떤 문제적인 사회적 문맥에 의해 제기되거나 초래된 담론 행위로 생각되어야 한다. 법률의 동일성은 사회적 상황이 제출하는 차이들에 의해 부여된다. 그리고 그 차이들은 법률 외부의 것이 아니다. 모든 법률은 어떤 상황에 부착되어 있으며, 그 상황으로부터 법률이 떨어져 나올 때 법률은 존재의 이유와 법률에 의미를 주는 힘들을 상실하게 된다. 그러므로 우리는 보수적인 법이론에서 사회적 해결책으로 선전하고 있는 부권적 심급 자체가 그 사회의 병적인 징후라고 말할 수 있다. 이때 스스로 질서를 부여할 수 없는 것에 대해 자신의 결정에 따라 질서를 부여하는 초월적인 법적 결정자 자체, 즉 논쟁과 토론의 장에서 벗어난 권위 자체는 결국 자기발생적인 질서를 막는 수단이 된다. 방정식의 양쪽 —— 법률적 결정자와 불안정한 시장 사회 —— 모두가 병리적인데, 이때 이 둘은 서로서로를 지탱해준다. 그것들이 병리적인 것은, 외적인 권위 없이는 해악의 원인들을 제거하지 못하도록 하는 물질적인 불평등과 지배의 체계를 함축하고 있기 때문이다. 그러므로 외적인 권위와 물질적 불평등 및 지배의 체계는 서로서로를 지탱해주는데, 왜냐하면 법률 내부에 어떤 외적인 권위를 고정시키는 것은, 그러한 외적 심급을 불필요하게 할 물질적으로 평등한 문맥 내부의 사회적이고 법적인 중재 과정의 발전을 배제하기 때문이다. 불평등과 지배의 병리학은 치료책으로서 그러한 법률적 권위의 심급을 초래한다. 그리고 그 법률적 심급의 계속적인 사용은, 사회로 하여금 끝내 외적인 결정자에 대한 필요를 단지 재생산하는 미발전의 상태에 있도록 한다. 그러므로 우리는 우익의 법이론이 전유(metalepsis)의 기초 위에서 작용하는 것이라고 말할 수 있다. 우익의 법이론은, (어떤 이념이 필연적인 것처럼 만드는 방식으로) 법률적으로 구조된 사회에서의 결과를, 법률 배후의 원인이나 근거 ─ 시장의 과학을 따르는 어떤 결정자의 의심할 여지가 없는 이념 ─ 로 제공한다.

로날드 드보르킨(Ronald Dworkin)의 자유주의적 법이론은, 판결의 모델로서 '법률과 경제학'이 제시한바 지나치게 단순화된 금전적 획득의 계산법보다 대체로 좀더 세련되고 온건하다. 하지만 불평등과 권력을 변호하지 않는 어떤 법률체계를 지향하는 탈구조주의적인 비판의 관점으로 보았을 때, 보수적인 이론과 논쟁할 때 나타나는 드보르킨의 커다란 강점(법률은 실용적인 정책보다는 원칙에 따라야 한다는 생각)은 오히려 커다란 약점이 된다.

『진지한 권리 쟁취』에서 드보르킨은 판결이 엄격한 법적 규칙들이 아니라, 그 규칙들에 내재된 원칙들에 의해 인도되어야 한다고 논의한다.7) 재판관들은 어떤 사회가 그 법적 체계 내부에 세워 놓은 공정성과 평등의 원칙을 따라야 한다. 또 그들은 각각의 경우에 시민들의 권리가 무엇인지를 결정하고 그것을 존중하려 하여야 한다. 권리란 입법에 의해 창조되었을 뿐 선험적인 존재가 없다고 생각하는 실증주의에 반대하여, 드보르킨은 권리가 입법과는 별도로 존재하며 어떤 경우에는 법적 규칙들보다 우월해야 한다고 주장한다. 물론 이러한 생각은 법적 규칙을 위협하는 듯 보인다. 그러나 그럼에도 불구하고 드보르킨은 원칙의 인력(引力)이 판례를 위배하지 않는

---

7) R. Dworkin, *Taking Rights Seriously*(Cambridge: Harvard University Press, 1977).

어떤 범위 안에 법률적 해석을 제한한다고 논의한다.

이 책에서 우리는 드보르킨의 주장을 탈구조주의적으로 읽어 그의 어떤 전제들을 뒤집을 것인데, 이는 드보르킨의 주장들이, 그의 추상적 원칙들이 전제함과 동시에 또 부정하려고 하는 물질적 상황과 관련된다는 것을 추적함으로써 이루어질 것이다. 이를테면 공정성과 평등한 대우의 원칙에 호소하는 생각 자체가, 원칙들을 불러들이는 불공정하고 불평등한 물질적 현실을 지시하는 것이다. 이때 그 원칙들은 불평등을 보상할 수 없는데, 이는 그러한 상황의 결과들을 나타내도록 불러들인 원칙들이 본질적이고 경제적이라기보다는 법률적이고 형식적이기 때문이다. 실로 추상적이며 아무런 특수한 내용을 가지지 않은 어떤 것으로 규정된 원칙에 대한 관념 바로 그것은 자신의 사회적 문맥이 규범적이라고 가정하는 법이론과 완벽하게 어울린다. 따라서 드보르킨은 평등의 이상을 논의할 때조차 '힘을 가진 사람들'에 대해 말할 수 있는 것이다.[8] 그러한 사회적 체계의 작용과 가정들은 법이론의 이념과 모순하지 않는 것으로 전제된다. 실로 그것들은 완전히 법률적 원칙의 영역 바깥의 왕국에 속한 것으로 전제된다.

그러나 과연 그럴 수 있을까? 만일 우리가 그 이론에 필연적으로 함축된 관련성들을 추적한다면, 그것들은 이론이 상상적으로 존중하고 있는 원칙들과 다투고 있는 불평등한 현실을 내포한다는 사실이 명백해질 것이다. 달리 말해 그 이론은 현실과 분리될 수 없다. 왜냐하면 현실은 이론의 구성적인 문맥이며, 그 문맥이 없을 때 이론은 불필요하게 되기 때문이다. 불평등은 평등한 대우라는 자유주의적 원칙이 있게 된 이유, 또는 원인이다. 따라서 사회적 불평등은 법률적 평등의 외부에 있다고 선언될 수 없다. 관련성의 범위를 경험적 현실로부터 추상된 형식적 관점에 제한함으로써, 평등한 대우라는 자유주의적 원칙은 이상하게도 불공정한 사회적 체계를 유지하는 하

---

8) 드보르킨, 앞의 책, 357면.

나의 방식이 된다.

　사회적 불평등은, 드보르킨이 공식화하는 것처럼 자유주의적 합법성에 의해 묵살된 채 남아 있어야 하는 외적인 한계인 것만은 아니다. 불평등한 힘의 현실은 또한 드보르킨이 말하는 원칙의, 원칙화된 성격을 허물어뜨리기도 한다. 직접적인 구체적 목적에 봉사하지 않는다는 의미에서 원칙은 정책과 구분된다. 대신 그것은 어떠한 특수한 내용에도 적응할 수 있는 이상적인 형식을 지칭한다. 그것은 보편적이며, 따라서 평등을 함축한다. 그러나 공정성과 같은 원칙의 범위는 사회적·경제적 힘의 근본적인 구조들을 유지하는 규칙과 정책들에 대한 자유주의적 헌신에 의해 제한된다. 법률적 공정성은, 개인주의적인 사회경제적 이데올로기에도 불구하고 여전히 문제를 일으키는 부의 불평등과 같은 사항을 다룰 수 없다. 결과적으로 공정성은 보편적인 원칙이 될 수 없다. 공정성은 그 관련성의 적용을 제출된 문제에 대한 문맥적 원인들의 규범성을 가정하는 범위에 제한해야 한다. 공정한 대우는, 자신의 삶을 통해 경제적, 사회적으로 불평등한 규칙이 초래하는 결과를 반영하고 있는 사람들에게 수여될 것이다. 그 규칙들이 시행되지 않는다면 공정한 대우를 요구하지 않을 사람들에게 말이다. 그러나 공정성의 원칙은 그 규칙들을 건드릴 수 없다. 드보르킨의 자유주의적 생각을 가장 원칙적으로 적용한 정책 결정은, 구성된 사회적 체계를 법률로써 수정할 수 없다는 것이다. 불평등한 규칙들은, 깨어지기는커녕 질문될 수조차 없을 것이다. 그러므로 우리는, 자유주의적 합법성은 결코 정책으로부터 원칙을 분리시킬 수 없다고 말할 수 있다. 자유주의적 합법성은 기껏해야 어떤 특수한 정책을 지지해주기 위해 원칙을 적용할 뿐이다. 물론 그렇게 한다고 고백하지는 않지만 말이다.

　그러므로 드보르킨의 이론에서 우리는 전유, 또는 원인과 결과의 역전을 만나게 된다. 원칙은 정책보다 선행하는 것으로 가정된다. 그러나 원칙은 어떤 정책이 선택되느냐에 따라 좌우되고 있음이 발견된다. 가장 자기충족적인 원칙적 결정마저도 어떤 물질적 연관성에서 파생된다. 사회적 문맥과의 그 연관성은 처음부터 원칙화된 결정을 필연적인 것으로 만드는 것이다. 그러나 정책의 선택은 바로 그 물질적 연관성을 제한한다. 그 결과 문맥의 규범화(normativization)라고 불릴 만한 것이 나타난다. 자유주의 이론가는 그 자신의 사회적 상황에 대한 도덕적인 정당화 가능성을 가정하는데, 이는 공정성과 같은 원칙의 의미를 법적인 평등 대우라는 아주 좁은 개념에 제한할 수 있게 한다. 그러나 그러한 원칙들을 외적으로 적용하라고 요구하는 상황들에 대처하기 위해, 그 원칙들이 소집되어야 한다는 사실 자체가 억누를 수 없는 하나의 관련상황(reference)을 구성한다. 이는 자유주의적 합법성에 대한 기반이나 이유를 구성하는 동시에, 그 제도적인 동일성의 경계를 와해시키는 흐트러진 끈이기도 하다.

이와 비슷한 문제가 드보르킨의 두 번째 책인『원칙의 문제』에도 나타난다.9) 이 책에서 드보르킨은 판사의 결정이, 공동체 안에 이미 확립되어 있는 정치적 도덕성과 조화해야 한다고 주장한다. 어려운 경우에 처했을 때, 판사들은 무엇이 공동체의 암시적인 원칙인가, 즉 무엇이 공동체의 규칙에 함축된 정치적 이론인가를 결정하려고 노력해야 한다. 원칙들은 정책 목표보다는 권리 안에 기초한다. 어떤 법률적 규칙은, 모든 입법보다 먼저 존재하는 도덕적 권리를 붙잡으려는 공동체의 시도로 생각되어야 한다. 이미 확립된 공동체의 기준에 의해, 판사의 새로운 권리 창조는 제한되어야 한다.

모든 자유주의자들처럼, 드보르킨은 자유주의의 경제적·정치적 원칙들에 기초한 공동체가 강압으로부터 자유롭다고 가정한다. 사람들은 자발적으로 그 공동체 속으로 들어간다. 게다가 그 원칙들은 도덕적으로 정당화될 수 있다. 다시 말해 원칙들은 판결의 기초가 될 수 있는 규범적인 이론을 구성하기조차 한다. 따라서 모든 판사들이 해야 할 것은, 예를 들어 올바른 결정에 도달하기 위해, 미국

---

9) R. Dworkin, *A Matter of Principle*(Cambridge: Harvard University Press, 1985).

헌법의 배후에 있는 일관된 정치적 이론을 이해하는 일이다. 그러나 법률적 원칙이, 성공적으로 기능하기 위해 강압과 권력의 불평등한 배분을 필요로 하는 사회적 정책에 대한 변호로 생각된다면, 그 모든 것은 변화된다. 적어도 그것은, 불평등한 보수에 자신의 에너지를 팔며, 경제 규칙들을 결정할 권력으로부터 체계적으로 배제된 순종적인 노동력을 요구하는, 자유주의적 자본주의 사회에 대한 하나의 묘사이다. 이렇게 보았을 때, 공동체의 확립된 정치적 도덕성과 조화하는 원칙의 결정 그 자체가 정책 결정인 셈이다. 자유주의적 견해에 대한 이같은 비판적 재구성에서 결정적인 것은, 판사의 결정을 이미 확립된 공동체의 기준 안에 제한하는 것에 대한 질문이다. 만일 공동체에서 강압된 노동의 기준이 당연시된다면, 권리는 아주 심하게 제한되어야 할 것이다. 즉 노동자 위에 군림하는 사용자의 권력을 방해하지 않는 사람들에게만 권리가 부여되어야 할 것이다. 작업장의 지배에서 자유로우며, 임금을 위해 노동을 팔지 않고, 소위 자유로운 경제체계가 가하는 무언의 강제에 고통받지 않은 채, 충만하고 자유롭게 살 수 있는 권리는 전혀 없을 것이다. 따라서 어떤 무정부주의자나 마르크스주의자 판사가 부를 재분배하고자 할 수 있다는 변칙적인 가능성에 대한 드보르킨의 간단한 언급은 매우 중요한 의미를 지닌다. 왜냐하면 그것은 자유주의 이론의 현실적 한계를 지적하고 있으며, 또한 자유주의 이론이 소위 '원칙'에 근거해 불평등을 방어하면서 특정한 공동체의 한 형식을 아주 강력히 승인하고 있음을 지적하기 때문이다.

이렇게 보았을 때, 드보르킨의 최근 저서의 제목이 『법률의 제국』이라는 사실은 아주 적절한 듯하다. 왜냐하면 그의 법 이론에서 문제삼고 있는 것은 자유주의 법률에 의해 인가된 일종의 국내 제국주의(domestic imperialism)이기 때문이다.10) 드보르킨은 법률을 더욱 원칙에 맞도록 만드는, 판결의 완전성(integrity)이라는 이상을 위해

---

10) R. Dworkin, *Law's Empire*(Cambridge: Harvard University Press, 1986).

논의한다. 이같은 관점에서 보았을 때, 법률은 일종의 문학적 서사를 구성한다. 그리고 어떤 법률적 결정이 내려질 때, 그 결정은 문제되고 있는 법률적 과정 전체에 대한 최상의 해석으로부터 도출된 것이라는 식으로, 이야기(문학적 서사) 전체를 정당화하기 위해 노력해야 한다. 만일 법률이 해석의 문제라면, 어중간한 상태의 의미를 결정하는 것이 제일 중요한 일일 것이다. 드보르킨은 우리가 어떻게 법률을 알 수 있는가에 대한 질문으로 이 문제를 취급함으로써, 인식주의자적 입장(cognitivist position)이라고 부를 만한 태도를 취한다. 그는 모든 구성원들의 언어가 일치하는 해석공동체(interpretive community)라는 문학비평적인 생각을 통합한다. 따라서 법률적 해석은 법률 내부에서 작용하는 원칙들을 결정할 것이다. 그리고 이런 식으로, 법률적 해석은 판사들에 의해 새로운 법이 만들어지는 것보다 우위에 있게 될 것이다. 그는 상상적인 관례(Courtesy)의 체제를 예로 든다. 그 체제에서, 예절 바른 공동체에 함축된 원칙들을 존중하는 해석자들에게 새로운 법률이 어떤 것일지는 뻔한 일이다. 그러므로 드보르킨이 '완전성으로서의 법률(law as integrity)'이라고 부르는 것은, 이미 법률에 각인되어 있는 일관성을 더욱 고조시키는 판결 내부의 단일성의 이상을 제창함으로써 하나의 공동체를 구체화하거나 의인화한다.

법률적 서사에 대한 드보르킨의 이상은, 법률이 절대로 이룩할 수 없는 단일성 및 완전성의 기준을 함축하고 있다. 법률이 해석과 언어의 물질적인 과정에 뿌리 내리고 있음을 인정함으로써, 드보르킨은 법률이 문맥적 요소들로부터 완전히 봉쇄된 서사적 완전성을 얻을 수 있게 할 어떠한 가능성마저도 파괴한다. 이때 문맥적 요소들은 법률적 서사에 동화될 수 없으며, 그 동화불가능성(unassimilability)은 단일하다고 가정된 자유주의의 법률적 기획 한가운데에 존재하는 근본적인 분열을 증명해 준다. 또다시 문제는 드보르킨이 말하는 원칙의 원칙화된 성격을 배신하는 물질적 한계 및 그 물질적 한계에서 기인한 권력에 대한 암묵적 동의를 드러내는 내적인 균열이다. 예를 들어 헌법 해석은 법조문에 함축된 원칙의 범위에 제한된다. 그러나 이는 또 그 헌법이 만족시켜 주어야 하는 경제적 지배체계의 요구들에 의해서도 역시 제한된다. 따라서 해석은 법률이 무엇을 의미하는가를 아는 인식의 문제인 것만은 아니다. 해석이란 오히려 법률이 존중해야 하는 법률 외적인 어떤 경제 규칙들에서 비롯된 사회적인 물질적 한계를 고려하는 문제이다. 의미있는 문서로서의 헌법이 사회적 상황에 뿌리를 내리고 있으며, 따라서 그 용어들의 의미가 사회적 명령과 분리될 수 없다면, 그 해석 역시 이와 비슷하게 사회적 상황에 근거하고 있다. 의미는 문맥에서 떼어져 결정될 수 없다. 문맥이 없다면 아무런 의미도 있을 수 없을 것이다. 문학적 의미가 그러하듯이, 법률적 의미 역시 의도(intention)만의 문제일 수는 없다.11) 그것은 말하기(address) 및 그 말하기에 함축된 대화적인(dialogic) 사회적 상황의 문제이다. 이는 어떤 단어들이 어떤 것들('권리'나 '자유' 등을 예로 들 수 있는데, 이것들은 모두 사회의 물질적인 준거점 없이는 아무 것도 의미할 수 없을 것이다. 왜냐하면 사회의 물질적 준거점은 이 단어들의 실체와 의미론적 내용을 이루기 때문이다)을 의미할 수 있도록 하는 사회적인 그물망<network>의 문제이다. 게다가 내가 이미 다른 방식으로 말했듯이, 사회적 체계가 당연히 규범적이라고 생각하는 해석이나, 적어도 정의의 관점과는 상관없는 것이라고 생각하는 해석은, 이해관계와 정책적인 편견으로부터 완전히 벗어난 것이라고 할 수 없다. 사실 사회적 찌꺼기나 문맥적인 결정요소가 없는 순수하게 인식주의적인 해석에 대한 꿈이야말로, 사회적 상황과 관련이 없다고 주장되는 바로 그 순간에 필연적으로 사회적 상황을 가정해야 한다. 그리고 바로 이때 그것은 고도로 이해관계에 얽힌 정치적 행위로 스스로를 정의하게 된다.

그러므로 법률적 해석은 원칙의 문제, 또는 공동체의 암묵적인 법

---

11) [역자주] 윔저트와 비어즐리의 '의도론적 오류'에 대한 논의 이후, 작품의 의미와 작가의 의도는 종종 구분되어 왔음을 상기할 것.

이론의 완전성을 존중하는 문제일 수만은 없다. 그런 식의 생각은 드보르킨과 같은 자유주의자들로 하여금, 힘과 부가 불평등하게 분배될 뿐만 아니라 또한 법률체계에 의해 그 불평등이 강요되기도 하는, 계급·성·인종적으로 분열되어 고도로 갈등하고 있는 사회를, '공동체(community)'라는 말로 부를 수 있게 하는 추상화의 습관을 이미 누설하고 있다. 드보르킨의 이론이 요구하는 류의 해석공동체적 단일성은 사실 언제나 강요된 단일성일 뿐이다. 이때 그 단일성은 분열된 사회가 분열된 해석적 언어를 발생시킨다는 사실을 무시하려고 노력한다. '완전성으로서의 법률'에서 요구되는 류의 공통어(common language)는 있을 수 없다. 그리고 일반적이고 추상적인 것으로 특징되는 '공동체'에 대한 드보르킨의 개념이 미국 도시에 거주하는 흑인 하층민에게 무슨 의미가 있을지 회의적이다. 그들에게 공동체란 일반적으로 외부의 백인 세계와 갈등하고 있는 자기들끼리의 흑인 세계를 의미하기 때문이다.

이런 류의 사회적 차이 및 상황들은 드보르킨이 제시하는 법률적 해석의 인식주의적인 모델에 동화될 수 없다. 그것들은, 하나의 서사, 즉 '전체적 이야기'로서 파악된 공동체 원칙의 단일한 의미 결정에 스스로를 제한하는, 판결의 모델 속으로 통합되는 것에 대해 저항한다. 그런데 완전성과 공정성이라는 자유주의의 법률적 이상은 공정하지 못하고 완전하지 못한 사회적 현실을 함축한다. 왜냐하면 사회적 세계가 다른 방식으로 형성되었다면(이를테면 원칙화된 물질적 평등이 보편적으로 실현되는 상황이라면), 그 이상들이 필요하지 않았을 테니까 말이다. 그러나 이미 여러 번 지적해왔듯이, 자유주의 이론은 스스로를 배반하지 않고서는 그 결정적인 사회적 상황을 고려에 넣을 수 없다. 자유주의적 원칙이 그 사회적 문맥을 수정하려고 노력할 때, 그 원칙은 더 이상 원칙이 아니라 정책이 될 것이다. 바로 그렇기 때문에, 드보르킨은 그렇게도 눈에 띄게 권위와 권력에 대한 복종으로서 관례(Courtesy)의 예를 선택하는 것이다. 결국 이는 자유주의 법이론을 요약하는 것이다.

따라서 공동체의 법률적 이야기를 전체적으로 정당화함으로써, 판결이 전체적인 법률적 과정에 대한 최상의 해석이기를 바라는 자유주의의 이상은 결국 실현되지 못할 수밖에 없다. 자유주의의 이상은 필연적으로 불완전하게 남는다. 자유주의의 이상은 법률적 의미를 법률적 원칙으로 생각하는 인식주의적인 기술에서 물질적이거나 사회적인 문맥적 관심을 배제하라고 요구하면서, 그와 동시에 그리고 모순적으로, 그 물질적인 상황에 대해 관심을 가지라고도 요구한다. 공정성 및 평등한 대우와 같은 원칙들을 환기하는 것이야말로, 인식적으로 추론되거나 해석된 원칙의 세계를 넘어선 사회적 현실을 지적하는 것이다. 그리고 자유주의 법이론가들이 인정할 수 없음에도 불구하고, 그 원칙들은 그같은 사회적 현실에서 초래된 것이다. 결과적으로 공동체의 법률적 이야기는 절대로 완전한 것이 될 수 없다. 공정성 및 평등이라는 자유주의적 원칙들을 형성하고 한계짓는 실질적인 사회적 문맥에 원칙을 적용할 때에만 그 꿈에 접근이라도 할 수 있을 것이다. 그러나 그렇게 원칙을 사회적 문맥에 적용한다는 것은 어떤 면에서는 완전성, 단일한 서사, 또는 완전성으로서의 법률에 대한 꿈을 포기하는 것으로 의심된다. 적어도 자유주의적 관점으로 보았을 때, 완전성이란 법률과 사회적 문맥 사이의 혼란스러운 관계를 단절한다는 것을 함축하는 듯하다. 그렇게 함으로써, 체계적인 사회적 폭력에 직면해서 일련의 일관된 원칙들로서의 법률적 통합성이 유지될 수 있다는 것이다. 법률과 사회적 문맥 사이의 관계가 일단 발생하게 되면, 법률적 완전성은 원칙화된 일관성보다는, 법률적 공정성을 원칙적으로 적용하도록 하는 사회적 폭력(즉 불평등, 권력, 체계적인 불공정성 등)의 근원을 수정하는 것에 더욱 의지하게 된다. 필연적으로 그 작업은 끝없는 노력이다. 그것은 당연히 단순한 인식적 완전함의 환상에 머물 수 없는 것이다.

자유주의 법이론에 대한 탈구조주의적 비판은 비판적 법률 연구 운동(Critical Legal Studies Movement)의 학자들이 쓴 급진적 저서들에서 명백하게 나타난다.12) 그러나 그 운동은 아주 다양한 양상을

12) 아래의 글들을 볼 것. *The Politics of Law*, D.Kairys(편)(New York: Pantheon, 1982); 비판적 법률 연구회에 바쳐진 『스탠포드 법학회지(*Stanford Law Review*)』의 특집; 'The Critical Legal Studies Movement', *Harvard Law Review*, Vol. 96, no. 3(1983), 562~680면(하바드대학 출판부에 의해 학술논문으로 재출판된 것). 그리고 *Essays on Critical Legal Studies* (Cambridge: Harvard Law Review Association, 1986); D. Kennedy, 'Form and Substance in Private Law Adjudication', *Harvard Law Review*, Vol. 89(1976), 203~238면; 'The Role of Law in Economic Thought: Essays on the Fetishism of Commodities', *American University Law Journal*, Vol. 34(1986), 939~1001면; M. Minow, 'Law Turning Outward', *Telos*(1987년 가을), Vol. 73, 79~100면; J. W. Singer, 'The Player and the Cards: Nihilism and Legal Theory', *Yale Law Review*, Vol. 94(1984), 1면. 한편 비판적 법률 연구회(CLS)와 해체론의 관계에 대해서는 아래의 글들을 볼 것. G. Peller, 'The Metaphysics of American Law', *California Law Review*(1986), Vol. 75, 1151~1290면, 그리고 C. Dalton, 'An Essay in the Deconstruction of Contract Doctrine', *Yale Law Journal*, Vol. 94, no. 5(1985), 999~1040면; J. M. Balkin, 'Deconstructive Practice and Legal Theory', *Yale Law Journal*(1987), Vol. 96, 743~786면. 또한 J. Malkan, '"Against Theory" Pragmatism and Deconstruction', *Telos*(1987년 가을), 129~154면을 볼 것. 여기서 말킨은 스텐리 피쉬(Stanley Fish)와 해체론을 동일시하는 실수를 범하고 있다. 최근에 피쉬는 일정한 해체론적 통찰을 구체화해 왔으며, 종종 그의 학문적 '조상'의 한 사람으로 데리다를 인용하기도 한다. 피쉬는 회의론자로서 출발, 경험적인 자료로부터 인식이 가능하지만 자료 자체는 아무런 내재적 의미나 본질을 가지지 않는다고 주장하는 데이비드 흄(David Hume)의 철학을 사용하여 밀턴(Milton)에 대한 글을 썼다. 이같은 모델을 사용하면서 피쉬는 독자들이 스스로의 정신으로써 문학적 텍스트의 의미를 창조한다고 논했다. 후에 그는 독자들이 해석적 공동체 안에서 의미를 함께 만든다고 논할 것이다. 이런 식으로 피쉬는 자연법에 대한 회의론적 비판의 지적 역사를 개괄한다. 그것은 인식적인 의심(cognitive doubt, 흄)의 전략에서, 법률적 실증주의의 프로그램(법률적 실체는, 법률적 전제나 입법 행위로부터 분리되어 존재하지 않는다는 생각 — 이는 결국 해석적 공동체를 논하는 또 다른 방법이다)으로 전개되었다는 것이다. 피쉬는 이른바 공동체의 실제적 힘에 대해 질문하지 않는다. 그리고 18세기에 있었던 자연법에 대한 회의론적 비판이 그랬듯이, 그 비판의 목적은 공동체의

보인다. 그리고 그 주도적인 목소리 중의 어떤 것, 특히 로베르토 웅게르(Roberto Unger)는, 탈구조주의적으로 교정될 여지가 있는 자유주의적 범주 내부에서 계속 작업하고 있다.

『정치학, 구조적 사회이론의 한 작업』에서 웅게르는, 역사가 필연적으로 봉건주의에서 자본주의, 공산주의로 발전된다고 보는, 제2인터내셔널13) 또는 마르크스주의에 대한 레닌적 해석에 대해 반론을 편다.14) 필연성에 묶여 있는 대신, 웅게르는 역사를 불연속적인 투쟁들의 연속체로 보아야 한다고 논한다. 그러한 투쟁에서 패배한 사람들은 한 단계에서 다른 단계로 나아가는, 사회의 필연적인 논리적 진화의 희생자가 아니다. 그들은 우발적인 정치적 사건 때문에 패배한 것이다. 사회이론으로서의 마르크스주의에 대한 웅게르의 대안은, 스탈린주의 전통의 과도한 결정론(necessitarianism)에 대한 중요한 교정책인 가변성의 모델이다. 그러나 웅게르는 이같은 혁신적인 잠재력이 있는 모델을, 불평등의 보존을 용인하게 될 좌파 자유주의의 정치적인 이념을 회복하는 데에 사용한다. 그의 대안은 모더니즘적인 문맥 파괴와 쁘띠 부르주아적인 소자본주의 생산의 혼합을 선호한다. 모더니즘적인 접근은 고정된 역할과 위계질서에서 벗어날 수 있는 우리의 힘을 강조한다. 웅게르는 절대적인 소유권이 진보를 막는 주된 방해물 중의 하나라고 생각하며, 기업가와 기술자, 그리고 노동자들로 이루어진 팀이 쓸 수 있을 순환적 자본 적립(rotating

---

실제적 힘을 변화시키려는 어떠한 시도도 불가능하게 하려는 것인 듯하다. W. T. J. Mitchell, *Against Theory*(Chicago: University of Chicago Press, 1985)에 있는 'Consequences'를 볼 것. 그 외에도 아래의 글을 참조할 것. 'Working on the Chain Gang', *Texas Law Review 60*(1982), 551면; 'Fish vs. Fiss', *Stanford Law Review 36*(1984), 1325면.

13) [역자주] 1889년 프랑스 파리에서 창설된 각국 사회주의 정당이 중심된 연합조직. 아나키스트 배격 및 비전론을 주장하였음. 1차 대전 발발과 더불어 해체되었으나, 1919년 제3인터내셔널의 무산계급 독재에 반대하며 재건됨.

14) R. M. Unger, *Politics, A Work in Constructive Social Theory*(Cambridge: Cambridge University Press, 1987).

capital fund)에 대한 생각을 제안한다. 권리의 프로그램(면제, 복지, 탈고정화 등)은, 기본적인 안전이 보증될 것이며 사회의 제도적인 틀을 수정할 수 있는 능력이 우리들 삶의 항구적인 모습이 될 것이라는 점을 장담할 것이다. 사회의 정치적인 구성은, 통치력으로부터 작용하는 '중심적 개혁자들(central refomers)'을 가진 하나의 대의민주주의로 이루어질 것인데, 이때 그 통치력은 자유주의자들이 그렇게 많이 공상해 왔던 어떤 것보다도 더욱 유연할 것이다. 사물들을 결정할 권리는 이따금씩 대중들에게 맡겨질 것이다. 그러나 본질적으로 현재 자유주의 체제 하에서 일반적으로 나타나는 정치적 대의제의 공화정적 구조는 유지될 것이다. 웅게르에게 유연성과 자유는 핵심적인 가치이다. 그리고 그는 탈자유주의적인 급진주의의 최전선에 있어 온 급진적 대중민주주의와 절대적 평등의 이념에 대해 반론을 편다. 그는 탈중심화된 경제 활동을 최대한 허용할 발전하고 있는 유연한 제도들에 대해 더욱 큰 관심을 가지고 있다. 웅게르는 민주주의와 시장이 서로서로에게 필수적이라고 논한다.

웅게르는 마르크스주의를 별로 공정하게 평가하지 않는다. 그는 특히 얼마 전 스탈린주의의 개혁 모델이 실패했음을 지적했던 서구 마르크스주의를 공평하게 평가하는 데에 실패한다. 또 마르크스주의를 그와 같은 역사적 모델에 한정된 것으로만 정의함으로써, 그는 자기 자신의 역사이론에도 적용되는 마르크스주의의 주요한 비판적 추진력을 무효화한다. 마르크스주의적 입장에 의하면, 사회적 갈등들은 항상 현실적인 물질적 이해관계를 가진 집단들 사이에서 발생한다. 그렇지 않다면 어떠한 세력 갈등도 일어나지 않았을 것이다. 대부분의 갈등들의 우발적인 성격, 즉 그 갈등이 다양하고 예측불가능하게 결과함을 지적하는 점에서 웅게르는 옳다. 하지만 그가 그러한 갈등들의 동기를 이루며 이해관계를 결정하는 물질성의 비중을 무시한다는 점은, 웅게르의 이론이 신학적이고 형이상학적인 전제를 가지고 있음을 암시한다. 만일 어떤 집단이 갈등에서 이겼다면, 그것은 일반적으로 그 집단이 보다 큰 경제적 힘을 가지고 시장이나 원료,

더 폭넓은 생산력을 찾는 데에 보다 큰 물질적 군사력을 투여할 수 있었기 때문이다. 식민지의 노동력을 위해 노예가 된 아프리카인들은 우연히 패배했던 것이 아니다. 그들은 단지 무기가 없었던 것이다. 게다가 마르크스주의를 역사적 변화의 '심층구조이론(deep-structure theory)'으로 단순화함으로써, 웅게르는 그람시와 프랑크푸르트 학파에서 알뛰세와 버밍햄 학파에 이르는 마르크스주의 문화 연구(이들은 물질적 삶을 형성함에 있어 문화적, 사회적 제도들의 결정적 역할을 강조한다)의 커다란 업적들을 무시한다. 웅게르가 보았을 때 마르크스주의는 말할 능력이 부여되지 않은 허수아비에 불과하다.

여기서 내 관심과 관련해 더욱 결정적인 것은 다음과 같은 사실이다. 즉 탈구조주의적 비판은, 형이상학적·신학적 이해 양식이 웅게르의 사회이론에 연료를 공급하면서 또한 그 명백한 한계를 밝힌다는 사실을 지적할 것이다. 웅게르가 말하는 모더니즘적인 문맥 파괴, 공상적인 지도력, 그리고 탈중심화된 시장 사회에서의 기업가적 혁신(innovation)이라는 전체적 프로그램은, 물질성을 초월할 수 있으며 외부성보다 내부성이 우선한다는, 대단히 의심스러운 가정들에 기초하고 있다. 그런 관점에서 보면 물질성은 외적인 것이며, 내부성은 주관적인 것이다. 여기서 주관성은 제약적이거나 한정적인 모든 문맥들의 한계를 초과하는 정신적 진리의 저장소로 생각된다. 웅게르는 사회적 구성을 지칭하기 위해 문맥이라는 단어를 아주 많이 사용한다. 그렇기 때문에 웅게르가 반문맥주의자(anti-contextualist)라고 말하는 것은 이상하게 보일 것이다. 그러나 그가 설정한 제일의 가치는 한정적인 사회적 문맥들이 부과하는 경직성과 제약으로부터 자유로울 수 있는 인간의 능력이다. 이 이상은 사회 안에 있는 모든 사람들의 (소위) 동일성(identity) 안에 사회적 형상 및 외적 관계들이 폭넓게 내면화되어 있다는 사실을 무시한다. 문맥은 주관적인 내면성을 구성한다. 소위 기업적 시장자본주의를 형성하는 사회적 결정인자들에 대해서도 이와 똑같이 말할 수 있다. 웅게르에게 아주 진보적인 가능성을 가진 듯이 보이는, 자유롭고 유연하며 의기양양한 의지를 가진 기업가의 내면성은, 기업주의(entrepreneurialism)가 가능하도록 하는 외적인 상황 및 물질적인 구성요소들(이 중 불평등하며 제한된 부의 분배구조 안에서 이루어지는 통제된 노동상황이 가장 중요하다)에 의해 결정된다.

이같은 사실을 보지 못하게 된 근원적 이유는 물질성, 외부성, 문맥적 결정 등에 대한 웅게르의 근본적 적대감 때문이다. 신학적 기초를 가진 그의 통찰은 물질성 위쪽 높은 곳에 있기 때문에, 그는 자신이 특권을 부여하는 이상들을 결정하는 실제적이며 물질적인 외적 요소들을 고려하지 못한다. 예를 들어, 그가 말하는 공화정적 자본주의에서 안전, 복지, 그리고 제도적인 개정이 보장될 것을 확실히 해 줄 권리의 이론을 다듬어낼 때, 그는 권리의 개념 바로 그것이 잠재적인 박탈과 구조적인 사회적 위협의 상황 및 문맥을 전제한다는 사실을 지적하지 못한다. 하지만 권리란 바로 그런 부정적 상황 및 문맥을 방어하기 위해 필요하게 된 것이다. 따라서 재현과 사회적 삶의 물질성에 초점을 맞추는 시각이 권력을 발견하게 될 장소에서, 웅게르는 '경제'와 '경제적 합리성'이라는 말과 같은 은유적 신비화 속에 가리워진 하나의 용인될 수 있는 상황(acceptable situation)을 발견한다. 그리고 전자의 시각이, 부정적인 상황이나 구조들을 발견, 그것들을 재구조화함으로써 권리를 통해 안전을 보장할 필요가 없어지게 할— 왜냐하면 물리적 안전, 지배로부터의 자유, 욕구충족의 욕망, 평등의 열망과 같은 것들에 대한 어떠한 상황적 위협도 더 이상 존재하지 않을 것이기 때문에— 곳에서, 웅게르는 애초에 권리를 필요하게 한 위협들이 조금도 사라지지 않은 상황 속에서 서로서로 출동하며 싸우고 있는 개인들을 발견한다. 실로 웅게르가 제기하는, 남성의 심리적·성적 발전(male psycho-sexual development)을 모델로 한 개인적 갈등의 프로그램 바로 그것이야말로, 위험을 초래하는 그런 상황들이 보존되도록 할 것이다.

웅게르의 이론에 신비화하는 은유가 만연하는 것은, 그가 진리와 언어에 대해 형이상학적 개념을 가지고 있기 때문이라고 말할 수 있다. 웅게르는, 진리가 그것을 전달하는 담론의 매체를 벗어난다는 가정과 똑같이, 사회 역시 그 물질적 한계들을 초월할 수 있다고 믿는다. 그러나 그러한 사회적 초월은 항상 물질적 조건들을 계속 재배열하는 것에 불과하며, 예를 들어 더 많은 물건들을 만들거나, 더욱 평등한 분배 기술 및 도구들을 선택하는 것에 불과하다. 이와 비슷하게 '진리', 즉 의미론적 내용이나 의미 역시 결코 담론의 매체를 넘어서지 않는다. 설사 그렇게 생각되는 경우가 있다고 하더라도, 사실상 그것은 또 다른 매체, 즉 부가적인 재현에 불과하다. 웅게르의 형이상학은, 어떤 지점에서 관념화하는 내용이 물질적인 재현 매체를 대체하며, 재현적 테크닉의 분절인 구문론이 멈추고, 진리의 이상적 형식과 같은 정신적 개념으로 생각된 의미론이 그 자리를 대신한다는, 그의 믿음 속에 가장 두드러지게 존재한다. 이같이 물질적인 것을 정신적인 것으로 바꾸는 일, 또는 단어적인 테크닉을 정신적 현존이 부여된 어떤 것으로 대치하는 일은, 철학의 전통에 있어 물질적 세계보다 주관에 특권을 부여하는 태도와 결합된다. 주관이나 로고스는 재현적인 테크닉으로부터 완전히 해방되었다고 가정된 인식의 장소이자, 역학(mechanics), 물질성, 재현 등으로부터 면제된 내면성이다. 따라서 그것은 정신적 개념을 통해 비물질적인 어떤 것으로서 파악된 진리의 장소이다. 웅게르가 말하는 사회적 가치들 중 대부분이 이와 같은 일련의 형이상학적 믿음들로부터 유래될 수 있다.

　형이상학적 기반에서 유래한 가치들은 다음과 같은 것들이다. 즉 통치권을 중심적인 '결정' 심급으로 놓는 것, 평등보다 자유가 더 중요한 가치라고 보는 그의 전제, 주관이 모든 제한적 문맥들로부터 탈출하는 것에 대한 강조, 소단위 상품 생산의 기업주의를 고수하며 그것을 재분배보다 중요한 경제생활의 일차적 목표라고 보는 것, 협동보다 갈등을 우위에 두는 것, 권리를 필요하게 하는 잠재적으로 강박적인 상황과 구조들의 재구성보다는, 권리에 중심을 둔 그의 프로그램, 모든 물질적 필연성을 넘어선 모더니즘적인 의지의 승리가

‘혁명적인 개혁(revolutionary reform)’의 본질적인 추진자라고 하는 그의 확신 등. 이 모든 가치들은, 순수한 주관성이라는 정신적 영역으로 파악된 진리가, 어떻게든 재현을 초월한다고 하는 믿음과 연결되어 있다. 위에 제시된 각각의 가치들은, 물질성 및 사회적 결정 또는 문맥적 한정과 연결된 어떤 것을, 내면의 순수성, 즉 문맥적 결정과 물질적 제한의 배제로 규정되는 어떤 것으로 바꾸는 대체에 특권을 부여한다. 그러한 내면성의 원천——그것이 개인이건, 의기양양한 의지건, 아니면 탈출하려는 모더니즘적인 의지이건 간에——은 어떤 지점에서 모든 타자와의 관계들을, 즉 연관된 문맥적인 말들이나 관심들과의 결합을 벗어나는 것으로 생각된다. 그것은 한계를 모른다.

내가 기술하고 있는 것은 물론, 어머니(남자 아이에게 작용하는 어머니의 힘은, 그 사내 아이를 낳은 여성적 동일성과 분리된 아이의 동일성 추구를 제한할 우려가 있다)와 연결된 ‘여성적’, 정서적 유대 및 관계에서 벗어난 것으로 규정되는 남성의 동일성이다. 분리를 향한 충동은 또한 대체 쪽으로의 움직임을 요구하는 경향이 있다. 다시 말해 아이를 둘러싼 여성적 문맥에 의한 결정을, 사회적 권위의 아버지적인 원칙에 기초한 동일성으로 바꾸는 것 말이다. 이때 그 남성의 동일성은 어머니와의 원래적 관계를 스스로 끊어버림으로써만 얻을 수 있는 것이다. 따라서 그 새로운 동일성은, 신화적인 분리나 독립을 통해 문맥적이고 물질적인 모든 결정으로부터 자유롭다는 감각을 가지게 된다. 그러므로 물질성과 문맥을 주관적인 내면성(의지, 기업가, 결정적 중심, 공상적 지도자, 평등과 구조적 재분배보다는 자유와 권리)으로 바꾸는 것은, 어머니를 아버지로 바꾸는——또는 ‘미리 예정된’ 필연성과 미리 결정된 ‘원본(script)’을, 모든 제한들에 대항하는 주관적 행위의 이념으로 바꾸는——분리와 대체의 초기 과정에서 벗어나 있는 것으로 읽힐 수 있게 된다.

더 나아가 그러한 대체는, 정신주의적 진리나 이상적 의미에 특권을 부여함으로써 물질성의 힘을 부정하는 듯이 보이는, 관념화하는 은유적 재현들을 통해 일어난다. 그같은 의미는, 참조관계를 제공받기 위해 타자들에 의존하지 않는, 의미론적 단일성을 획득할 수 있는 하나의 주체를 소유한 것처럼 보이게 된다. 따라서 '기업가'나 '노동자'와 같은 말들은 외적 결정요소들과의 환유적인 참조관계가 없는, 본래적인 어떤 것을 의미하게 되고 만다. 그 말들의 잠재적인 참조관계들은, 그 말이 표현하는 하나의 단일한 의미에 묶이게 된다. 이같은 재현의 과정은, 웅게르의 저서에 스며든 남성적 단일성의 감각에 결정적으로 작용한다. 남성의 성심리적인 동일성은 어머니로부터 떨어져나오는 능력에 기초한다. 그리고 그런 분리는, 어린아이가 어머니와 떨어져 있을 수 있도록 하는 정신적 재현 능력의 발전을 통해 일어난다. 아이는 어머니의 이미지를 하나의 대체로서 기억한다. 여성으로 오해되지 않으려는 욕구에서 야기된 극단적인 분리는 대체의 극단적인 형태를 발생시키는데, 그것은 물질적인 것에 대해 정신적인 것을, 구문론적인 것에 대해 의미론적인 것을, 담론에 대해 진리를 과도하게 특권화한다. 이는 여성혐오증(misogyny)이 왜 관념적 철학의 위대한 남성적 전통에 특유한 것인지를 부분적으로 설명해 준다.

이같은 재현적 실천의 정치적인 결과 역시 매우 중요하다. 마르크스주의자들처럼 지배와 착취의 장소로서 경제에 대해 말하는 대신, 웅게르는 아마도 더 위대한 '혁신(innovation)'과 '효율'에 대해 말한다. 이것들은, 더욱 물질적 근원을 가진 어휘라면 이른바 '경제' 내부의 집단들 사이에서 얻어지는 힘의 관계로 설명했을 것을, 관념적으로 대체한 것이다. 웅게르는 유물론적인 관점 모두를 버림으로써, 물질적 생산의 장소를 포착할 가능성마저도 버리는 듯한데, 이는 무엇보다도 그 공격적인 물질성이 다가오지 못하도록 하는 매우 은유적인 범주들을 통해서만 가능하다. 아마도 그것은, 소위 '노동자들'은 현재나 미래나 역시 '노동자들'이라는 생각을 받아들이는 듯한 그의 경제 프로그램을 설명해 줄 것이다. 힘과 지배의 문제를 시장과 기업자주의에 대한 관심으로 바꾸는 자유주의적 대체를 수용함으로써, 웅게르는 또한 불평등한 분업의 정당성 역시 수용한다. 그의 유토피아에서 '기업가'와 '노동자'는 여전히 구분될 것이다. 경제 개혁의 목적은 힘과 재산에 평등하게 접근하도록 하는 것이 아니라, 원기왕성한 기업가주의를 통해 경직된 역할과 위계질서에서 벗어나려는 것이다. 재현적 물질성보다 의미론을 우선시하는 것이, 기업가라는 형태를 통해, 남성적으로 사회화된(male-socialized) 주관성의 중심화를 선호하는 사회적 구분을 유지하는 듯 보인다면, 이는 또한 웅게르가 제안하는 중심화된 정치적 모델과도 관련된다. 그의 설명을 통해 확실히 알 수 있듯이, 웅게르는 통치력을 가졌으며 사회적 삶의 형태를 결정하는, 자기 자신과 같은 전문적인 개혁자 계급을 계획하고 있다. 만일 대중이 참여한다면, 그것은 동원이나 말단의 행정직을 통해서일 것이다. 당연하게도 이같은 정치적 프로그램 역시 대체 과정에 기초하고 있다. 기업가가 노동자 및 그들의 지도자로 된 팀들을 대리하는 것처럼, 정치적 대표자들이 전체 선거구민을 대체할 것이다. 이와 똑같이, 특권이 부여된 정신적·인식적 수준과, 그보다 낮은 위치에 있는 물리적이고 물질적인 수준이 형이상학적으로 구분될 것이다.

사회의 밑바닥에 달라붙어 지배받고 있는 '노동자' 같은 사람들에 우선적인 관심을 두는 프로그램이란, 그 재현적·담론적 도구의 물질성에 더욱 주의를 기울일 뿐만 아니라, 반드시 세계에 대한 더욱 유물론적인 개념으로부터 시작되어야 할 것이다. 그것은 궁핍, 사람들의 물질적 욕구, 평등, 공정한 분배에 대한 사람들의 욕망 등에 우선권을 주어야 할 것이다. 그것은 물질적인 욕구의 수준에 직접적으로 연결된 용어들을 더 고차의 의미('경제적 합리성')를 함축하는 용어들로 대체하는 것을 받아들이지 않을 것이다. 재현을 초월하는 '진리'의 정신성보다 물질성에 우선권을 줌으로써, 우리는 사회에서 물질적으로 하층에 있는 사람들의 욕망과 기호에 우선권을 부여하지 않는 정치적 프로그램의 발전을 불가능하게 만들 것이다. 만일 진리가 더 이상 물질적 재현을 대리할 수 없다면, 그와 마찬가지로 '중심적 개혁자들' 역시 대중들을 대신하여 그들을 위한 결정(불평등이 필요하다는, 이미 내려진 결정도 포함하여)을 내릴 수 없다. 직접적으로 참여하는 민주주의가 그렇듯이, 지배의 종식과 평등은 반드시 중심적 단계로 움직인다. 그것은 자신을 생산한 구조를 따라서 십중팔구(물론 이 미결정성은 모험적이며 미리 결과를 결정할 수 없다) 불평등을 제거할 것이기 때문이다.

만일 형이상학적인 관점이 물질성보다 주관성에 우선권을 주고, 그로써 평등보다 자유를 선호하는 자유주의 정치학을 활성화한다면, 유물론적인 관점(이는 또한 탈구조주의적인 관점이기도 하다. 왜냐하면 탈구조주의는 재현의 물질성을 강조하는데, 이는 탈구조주의를 곧장 넓은 의미의 사회적 유물론과 결합하게 하기 때문이다)은 주관성의 물질성, 즉 소위 주관성의 내면성은 외부와 결코 분리될 수 없다는 사실을 강조한다. 물질적 욕구의 관점에서 보았을 때, 물질성보다 주관성을 우선시하는 어떠한 이상적인 합리적 논리도 불평등을 정당화할 수는 없다. 실제로 물질성의 수준에서 모든 사람은 평등하다. 다시 말해 모든 사람들은 똑같은 욕망을 나눠 가지고 있다. 그리고 신분을 막론하고 모든 사람들은 똑같은 한계들에 고통받고 있다. 여기서 나타나는 원칙은 주관적인 자유, 또는 물질적 불평등과 지배의 보존을 요구하는 '경제적 합리성'과 같은 고상한 논리의 진리가 아니라, 어떤 사람이 가진 것을 다른 모든 사람도 가질 수 있어야 한다는 물질적 요구의 규칙이다. 물질성의 수준에서는, 어떠한 논리도 평등화를 위한 글쓰기를 통제할 수 없다. 그것은 대체의 이론적 원리가 부과하려 하는 모든 한계들을 벗어나며 확산된다.

그러한 프로그램의 가설적인 변화는, 웅게르의 이론적·재현적 실천의 모든 차원에서 변모를 요구할 것이다. 모든 '여성적' 유대와 문맥적 억제를 파괴하는 나폴레옹적 남성으로부터 벗어나 경계구분에 덜 집착하는 성격으로 나아가는 성적 정향(orientation)의 변화 역시 그렇다. 그것은 경제 프로그램의 목적을, 쁘띠 부르주아의 손에 있는 혁신(innovation)이 아니라, 경제의 근본적인 이치는 무엇인가라는 근원적인 질문으로 생각할 것이다. 경제의 근본적인 이치는 평등한 분배를 통해 욕구를 충족시킴과 함께, 흥미있고 보람있는 활동을 제공하는 것인가? 아니면 사회적 삶을 '성장'과 '효율' 등의 신비화에 저당잡히는 것인가? 그것은 모든 불평등과, 고통을 있게 한 모든 힘의 관계들을 모두 부수는 것인가, 아니면 단지 힘의 외형만을 바꾸는 혁신을 위한 모더니즘적 명령에 따라, 끊임없이 제도를 개정할 어떤 기구를 설치하는 것인가?

그러한 변화는 또한, 전혀 논쟁의 여지가 없는 의미론적 통일체의 존재를 가정하지 않는 또 다른 재현적 실천을 부과할 것이다. 웅게르가 말하듯이 사회가 하나의 인공물(artifact)이라면, 사회에 대해 말하는 우리의 모든 범주들 역시 인공물이다. 그러므로 '시장'이나 '경제 발전'과 같은 재현들은 그 물질적 구성요소들 속으로 분해되어, 권력, 착취, 불평등의 현실성을 명명하는 재현들로 바뀌어야 할 필요가 있다. 일단 그렇게 되면, 기업가와 노동자로 된 팀이 사용하게 될 순환적 자본 적립 프로그램 따위를 제출할 수 없게 된다. 왜냐하면 '기업가'와 '노동자'라는 범주들 자체가 질문되고 있기 때문이다. '노동자', 즉 자기의 생을 '기업가'의 일을 수행하는 데에 소비하는 어떤 존재가 있다는 생각이나, 노동자로서의 존재론적 성질을 가진 어떤 사람이 있다는 생각은 의심받게 된다.

나는 대체적인 정신적 의미 대신 재현적 테크닉을 내세우는 더 구체적인 실례를 들면서 이 장을 마무리하겠다. 탈구조주의는 이같은 작업을 위에서 논한 류의 형이상학을 허물어뜨리는 것으로 생각한다. 나는 웅게르가 물질적인 근거를 형이상학적인 의미나 재현들로 대체하는 버릇이 있다는 점을 암시해 왔다. 그의 책 2권의 마지막 부분에서 강스(Gance)의 『나폴레옹(*Napoleon*)』을 칭찬할 때, 웅게르는 또한 이 영화의 나폴레옹에게서 발견되는 것과 똑같은, 거칠고 날카로운 눈매를 포착한 듯한 19세기 아시아인들의 사진을 묘사한다. 웅게르는 바로 전에, '다른 사람이라면 어리석고 의미없는 것으로 생각했을 상황에 스스로 끼어든(이를테면 나폴레옹이 바람둥이 조세핀을 서투르고 자기 기만적으로 추종한 것) 문맥 파괴자'로서 나폴레옹을 묘사했다. '그는 타락했다고 느끼지 않는다. 그는 조금도 개의치 않는다'고 웅게르는 기술한다. 한편 사진에 대해 웅게르는 다음과 같이 쓴다. 즉 그 주체는 나폴레옹과 '똑같은 광기로 사진기를 들여다 본다. 그의 불안은 아마 사진기에 익숙하지 않기 때문에 생겨났을 것이다. …… 그 사나운 눈을 가진 주체들은 …… 마치 사진사와 주위 환경을 넘어, 예전에 그들의 눈 앞에 숨겨졌던 어떤 실재를 보아버린 듯하다. 나를 본 사람은 아무도 살 수 없으리라고 말하는, 신의 어떤 모습을 그들은 보았던 것이다.'

이러한 대체적 의미(substitute meaning)는 대단히 이상적이고 초월적이다. 즉 그것은 '평범한' 사람들로부터 벗어나 그 위에 우뚝 선 위대한 지도자의 개념에 특권을 부여한다. 이때 개인적 주체의 특권은 아주 명백한 신학적 관련을 획득하며, 그런 신학적 근거는 모조된 정신성 속에 매우 분명하게 나타난다. 그러나 실제적이고 물질적인 19세기 사진술을 잘 알고 있는 사람이라면 누구나, 주체가 꽤 오랜 카메라 노출 시간 동안 눈을 깜빡이지 않고 사진기를 바라보아야 했다는 것을 알고 있다.15) 그렇게 하지 않으면 눈을 감은 사진이 나오게 될 것이기 때문이다. 신성함과는 상관없는 눈동자, 이것이 광기 어린 표정의 기원이다. 그리고 나는, 기업가로부터 진리를 향한 망상적 지도자에 이르기까지, 웅게르가 전개한 모든 이데올로기적 대체에 대해 이와 똑같이 물질화된 해체를 수행할 수 있을 것으로 생각한다. 그 결과는 반드시 민주주의 이상의 어떤 것, 즉 더욱 급진적으

---

15) [역자주] 초기의 사진판은 감광작용이 약했으므로 오랫동안 노출이 필요했다고 한다. 이와 관련해 오를릭(Orlik)은, '이러한 사진이 지니는 단순성이 마치 잘 그려진 소묘나 초상화처럼 뒷날의 사진들보다 보는 사람들에게 훨씬 직접적이고 오래 가는 감동을 줄 수 있었던 주요 원인은 모델을 오랫동안 부동상태'로 있게 했던 것에서 기인한 '표현의 종합'에서 찾고 있다. 한편 벤야민은 이에 대해 '모델들을 순간에서 벗어나도록 하는 것이 아니라 순간 속으로 들어가도록 하였다'라고 논한다. (발터 벤야민, 「사진의 작은 역사」, 반성완 역, 앞의 책, 238면 참조.)

로 평등한 정치학이 될 것이다. 그것은, 20세기 초의 모더니즘 근처를 서성거리는 대신, 현재의 급진적 사회·정치이론이 (포스트모더니즘을 통해 포스트모더니즘을 넘어서) 이미 얻은 통찰만큼 움직인다. 즉, 우리들이 사용하는 모든 범주들이, 재현적으로 구성되고 물질적·문맥적으로 정초되었으며, 상황적으로 정의되었음에 대한 통찰만큼 나아간다.

탈구조주의적인 법률 모델은 이미 보다 큰 관계의 사슬에 속한 것으로서 주체를 위치시킬 것이다. 그리고 이는 법률적 질서에 대한 상이한 이상을 설정한다. 그것은 자기주장(self-assertion)을 특권화하는 대신, 피해 등과 같은 자기주장의 결과들을 축소하고 제거하는 데에 우선권을 주는 것이며, 기업가적인 융통성보다는 경제 조건의 균형을 증진하는 것이며, 권리에 대한 주관주의적 시각을 특권화하는 대신, 법률적 청원을 요구하는 개인적 행위들을 산출하는 초개인적 구조들(transpersonal structures)을 수정하려는 것이 될 터이다. 그리고 그것은 문맥적 재구성(사람들이 자유롭게 행동하는 상황들을 개선하여 피해를 입히는 것이 불가능할 뿐 아니라, 또 외적인 중재 역시 불필요하게 만드는 것)과 상호주관적(intersubjective) 윤리학(법률이 성취한 것을, 평등주의적 문맥 속에서 훈련된 상호작용을 실행하는, 어떤 문화의 내적 양상으로 만드는 것)의 대안을 제공함으로써, 권리 담론을 정의하는 주관적 내면성의 이상과 국가의 권위에 대해 질문할 것이다. 따라서 필연적으로 법이론의 작업은 사회적 문맥으로 확장된다. 그러나 법률에 대한 자유주의적 휴머니즘의 담론은 그 사회적 문맥을 고려하지 못함으로써, 법률이 각 법규들과 사실들의 실증주의적 상호관계가 되도록 하거나, 가부장적 권위를 탈문맥화된 개인적 행위 모델에 자유주의적으로 적용하는 것이 되도록 한다.

만일 우리가 법률의 대화적 성격(즉 법률이 말을 건네는 상황과 개선하고자 하는 차이들에 대해 반응하는 방식)을 가정한다면, 비판적 법률 연구회(CLS)의 몇몇 사상가들이 주장하는, 법률에 대한 '내면적' 비판이 존재할 수 있을까? 아니면 법률적 비판이, 위에서 논한 문맥적 문제들이 교리상의 비판에 있어서조차 핵심적이 되게 하는 방식으로, 사회적 차이의 구조화 같은 것으로 반드시 전환될까? 만일 법률적 교리 자체가 가부장적 심급이라면, 즉 대중들을 권위(이는 법률적 통제와 직접적인 민주적 결정의 외부에 있는 것으로 가정된다)의 가부장적 형식에 계속 의존하도록 묶어두는 한 방식이라면, 법률이 제공하는 영역 내부에서 작업함으로써 법률의 이데올로기적 동일성을 존중하는 어떤 비판은, 스스로 부권적 제도와 부권화된 사회 사이의 분리를 재생산할 위험에 빠지게 된다. 그러한 경계선과 분리는, 우리가 법률적 재현의 수준에 주의를 기울일 때, 그 합리화하는 힘을 잃기 시작한다. 바로 그 법률의 물질성에서, 특수한 방식으로 현실을 구성하는 재현 전략으로서의 법률의 경험적 실존이 가능해지며, 다시 말해 법률적 동일성의 해체가 가능해진다. 재현의 수준에서 보았을 때, 법률은 물질성의 가변성에서 벗어난 하나의 이론, 교리, 기준으로 생각될 수 없다. 이때 법률이란 사회에 대한 특수한 구성, 즉 수사학의 가부장적 대체적 양식이 특수하게 활용된 것이라는 사실이 불가피하게 명백해진다. 게다가 자유주의적 진리의 한계를 넘어 참조관계가 확산되는 재현의 경향이 강력하게 현저해진다. 그리고 그러한 참조관계의 산종에 기초하여, 대안적인 법이론과 대안적인 사회적 세계가 만들어지게 된다.

이제 나는 해체론적 관점에서 두 가지 법률적 판결(legal decisions)의 재현적 역학을 고찰할 것이다.[16] 그 두 가지 경우에 대해서 나는, 첫째 법률적 합리성의 자기동일성이 사회적 차이의 부정에 기초하고 있다는 점, 둘째 법률적 이상이 수사학적인 재현과 분리될 수 없다는 점을 논의할 것이다. 한편 나는, 이러한 논의가 각 경우 모두에서 보증된 듯이 보이는 (법, 사람, 재산의) 권위있는 동일성들을 무력하게 만든다는 결론을 내릴 것이다.

첫 번째는 전기 노동자 조합(the United Electric Workers)에 대항

---

16) *Federal Reporter*, Second Series, Vol. 828(1987), 936~940면.

하여 사전에 통보되지 않은 파업을 금지하는 법안을 시행하자는, 국립노사관계협회(the National Labor Relations Board)의 1987년의 청원과 관계된다. 그 청원은 받아들여졌다. 이같은 판결의 법률 행위로서의 의미 또는 진실은, 당시 국립노사관계협회(NLRB)의 서술에서부터 시작된다. 즉 주로 보수적인 위원들로 구성된 국립노사관계협회는 가능한 한 기업가 측을 편드는 경향이 있었다. 그러므로 청원 행위 자체가 반노동조합적인 의미를 부여하는 문맥에서 나왔던 것이다. 다시 말해 그것은 레이건 시대 동안 있었던, 노동에 대한 커다란 공세의 한 부분이었던 것이다. 그 의미는 텍스트 해석으로만 제한될 수 없다. 그것은 오직 이 사건의 경계를 넘어서서 확장되는, 보다 폭넓은 참조관계들의 그물망 안에 들어 있는 것으로 보았을 때만 이해될 수 있다. 그럼에도 불구하고 판결의 수사학의 한 가지 기능은 그 사건이 야기시킬 수 있는 가능한 참조관계와 의미들을 제한하는 것이다.

판결의 지배적인 수사학은 은유적인 것, 즉 힘의 차이(해고되는 행위)를 동일성('직위의 상실; loss of status')로 대체하는 것이다. 판결을 언어화하는 것은 추상적인 범주와 동일성들을 전제하는데, 판결의 대체 작용이 성공하기 위해서는 그런 범주와 동일성의 존재는 당연하게 생각되어야 한다. '순수한 화법(pure speech)' ── 노동조합이 순수한 화법을 사용하지 않았다는 것 ── 은 아마도 가장 명백한 예일 것이다. 물론 '사용자'로부터 '공공의 이해'에 이르는, 판결과 관련된 모든 범주들이 그렇겠지만 말이다. 판사들은, 언론의 자유를 실행하고 있는 노동조합의 파업 위협을 범주화하는 것을 거부하는데, 그 이유는 그것이 순수하지 않다는 것, 즉 힘의 위협으로부터 분리되지 않았기 때문이라는 것이다. 이러한 해석은, 파업의 의미가 노동자와 기업주 사이의 힘의 차이(즉 판사들이 생각하지 않으려 하는 차이들)와는 상관없이 결정될 수 있다고 가정한다. 따라서 우리는 순수한 화법의 이상이, 문맥과 환경에 의해 형성되지 않은 순수한 의미의 이상 속에 반영된다고 말할 수 있을 것이다. 이 사건에서 문제된 것은 그러한 판결에 있어 규범적인 어떤 종류의 의미를 확립한 점이다. 즉 물질적인 실제성을 이상적인 진술로 대체하는 하나의 의미를 확립한 것이다. 말할 것도 없이 그 의미의 이상이란 실제적인 힘과 같은 '외적인' 문제들을 생각할 필요가 없도록 하는 어떤 것이다.

이와 비슷하게 이 사건의 '사실들(facts)'은, 문제되고 있는 일들에 대한 이해를 제한하기 위해 기능하는 은유적인 대체 과정을 통해 재현된다. 예를 들어 '사실들(FACTS)'이라는 제목 아래의 첫 문장은 다음과 같다. '버로즈(Burroughs)[17]는 컴퓨터를 제조하고 판매하는 회사였다.' 단순하고, 겉보기에 평범한 이 문장은, 제조 행위를 실제로 담당하는 피고용자들을 회사로 대체한다는 의미에서 은유적이다. 회사를 행위 주체, 특히 '제조와 판매' 행위의 주체로 놓음으로써, 노동자들의 입장을 배제하고, 노동자들의 입장은 단지 법인(corporate) 주체의 자유로운 의도와 행위를 방해하는 것일 뿐이라는 견해가 확립된다. 이를 통해 하나의 은유적 장치는 이데올로기적 폐쇄의 전체적인 유래를 보여주게 된다. 즉 그것에 의해 생산의 실질적 주체는, 법률적으로 반영된 장면(scene)으로 대체되며, 또한 실제로는 '제조와 판매' 과정의 단 한 부분을 대표할 뿐인 법인적 실체로 대체된다. 전유(metalepsis)를 통해, 하나의 결과(상품을 파는 회사의 힘)가 하나의 원인(그 상품들을 실제로 생산하는 것) 역할을 하게 된다. 그리고 그 결과, 누가 실제로 생산하는가 하는 문제를 불가피하게 제기하는 물질적 연관 및 참조관계의 차원은, 더욱 이상적이고 안정적이며 자기충족적인 서술에 포섭되고 만다.

그같은 판결은 또한 사실에 대해 법규를 단지 형식적으로 적용했을 뿐이라는 식으로 스스로를 제시한다. 이 사건의 은유적 스타일은 형식성의 인상을 창조한다. 그런데 그것은 법규들이 사실보다는 담론의 또 다른 질서에 속하는 것으로 가장하기 위해 필요한 것이다. 즉 판결의 서술에 있어서 법규의 담론이 사실을 묘사하는 단지 우연

---

17) [역자주] 미국의 컴퓨터 데이터 처리, 사무기기 제조회사.

적인 담론을 대체하며, 따라서 단순한 우연성에 합리성과 질서를 부여한다고 가장하기 위해서 반드시 필요한 것이다. 그러나 그 사실들(facts)이 인공물(artifacts)이라면, 세계에 대한 특수한 재현을 통해 구성된, 그리고 사실들의 문자적 정확성(literality)과 법규들의 형상성(figurality), 즉 사회적 원인과 법률적 결과 사이의 구분을 통해 구성된 주관성의 모습('버로즈는 컴퓨터를 제조하고 판매하는 회사였다')은, 곤란에 봉착하게 된다. 단지 과거의 판례를 인용하는 것만으로도, 판결은 사실들 스스로가 선행한 법률적 담론 행위의 결과인 것처럼 묘사하기 때문이다. 따라서 선행한 법규와 판결들에 대한 인용은, 문자적으로 정확하다고 가정된 사실들의 세계가 사실상 인공적 성격을 가지고 있으며, 선행한 법률적 형상화 행위들의 결과임을 확인한다.

따라서 담론의 그 두 수준 — 서술적인 것과 명령적인 것, 문자적으로 정확한 것과 형상적인 것, 사실적인 것과 법규적인 것 — 은 엄밀하게 구분될 수 없다. 또한 판결(그리고 전체적인 자유주의적 합법성)은 그 두 수준의 외면성에 서로서로 의지한다. 이러한 분석이 암시하는 것은 다음과 같은 사실이다. 즉 자유주의 법률은, 사회적 세계의 구성된 (어떤 방식으로 형상화되고 배열된) 성격을, 문자적 정확성을 가진 단순한 사실의 문제로 만드는 작용을 한다는 것이다. 그에 의해 대상, 또는 형상화되지 않은 사실들의 세계와, 법규의 담론 사이에 하나의 경계가 만들어진다. 그리고 법규의 담론은, 법률적 기준과 판례로써 사실들을 은유적으로 대체한 것으로 나타난다. 그 대체는 사실들을 변형하여 하나의 동일성을 만드는데, 이 동일성이야말로 판결의 의미이다. 문자적 정확성과 형상성, 사실과 법규적 판결 사이에 경계를 둠으로써, 법률의 주체와 경험적인 판사뿐만 아니라, 마치 사회적 상황의 외부에 있기라도 한 듯이 판결력이 부여된, 사법적 심급에 함축된 초월적인 주체 역시 존재할 수 있게 된다. 따라서 판결에서 문자적 영역과 형상적 영역의 혼동에 의해 그 경계가 혼란스럽게 되는 바로 그 문제 때문에, 사법적 권위의 초월적 심급으로서 법률이 필요한 것이다.

사법적 안정화의 은유적이고 형상적인 과정 제시를 통해, 우리는 판결이 물질적 관련성(즉 은유적 스타일이 부여하고자 하는 의미의 동일성을 벗어나는 환유적 연관들)을 생략하는 방식 역시 주목하게 된다. 판결은 버로즈 회사를 생산의 주체로 놓는다. 그러나 그와 동시에 판결은, 생산 과정에서 작업하는 사람들이 생산을 거부함으로써 작업을 중단하겠다고 위협하고 있음을 정확하게 지적해야 한다. 판결은 그러한 모순을 고려할 수 없으며, 따라서 현실에 대한 설명을 심화시킬 수 없다. 게다가 판결의 수사학적 양식이, 생산을 위협하는 노동자들 측의 행동을 막는다는 바로 그 사실은 사회적 현실이 아주 가변적이고 불안정한 성격을 가지고 있음을 암시한다. 그리고 판결은 그 가변성과 불안정성을 저지하기 위해, 의미의 은유적 양식을 안정화 장치로서 동원하는 것이다. 판결은, 사회적 현실의 환유적이고 가변적인 성격을 가리킴으로써, 권력의 불안정성을 강요된 의미의 안정성으로 옮겨 귀착시키는 은유에 의해, 사회적 현실이 고정되어야 한다는 것을 암시한다. 사회적 현실의 가변성이 증폭되지 않기 위해서는, 해고하는 폭력적 행위가 '직위의 상실'로 바뀌어야 한다. 다른 사람으로 하여금 자기의 이익을 위해 일하도록 강요하는 행위는, 생산의 법인 주체를 은유적으로 설정하는 일로 바뀌어야 한다. 즉 '버로즈는 …… 하는 회사였다'가 그것이다. 하지만 판결이 그 형상적이고 가변적인 현실을 성공적으로 고정시킬 때, 판결은 또한 현실의 취약성을 드러내기도 한다. 법이 없이 자본주의는 존재할 수 없는 것이다. 다시 말해 자본주의의 위계질서 —— 자본가가 노동자 위에 있듯이, 차이의 장(場, field) 위에 사법적 심급이 군림하는 —— 를 반영하는 판결의 공화정적 형식의 힘이 없다면, 불평등의 급진적 차이들을 진압할 수 없는 것이다. 강제를 합법화하기 위한 사법적 서술의 은유적 양식이 없다면, 사회적 세계의 불안정성과 가변성을 구성하는 환유적이고 물질적인 힘들에 저항하는 사회적 질서 및 그 질서의 수용 역시 있을 수 없다.

그러므로 법률적 수사학은 하나의 방어 작용으로 읽혀야 한다. 판결에 있어서는 명시적인 말만이 아니라, 그 판결이 암묵적으로 금지하고 있는 말 역시 중요하다. 그리고 판결에서 방어적인 은유적 서술이 많이 나타나는 것은, 그 자체가 위협적 힘들의 존재를 가리키는 것이다. 그런데, 회사가 노동자를 대신하고, 판사들이 사회를 대신하며, 법률적 은유로써 수행되는 용어들의 평등화가 사회의 실제적인 평등을 대신하는 대체의 질서가 유지되기 위해서, 그 위협적 힘들은 의미와 경찰에 의해 진압되어야 한다.

내가 두 번째로 관찰할 것은, 여성들에게 피해를 입힌 것으로 주장된 자궁 내 삽입 피임 기구 달콘 쉴드(dalkon shield)의 제조업체인 로빈스 사(A. H. Robins Company)에 관한, 애트너 보험회사(Aetna Insurance Company)를 상대로 한 소송 사건이다. 판결은 애트너 사의 책임을 묻는 소송을 유예하거나 막는 것이었다. 그런데 그 이유는 문제를 제기하는 여성들이 회사를 상대로 낸 막대한 청구에 대해 선수를 치기 위한 방법으로 파산 개편을 하고 있었던 로빈스 사의 경영자들에게, 그 소송이 영향을 미칠 것이라는 점 때문이었다. 앞의 예와 마찬가지로 이는 레이건 시대에 있었던 또 다른 판결인데, 여기서 판결은 소비자의 희생을 강요하면서, 기업의 이익을 위해서만 명백히 봉사하고 있다. 애트터 보험회사는, 로빈스 사에게 불리한 증거를 은닉하는 데에 참여했었다. 그럼에도 불구하고 판사들은, 보험회사를 상대로 한 소송이 불가피하게 달콘 제조사인 로빈스 사에 대한 소송을 초래할 것이므로, 그 소송은 '채무자의 자산을 혼란에 빠뜨리고' 파산개편이 실패하게 하여, (로빈스 사 경영자들의) '힘을 고갈시키는' 등 로빈스 사 경영자들에게 '피해'를 일으킬 것이라고 판결했다.

이 사건에 대해서도 역시 버로즈 사건에 대해서 논의했던 것과 똑같은 말을 대부분 그대로 할 수 있다. 사실들은 만들어진 것(artifacts)이다. 다시 말해 그것들은, 성적 욕망, 여성의 신체에 대한 통제, 건강 관리를 제공하기 위해 이익 집단에 의지해야 하는 구성적 필연성, 보험회사가 필요하도록 하는 자본주의의 구조적 불안정성 등, 다양한 실천들(practices)의 전체 역사를 불러일으킨다. 이 사건은 결국 가부장제와 자본주의의 힘의 역학으로 이끌려가는 수많은 연관관계의 맥락을 가지고 있다. 이 사건에 대한 어떠한 '올바른(true)' 판결도, 문맥적 문제들로 가정된 것에 대해 폭넓게 논의할 것을 요구할 것이다. 물론 그 가정된 문맥적 문제들은 실상 이 소송사건의 논제 자체를 아주 직접적으로 침해하고 있기 때문에 결코 진정으로 문맥적이지는 않다. 그러나 법규를 사실에 적용하는 것으로서의 법률적 과정이 효율적으로 기능하기 위해서, 이 소송사건을 위의 문맥적 문제들과 결합시키는 연관관계들은 다시 한 번 폐쇄되어야 한다. 판결을 내림에 있어, 법률적·사회적 문맥에 작용하는 다양한 힘들의 제약을 받는 어떤 판사는, '왜 이 보험회사는 처음부터 이렇게 큰 힘을 가지고 있는가?', 또는 '왜 이 회사는 파산법에 의한 보호가 허락되어야 하는가?' 등을 질문할 수 없다. 그러한 질문의 결핍, 그러한 질문을 제기할 가능성의 결핍이야말로, 판결의 담론에 그림자를 드리우는 이타성(alterity)이나 타자성(otherness)을 구성하는데, 이 이타성과 타자성은 애트너에 대한 법률적 소송과 마찬가지로 판결에 의해 배제된 일련의 대안적인 진술들을 가리킨다.

　이 사건의 판사들에게 결정적인 논리적 전환을 제공한 것은, 애트너를 상대로 한 소송이 계속될 경우, 로빈스 사의 자산이 문제될 것이라는 사실을 함축하는, 애트너와 로빈스 사의 '동일성'이었다. 판사들은, '채무자(로빈스 사)와 제삼자 피고인(애트너 사) 사이에, 애트너에 대한 재판이 사실상 로빈스 사에 대한 재판이 될 그러한 **동일성**이 있었으므로 …… 기소 유예가 인정됨을 평결했다'(강조는 필자)고 말했다. 파산법에서 피고인 로빈스 사의 자산은 그러한 소송으로부터 보호되어야 한다. 그리하여 원고는 로빈스 사 대신 로빈스 사를 보증한 애트너 사로부터 손해배상을 받으려고 했었던 것이다.

　그러나 이 두 회사에게 동일성을 부여함으로써, 판사들은 각 회사들의 자기동일성의 경계가 신축적임을 증명하는 현실적 연관관계를 가정한다. 그렇게 함으로써 판사들은 자신들의 판결이 지탱해주는 바로 그 가치들(가장 중요한 것은 자산의 동일성, 또한 파산법으로써 보호되어야 하는 기업체의 자기동일성)을 문제삼게 된다. 판사는, 애트너가 기소될 수 없다고 주장한다. 왜냐하면 '논리적으로 애트너는, 원고에게 피해를 입힌 것에 대한 책임은 로빈스 사(애트너가 아니라)에게 있으며, 따라서 애트너가 행한 어떠한 상해 행위도 로빈스 사를 대리하거나 로빈스 사의 지시하에 이루어진 것이라고 스스로를 변호할 것'이기 때문이다. 이는 '상대적 과실(relative fault)'의 문제이다. 그러므로 애트너의 과실을 규정하려고 시도한다면, 그 어떤 경우에나 '로빈스 사는 꼼짝없이 기소될 것이다' —— 따라서 로빈스 사의 파산개편이 방해받을 것이다.

이 사건은 자기동일적 실체라고 가정된 자본주의적 경제와 사회적 삶의, 매개되고 차이적으로 관계된 성격에 주의하도록 한다. 그러나 이 사건은 인접적으로 연관되는 이같은 관계를, 애트너 사와 로빈스 사가 서로 대체될 수 있음을 함축하는 동일성의 은유적 어휘로써 묘사한다. 만일 '채무자(로빈스 사)와 제삼자 피고인(애트너 사) 사이에 그러한 동일성이 있었'다면, 그것은 로빈스 사가 애트너의 보험 상품을 샀었기 때문이다. 하지만 만일 이 둘의 동일성이 구매에 기초한다면, 위의 논리는 원고와 피고에 대해서도 똑같이 말할 수 있음을 함축하는 듯하다. 즉 소비자들은 로빈스 사로부터 달콘 쉴드를 샀으므로 소비자들과 로빈스 사 사이에는, 로빈스 사와 애트너 사 사이의 관계와 비슷한 '동일성'이 창출되는 것이다. 판결의 명시적 논리로서는 그러한 결론을 막을 수 없다. 실제로 상호관련되는 (interrferring) 어떤 경제 체계에서 보이는 회사들의 경계 미결정성 (boundary indeterminacy)을 지적함으로써, 판결은 연관관계가 계속 교체될 수 있도록 할 뿐만 아니라, 또 동일성이 하나의 단일체로서 어디까지 확장되며, 결국 계약적으로 관계된 많은 것들과의 상호연관된 차이가 되는가에 대한 더 깊은 탐구를 북돋기도 한다.

그러나 판결은 회사에 대한 법적 소송을 금지하는 만큼이나, 그러한 연관관계의 추적을 금지한다. 회사들의 관계를 '동일성'으로 놓음으로써, 실제적인 환유적 관계(이를 통해 계약과 구매, 말들과 화폐가 나타난다는 의미에서 그야말로 아주 물질적인)를 비유적이고 이상적인 묘사로 대체하는 은유적 서술은, 기업체들과 피해를 입은 소비자들 사이에 하나의 새로운 경계를 설정한다. 기업체의 동일성을 가정하는 것은 기업체들과 소비자들 사이의 비동일성(nonidentity)을 함축한다. 하지만 판사들이 단정한 동일성 밑에 있는 환유적 연관들은 폐기될 수 없다. 그것들은 판결의 한계 너머를 지적함으로써 판결의 폐쇄에 저항한다. 실제로, 아주 현실적인 하나의 물질적 연관을 구성하는, 여성들의 신체에 가해진 상해의 형태를 통해, 판결의 은유적 수사학으로써 제거된 듯한 환유적인 연관관계들은 그 힘을 확인한다. 왜냐하면 환유적 연관관계들이야말로 그 은유적인 법인적 동일성의 현실적 원인이기 때문이다. 그 물질적 연관이 작용하지 않는다면, 애트너 사와 로빈스 사는 은유적으로 동일화될 필요가 없었을 것이다. 그러므로 로빈스 사의 이해관계가 애트너 사의 그것을 포함한다면, 로빈스 사의 이해관계는 또한 여성들의 삶을 포함하는 어떤 그물망(network) 안에 있는 것이기도 하다.

그러므로 판결은, 판결이 의미의 단순한 통일체라는 생각을 부정하는 참조관계와 연관관계들로부터 떨어져나올 수 없다. 판결은 자신의 목적을 견고하게 하지만, 또한 그것을 열어놓기도 한다. 애트너 사에 대한 소송은 로빈스 사에 대한 소송이라는 (따라서 애트너에 대한 소송을 금지할 수 있다는) 식으로 애트너 사와 로빈스 사 사이의 동일성을 주장함으로써, 판사들은 아마도 가장 강력하게, 로빈스 사로부터 피해를 입은 여성들과 로빈스 사 사이의 또 다른 유추관계를 가능하게 한다. 여성들의 삶이 이제 회사의 삶을 포함하는 것이다. 여성들의 피해를 위험에 빠진 회사 경영자들의 에너지와 동일시하는 판사들의 논리는, 여성들이 자신들의 신체적 자산(property)을 보호하기 위해 소비한 에너지가 그 경영자들과 동일한 것임을 의미하는 것이 되도록 반대로 이용될 수 있다. 로빈스 사의 자산에 대한 소송에 있어, 여성들의 자산은 로빈스 사만큼이나 똑같이 위험에 처하거나 문제되고 있다는 점에서, 여성들은 회사와 이해관계를 공유한다. 이같은 연관관계의 논리는, 자산의 자기동일성을 확립하는 경계의 재현(boundary representation)에 대해 질문한다. 그런데 자산의 자기동일성은 애트너 사와 로빈스 사의 이해관계에 대해서는 동일한 것으로 생각하도록 허용하는 반면, 피해를 입은 여성들의 이해관계와 회사의 이해관계는 분리시키고 있다. 만일 아에트나가 로빈스 사와 관련을 맺고 있으며 따라서 로빈스 사와 동일하다면, 그와 마찬가지로 로빈스 사는 여성 희생자들과 관련을 맺고 있다. 그러므로 판결의 논리에 의하면 로빈스 사의 동일성, 이해관계, 자산은 여성들로부터 합리적이거나 정당하게 분리될 수 없다.

그러므로 이 사건은 폐쇄를 통해 숨겨진 판결을 가리킨다. 그것은 이 소송에 작용하는 실제적 판결로, 회사들의 이해관계를 동일화하는 대신, 회사와 소비자들의 이해관계를 동일화하지 않으려는 판결이다. 그런데 이 판결은 전적으로 개념적이지는 않다. 다시 말해 판결은 수사학을 사용해야 하며, 또 참조성과 유추를 제한하여 자유롭게 작용하지 못하도록 하는 판단(judgement)을 동원해야 한다. 이 판단은 그 자체가 어떤 법률이나 경계의 원칙(boundary principle)을 준수한다. 왜냐하면 만일 애트너 사와 로빈스 사가 동일화된 것과 똑같은 방식으로 로빈스 사와 여성들이 동일시된다면, 합리적인 방식(즉, 궁극적으로 부자들의 힘을 은유하는 것일 뿐인 소유권을 보존하는 방식으로는)으로는 회사들의 이해관계를 소비자의 이해관계와 분리할 수 없기 때문이다. 애트너 사와 로빈스 사 사이에 놓인 동일성의 기반이자, 또 로빈스 사를 여성들과 연결하는 실제적인 환유적 연관들은, 그 환유적 연관들을 편향시키고 폐쇄하는 방법으로 법률적 합리주의가 사용하는 동일성의 은유적 유추들보다, 훨씬 더 물질적이고 강력하다는 것을 스스로 증명할 것이다.

따라서 이 소송이 눈뜨게 하는 동시에 숨겨버리는 위와 같은 통찰에 의해, 법률적 판결에서 은유적 수사학이 반드시 필요하다는 사실은 더욱더 확실해진다. 애트너 사에서 로빈스 사로, 그리고 다시 소비자들로 가는 이동은, 은유를 허물어뜨리는 환유적 연결인데, 이 같은 연결은 애트너 사에 대한 기소만큼이나 '유예'되어야 하는 것이다. 이 특수한 사고 방식(판결의 은유적 원리 대신 환유적 연결의 선을 따르는 것)은, 판결이 스스로 매복시켜 놓은 위협을 보여준다. 그 위협은, 환유의 힘을 무력화하기 위해 소집된 은유적 동일성들보다 환유적 연결이 더 강력하다는 사실을 보이는 것이며, 또 여성들의 소송이 피해를 입힌 회사보다 더 힘을 가진 권리의 형식을 가정하고 있다는 사실과도 관련된다. 그러므로 오히려 판결은 사물을 보는 대안적인 방식을 지시하는데, 이는 또 대안적인 경제 현실과 다른 방식의 경제생활을 구성할 수 있다는 가능성을 재현하기도 한다. 예를 들어 그 대안적 방식은 여성들에게 그들의 신체와 관련된 제품을 제조하는 회사들에 대한 통제력을 부여할 것인데, 왜냐하면 여성들은 그러한 제품의 생산과 직접적으로 연관되며 또 직접적으로 영향받기 때문이다. 영향을 받는 사람들, 다시 말해 물질적으로 연관된 사람들이야말로 통제와 생산의 형식들을 결정하는 사람들이어야 한다. 이 때 그 형식들은 더 이상 물질적으로 전혀 연관되지 않은 사물들의 은유적 대체(여성들의 자기결정을 대신하는 로빈스 사 및 로빈스 사를 대리하는 판사들)로서 작용할 수 없을 것이다. 남성들은 더 이상 여성들의 물건을 생산할 수 없을 것이며, 또 여성들의 삶을 심판할 수 없을 것이다.

그러므로 내가 제시했던 종류의 해체론적 분석은, 단지 법률적 실천에 전제된 동일성에 대한 질문에 그쳐서는 안된다. 즉 그것은 개념적이고 제도적인 대안을 발전시킬 기반이 되어야 한다.[18] 이 경우 은유적 동일성을 허물어뜨리는 환유에 대해 논의하는 것은, 로빈스

---

18) 비판적 법률 연구회(CLS)의 많은 저서들이 이를 예시하고 있다. 특히 Singer, 'The Reliance Interest in Property', *Stanford Law Review*, Vol. 40, no. 3(1988년 봄), 611~751면을 볼 것.

사가 여성들을 자기의 '동일성'의 부분으로 포함하게 되었음을 암시한다. 우리의 어떤 부분이 결국 우리가 피해를 입힌 사람들의 것이듯이, 더 큰 경제적 심급에서 기업체는 다른 사람들의 삶 속으로 그 경계를 확장하게 된다. 그리하여 마침내 양자는 '그들의' 상호관련된 존재에 일어나는 일을 조절해야 하는 것이다. 이에 대해 우리는 다음과 같이 다르게 말할 수도 있다. 즉 힘의 실행은 균형잡힌 힘의 재분배로써 보상되어야 한다고 말이다. 그 보상은 '사실'의 무매개적인 직접적 동일성이 아니라, 차이적 상황(differential situation)을 향해 말해야 한다. 그것은 소송과 관련된, 표명되지 않은 '외적' 전제들을 내면화해야 한다. 그리고 이렇게 해서, 법률적 담론의 폐쇄된 이 타성들로부터 대안이 나타난다. 왜냐하면 법률적 언어가 도처에 자신의 그림자를 드리우는 것은 그같은 침묵들, 즉 억압된 진술들의 내부이기 때문이다. 다시 말해 잠재적 형태의 대안적 가능성은 바로 그 침묵 안에 존재하는 것이다. 힘에 의해 발언이 금지된 그 어떤 것도 발언되어야 한다. 그럴 때만이 법률에 의해 금지된 일이 일어날 것이다.

그러므로 법에 대한 해체론적 비판에 함축된 것은 대안적인 법률 체계이다. 더 이상 관념적이고 이상적인 대체에 의해 제한될 수 없는 참조관계들을 따르는 그것은, 또한 대안적인 경제 및 사회체계이기도 할 것이다. 이 여러 가지 새로운 구성들은 글로 씌어질 필요가 있다. 다시 말해 다른 현실을 구성하는 말을 새로 만들 필요가 있다. 현재 일반적으로 행해지고 있는 법이론 및 재판의 수사학을 분석함으로써, 우리는 대안적 합법성을 위해 필요한 몇 가지 제일 원칙 및 규칙들을 구성할 수 있게 된다. 그것은 아래와 같다.

(1)아무도 이유를 막론하고 다른 사람의 힘에 굴복하라고 강요되지 않을 것이다.

(2)아무도 다른 사람들로부터 명령받을 것이 요구되는 상황에서 일하라고 강요되지 않을 것이다.

(3)금전적 보수를 위해 삶의 에너지를 팔라고 요구하는 그 어떤 경제 행위도 허용되지 않는다.

(4)모든 생산조직은 모든 참가자들에 의해 동등하게 통제되어야 하며, 모든 이익은 공평하게 분배되어야 한다.

(5)그 상품에 영향을 입을 가능성이 있는 모든 사람들의 검사에 제품의 생산과정을 맞추지 않고서는 어떤 상품도 생산될 수 없을 것이다.

(6)물질적인 것에서 사회적인 것에 이르는 인간적 욕구의 만족이 충분히 보장되어, 그 보장을 받아들이지 않는다는 것을 사회의 모든 사람이 상상조차 할 수 없을 수준이 될 것이다.

(7)사람들의 삶에 영향을 주는 결정은, 그 결정에 직접적으로 영향을 받는 사람들에 의해 만들어질 것이다.

(8)법의 목적은 부정(injustice)의 원인들을 교정하는 것이 될 것이다.

제10장
탈혁명적 사회를 위한 작업 가설들

이제까지 나의 논의는 정의의 논리가 오직 물질적·실천적 형식과 절차로서만 나타날 수 있다는 것이었다. 정당한 사회의 원리를 획득하기 위해서는 하버마스식의 합리주의적 절차를 체계화하는 것과 함께, 우리는 또한 사회적 삶의 양식과 절차, 그리고 늘상 그것을 명명하고 구성해 온 언어와 문화적 형식을 개조해야 한다. 따라서 합리적인 사회는 가족의 힘의 관계를 재형성하는 것에 의존할 수도 있을 것이다. 가족의 힘의 관계를 재형성함으로써, 지배와 폭력이 소멸되며, 지금 같은 신경증이 없이 정당한 사고로써 추론할 수 있는 합리적 주체가 만들어지게 된다.

그러나 가족과 교육 같은 사회적 제도와 실천이 합리적 보편성의 필수적 전제조건임에도 불구하고, 물질적 형식은 늘상 보다 더 본질적인 이성의 내용에 대해 이차적이고 종속적인 것으로 생각되곤 한다. 권력과 폭력이 정화된 새로운 가족관계의 구성이 아니라 정당성(validity)이 정의의 온당한 근거인 것이다. 비폭력적 심리학, 신경증 없는 가족의 삶, 비착취적인 노동관계, 비공화주의적 민주주의의 절차를 만드는 방법의 형식적·외적 문제는, 합리적 이념으로부터 파생되거나 그 이념의 실현을 목적으로 하는 한에서만 중요하다. 이성에서 이성적 형식으로 운동하는 순환 속에서, 형식은 단지 중개적인 항목일 뿐이다.

합리주의는 이데올로기이며, 이념과 현실의 불일치로 귀결된다고 자주 언급되어 왔다. 왜냐하면 합리주의적 이념은 물질적 불평등에 의해 거짓임이 드러나며, 물질적 불평등은 합리주의적 이념에 의해 억지로 개선되기보다는 오히려 공고해지기 때문이다. 사회적 형식처럼 그런 불평등 역시 사회의 합리적, 근대적 본질에 결코 관계하지 않는 이차적인 부산물로 간주된다. 자본주의라는 노동의 강요를 통한 지배의 근본구조는 설사 파악되더라도 단지 지엽적인 병리학으로 설명된다. 근대화의 목표는, 내포된 사회적 계약, 혹은 일련의 합리적인 사회적 규칙(빈번히 시장에서 발견되는)으로 이미 존재한다고 가정되는 동일성(혹은 통일성)을 유지하는 것이다. 이는 재현의 순환의 또 다른 변형이다. 따라서 자유주의적 자본주의하에서의 삶의 형식들은, 그 형식들에 합리적 의미를 공급하는 사회적 질서(혹은 동일성)의 내용을 단지 재현하거나(re-present) 형상화할 뿐이다.

탈구조주의는 부분적으로 사고의 물질화를 요구한다. 즉, 이른바 사고의 단순한 외적 형식(그리고 공식)이, 실제로는 (그런 이데올로기에 대한 교정책으로서) 어떻게 우리의 관념의 내용을 구성하는가를 살펴보도록 전환할 것을 요구한다. 우리 자신의 사고방식의 물질적 형식에 초점을 맞춤으로써, 우리는 경험적 세계에 닻을 내리게 된다. 우리의 철학적 과정은, 그것이 언어의 가변적이고 환유적인 과정에 몰입해 있음을 인정함으로써, 그 추상적 동일성을 잃어버린다. 또한 우리의 언어는, 합리주의적 (그리고 이데올로기적) 이념의 토대가 될 수 있는 배제의 안전하고 견고한 경계선을 구조하도록 허용하지 않는다. 우리는 우리의 사고를, 타자와의 담론의 형식으로서, 즉 우리가 살고 있는 사회적 세계를 짜만드는 어떤 것으로서, 또한 언어의 사회적 역사인 역사의 과정으로서 보기 시작한다.

합리주의의 개인주의적인 경계선은 파괴되기 시작한다. 즉, 객관성의 분리된 영역을 가정하고 인식의 주체를 초월화하는 경계선은 무너지기 시작한다. 재현적 형상화의 물질적 형식을 직접적으로 말하지 않고는 정당성 같은 합리적 보편성을 언급할 가능성은 보다 적어진다. 재현적 형상화는 이런 관점에서 단지 그런 보편성의 재현이라기보다는, 보편성을 구성하는 도구 그 자체이며, 보편성의 필연적 전제조건인 물질적, 사회적 형식의 도구 바로 그것이다. 또한 이성의 내용은 결코 그 자체로 충분하지가 않기 때문에 정의를 위해 충분하지 않다는 것이 곧 분명해지게 된다. 만일 평등·자유·안전이 그것들을 구성하는 재현적 틀에서 분리된 동일성을 갖지 않는다면, 또한 만일 그것들이 세계와 사고를 섞어짜는 물질적 담론에서 분리되어 존재할 수 없다면, 평등·자유·안전은, 우리의 삶, 사회적 실천, 담론의 양식, 그리고 문화적 제도의 물질적 절차를, 어떤 방식으로 개혁하고(re-form) 실행할 때만 비로소 실현된 이념으로 나타날 수 있다.

따라서 정의의 합리적 이념에 대해 말하는 것은 반드시 그 이념이 실현되는 형식과 형상에 관한 언급을 필요로 한다. 그것은 이성을 제의하고 그것에 동의하는 문제일 뿐만 아니라 또한 삶의 실천의 형식적 짜임의 문제이기도 하다. 이러한 작업에서 특별히 중요한 것은 다음과 같은 것들이다. 즉, 동일성의 어떤 전술적인 해체, 비초월적인 위치의 채택, 그런 기획에 개인적 재구성을 필수적으로 포함하는 것, 그리고 내용(의미)의 단순한 부속물 이상으로 재현을 주목하는 것이다. 우리는 마음대로 다룰 수 있는 형상적 도구들을 갖고 작업하면서, 또 욕망과 폭력의 수사학적 관계 속으로 수놓아지면서, 이성의 천국 외부에, 우리가 존재하는 곳에 존재한다. 우리는 삶의 형식들을 변화시키려고 노력하면서, 그런 과정중에도 삶의 형식들을 통해 살아간다. 또한 내게는 물질적 평등을 의미하는 것인 우리 세계의 합리화 과정은, 정치학에서 개인적인 관계들에까지, 우리 자신의 심리학과 언어에까지, 그리고 우리가 말하고 사고하는 동안에도 우리를 구성하는 문화적 재현의 양식들에까지, 다양한 물질적 위치들에서 작업할 것을 필요로 한다. 이성은 그런 외적인 형식들 속에서만 이용할 수 있으며, 이성이라고 불리는 것이 사회적 규범으로 가능한 것은 그 외적인 형식들을 재형식화함에 의해서일 뿐이다.

이러한 기획의 필연적인 단편화되고 차이화된 성격을 인정하지 않는 것은 그 자체가 이데올로기적이다. 개인적·철학적 동일성을 가상적으로 표시하는 이성은, 그 스스로 결코 완전히 통제할 수 없는 물질성을 수용할 때 가장 온당한 것이다. 그리고 물질성에서 동일성의 경계들은 차이적 관계들을 통해 구성된 것으로 파악되어야 한다. 탈구조주의적 관점에서 볼 때, 평범하고 평등한 현실의 구성에서 문제가 되는 것은 바로 다음과 같은 동일성 상실의 위기이다. 즉, 이성의 기만적인 자기충족성 속에 논쟁을 밀봉시키는 (그리고 논쟁에서 벗어나는) 정당성 같은 기본 범주에 의해 지지되어, '객관성'의 영역에서 이연된 채 교묘한 고립 속에 합리적 자아를 유지하는, 그런 경계선이 유린되는 위기이다. 우리는 그같은 초월적 예외주의에 의해 확보되는 경계선 너머에 놓인 공포, 모험, 희망을 기꺼이 받아들여야 한다. 보편적 이성으로 정돈된 세계의 외부에는 정치와 문화의 흐트러진 세계가 펼쳐져 있다. 그 정치와 문화의 세계에서는 이미지들이 논의들만큼이나 중요하며, 또한 그 곳에서는 폭력과 물질적 욕망으로 혼란된 현실이, 우리의 사상을 올바르게 하려는 노력만큼이나 주의깊게 직시되어야 한다.

이같은 이유로 그런 영역에서의 우리의 작업은 다양하고 관계적이며 국부적이고 미완결적이어야 한다. 국부적(partial)이라는 말은 마더 미노우(Martha Minow)에게서 유래한 것인데, 이 빌려온 단어는 사회적 수사학과 문화적 형식으로 초점이 전환됐다는 중요한 결과를 알려준다. 즉, 대화와 상황의 임의적인 상호작용에 내재된, 그리고 일상생활의 이른바 전(前)합리적인 물질성에 근거한, 사물들 간의, 그리고 사람들 간의 가변적인 연관성에 강조가 주어지는 것이다. 이는 또 다른 세계의 가능성을 구성하고 인식을 구성하려는 상호적 노력으로서, 우리의 작업의 상호작용적 성격을 강조하는 것이다. 예언적 힘으로 충당된 칸트식의 현세적인 신성성으로서, 단일한 주체는 결코 이른바 일관된 사회적 세계에 대한 총체적 진리의 선언으로 특권화될 수 없다.

연관성(connection)에 대한 강조는 개인적인 동시에 이론적이며, 개인을 이론으로부터 분리시키는 선을 넘어서서 작용한다. 그것은 경제적 구조, 성적 상호작용, 정치적 제도성, 심리학적 구성, 문화적 재현 등과 같은 것들 사이에서 특히 중요한 연관성으로 드러난다. 많은 사람들이 어린이와 배우자 학대에 대해 죄책감을 느끼는 방식 사이의 상호연관성은 문화적 이미지에 의해 형성되며, 공적인 영역에서 사적인 영역으로의 폭력의 치환, 경계적 취약성의 견지에서 성적 동일성의 형성, 가정적 영역으로의 자기가치(self-worth)의 구조적 제한, 행동적 자기통치와 공동체 생활을 무력화하는 정치적 체계, 가족 사회화의 절차로서 수치심의 규범화, 그리고 그런 학대 자체가 명백하다는 사실에 의해 구체화된다. 어떤 단일한 사회적 문제나 쟁점의 참조관계들을 추적해 갈 때 유사한 연관성들이 나타난다.

우리는 합리주의적 이론의 산봉우리에서는 그런 참조적 연관성을 찾아볼 수가 없다. 우리는 그 산봉우리에서 내려온 수사학적 전망을 가정해야 하며, 그런 전망에서 물질적 결정의 경로를 따라 작동하는 참조관계들의 직조물을 생각해야 한다. 참조관계들의 직조물의 운동은 논리적이고 필연적인 만큼이나 또한 빈번히 우발적이고 간접적이다. 그리고 그 직조물의 논리는 논법이 아니라 서로서로 떨어져서 작용하는 사회적 세력들(forces)이며, 관념형성적인 것보다는 필연적인 물질적 결과를 생산한다. 뿐만 아니라, 가정적 학대 같은 행동에 대한 궁극적 치유책이, 물질적 불평등이 해소된 사회적 문맥에서의 심리적 안녕과 윤리적 상호작용이라는 우리의 가장 합리적인 모델의 적용임에도 불구하고, 그러한 노력의 목표는 여전히 삶의 실천의 새로운 형식이며, 자기재현과 자기구성의 새로운 양식이고, 이성의 높이가 아니라 욕망의 샘에 동기와 목표를 두는 존재·감정·상호작용의 새로운 유형이다.

일반적으로 주류적인 담론은, 사회적 존재에 대한 과학적 혹은 합리적·논리적 진리결정을, 사회적 존재의 경험적 세부로서 살아 있는 현실에 대한 설명과 구분하는 경계선을 가정한다. 어느 정도까지, 그것은 통약불가능한(incommensurate) 진리들 —— 합리적인 것은 물질적이어야 하지만 물질적인 것 그 자체를 포섭하지 못함 —— 이 서로서로 밀치는 역설의 경계선이다. 나는 이 글의 결론의 말을 그 경계선을 따라 놓으면서, 합리주의적 추상화의 결함을 살아 있는 형식들과 경험의 직조물의 감각으로 교정하고, 또한 과학을 탈이데올로기적 세계의 상상과 구성의 기획으로 가져오도록 시도할 것이다. 사회적 내용이 형식(혹은 양식)에 의존하는 것을 수사학적으로 이해하도록 전환하는 것은, 이성의 무력화가 아니라 다가적인 이성의 사상을 필요로 한다. 즉, 서로 다른 재구성의 전략들과 이질적 담론들을 함께 연결하는 것이다. 그것은 동일한 사물에 관해 여러 가지 다른 진실한 것들을 말할 수 있는 관점이다. 또한 그것은, 진리의 담론이 논리적인 것에 한정될 필요가 없으며, 경험적 우발성의 경로를 따를 수도 있다고 보는 것이다. 그리고 수단의 동일성(평등)을 확보하는 데 있어 차이의 가능성(자유)이 만들어지는 것을 보는 것이다.

나는 어떤 정치적 기획, 개인적 경험, 상상적 가능성을 설명할 것인데, 그것은 논리학과 수사학, 이성과 감정, 과학과 상상력, 공적인 것과 사적인 것, 관념적인 것과 구체적인 것, 그리고 정치학과 문화 사이에 다리를 놓으려는 시도일 것이다. 나는 그러한 항목들을 본보기로 예시하지는 않을 것이다. 그것들은, 경험적 역사로부터 분리된 듯한 이성을 사용하며 내가 겨우 인지적으로 고찰해 온, 그런 이념이나 원리들을 형상화하지 않는다. 그보다도 그것들은, 급진적 민주주의와 평등의 이념을 건설하도록 촉구하려는 시도이다. 그 시도는 역사의 이 순간에 일상적 존재의 힘들에 직면하며, 또한 그 힘들과 부딪히게 한다. 그것들은 급진적인 사고와 삶에 관한 것이며, 다른 삶을 상상하고 구성하기 위해 다른 사람들과 함께 노력함으로써, 내 자신의 삶을 다시 살려는 노력에 관계된 것이다.

그같은 종류의 글쓰기는 합리주의적 담론과 상상적 허구 사이에 위치한다. 만일 합리적 정의의 논리가 사회적 형식의 수사학으로서만 현실성을 얻을 수 있다면, 정의의 이론은 또한 근본적으로 그 두 영역 사이의 교차 지점에 관한 것이어야 한다. 그리고 그 교차 지점에서 이론의 추상성과 경험의 일화들이 만나게 된다. 바로 그 지점에서, 어떻게 살 것인가와 우리 자신들을 어떻게 함께 조직하고 형성할 것인가가 우리의 사상만큼이나 중요하게 된다. 우리의 사상은 그같은 과정의 외부에서는 정당성을 지니지 않게 된다.

과학과 상상력의 교차 영역에서 미래의 정의로운 사회의 논리 역시, 또 다른 세계의 가능한 모델들을 창조하는 수사학적 능력에 따라 정해지게 된다. 논리와 수사학의 관계는, 후자가 전자에 대해 이차적인 것으로 생각되어 왔지만, 우리의 새로운 기획에서는 재산정된다. 새로운 세계의 내용을 생각하며 그 등가적인 합리적 논리를 형성하는 것은, 과학적 가설과 논리적 제안의 문제인 것만큼이나 드라마와 픽션의 문제이며, 새로운 방식의 존재와 행동을 창안하는 문제로 보여지게 된다. 우리는 창조하기 전에 상상해야 하며, 우리가 창조하는 것 —— 혁명 이후의 새로운 세계 —— 은, 새로운 구조와 기본 규칙들뿐만 아니라, 우리 자신을 위한, 그리고 우리 자신들 간의, 새로운 삶의 형식을 발전시키도록 허락해야 한다. 그것은 어떤 경계선을 넘어서는 것을 필요로 한다.

*　　　*　　　*

우리는 추운 코네티컷(Connecticut)을 떠나 산 디에고(San Diego) 북쪽 델마(Del Mar) 고지 아래 멕시코 국경 쪽으로 움직인다. 그 곳에서 짐과 로리는 다른 세계를 향해 있는 그들의 새 집으로 지금 막 들어 갔다. 그 다른 세계는, 적어도 우리 눈에 보이는 곳에서는, 새로운 쇼핑센터나 학교, 혹은 차고 푸른 물과 원경을 지닌 풀장을 갖추고 있지 않다.

'멕시코는 제3세계예요.' 더그는 나중에 전화로 말할 것이다. 그러나 우리가 전문직 계층의 천국인 하얀 언덕에서 티주아나(Tijuana) 너머의 갈색 언덕으로 이동할 때, 우리는 이미 그의 말뜻을 알아차렸다.

'어떻게 풍경이 의미를 달라지게 하죠?' 당신은 말한다. '열린 들판이 여기서는 국경 너머의 그 위쪽과 같지 않아요. 이 들판은 그 밖의 다른 것을 의미하죠. 이 곳은 실제 사유지를 위해 개발된 가치 있는 땅이 아니예요. 우리의 쓰레기로 뒤덮인 이 땅을 보세요.' 폐차 더미들로 나의 시선을 끌면서 당신은 말한다.

'국경이 어떻게 사물들을 바꾸는가는 흥미있는 일이죠.' 나는 말한다. '그러나 그 국경은 실제로는 상상적인 선일 뿐이예요.'

엔제나다(Ensenada)에서 어린 소년이 잠긴 차문을 열쇠로 여는 것을 도와주는 동안, 당신은 다시 어떻게 틀이 의미를 바꾸는가를 말한다. 만일 소년이 여기 혼자 있다면 경찰은 그를 도둑으로 생각할 것이다. 그러나 열쇠를 분실한 듯한 여행자 둘이 소년의 옆에 있게 되면 그의 행동은 다른 의미를 갖게 된다.

우리는 더 남쪽으로 여행을 계속했다. 그리고 산 펠리프(San Felipe)의 코르테츠(Cortez) 바다 모래밭에서 우리는 청록색 바닷물을 응시하고 있다. 그러면서, 봄 휴가 동안 텍사스에서 떨어진 곳 베란다 밑에서, 맥주에 취해 붉은 목의 험한 얼굴을 그늘로부터 드러내고 있는 미국 소년들을 잊으려 애쓴다. 그리고 나는, 북쪽에 사는 우리 같은 백인들이 어떤 재난으로 남쪽으로 이주하지 않을 수 없을 역사적 아이러니를 상상하고 있다고 말한다. 그렇게 되면 지금 미국의 쓰레기 처리장인 이 땅은 이제 갑자기 가치 있는 곳이 될 것이며 이 곳 사람들은 갑자기 권세를 갖게 될 것이다.

당신은 말한다. '그렇게 될 때 지금 멸시하는 사람들에게 고분고분해지지 않을 수 없는 미국 사람들을 상상해 보세요.'

우리는 다시 북쪽으로 올라가, 소노다 사막을 횡단해서, 해변과 녹색 농장 평원과 사막의 산이 정확하게 만나는 내륙의 지점에 다다른다. 이때 우리는 우리들 자신으로부터, 북쪽의 백인으로서 우리의 존재에 부여한 틀로부터, 달아나고 있는 것처럼 느낀다. 단층애의 정점의 지점에서, 우리는 사막 너머로 라구나 살라다(Laguna Salada)의 크고 푸른 호수를 바라볼 수 있으며, 틀림없이 백 마일은 될 북미로 넘어가는 곳을 볼 수 있다. 그 단층애의 꼭대기에 있는 라 루모료사

(La Rumorosa)의 작은 상점에서, 차분한 표정의 인디언 여자가 펩시콜라 한 병에 2달러를 요구한다. 이때 당신은 만일 당신이 그녀라면 우리 같은 사람들에게 똑같은 말을 했을 것이라고 말한다.

*　　　*　　　*

권력은 공포와 침묵이지 지식이 아니다. 이런 측면에서 보면 푸꼬는 옳지 않았다. 비록 그가 권력을 우리의 작업의 일차적 관심으로 특별히 다룬 점은 옳았지만 말이다. 권력은 그것에 저항해서 말하는 사람들을 공포스럽게 만드는 점에서 공포와 침묵이며, 그러한 발화의 공포 속에서 권력이 탄생한다.

좌파는 권력의 봉건성에서 벗어나지 못해 왔다. 우리는, 권력에 물신화된 지도자들과 함께, 부족들 속에 떼지어 몰리며, 마치 자유주의가 아직 발생하지 않은 것처럼 서로를 조직한다. 나는 이 점에 관해 함께 이야기하고 싶다.

사람들을 한데 모이게 하거나 따로 흩어지게 하는 정서적 유대는 공적인 삶으로 생각되는 것, 특히 혁명적 조직의 공적인 삶 내부에서는 매우 중요한 것 같다. 그러나 우리는 그런 사적인 일에 대해서는 거의 논의한 적이 없다. 나는 정서에 대한 논의가 매우 위험할 뿐만 아니라 아주 우발적이기 때문에 우리가 그것을 두려워하지 않나 하는 의심이 든다. 즉, 정서에 대한 논의는 우리의 경계선들을 잃어버릴 수 있는 지점인 것이다. 이처럼 경계선을 잃어버리는 것을 두려워하는 점에서 우리는 보수주의자들을 닮고 있다. 보수주의자들은 권력의 통일성, 즉 국가나 지도자의 동일성, 고유성의 경계선, 자아의 은둔된 안전성 ― 이 모든 것들은 상호연관되어 있으며 여기서 문제가 되는 것들이다 ― 을 잃어버리는 것을 두려워한다. 이런 양자의 유사성이 보수주의가 끊임없이 좌파 ― 스탈린에서 브레즈네프, 폴포트까지 ― 에게 따라다니는 이유가 아닐까? 왜냐하면 우리는 우리 자신의 삶 속에서, 즉 사적인 자아로서뿐만 아니라 우리 조직 속의 우리들 사이에서도, 그런 딜레마를 풀 수 있는 방법을 헤아리지 못하기 때문이다. 권력을 다시 계속 쥐는 것을 막는 방식으로 조직을 하는 것, 즉 그렇게 조직의 규칙을 명문화하는 것이 가능할까? 조직적 통일성 — 당, 국가 — 의 기능이 계속 권력으로 전환되는 것을 막는 방식은 가능한가? 그렇지 않으면 그것을 명문화하는 것 자체가 보수주의의 형식이며 민주적 가변성을 억누르는 것일까? 내 마음의 반쯤은 '물론'이라고 대답할 것이지만, 그러나 또 어떤 부분은 규칙 쪽으로 가길 원하고 있다. 하지만 그 규칙은 민주주의적인 가능성을 첫 번째로 체계화하는 것이다. 즉, 모든 조직의 형식들은 가변적이고 개정가능한 것이지만, 그 형식들은 보다 진전된 민주화와 평등화, 그리고 민주화와 평등화를 가져올 수 있는 유효성의 기준에서만 개정될 수 있다. 또한 그런 종류의 규칙이 국가를 포괄하게 될 것이다. 그래서 그 규칙들이, 가변성을 소멸시키고 통치를 폐쇄시키며 민주주의를 파괴하고 평등성을 제거하는 보수주의적 열망을 암암리에 막도록 할 것이다.

전국 계획자 조직망(The Nationl Planners' Network)은 민주주의적으로 구성되었으며 전국 사회주의 페미니스트 기구(National Socialist Feminist Organization)는 권력 없이 생존할 것처럼 보였다. 후자의 우호적인 유연성은 친레닌주의자들의 불평을 사기도 했다. 친레닌주의자들은 그들의 '너무 많은' 민주주의를 두려워했던 것이다. 그러나 그런 방식이 불가능한 것은 아니다.

나는 그 기구가 아주 일관적인 것은 아니지만 그것 역시 그 기구의 일부임을 깨닫는다. 왜 비일관성을 두려워하는가?

*　　　*　　　*

어떤 지점, 즉 어떤 종류의 경계선에서, 개인적인 것은 자신을 개인적으로 만든 성질을 잃어버리고 대신에 다른 사람에 의해 남겨진 특징이 된다. 혹은 개인적인 것은 다른 사람을 위한 감정이나 다른 사람으로부터 나온 감정이 되며, 비개인적인 물질성이 된다. 어떻게 그것이 진행되며, 어떻게 한 사람의 자아(self)가 어떤 의미에서 다른 사람이 되는지 다시 생각해 보라. 어떻게 그런 생각이 작은 일과 큰 일의 선후관계를 다시 추정하게 하는가? 즉, 가정폭력이나 조직 속의 사람들 간의 힘의 관계를 재구성하는 보다 작은 일들 앞에, 경제적·정치적·성적·인종적 힘의 치환 같은 '중요한' 일들을 놓는, 그런 위계질서를 다시 산정하게 하는가.

그러나 '과학적' 사회주의와 공산주의의 전통에서는 그런 실천적 형식들과 개인적 상호작용의 물질성이 거짓으로 전해진다. 물론 그것이, 세련되고 지적인 트로츠키에 대한 우스꽝스런 시골풍의 개인적 원한 감정인 스탈린의 살인적인 분노나, 캄보디아에서 있었던 도시적인 세계주의에 대한 소작농의 복수로서 민중주의 속에서 드러나긴 하지만 말이다. 심리학적으로 건강한 존재 형식을 배양하는 것과는 거리가 먼 세계에서, 신경증적인 형식에 의해 우리는 어떤 식으로든 모두 미쳐 있는 셈이다. 만일 그런 문제의 교정을 우리의 시급한 사안들에서 제쳐 놓는다면, 우리는 또다시 낡은 형태의 기획——살인적인 분노, 원한, 권위주의, 편협성——으로 회귀하는 것을 보게 될 것이다. 그것은 너무나도 친숙한 목록들이다.

나는 그 모든 것들 중에서 나의 개인적인 몫을 갖고 있다.

예컨대 나의 할아버지로부터의 그 경험——'말하자면, 어떻게 폭력이 접촉에 의해 전이되는가——은 나를 매료시키면서 공포에 떨게 한다. 나의 할아버지는 1차 아일랜드 반란에서 진압군 편에 섰던 경찰이었는데, 그는 잔인한 구타를 위해 세 명의 형제들 중에서 나의 어머니를 선발했다. 이때 나와 그리고 그녀가 때린 나의 형제들에게, 또 내가 의자를 밀어 넘어뜨린 일이 있는 지니에게, 내가 그러한 구타로부터 위축되어야 했던 부끄러움이, 평화로운 화합의 가능성을 밀치면서 또 그 필요성을 입증한 분노로 전이되었다.

희생자의 재생산.

나는 이 폭력의 전염이, 더 확대된 부정성의 전달을 통해 내 자신의 아이들에게까지 어떻게 전해질 것이지 두려워한다. 그러나 희생자의 재생산에 의한 내 자신의 심리상태는, 경계선이 유동적이고 항상 위기에 처하며, 실제 상해의 위협뿐만 아니라 지나친 상상에 의해 끊임없이 위축되지만, 그런 심리의 부정적 효과를 재구성의 이념으로 변용시키고, 그 심리에 의해 야기되는 것 — 자신을 보호할 필요와 사상의 비폭력적 실천에 대한 보상적인 관심 — 을 현실화된 가치와 새롭게 제도화된 존재방식으로 변형시키는 데 성공할 때, 희생자의 재생산 과정이 종료될 것인지는 마찬가지로 의심스럽다. 새로운 자아로 변형되고 필연적·암시적으로 새로운 사회적 관계와 사회적 규칙들로 전환될 때, 그래서 가족이 '관료제'에 의해 위협받는 '사적인' 지위가 아니라, 입법화된 평등성과 법률적 보호가 '틈입'하는 공적인 사회적 영역이 되었을 때도 마찬가지인 것이다.

나는 나의 누이가 전화로 그녀의 아들이 '자신과 똑같이' 되었다고 말하는 것을 들으면서, 그것을 이해할 수 있게 된다. 나는 누이의 아들이, 누이가 더는 때리지 않는 조용한 소년이라는 것을 알고 있다. 학교 일에 전념하면서, 그는 가족으로부터 책과 각종 활동으로 도피하는 기술적 방법을 배웠던 것 같다. 또한 그는 숙취(宿醉)된 나의 누이를 달래면서 그의 환경을 정화시키는 방법을 배워온 것 같다. 누이의 숙취는 규칙적이고 그녀가 부인함에도 불구하고 잠재적으로 폭력적일 것이다. 나는 두려운 방어적인 자아가 형성되는 것을 다시 목격한다. 즉, 생존을 위해 온화하고 친절하지만, 보이지 않는 곳에서 얼굴을 가로지르는 손처럼, 무슨 일을 일으킬지 두려운 자아의 형성을 보는 것이다.

＊　　　＊　　　＊

나는 이 문제를 개인적인 관심 이상의 것으로 취급한다. 중요한 공적인 문제가 궁극적으로 개인적인 삶으로 귀착되듯이, 나의 개인적인 문제는 공적인 논제로 귀결되는 공공의 문제이다. 권력은 가족으로부터 국가의 법인으로 확대된다. 이러한 아버지들의 연쇄고리는, 우리를 침묵하게 하는 폭력과 폭력의 위협의 심급이 없는(즉 아버지들이 없는), 우리들 자신의 존재 방식을 발견하기 전까지는 파괴될 수 없다. 권력은 침묵을 가져온다. 이것이 가정폭력 같은 문제를 심각하게 다루어야 하는 이유이다. 왜냐하면 가정폭력은 어떤 점에서 국가폭력이나 계급폭력, 혹은 권력에 기초한 조직의 숨겨진 폭력의 변형이기 때문이다. 또한 가정폭력은 첫 번째 아버지로서 연쇄고리의 출발인 것이다.

내가 사회적 조직화 과정에서 아버지의 법과 거세 위협의 필연성이라는 프로이트·라깡식의 입장을 수용할 수 없는 것은 이 때문이다. 그들의 입장에서 거세 위협은 아이를 어머니로부터 분리시키고 사회적 법의 내면화를 시행한다. 얼마나 허풍스러운 거짓말인가? (미안하지만 그런 주장이 오히려 나를 화나게 한다.) 우리는 항상 희생자의 편에 서거나, 권력이 없는, 혹은 권력이 적은 사람들 편을 선택해야 한다. (이는 급진주의의 대항적인 최적의 논리이다.) 내가 얘기를 들은 바 있는 최근의 라깡주의자는, 학대 받았다고 주장하는 어린아이를 항상 믿을 수 있는 것은 아님을 시사했다. 알다시피 어린아이는 거짓말을 한다. 그러나 어린아이는 물리적으로 어른을 학대하지는 않는다. 또 어린아이는 어른들에게 성적으로 자신을 강요하지도 않는다. 왜 우리는 권력을 용서하는가? 그것이 우리 자신을 보호하는 것일까?

*   *   *

보수주의는 처음에는 심리학적 모순처럼 보인다. 보수주의는 급진적 개인주의를 신봉하는데, 급진적 개인주의란 아주 냉정하고 심지어 잔인하기까지 한 엄격한 경계선 긋기의 일종이다. 그러나 보수주의는 또한 개인의 동일성을 경계선 없고 (빈번히) 감상적인 전체로 해소하는 융합을 지향한다. 그럼에도 불구하고 그러한 전체는 엄격하게 통제되며, 그 자체가 고유한 폐쇄적 경계, 곧 맹렬한 국가적 자아의 주장을 (어떻게든) 특권화시키는 동일성 —— 예컨대 국가(the Reich) —— 으로 규정된다. 그것은 마치 전통적인 보수적 가족의 강한 대립적 동일성들 —— 엄격한 아버지와 자상한 어머니, 경계선이 개별화된 남성과 융합을 지향하는 여성 —— 이 정치적인 원리로 복제된 것과도 같다.[1]

내가 생각하기에 보수주의적인 폭력은 자신으로부터 다른 사람을 분리시키고 자신의 윤곽을 보호하는 급진적 거리를 설정하는 공격성으로 이해될 수 있다. 따라서 사람들은 다른 사람과 분리된 자신의 동일성의 감각인 내면성을 유지하게 된다. 이는 특수한 자아의 신화인 보수주의적 율법이나 예외주의의 감각뿐만 아니라, 보수주의적 오만, 즉 다른 사람의 삶을 지배하려는 경향을 설명할 것이다.

그러면 보수주의적 폭력에 대한 해결은, 서로 다른 의미의 경계선들을 구성하는 데 있으며, 부끄러운 조소(嘲笑)의 두려움 없이 타자에게 열릴 수 있게끔 그 자체로 안전한 다른 양식의 동일성에 있을까? 이때 그 동일성의 경계선들은 외부와의 연결고리로 인식되며, 또한 자신을 폭력적으로 무장하거나 방어할 필요 없이 얻어지는 내면성을 나타낸다. 그리고 보수주의적 폭력에 대한 해결은, 부분적으로 우리들 자신 —— 즉, 우리들 급진주의자들 —— 을 보수주의자와 똑같은 세계에 포함된 것으로 보는, 즉 똑같이 처리되고 어떤 똑같은 물질적 심리학적 관심에 의해 움직이고 참여하는 —— 그러나 우리의 윤곽은 다르게 그리려고 시도하는 —— 것으로 보는 것을 의미할까?

*　　　*　　　*

---

1) 이에 관해서는 『정신분석학과 현대 사상(*Psychoanalysis and Contemporary Thought*)』에 실린 블래트(Blatt)와 쉬크먼(Schichman)의 「정신병리학의 두 가지 기초적 지형('Two Primary Configurations of Psychopathhology')」을 볼 것.

정신적 외상 역시 재현의 방해와 상처를 만들어 내는 것 같았다. 외상을 입은 그 순간, 틀림없이 외상을 입었을 그때에 대해, 나의 기억의 이미지들은 혼란되고 겹쳐진다. 나의 어머니가 같은 침대에서 잠자던 우리 두 명의 형제를 때렸고 그리고 그 다음엔 무슨 일이 일어났던지? 사춘기의 소년과 훨씬 어린 소년을 함께 몰아넣었다. 그것은 성적인 것이었던가? 그것에 관해 어떤 성적인 것이 있었다고 당신은 위로하듯 말한다. 나의 등뒤는 축축하게 젖어 있었다. 그리고 지금 그 일을 당신에게 회상하면서 육체적인 혐오감이 느껴진다. 그것이 내 자신의 근친상간적 환상—나와 역시 종종 같이 자던 할머니로부터, 아주 작은 연립주택에서 우리 앞에서 옷을 입어야 했던 어머니, 누이에게로, 그리고 잠재적으로 상상된 딸에게로 치환된—의 시초일까? 가족이라는 상황이 그같은 접촉을 정상적인 것처럼 만들었다고 당신은 말한다.

가정폭력에 대해 연구하는 역사학자인 린다 고든(Linda Gordon)은 최근의 한 대담에서 학대가 노동계급의 가정에서 보다 일반적인가에 대해 의아해 했다.

침대에서 같이 자면서 돈(Don)과 나를 즐겁게 하던 나의 다른 형제들은 부끄럽게도 역시 같이 자던 형제와 자매들에게 단합해서 폭력을 행사했다. 그것은 나의 어머니의 광기와 격노한 구타에 대항하는 유일한 방어책이었을까?

그러나 나는 논제를 회피하고 있다. 단어들을 쓰는 동안에도 그 단어들을 모두 오기(誤記)하면서, 또 그 단어들을 넘어 올바르게 회상해야 하면서, 이 문제—근친상간적 환상들—가 계속 논의될 수 있을까? 당신은 그 문제가 적어도 지금 우리 앞에 있으며, 나는 적어도 그 환상들이 어떻게 형성되는지 이해하고 있다고 말한다. 즉, 내가 감정적으로 부조화될 때, 당신을 보기 위해 집에 왔는데 저녁 내내 당신이 밖에 나가 있을 때, 나는 그 문제를 인식하지 않은 채 화를 낸다. 그리고 화를 억누르고, 그 대신 그 곳에 없는 당신을 채우기 위해, 보다 더 섬세한 이미지로 대체하면서 환상이 화를 대신한다. 또한 당신으로부터 떨어진 나를 위로로 안심시키면서, 또 거부된 융합에 대한 보상적 이미지로서, 결핍이나 부재, 그리고 자신의 자리를 차지한 이미지나 재현이 존재한다. 이 문제는 무엇보다도 혼자서는 불가능한 그런 융합을 필요로 하는 것이다.

그런 환상들이 떠난 밤에, 자정의 부피로부터 단절된 밀실에는, 마분지 한장이 전구를 덮고 있어서 방의 절반은 어둠 속에 던져져 있었다. 문쪽의 불빛. 공포. 그것은 그 모든 것이 시작되었던 시간인가?

나는 구타가 일어났던 방을 보고 있다. 물론 삶 속에서보다 기억 속에서 그 방은 더 크게 보인다. 공기가 이동할 수 없는 것처럼 그 방은 조용하고, 아무 일도 있을 수 없는 것처럼 아무 것도 일어나지 않고 있다. 그러나 나는 그것이 충격적인 외상을 밀폐시키는 덮개라는 것을 안다. 어머니의 분노를 가져온 것은 우리들 아이들이 노는 소음이었기 때문에, 사물들을 조용히 지키려는 시도는 고요했다. 그리고 그 고요한 이미지는, 어머니의 손이 수년 동안 우리에게 떨어졌던 그 모든 기억들을 사라지게 함에 따라, 폭력을 잠재우고 사라지게 한다.

*　　　*　　　*

우리는 우리가 비판하는 바로 그 사회에 의해 부여된 형식과 틀속에서 살고 있다. 예컨대 정치적 당의 관념은 공화파적인 자본주의적 자유주의의 가장 반민주적인 고안물 중의 하나이다. 정치적 당의 관념은 대중적이고 평등한 통치의 참여를 희석시키는 대표제와 개인적 동일시의 구조를 전제로 한다. 그러나 정치적으로 성공적인 운용을 꾀하면서 우리는 그 구조에 의존해야만 한다.

내가 참여하거나 함께 일해 온 조직 중에는, 1970년대 말과 1980년대 초부터의 미국 푸른잎 운동(American Green-ery)의 실험인 시민의 당(the Citizens' Party)과, 1970년대에 SDS로부터 파생된 신미국운동(the New American Movement), 공산주의 그룹인 진보 노동당 (the Progressive Labour Party), 그리고 행동주의자들의 조직망인 전국 사회주의 페미니스트 기구(NSFO) 같은 것들이 있었는데, 이 조직들에서는 조직 형태의 상대적인 이익과 불이익이 두드러지게 나타났다. 시민의 당에서는 집단적 참여를 불가능하게 하는 입후보권이 눈에 띄었으며, 그것은 개별적인 특성이라기보다는 정치적 당 모델에 특유한 요소인 것 같았다. 당 모델을, 역시 같은 시기에 내가 일했으며 스스로 조직한 사회주의 페미니스트 연맹이나, 샤럿 마을 행동주의자 연합(Charlottesville Activists' Coalition) 같은 다른 형태들과 비교하는 것이 도움이 될 것이다. 이 다른 그룹들은 평등주의적 절차에 따라 운용되었다. 즉, 돌아가면서 책임이 부여되었으며, 명령에 따르지 않고 구성원들이 하고 싶다고 느끼는 것을 실행했다. 또한 행동에 있어서 어떤 유연성 있는 가변성이 존재했다. 우리는 순간순간에 적절하다고 생각되는 것 —— 1979년 가을 엘살바도르에서의 토론 집회부터 캠퍼스(버지니아 대학)의 인종주의에 대한 항의, 그리고 교육적 정치 영화의 상영에까지 —— 을 실행했다.

다른 한편 정치적 당 모델은 직책에 대한 후보자에 의해 좌우되었으며, 이는 선거운동을 통제하는 자기중심주의뿐만 아니라 충성심에 대한 긴장된 관계를 초래했다. 그리고 지역적 위치상 진보주의에 불리한 곳에서, 지는 선거운동을 계획해야 하는 어려움을 보다 힘들게 만들었다. 나는 남성지배적 선거운동이 요구하는 싸움에 가담할 만큼 (혹은 후보자의 부인의 질책에 맞서서 내 자신을 방어할 만큼—— 이 말은 남성·여성이 본성적 혹은 도덕적 차이로 변형되는 것을 바라지 않는다는 뜻임) 충분히 강한 자아의 벽을 지니지 못함을 느꼈으며, 선거운동에서 사퇴하는 것으로 끝을 맺게 되었다. 그러나 나는, 권력이 그런 식으로 개인 간의 폭력으로 되는 조직형태에는 뭔가 잘못된 점이 있다고 스스로 느끼게 되었다.

내가 버지니아 대표로 그 당의 전국적 모임에 참가했을 때, 정치적 당의 형태와 입후보 모델에 문제점이 있다는 생각은 더 깊어졌다. 그 집회에서 토론이 진행되는 중에 당의 설립자인 배리 커머너 (Barry Commoner)는, 마이크 연설을 기다리는 긴 줄의 사람들 앞으로 걸어가서, 그가 막 독일 녹색당과 이뤄낸 연맹에 관해 홀 안에서 이야기하기 시작했다. 제의 안건은 토론되지 못했으며 표결되지도 않았다. 그리고 그 당이 일종의 원맨쇼라는 것이 분명하게 드러났다. 수일 동안을 민주화를 위해 보낸 후에, 나는 내가 느낀 것이 낙심인지 계몽인지 알 수 없었다.

그러나 나는 또한, 탈구조주의가 약간 추상적인 방식으로 제기한 재현과 개인적 동일시에 대한 이론적 문제들이, 매우 현실적인 의미를 지님을 느끼기 시작했다. 한 사람이 많은 사람을 대신하는 재현적 대체의 구조보다는 어떤 다른 방법이 모색되어야 한다. 그리고 어떻게든 대중적 추종자들을 '이끄는', 또 집단적 동일시의 장소인, 개인적 동일성의 이념에 대해서도 똑같은 것을 말할 수 있다.

시민의 당은 적어도 참여자에게 필요한 단체였으며, 특히 지방 사람들에게는 누구든지 가입할 수 있는 열려 있는 조직이었다. 이 당의 목표는 근거지를 만들고 그 곳으로부터 점차 확대해 나가는 것이었으며 나는 그런 이념은 아직도 타당하다고 생각하고 있다. 그것은 진보 노동당(PLP) 모델보다는 확실히 더 좋은 것으로 느껴진다. 진보 노동당 모델에서는, 중요한 조직 모임에서 구성원을 선발하기 위해 갈색종이 봉투가 분배되었다. 그리고 이 선택적 분배에 의해, 간부인 내부 그룹과 때로는 기만당하는 노동자의 외부그룹 사이에 눈에 띄는 차이가 만들어졌다. 그러나 시민의 당이나 보다 더 민주적인 전국 사회주의 페미니스트 기구 같은 조직들이 사라져 버린 반면, PLP는 여전히 존재하고 있다. 샤렷 마을 SFA에서 남겨진 것은 단지 티셔츠뿐이다. 그러나 그처럼 지속적으로 확대되지 못한 체제 (앞의 NSFO— 전국 사회주의 페미니스트 기구—의 구성원들은 지금 대부분 제스 잭슨 캠페인을 벌이는 중이다)에는, 레닌주의적 공산주의 당 체제의 영속성과 중복성보다 훨씬 긍정적인 요소들이 존재한다.

내가 생각하기에, 우리 자신에게 물어야 할 것은 다음과 같은 질문들인 것 같다. 즉, 모든 조건이 주어졌을 때, 보다 큰 조직으로 전환되지 않으려 하는 지방적인 풀뿌리 민중의 지향성을 극복하고 국가적이고 국제적인 새로운 좌파 조직이 아직도 가능할 것인가? 그렇지 않으면 주류 정치학이 부여하는 틀 내부에서, 특히 선거적 틀 속에서 계속 작업해야 할 것인가? 그리고 이 경우에, 그런 체제를 수용하면서 이데올로기에 휘말리지 않는 방식으로 작업할 수 있을 것인가?

만일 선거 정치의 내부에서 작업해야 한다면, 우리는 대표제적 대체의 이념을 무효화하고 입후보권의 개인적 동일성의 집중을 제한하는 방식으로 그렇게 할 수 있을까? 개별적 이익이 일반적 복지보다 선취됨이 없이, 일반적인 것이 개별적이 되게 하는 방법을 찾을 수 있을까? 보다 직접적으로 말해서, 입후보자 자신이 그녀(입후보자)와 연결되어 있는 (그리고 그녀가 속해 있는) 다양한 사람들이라는 생각을 촉구하면서, 입후보자를 위해 우리가 어떻게 일할 수 있을까? 대표제적 대체의 자리에서, 입후보자를 그들의 선거구 주민들에 물질적으로 연결시키는, 보다 더 환유적이고 국부적인 다각적·차이적·민주적 과정을 구성할 수 있을까? 국회나 의회에, 선거구 주민들이 그들의 대역자를 대역할 수 있도록 초대할 수 있을까?

자유주의는, 언술의 자유, 기회의 평등, 방법의 공정성 등의 입헌적 보편성을 요구하는 권리의 독트린에 관한 많은 가치있는 것들을 부여해 왔다. 그러나 자유주의는 새로운 사회의 철학이 극복하려는 이성과 사회적 동일성의 개인적 모델을 전제로 하고 있다. 우리는 그러한 극복의 작업을 우리 자신의 정치적 실천으로 삼아야 할 것인가? 그렇지 않으면 적어도 당분간은 위에서 내가 기술한 타협안들에 묶여 있을 것인가?

*　　　*　　　*

만일 우리가 자아의 동일성이나 안전성의 필요에 의해서나, 사적인 방어적 경계선 혹은 정화된 공적인 자기 재현의 윤색된 이미지에 의해서, 제한되지 않는 방식으로 자신에 대해 자발적으로 말할 수 없다면, 우리는 동일성의 제한으로부터 벗어난, 그리고 사물의 문제적이고 우발적인 혼란을 이데올로기적으로 해소하는 재현적 대체의 미혹으로부터 벗어난, 새로운 형태의 조직을 이야기할 수 없을 것이다. 만일 어떤 것이 감춰지고 벽 뒤에 숨겨진다면 우리는 단지 그것을 방어할 필요만을 갖게 되며, 이때 배제의 경계선을 안전하게 하기 위해 필요한 것은 권력일 뿐이다. 즉, 만일 권력이 없다면 경계선은 교란된 위험에 처하게 될 것이다.

이런 의미에서 권력은 숨겨진 사물들을 다른 것들로부터 지켜주는 것이다. 이것이 바로 보스(두목)들이 발각되는 것을 두려워하면서 움직이는 방식이다.

그러나 한정된 동일성의 모든 감각을 구성하는 경계선 없는 어떤 것, 즉 윤리학의 영역으로 불려질 우리들 간의 공동의 물질성의 조건에 대한 통찰에 근거하면, 사람들은 단지 그 발각의 두려움 같은 위기를 맞을 뿐이다. 특히 남자의 경우에 그 윤리학의 영역은 수치심을 참는 능력을 의미한다. 수치심은 다른 사람에 의해서 존중되지 않거나 긍정적으로 말해지지 않는다는 감정이며, 당황함이 없이 발각되게 하는 감정이다.

그러면 우리의 정치적 작업을 위해 이 새로운 방식의 재현과 구성이 주는 교훈은 무엇인가?

우리 자신을 조직화하는 데 있어서, 그것은 수치심, 자아 방어, 공포, 당혹감, 분노 들과 같은 감정들의 힘이, 조소되거나 반박됨이 없이 논의의 대상으로 표현되고 부각될 수 있는, 정당한 상호작용의 분위기를 만드는 것을 뜻할 것이다. 우리 중의 누가 정치적 모임에서, 경계의 역학 속의 분노의 현실적 근원과 수치심에 관해서, 최근에 언제 말한 적이 있던가?

*   *   *

또 다른 예를 들어보자. 마르크스주의 문학 그룹(Marxist Literary Group)에 속한 우리들 중의 몇몇이 마르크스주의 연합(Marxist Union)이라고 불리는 조직을 출발시키기 위해 1980년대에 한 모임을 개최했다. 마르크스주의 연합은, 경제학과 법학에서 문학과 과학에 이르기까지 서로 다른 학문적 좌파 조직들을 한데 결속해서, 학문 외적 좌파 정치학에 연결시키려는 취지를 갖고 있었다. 첫 번째 모임의 명칭 '지적 노동과 계급투쟁'은 여기에서 나온 것이었다. 우리는 민주적으로 조직을 만들려고 노력했으며, 아주 일반적인 안건 이외의 것은 회의에 올리지 않기로 결정했다. 우리는 자기결정력을 지닌 조직을 원했으며 특히 어떤 한 그룹이 새로운 조직을 인수하는 것을 걱정했다. 우리가 생각하지 못했던 것은, 전체적인 조직의 성격에 대해 전혀 다른 생각을 가진 한 그룹이 끼어 있었다는 사실이었다. 우리는 활동적인 학문을 위한 결집의 토대 같은 것을 원했다. 그러나 우리와 반대되는 그룹은 사무일을 제공하는 전통적인 노조 연합(trade union)을 원하고 있었다. 이는 우리가 그 그룹에 제시했던 조직의 명칭에서 '연합(union)'이라는 단어를 기묘하게 오해한 셈이었다.

지금 생각하면 우리가 회합에 앞서 조직의 안건을 확정하지 않을 만큼 단순했던 셈이다. 또한 좌파 조직에서 권력을 열망하는 사람들이 얼마나 자발적으로 자신을 정당화하는가에 관해서도 우리는 단순했다. 결과적으로 싸움과 고함이 있었고 많은 남성적인 몸싸움이 있었다. 우리는 결국 다른 그룹에게 중재에 나설 것을 설득했으며 그 조직을 조직 중재위원회에 넘겨주었다. 그러나 그 위원회는 중재에 실패하고 말았다. 결국 다른 그룹이 그 취지를 인계해서 그것을 사회주의 학자 회의(Socialists' Scholars Conference)로 계속 이어나갔다. 그 학문 간의 제휴 회합은 지금 미국의 민주주의적 사회주의자들(Democratic Socialists of America)을 위한 주요 조직이 되었다.

내가 이 이야기를 하는 것은, 민주주의가 조직화의 모임에서 왜 그렇게 폭력적인지 아직도 수수께끼이기 때문이다. 우리는 자신만만한 인격으로 이 문제를 해결할 수도 있다. 그러나 이 문제는 또한 급진적인 사람들이 화합하는 방식과 관계가 있으며, 충돌이 있을 때 불가피하게 제기되는 권리와 특권의 논쟁적인 의미와 관련이 있다. 하지만 왜 그런 조직에서, 사물을 결정하는 권리로서 권력을 포기하는 것이 불가능한 것일까? MLG(마르크스주의 문학 그룹)에서 처음으로 조직된 그룹인 우리는 그것을 시도했다. 우리의 이상은, 다른 그룹들이 어떤 일반적인 노선을 따라 자기조직화될 수 있는 자리를 마련하는 것 — 학문외적 가능성을 공동작업으로 발전시키는 관점에서 작업하면서, 급진적 학문들로서 화합하는 것 — 이었다. 나는 아직도 그것이 훌륭한 이상이었다고 생각한다. 그러나 다른 그룹이 보다 온건한 노선을 부과하려는 상황에서, 그리고 간섭없이 — 전체조직을 인수하고 그 조직을 자신들이 결정함이 없이 — 자기조직화의 과정을 진전시키려는 것을 반대하는 상황에서, 우리가 무엇을 성취할 것인가? 자기중심주의? 그렇지 않으면 자기조직은 항상 그러한 폭력과 불화와 권력투쟁으로 규정될 것인가? 그리고 만일 그렇다면 자기조직의 이념으로써 우리가 할 수 있는 것은 무엇인가? 자기조직은 처음부터 공유된 원리에 관한 것이라고 믿어야 하는가? 모임에는 올바른 사람만 있다고 믿어야 하는가? 그리고 올바른 사람이란 누구인가?

이 글을 다시 읽으면서도, 나는 민주적 조직을 갖고 싶은 나의 욕망과, 그 조직이 어떤 일반적인 실행의 노선을 따라 확실히 발전하게 하려는 욕망 사이에, 잠재적인 모순이 있음을 발견한다. 나는 물론 통제를 원했지만, 그러나 그것은 돌발 사태를 막고 조직이 개방성과 민주성을 확실히 유지하게 하기 위해서였다. 이것은 모순일까? 나의 바램은 우발적인 기습을 배제하고 나의 상황을 안전하게 하려는 욕망을 정신분석학적으로 발산시킨 것으로 볼 수 있다. 그러나 그것은 또한, 보다 급진적인 이념이 우월할 것이라는 것을 확신하려 노력함으로써, 폭력과 권력의 가능성을 제거하려는 것이기도 했다. 즉 보다 큰 폭력이나 관료적인 권력이 아니라 참가자의 평등성과 민주적 개방의 형식을 옹호하는 (급진적) 이념이 더 우월할 것이라는 확신에서였다. 나는 조직이 다른 그룹에 의해 지배되어 노조 모델로 경직되는 것을 막으려는 나의 시도를, 체제의 원리를 계속 개방하려는 노력으로 보고 있다.

어느 정도까지 MU(마르크스주의 연합)는 낡은 조직방식에 의해 방해를 받은 새로운 조직방식의 실험이었다. 그러나 그것이 나에게는 걱정거리였다. 우리는 트로츠키와 스탈린, 혁명적 이념과 관료적 명령, 그리고 개방성을 창조하려는 급진적 열망인 민주적 조직과 민주주의의 불확정성을 권력으로써 환원시키려는 보수적 충동 사이의 불화를, 계속 반복할 수밖에 없는가? 그렇지 않으면 우리가 아직 생각해 보지 않은 조직 형태, 즉 우리가 아직 상상할 수 없지만 참여자의 민주적인 개방성을 유지하면서 조직의 일관적인 동일성을 보장하는 조직 형태가 존재하는 것일까? 이 조직 형태는, 어느 정도까지 우리 자신이 재구성되어서, 진보적인 정치적 작업을 권력에 대한 갈망과 동일시하지 않으며, 또한 조직을 통제와 혼동하지 않게 되는 것을 필요로 하는 것일까?

*　　　*　　　*

권력은 자기 자신을 재현적으로 재생산한다. 나의 어머니는 그녀가 본뜰 재현물이 없는 상황에서 자신에 대해 그녀의 '현상태' 이외의 다른 것을 어떻게 생각할 수 있었겠는가? 그리고 나의 형 돈은 어떠했는가? 그의 수치심은 마찬가지로 재현적이었으며, 다른 사람의 그에 대한 재현에 의해 그에게 투사된 바보스러운 조롱거리는 그 자신의 어떤 타락된 이미지였다. 돈은 적어도 그 수치심을 고속으로 달리는 차 속에서 마약에 취해 플레이보이의 환상으로 살면서 보상할 수 있었다. 즉 그는 그것을 더 많은 재현으로써 보상한 것이다.

그것이 이 문제에서 중요한데, 왜냐하면 우리는 재현을 통해서만 사고하고 존재하기 때문이다. 우리가 살아가고 화합하는 방법 —— 아주 많은 경우에 그것은 우리가 우리 자신과 타인들을 이미지화하는 방법에 의존한다. 그러한 상호작용에서 공포 혹은 개방성이 얼마나 존재하는가는 우리가 서로서로를 바라보는 방법, 즉 우리가 우리의 마음에 무엇을 그리는가에 달려 있다.

나는 뉴스에서 지도자들을 보면서 그것이 작은 끝에서 큰 것을 보는 망원경 같다고 느낀다. 이런 식의 재현의 양식에서 얼마나 우리는 차별을 없앨 필요를 느끼는가? 그와는 다른 방법의 렌즈를 보자. 위대한 정치영화 제작자들이 그 일을 한다 —— 예컨대 길고 슬픈 사연을 담은 일본의 매춘부 이야기 『오하루의 삶』에서, 미조구치는 기층의 수준에서 이야기를 한다.

따라서 미학은 정치학의 외부에 놓여질 수 없다. 또한 미학은 단순히 훌륭한 (혹은 더 좋은) 형식이나 재현의 새로운 양식을 발전시키는 문제만은 아니다. 우리는 재현을 통해 심리학적, 사회적 존재를 구성하는 전적으로 새로운 광학을 필요로 한다.

*　　　*　　　*

나의 힘 있는 정신이 회복됨에 따라, 나의 영역이 보다 잘 보이게 된다. 근친상간적, 성적 용해의 환상은 모두 사라진다. 그리고 나는, 발각될 것이 두려워 비밀 속에 유폐시켰던 그 모든 것을 허기질 때처럼 회상한다. 우리는 그것을 우리 앞에 놓고, 인식하고 이해할 수 있는 하나의 대상으로, 어떤 뜻에서 한 대상으로서의 우리 자신으로 구성해야 한다. 내가 과학에 대해 점차로 애착을 갖는 것은 아마도 이 때문일 것이다. 즉 지식은, 가족사를 포함한 역사의 무게가 실린 운명의 수동성에서부터, 다른 행동을 상상할 수 있게 하고 그 자체가 다른 행동의 계기가 되는 어떤 이해(understanding)로 전이하는 힘을 기르는 치료법이다. 모든 것이 기술될 때까지 —— 두려워하지 말고— 기술하고 또 기술하라. 비밀을 모두 끝내자. 그리고 내 생각에는 그것이 과학과 윤리학이 일치되는 방식이다. 왜냐하면 만일 모든 것이 기술된다면, 즉 우리가 공포와 수치심으로 이해하지 못하는 자신에 관한 모든 것이 기술된다면, 우리가 사회적이 되며, 자신을 만들었던 초개인적인 상황이 되는 지점에 도달하기 때문이다. 그러면 모든 것은 자신의 역사의 산물로서 이해가능하게 되며, 모든 것은 예정된 것으로서 선택되거나 선택되지 않는 것이 된다. 그러나 이것은 단지 자유로운 존재의 문제만은 아니다. 그것은 또한 다른 사람 앞에 완전히 폭로되는 것의 문제이다. 과학은, 우리가 무엇인가에 대한 완전한 기술, 즉 완전한 공적인 기술로서 윤리학인 셈이다. 말하자면, 욕구와 욕망의 어떤 개별적인 구성이 특정한 상황과 문맥— 예컨대, 아버지에게 버림받고 교회의 기부의 도움을 받으며, 자기 아이를 때리면서 자살할 때까지 우울증에 허덕이던 어머니, 그녀에게 이끌리던 작은 집의 아일랜드 노동계급 가족— 속에 놓여 있는가에 대한 완전한 공적인 기술로서 과학은 윤리학인 것이다.

＊　　＊　　＊

　재현과 동일성(관계들과 문맥적 결정 요소들로부터 빼낸 한 개인의 존재라는 심리학적 환영, 혹은 사물이 근거들을 지니지 않는 형상인 자기동일적 형태 속에 자기 스스로 존재한다는 인식적 환영)에 대한 탈구조주의적 비판은, 비판되는 동일성의 깨진 조각으로부터 나타나는 대안적 세계를 가정한다. 재현, 즉 인지적 이미지를 만드는 행위는, 이제 더 이상 사실이나 진리를 올바르게 표현하는 문제로 보이지 않는다. 그보다도 재현은 대안들을 만드는 기획의 작업이 되고 있다. 유토피아주의는 이런 기획에 새로운 신뢰를 부여해야 하며, 그 기획은 과학과 제휴할 수 있다. 여기서 과학이란 새로운 세계의 창조를 목표로 한 여러 가능한 양식들 중 인식적 재현의 한 양식으로 생각되는 것이며, 새로운 가능성의 능력을 부여하는 것이다. 과학적 유토피아주의의 기획은 조직화의 실천적 행동성만큼이나 좌파의 정치적 작업에 필연적인 것이다. 목표가 없으면 우리는 우리의 활동을 기존의 유력한 조건들에 의해 줄곧 한정되게 될 것이다. 또한 그러한 목표는 그 자체가 조직화에 있어서 논쟁거리가 될 수 있다.

캘리포니아의 뉴포트 해변 위의 절벽을 따라 걸으면서, 당신은 내가 얘기해 온 그런 사회에서 이 아름다운 집들은 모두 무엇이 될 것인가를 묻는다. 나는 그 집들이 순환의 원리로 제비뽑기를 할 수 있어서 그 곳이나 혹은 적어도 그들이 살던 곳과 같은 곳에서 삶의 아름다운 경험을 누릴 수 있을 것임을 제시했다. 다시 말해, 개인과 장소의 동일성이 해소됨으로써, 사람들은 모든 것을 평등하게 분배받고 이용할 수 있는 다양한 생활방식의 가능성을 지니게 될 것이다.[2]

*　　　*　　　*

우리의 방어 자세를 없애고, 공동의 물질성의 영역이자 공유하는 역사인 중립적 공간에 우리 자신을 개방하면서, 우리는 스스로를 다른 사람의 분석의 대상으로 만들 수 있을까? 나에게 가해진 폭력, 즉 학대, 구타, 조롱을 이용해서 폭력을 근절시키고 확대되는 것을 막는 어떤 다른 것으로 전환시킬 수 있을까? 다른 사람을 대상으로 삼는 문제에 대한 대답은 그들을 주체로 다루는 것 것이 아니라, 우리 스스로가 다른 사람의 대상으로 전환되는 것일까? 린다 고든은 특히 남자들이 학대에 대한 조사의 사례가 되는 노동자들에게 말을 붙이지 않음을 주목했다. 우리 남자들이 이야기를 시작할 수 있을까? 희생자로서뿐만 아니라 가해자로서 (양자는 항상 연결되어 있는데, 왜냐하면 가해자라는 것은 모두 그 이전에 희생자였음을 의미할 뿐이기 때문이다) 말이다. 또한 이런 논의는 폭력이 없이 함께 조직할

---

2) ‘그러나 …… 정착하고 싶은 가정에 대한 또 다른 욕망은 어떻게 되는가? (오늘날 우리가 느끼는 토지나 수목 등을 사고 싶은 욕망)’.

수 있는 우리의 능력을 위해 무엇을 의미하는가?

＊　　　＊　　　＊

정치적인 재현(대표제)은 미분화된 전체를 드러내는 것을 가장하지만, 그러나 인종, 계급, 성의 다원적 사회에는 단지 상호 연결된 부분들이 있을 뿐이다. 재현 양식들이 소위 재현 대상인 현실을 결정한다는 탈구조주의의 가정은, 정치학에서 작동되고 있다. 왜냐하면 사회적 삶의 현실적 변화는, 이미 존재하는 것으로 가정되는 사회적 삶을 '반영'하기 위해 어떤 정치적 재현 양식을 채택하느냐에 크게 의존하기 때문이다. 또한 미국의 정치적 삶의 (그리고 미국 사회의) 상이한 현실은, 상상적인 전체에 대한 대체를 부여하려는 가정(假定) 대신에, 재현이 가변적인 사회적 부분들의 다양성을 드러내느냐에 따라 만들어질 것이다.

예컨대 국회(미국 의회)의 구성은, 단지 인구에 따른 주나 지역에 의해서가 아니라, 인종, 성(혹은 성적 선호), 수입에 따라 각 영역의 주민들의 대표(재현)를 할당함으로써 결정될 수 있다. 다시 말해, 한 주 내에서 대표의 수는 여전히 인구에 의해 결정되지만, 그러나 그 대표는 그들이 대표(재현)하는 사람의 종류와 무관한 형식적 (중립적) 실체로 가정되기보다는, 특수한 환유적 지시물, 즉 대표(재현)하는 특수한 부분을 부여받게 될 것이다.

인구의 반이 흑인인 주에서는, 그 주의 대표의 반이 흑인이거나 흑인에 의해 독점적으로 선출될 것이다. 물론 똑같은 것이 여성에게도 적용될 것이다. 즉, 어떤 주의 대표의 최소한 반은, 아마도 여성에 의해서만 선출된 여성일 것이다.[3] 마찬가지로 어떤 주의 각 계급의 구역은 그 자신의 지위에 따라 자신의 대표를 선출할 것이다. 2

---

3) 프레드 페일(Fred Pfeil)은 이렇게 말한다. '흑인이기도 한 여성에 관해 묻고 싶다. 즉 그녀들은 두 개의 투표권을 갖는가?'

만 달러 이하 소득층의 사람들은 그들이 다른 계급 구역과에 관계에서 지니는 비율에 따라 대표의 숫자를 부여받게 될 것이다. 소득이 백만 달러인 사람은 '사람들' 전체의 대표가 될 수 없는데, 왜냐하면 입후보자는 그 구역을 대표할 자격을 얻기 위해서는 소득이 2만 달러 이하여야 하기 때문이다.

지역별 배분이 여전히 결정적인 요인이지만, 그러나 똑같은 규칙이 지역의 문제에도 적용될 것이다. 다시 말해, 특히 게이들이 많은 샌프란시스코의 구역들에서는 그들이 원한다면 특별히 게이 대표들을 선출할 수 있게 될 것이다. 그리고 물론 보수적인 소두증(小頭症) 사람을 뽑길 원하는 지역에서는 여전히 자유롭게 그렇게 하게 될 것이다.

이러한 변화들은, 형식적 평등성이 내용적 차이를 무디게 함으로써 현재 나타나는 대표제(재현)의 불공평성을 많이 완화시키게 될 것이다. 백인 남성 백만장자는 흑인이나 여성, 노동계급 사람들의 이해와 욕망을 대표(재현)할 수가 없다. 마찬가지로 백만장자는 자신과 근본적으로 다른 사람들을 위한 법을 제정할 수가 없는 것이다. 이런 변화의 한 가지 결과는, 남성은 더 이상 여성을 대표해 입법을 하지 않으며, 백인은 흑인을, 그리고 부자는 빈민을 대표해 법을 제정하지 않을 것이라는 점이다.

이러한 대표제(재현)의 체계는, 정치적 대표제(재현)의 형이상학적 모델과, 동일성이나 총체성으로 생각되는 진리의 형이상학적 모델에서 흔히 간과되고 억압되는, 차이의 존중을 요구하는 점에서 해체론적이다. 또한 그것은 대체의 이념보다 부분들 간의 물질적 연관을 우선시하는 이념을 촉진시킨다. 대체의 이념에 의하면, 한 대표는 하나의 통일성, 즉 단일한 상징 속에 전체를 부여하는 사회 전체를 나타내는 것으로 가정된다. 물론 이 민주주의 형식의 재형식화가 지닌 문제는 그것을 필연적이게 한 근거 그 자체의 방해나 심지어 재형식화에까지 이르게 될 것이라는 점이다. 즉, 불평등성의 현실의 방해나 재형식화에 이르게 되는데, 그 불평등성의 현실은 권력의 차이에 의해 만들어지며, 그 차이는 다시 성·선택권·민족성의 차이를 지금처럼 날카롭게 한다. 또한 이 사실이 적어도 내게 암시하는 것은, 정치적 대표제(재현)의 특정한 형식을 유지하는 것이 왜 우리의 특정한 종류의 진영의 내용에 필수적인가 하는 점이다.

*　　*　　*

'유토피아'라는 단어는 대안적인 사회적 준비에 대한 급진적 설명을 규정하기 위해 자유주의자와 보수주의자에 의해 얼마간 제멋대로 사용된다. 자유주의자에 의하면 유토피아는 포기하는 용어이다. 즉, 현재를 완강하게 움켜쥐고 그것을 가슴에 대고 묶으면서, 경계심으로 눈을 붉게 하고 손가락 마디를 하얗게 빛내며, 미래에 대한 희망이 없는 만큼 미래를 두려워하면서, 자신이 소유한 것에 매달리는 사람들의 폭력적이고 미신적인 성격을 반영한다.

그리고 그들(급진주의자)이 그런 방식을 지니는 데는 그럴 만한 이유가 있다 — 왜냐하면 그들은 사물들이 다를 수도 있다고 말하면서 서성거리는 사람들이기 때문이다. 그러나 그것에서 얻는 것은 그만큼 이른바 '주류 담론'을 파열시키는 문제이다. 주류 담론은 대안적 제도를 실제적으로 마련하는 일 같은 것은 단지 불가능할 뿐이라고 주장하는 것이다.

따라서 중요한 것은, 대안적 미래에 대한 설명의 규정 방식을 재고하는 것이다. 나는 그것을 가능성과 개연성에 관한 가설과 이론을 만드는 문제로서 과학적으로 생각하고 싶다. 실험적인 과학자들은, 다른 가설들, 즉 어떤 사건이나 실험적 시나리오의 결과를 낳을 수 있는 다른 설계도를 시험함으로써, 진리의 결정요인에 도달한다. 미래의 건설은, 현재적 가능성의 평가에 근거한 그런 이론적 설계도와 실험의 결과일 것이다. 예컨대 현재 세계에서 모든 사람이 먹고 건강을 지킬 수 있을 만큼 충분한 식량을 생산하도록 결정하는 것은 쉬운 일이다. 그런데 왜 실제로는 그렇지 못한가? 그리고 과학자는 이 문제에 대해 어떤 해결책을 계획하는가?

첫째로 그녀(과학자)는 그 문제를 실제로 해결하는 데 방해가 되는 요인을 규정할 것이다. 다음에 그녀는 그 장애물을 제거하는 방법을 처방할 것이다. 그리고 아마도 그녀는 식량 분배가 자본주의적 시장체계와 수익을 위한 생산에 속박되는 한 해결은 결코 실현되지 않는다고 말할 것이다. 만일 그녀가 식량이 평등하게 분배되는 세계의 모델을 기획했다면 그것은 무엇일까? 그것은 유토피아일 것인가? 실제로는 그렇지 않다. 왜냐하면 우리는 현존하는 부적절함을 정확하게 측정하고 그것을 현실적으로 해결하기 위해 취해야 하는 단계들을 결정할 그런 모델을 필요로 하기 때문이다.

따라서 우리는 소위 유토피아적인 사고가 실제로는 과학적 가설화의 형식이라고 말할 수 있을 것이다. 즉 그것은 시험과 검증을 필요로 하는 이론적 해결의 기획인 것이다. 사물에 대한 '주류적' 설명을 다시 설정하고 미래에 대한 상상력이 합리적인 (또한 과학적이기도 한) 절차라는 점을 분명히 하기 위해서는, 그런 방식으로 사고하는 것이 중요하다.

*　　　*　　　*

나는 나의 형 돈이 내가 강의하는 상류계급 남부학교를 방문했을 때 느꼈던 당혹감을 기억한다. 그때 이미 그는 취해 있었다. 그리고 나와 함께 시카고로부터 흘러 내려가면서 버본 위스키를 십여 잔 마셔댔다. 다음날 나는 그를 혼자 남겨둔 채 강의를 위해 떠났고, 그는 그날 늦은 저녁 지방 라운지를 찾아 나왔다. 그 곳에서 그는 나의 학급에 대해 학생들에게 이야기한 후 술에 젖어 돌아왔다. 나는 아주 놀라지는 않았지만, 그를 초대한 것이 잘못임을 깨달을 만큼은 충격을 받았다. 우리는 지금, 십년 전 그가 아이오와(Iowa) 학교에 나가면서 오토바이 사고가 난 나를 태워 집으로 데려왔을 때와는 다른 세계에 살고 있었다. 아니 그보다는 그가 다른 세계에 살고 있었다——실제로는 내가 그와 달랐던 것처럼, 그의 육체는 이미 쇠약해져 가고 있었다. 그리고 그는 너무 강한 오드콜로뉴 냄새를 풍겼다.

그것은 아마도 내가 경험했던 차이——즉 전문적인 학문적 삶의 추상성과 나의 노동계급 형의 조야한 물질성 사이의 차이——를 느꼈던 것일 터였다. 나에게 그 둘은 여전히 수수께끼였으므로 나는 양자를 조화시킬 수 없었다. 가족극이 어떤 식으로 공연되면, 그 극은 마치 뼈조각으로 된 형태처럼 너무나 단단해서 깨뜨리지 않고는 변형시킬 수 없게 된다. 나는 깨뜨려져서 자유롭게 되었으며 모든 것을 뒤에 남기고 떠났다. 그러나 그것은 계급 이동 기회주의의 특이한 절박한 예일 뿐이고, 다른 문제에는 실제로 도움이 되지 않는다. 나의 누이가 전화를 할 때 나는 그녀의 목소리의 분명하지 않은 발음을 들으며 그것을 전부 다시 느낀다. 그리고 내가 그 곳에 있을 때 너무 취해서 뜨거운 논쟁이나 거친 말을 하게 될 때, 나는 얼마큼이나 우리가 가야 하는지, 얼마나 많은 영역에서 우리의 작업과 관심과 주의가 필요한지 깨닫는다. 만일 우리가 혁명이라고 부르는 것이 존재한다면, 그것은 아주 크고 아주 넓게 미치는 것이어야 할 것이다. 그리고 아주 오랜 시간이 걸려서야 우리는 그것[혁명]이 자신의 목적을 완수했노라고 말할 수 있을 것이다.

*   *   *

개인들이나 집단들을 구분하는 경계선, 혹은 일반적으로 내부와 외부를 구분하는 경계선은 그 경계선을 보호하기 위한 권력과 폭력을 야기시키며, 내가 걱정하는 것은 바로 그런 일들이다. 만일 동일성의 성취가 그 정의상 타자의 폐쇄라면, 우리는 그 동일성의 가정에서 연원된 긍정적인 것들——예컨대 권리나 분리주의적 운동——을 구성하는 대안적 방법의 가능성을 묻지 않을 것이다.

그러면 우리는 그러한 권리들——예컨대 우리의 노동 생산의 소유권——의 본성 역시 묻지 않을 것인가? 만일 우리의 존재가 우리가 살고 있는 구조와 우리 뒤에 놓인 삶의 역사로부터 연원된 것이라면, '소유'와 같은 것의 개념은 차라리 넓은 대양의 표면의 순간적인 거품의 흔적 같은 위조된 관념일 것이다. 그러면 그럼에도 불구하고 왜 우리가 그 관념에 그토록 강렬한 감정으로 집착(attach)[4]하는 것일까? 아마도 그것은 공동성의 구조가 아직 존재하지 않기 때문일 것이다. 즉, 폭력적으로 경계선을 고정시킬 필요 없이 문맥적이고 대외적인 사회의 기구들을 통해 동일성을 확보할 그런 구조가 마련되지 않았기 때문일 것이다.

그렇지 않다면, 더그(Doug), 내 말은 변명일까?

*　　　　*　　　　*

줄지어 늘어선 집들을 보며, 나는 그 안에 어떻게 그토록 많은 사람들이 수용되는지 상상할 수가 없다. 공동묘지처럼 한밤에 서로서로에게 육체를 올려 놓으며 그렇게 억지로 채워 넣은 것에 우리는 놀라움도 느끼지 않는다.

마을 끝에 있는 유걸(Youghal)의 묘지에서, 우리는 잃어버린 나의 형제들의 묘비를 찾으려고 둘러보면서, 삽으로 무덤을 파고 있는 외투 입은 노인들과 얘기를 나눈다. 30년이 지났음에도 불구하고 그 노인들은 나의 아버지를 기억한다. '타운 월즈에 살던 군인 중의 한 사람'이라고 그들 중의 한 사람이 말한다.

그들이 모든 것을 기억하는 까닭은 기억이란 침식에 저항하는 한 방법이기 때문이다. 나의 아버지가 일하던 유걸 카페트 공장은 지금 문이 닫혔으며, 사람들은 구호 대상자가 되어 있다. 긴 고깃배들은 보다 큰 효율성이 요구됨에 따라 사라지고, 지금 항구는 상류계급의 유람선으로 채워져 있다. 우리가 사려는 집을 보여주려 안내하던 실

---

4) 심리학자들이 공격성에 관해 경계선 설정을 말하는 것을 볼 때 내가 '집착 (attach)' 대신에 '공격(attack)'을 표기했던 것은 아마도 의미심장할 것이다.

제 토지 임자는 부두에 낡은 건물이 너무 많아서 그 곳에 있던 엘리자베스 시대의 옛 석조 도살장은 헐렸을 거라고 말한다. 그래서 우리는 앞으로 더 나아가야 한다.

그리고 마침내 우리는 앞으로 더 나아가 서쪽으로 돌아와서, 나쁜 기억처럼 거의 돌로 굳어진 것 같은 곳에서 벗어난다.

혁명이 이런 곳에 어떻게 손을 대며 무엇을 가져올 것인가? 어린 아이를 매질하는 성직자들을 없애줄 것인가? 어른들이 서로를 때리지 않고 아이들을 학대하지 않도록 가르칠 것인가? 남자들에게 술에 취해 부둣가에서 검은 바다를 바라보고 있는 것 이외에 무엇을 할 수 있게 해 줄 것인가? 줄지어 늘어선 집들을 헐고, 아이들이 매맞지 않고 원할 경우 늦게까지 놀 수 있으며, 각자의 침대를 지닌 큰 방들을 구비한 집을 지을 것인가?

*　　　*　　　*

이른바 개인적 관심과 자기재구성 기획의 중요성에 대해 생각하려 할 때, 나는 그 심리학적 문제와 사회적 정치학 간의 관계를 보게 된다. 닫힌 정부란 국민들을 민주적인 직접적 참여의 경험으로 이끌지 않으며 그것에 책임이 없는 보수적 공화주의 정부의 이념인데, 이 이념은 자아가 비윤리적인 개인주의적 자유의 모델에 제한되고 은폐된다는 가정 속에 한정된다. 개인주의적 자유의 모델은, 경계선 뒤에서 권력과 부를 획득하고 충당하면서 관계적 책임성(예컨대 보수주의 편에서의 투자 발표에 반대하는 싸움)을 추정하여 드러내지 않은 채 기만하는 것을 말한다. 나의 유동적 경계의 정부 이념은 더 이상 실제적인 통치(정부)가 아닌데, 왜냐하면 그 정부의 운용은 완전히 공적이며 사회의 모든 구성원들에 의해 결정사항이 만들어지기 때문이다. 이러한 정부의 이념은 내가 말해 온 모든 것이 주어진 상황에서 예견될 수 있을 것이다. 그것은 마치 폭력의 희생자가 오직 희생과정의 종식을 보장할 정치적 형태를 상상할 수 있을 뿐인 것과

흡사하다.

　이러한 이념적 정부는 상이한 심리학적 소인(素因)을 필요로 한다. 즉, 사생활과 자기동일성이라는 경계선 만들기의 이념에 의해 보다 덜 형태화된 모델을 필요로 한다. 보수주의가 다른 여러 이념 중에서 단지 유일한 정치적 선택은 아닌 것은 이 때문이다. 보수주의는 협상, 심의, 공유권, 민주적 결정화로서 이해되는 정치학에 대한 거부이다. 보수주의는 일종의 합법적 정부형태로서의 쿠데타이다.

＊　　　＊　　　＊

　그러나 완전한 민주주의와 평등의 이념에 맞도록 세계를 재형성하는 능력으로서 긍정적인 권력에 대한 이해에 어떻게 이르게 하는가? 우리는, 형식적 자율성의 위조된 주장으로써 단지 불평등을 강요하는 수학적 형식주의를 구성하지 않는, 어떤 불가피한 기준들과 규칙들을 필요로 한다. 평등성이나 완전한 민주주의 같은 내용적인 기준에 의해 규정되는, 내용적이기도 한 형식주의가 존재하는가? 예컨대 단지 시장의 추상적 자유에 의해 규정되는 것이 아니라, 균형·조화·비율·변환 가능성을 보장하는 방식에 의해 인도되는 분배의 규칙을 상술할 수 있을까?

　그럴 경우 우리는 주체의 내부에 놓인 것이 아니라, 가능성과 제한성, 즉 최소한의 기준들과 최대한의 영역들의 관계들로서, 권리의 상이한 산정을 형식화할 수 있게 된다. 타인의 존중 없이 개별 주체가 무한히 축적하는 권리를 제거한, 그런 사회를 가정함으로써, 주택·소득·사물의 결정권들과 같은 것이 어떻게 분배될 것인가? 나는 이미 재현의 동일성과 차이화의 분열에 연관해서 주택과 민주주의에 대해 언급한 바 있다. 우리는 지금 논의를 더 진전시켜서 그 두 가지 문제를 가장 적합한 진술로서 체계화할 수 있다.

　먼저 주택 문제. 살기 좋은 집을 일반적으로 보장되게 할 것. 그러나 우리는 오직 한 집을 소유할 수 있다. 나머지 주택은 모두 순환적인 분배를 위해 선임된 공적인 위탁에 맡겨진다. 높은 가치를 지닌 장소에서의 거주는 최소한의 정해진 기간의 거주를 마친 후 순번제로 모든 사람이 이용할 수 있게 된다.

권력에 관한 문제도 이와 유사하다. 즉, 선거에 의하지 않는 권력의 지위가 존재하지 않으며 권력의 '소유권' 역시 존재하지 않는다. 관료정치는 선거에 의한 직위의 보편성으로 대체된다. 권력은 상호적으로 구성되고 잠정적이며, 떠맡는 것이 아니라 배당된다. 공동의 목적을 위해 다른 사람의 행동을 지정하는 권리는, 상황의 기능에 의해 만들어지고 문맥에 의해 제한되며, 역전가능하고 결코 주체의 고유권한이 되지 않는다. 권력에 대한 권리는 그 기능에 의해 드러난 필요나 목적에 따라 형식화되고 세분화된다 ─ 모든 사람의 최소한의 물질적, 사회적 욕구가 일치되게 보증하고, 누구의 권리도 남용되지 않게 보장되며, 모든 삶의 영역에서 착취와 폭력이 없어지도록 경비하는 것 등등. 우리는 한 영역에서 어떤 목적의 용이한 달성을 돕기 위해 권력을 부여받을 수 있지만, 그러한 권력부여는 항상 선거에 의하고 잠정적이며 상황에 의해 제한된다.

교환가치 경제에 의해 가능해진 창안과 근대화의 역동성을 보존하는, (시장경제가 아닌) 비축적적이고 비소유적이며 탈개인화된 경제를 구성하고 형성할 수 있을까? 다음과 같이 생각해 보자.

지출된 노동, 시간, 노력에 따라 책정된 다양한 소득과 함께, 필요 생계를 위한 기본 이익 배당의 몫이 존재한다. 화폐는 용이한 분배를 돕는 공동의 척도이지만 그 자체가 가치의 보유물은 아니다. 사람들은 다양한 형태 ─ 일하지 않을 수 있게 허용하는 시간 토큰이나 생산단위에 자신의 수입을 맡길 수 있는 투자 토큰, 물건을 구매할 수 있는 소비 토큰 ─ 로 그들의 잉여 이익 배당을 받도록 선택할 수 있다. 시장을 통해 경제적 삶의 형태가 결정되기보다는 가격과 임금의 전체 체계가 투표에 맡겨진다. 가격과 임금이 국민투표를 통해 정해지며, 전체 경제는 참여적이고 민주적이 된다.

평등은 보상과 조정을 통해서, 즉 부적합한 삶의 조건이나 권력

분배의 불균형을 수용하는 것을 보상하는 균형에 의해 보장된다. 역비례성은 한 영역에서 적게 성취한 사람들이 다른 영역에서는 비례적으로 더 많이 얻도록 보장한다. 최적의 삶의 기준에 이르기 전에는, 누구도 다른 모든 사람의 그런 삶의 기준을 초과하도록 축적할 권리를 지니지 않을 것이다. 그 동안에 당신은 휴가 토큰이나 뉴포트 해변 주택 임시 이용권의 형태로 여전히 부가적인 수입을 얻을 수 있을 것이다. 화폐는 그 자체로 권력이 될 수는 없는데, 왜냐하면 화폐는 시간·투자·소비 토큰의 형태를 지녀야 하기 때문이다. 만일 잘 투자를 한다면, 최적의 일반적 삶의 기준에 아직 이르지 않은 경우, 우리가 축적할 수 있는 것은 대부분 더 많은 자유시간과 더 많은 재화일 것이다. 권력—— 경제적 혹은 정치적—— 은 민주적이고 균형적인 분배의 또 다른 비화폐적 영역으로 흩어져서, 부의 도구가 될 수는 없다. 실제로 우리는, 투자수입에 역비례해서 권력 행사권을 만드는 규칙을 체계화할 수 있을 것이다.5)

자율적인 주체의 개념이, 탈욕구적인 영역에서 서로서로 경쟁하는 공동체적 소유·관리의 생산적 단위로서 보존된다면, 상호연관적 자아의 개념은 기술혁신, 숙련도, 잔업에 대한 보수를 넘어서는 어떤 잉여의 공동 이념 속에 유지된다. 이러한 주체와 자아의 개념은 현재의 증폭된 지역적 궁핍과 불균형적 분배의 정부하에서는 단지 희생을 포함하는 것처럼 보일 뿐이다. 자신의 기본적인 욕구가 채워지고 그 경계선이 확보될 때 매우 관대해질 수 있는 자아처럼, 그런 세계에 거주하는 사람들은 공유하는 상호적인 이익배당에 보다 기꺼이 참여한다. 그와 함께 그들은 자신의 욕구를 보장하고 창의성이 보답받을 수 있게 하기 위한 재분배적 투자 결정에 기꺼이 참여한

---

5) 평등성의 경제적 모델에 대한 문헌은 *On Economic Inequality*(New York: Norton, 1973)에서 센(Sen)에 의해 보다 훌륭하게 요약되었다. 나는 노스이스턴 대학 경제학과의 알라 다이어(Alah Dyar)에게 고마움을 표한다. 또한 이 문제에 연관된 서적들을 제공해 준 코네티컷 대학 경제학과의 도널드 페퍼드(Donald Peppard)에게 감사한다.

다. 왜냐하면 그들은 이미 욕구 만족의 수준을 확보했기 때문이다.

*   *   *

나의 가족들에게 있어 권력은 침묵의 문제였다. 나의 아버지는 미국으로 도피해서 송금을 중단했을 때 결코 자신을 드러내지 않았다. 나의 어머니는 그녀를 광증으로 몰고간 모든 것을 비밀에 부쳤으며, 결과적으로 그녀는 아이들을 자신의 적으로 상상했고, 아이들의 산만한 소음을 유순하게 잠들도록 때려야 하는 것으로 생각했다. 나의 형들과 누나들은 그 이야기를 모두 내게 숨기면서 동생을 보호했지만, 그러나 그것은 또한 동생이 타협하지 못하게 하기도 했다. 그것은 어떤 가족의 문제로서, 일종의 사회적 원리로서의 무의식이었다. 따라서 무의식은 크고 압도적인 '타자(Other)'가 아니다. 오히려 무의식은 말해지지 않은 것(ça ne parle pas)이다.

이 이야기를 말하면서, 나는 자신을 3인칭으로 전환시켜 내가 어떤 다른 사람——'동생'——인 것처럼 서술하고 있음을 깨닫는다. 나는 근년에 들어 줄곧 내 자신의 외부에서 삶을 살아 왔다. 이는 나의 추상화의 재능이다. 그러한 재능 때문이다. …… 그 일이 일어나는 것을 볼 때, 내가 다시 쇼크에 이르는 것을 무릅쓸 만큼 강해질 때, 그 일은 어떤 다른 사람에게 일어나고 있다. 나는 그 곳에서 방관하고 있다. 즉, 그 일은 나에게 일어나고 있지 않다. 나는 다른 곳에 있기를 원했다고 당신은 말한다. 그럴 수도 있다.

또한 그런 사건은, 어머니와 화합하려는 어떤 나르시스적인 갈망이 아니라, 유토피아적 욕망의 근원이다. 그것은 유아기적 총체성, 즉 희열의 화합을 바라는 욕구가 아니다. 그것은 고통과 희생으로부터 벗어나려는 변화와 치료의 욕망이다. 그것은 유토피아적인데 왜냐하면 고통에서 벗어난 다른 곳이 있어야 하지만 권력을 피할 수 있는 것은 아무 데도 없기 때문이다. 즉, 나의 욕망은 자유롭게 풀려야 하며, 매맞는 사람이 아니라 언제나 다른 사람이어야 하는 것이다. 유토피아적인 것은, 희생의 경험보다 더 좋은 경험인, 3인칭으로 된 좋은 이야기 이외의 다른 것이 아니다.

*　　　*　　　*

따라서 우리의 정치적, 경제적 전략을 재구성하기 위해 탈구조주의적 사고로부터 끌어올 수 있는 많은 교훈들이 있다. 첫째로 비소유권의 사상이다. 어느 누구도 자신의 욕구——주택, 운송, 일상생활의 도구, 식량, 의복 등——를 넘어서서 소유하지 않는다. 경제는 현재 트러스트가 경영되는 것처럼 경영된다. 즉, 트러스트는 아무에게도 속하지 않으며, 기금의 운용과 보유를 감독하는 선출된 위원들에 의해 경영된다. 그러나 위원들은 소유하지 않으며, 이익을 손에 넣지도 않는다. 둘째는 다양한 민주주의의 사상이다. 어떤 공적 주체도 사회의 총체성을 대표(재현)하도록 할당되지 않는다. 인구의 26퍼센트가 더 이상 전체 사회를 대표하는 역할을 한다고 주장할 수 없다. 선거는 지역적이다. 어떤 문제에 직접적으로 영향을 받는 사람들만이 투표할 수 있다. 예컨대 여성만이 낙태와 같은 문제에 대해 투표할 수 있다. 민주주의는 또한 이른바 '공적' 삶을 직접적으로 결정하도록 다양화된다. 직접 국민투표——현재 대중문화에서 이용되는 것과 같은 텔레비전 투표——가 대체적 대표제를 거칠 필요 없이 국민의 결정을 만드는 데 이용된다. 필요한 것은 더 큰 '리더십', 즉 여전히 좌파에서 출몰하는 위대한 공화주의적 이념이 아니라, 권력에의 보다 가까운 접근과 보다 많은 활용성이다. 일단 권력이 공적으로 되어서 더 이상 '대표제'의 보존으로 유지되지 않으면, 물론 그것은 '권력'으로 존재하길 그칠 것이다.

*　　　*　　　*

이제까지 두 가지 질문이 당신의 머리에 떠올랐을 것이다. 첫째,

근친상간의 환상을 가졌었고 지금도 갖고 있음을 공공연히 인정하는 사람의 경제적, 정치적 제안을 진지하게 받아들일 수 있을까? 둘째, 그것을 공적으로 공개하지 않는 사람의 제안을 신뢰할 수 있을까?

*　　　　*　　　　*

그러나 우리의 상황에 의해 부과된 사고의 한계 —— 권력의 한계까지는 아니라도 —— 내에서 우리가 사물들을 어떻게 다르게 상상할 수 있는가? 우리가 도달할 수 있다고 말하는 내용은 매우 자주 우리의 공동의 희생 과정의 결과를 원위치로 되돌리는 것이다. 탈결정성? 개인으로서의 구조들과 구조로서의 개인적인 것을 파악하는 것. 참조관계의 마지막 지점에서, 나는 나의 조부모와 어머니를 만든 서부 아일랜드의 정신분열증의 사회사에서 접경해 있다. 그러나 나는 또한 그 이상의 존재의 가능성이며, 나의 역사를 나의 미래로 다시 쓸 수 있다.

현존하는 사회체제의 틀 내부에서는, 자기복제에 의해 보장되는 내재성이, 경계선이 파괴되고 외부의 다른 것을 향해 열어젖히는 외재성의 가능성과 혼합되는 지점을 선정하는 것이 필요하다. 그것은 마치 전쟁과도 같을 것이다. 외부로부터 밀폐되어, 사적이고 (말하자면) 공유하더라도 말해지지 않는 사고 내에 굳어진, 자아의 존재의 고유한 감각인, 자신의 경계선의 안전성을 잃어버리기 때문이다. 그러나 왜 그러한 파괴를 폭력으로 (심지어 혁명적 폭력으로도) 생각할 수 없는가? 아마도 그것은 내가 혁명(폭력적인 혁명으로 가정된 것일 지라도)을 언제나 폭력과 희생(어린이 학대의 사적인 희생까지도)을 종결시키는 것으로 보기 때문일 것이다. 또한 우리의 다음의 혁명이 될 사회적 경계선과 자아로부터의 이 연합적 파괴는, 우리에게 공유된 공포로 전개되는 어떤 권력의 지속을 파괴하는, 필연적으로 폭력적인 것이 될 터이지만, 그러나 그것은 또한 바로 그것의 증표로서 폭력의 종결을 드러낼 것이다. 즉, 우리의 '시민'사회의 폭력과 가족

생활의 폭력을 종결시킬 것이다. 그것은 불평등과 착취를 종결시키는 문제만큼이나 미혹·학대·수치심을 극복하는 데 교훈이 될 것이다.

*　　　*　　　*

돈(Don)이 부분적으로는 가족사의 희생자로서, 또 부분적으로는 월남전의 희생자로서 죽었을 때, 나는 그를 위한 구원을 느꼈다. 수년 동안의 약물과 술에 의해 그는 불쌍하고 황폐하게 버려져 있었다. 그가 그러기까지에는 어떤 굉장한 고통이 있었던 것으로 보였다. 아마도 땀에 젖은 우리의 공동 침대와, 그리고 신(Sean)과 앤의 조소와 나의 어머니의 매질이 있었다. 내가 생각하기에 그는 결코 그 모든 것을 이겨내지 못했다. 그는 언제나 위축되어 세상에 복종하는 것 같았다.

사람들이 그의 시체를 발견하기 일주일 전 그는 내게 전화를 걸었으며 나는 통화하는 것을 거절했다. 그는 다시 취해 있었고 나는 그런 그에게 신경을 쓰기가 싫었다. 아일랜드의 침대에서 그로부터 달아나기를 열망했던 것처럼 나는 아직도 그의 모든 것에서 해방되려고 애쓰고 있었다. 마치 어떤 사람이 그 순간에 있었던 것처럼 침묵의 더미로 그를 만들어 말하는 것 — 도덕적으로 해석된 엄격한 판단 — 이 내 성격의 가장 나쁜 점이었다. 그것은 [그를] 또 한 번 희생시키는 것이었다.

나는 어떻게 그 버릇을 모두 고칠 수 있는지, 어떻게 두 번 희생시키는 버릇을 그만 둘 수 있는지 의심스럽다. 나는 그것이 방치되고 억압되었던 공포스러운 과거를 수용하려는 일종의 애도의 행위라고 생각한다. 죽은 사람의 이미지를 붙잡음으로써 그를 놓아주는 것처럼, 과거에 대한 물질적 연관을 인정하면서, 그 공포스러운 과거를 진정시키는 것이다. 어떤 사람의 '고유한' 경계선은 그런 노력에서는 별 의미가 없다. 왜냐하면 어떤 다른 사람이 우리의 내면에 있으며,

그 사람은 또한 사물의 텅 빈 물질성으로 외부에, 순수한 외부에 존재하기 때문이다. 이러한 분열은 어떤 사람의 죽음이며 우리가 말하는 어떤 사람의 '폐쇄'이다. 그 분열은 무덤의 유해를 우리에게 물려주며 우리를 또한 매장한다. 나의 손이 집 뒤의 화단의 흙에 이를 때, 나는 내가 그를 향해 손을 뻗고 있다고 생각하며, 내 손이 얼마큼은 그의 신체의 잔해에 닿는다고 느낀다.

우리를 감정적으로부터 차단하고 경계선을 넘어서지 못하게 막는 것은 물질성으로부터의 추상화이다. 단지 추상화 속에서만 동일성이 존재할 수 있다. 위대한 추상적 관념론자인 칸트와 하버마스 같은 자유주의 사상가가 몰감정적인 것은 아마도 이 때문일 것이다. 그러면, 그런 자유주의의 어용적인 침묵을 넘어서려 하는 우리 급진주의자들은, 사회적 삶의 물질성만큼이나 어떤 개인적인 물질성에 연관되어야 하는 것일까?

*　　　*　　　*

유물론과 합리주의의 분리는 경험적 연구와 이론적 연구의 차이로 보여지며, 사회의 구조화의 전제를 근본적으로 재구성하려는 정치적 작업과 현존하는 상황 내의 정치적 작업의 차이로 드러난다. 우리는 이 통약불가능성(incommensurability)을 수행하면서 양자를 동시에 실행할 수 있을까? 나는 두 가지의 가능성을 상상할 수 있다. 유토피아적 영역에서, 경제적 권력의 문제들을 국민투표에 부쳐 국민적 선택의 문제로 만들도록 논의하는 새로운 헌법의 제안. 현실주의적 영역에서, 보수주의적 자유의 이념이 그 자신을 넘어서도록 해서, 국민을 고용하는 모든 회사에 대한 노동자의 경영권을 포괄하도록 사적 소유권을 확대하는 논의. 또한 단일한 개인의 소유권을 회사의 1퍼센트로 제한하고, 일반적인 공적 요구에 만족시키도록 상품을 만드는 모든 회사에서 주식의 소유권을 보다 더 공적으로 재분배함으로써 공적 재산의 사유화를 확대하는 논의.

그러면, 나 혼자의 힘으로, 지금 여기에서? 나는 급진적 정치학이 도시지역에 얼마나 밀도 있게 침투하며, 내가 방금 이주한 이 곳과 같은 인구가 적은 곳에는 건성으로 가버리는가 하는 생각이 갑자기 떠오른다. 결과적으로 이 곳에는 보수적 법인단체들이 보다 많은 행동의 자유를 누린다. 나는 주위에 어떤 다른 급진주의자들이 있는지 찾기 위해 지방신문에 광고를 게재하길 원하지만(프레드가 하트포드로 돌아갈 때 그를 부르며), 그러나 나는 모임의 조직, 집회장 마련, 시위 계획, 입후보 출마, 전단 붙이기, 티치인(토론집회) 개최 등의 과정을 전부 계속 해나갈 수 있는지 확신하지 못한다. 나는 이제 지방 민주당을 훑어볼 것인데, 왜냐하면 지방 민주당은 1968년 세대가 성년이 되어감에 따라 미국에 있는 우리의 작업 장소가 될 것이기 때문이다. 또한 나는 보수주의적 윌리엄 버클리의 TV토크쇼『사선(射線)』의 좌파적 변형을 시작하려고 시도함으로써 그런 시대적 변화를 만드는 데 기여하길 원한다.『사선』은 지난 수십 년 동안 우익적 주제를 미국 시청자들에게 제시하는 데 도움을 주었었다. 우리는 그와 유사한 어떤 시도를 할 필요가 있을 것이다.

그리고 그 단계를 넘어서면? 공산주의당? 바로 나의 흑인 혁명 동지들과 함께, 우리의 역사의 순간에 승리의 편에 있게 될 것인가? 그렇지 않으면, 나의 보다 까다로운 백인 신좌파 동지들과 함께 할 미국 민주적 사회주의(Democratic Socialists of America)인가? 또한 이 현실적인 물질적 차이의 딜레마는 나의 연계된 복수적 정치학의 이념을 위해 무엇을 의미하는가? 그러한 정치학은 현실적으로 가능한가? 프레드는 다시 계속한다. 즉, 경제적으로 무장해제된 지역인 하트포드 번화가에서 어느 날 소수민족과 함께 행진하는 이야기. 또한 다음날 백인노동자들이 파업 대열에 있으면서 그들이 흑인 파업 파괴자들에게 인종차별주의적 학대를 외치는 것을 듣는 이야기. 프레드는 이 이야기를 하며 당신의 면전에서 높이 외친다. 레이먼드 윌리엄즈가 찬양한 엄격한 조직 — 노동조합과 전문직 조직(그 조직이 재현하는 세계의 정확한 재생산) — 을 통해서보다는, 이러한 엄격한 현실을 통한 어떤 방법이 존재하는가? 그것은 아마 우리가 결정해야 할 것이며, 우리 자신의 나쁜 실천과 의심스러운 이념—예컨대 지도력—이 걱정스러운 것은 바로 그 때문이다. 내 자신의 작업 속에서 너무도 분명히 부정성이 느껴졌던 지도력보다도, 우리가 필요로 하는 것은 더욱 복잡화된 조직화·건설·권력부여·결속의 또 다른 과정이다. 도덕적 정직성에 대한 우리 자신의 감각이, 서로서로에 대한 폭력을 정당하다고 변명하기를 그쳐야 한다. 그렇지 않으면 우리는 새로운 사회의 조직 속에 가담할 아무런 권리도 갖지 못한다.

*   *   *

만일 우리가 사적인 것을 에고의 상상물로서 계속 부정적으로 생각한다면, 우리는 그 과정에서 정치적으로 많은 것을 잃게 된다. 만일 사적인 것이 상호개인적인 관계들의 응결물이며, 자신을 공적인 구조에 결속하는 매개들로 가득차 있다면, 사적인 것 역시 공적 세계로 나아가는 통로이며 자신의 체계적 법칙들로 가정된 것을 재형상화할 수 있는 길이 된다.

공적인 세계에 대해서도 유사한 것이 말해질 수 있다. 이런 관점에서 공적인 세계는 사적인 이해의 집적물로, 즉 일련의 분리된 개인적 행동들로 보여진다. 그 개인적 행동의 반복을 통해 어떤 구조의 외관이 만들어지는 것이다. 따라서 사적인 것과 공적인 것에 대한 작용은 분리된 것으로 생각될 수 없지만, 그러나 바로 그 때문에 양자의 관계가 재고되어야 하는 것이다.

공적인 것, 즉 그 도구적 형식 속에서의 국가는, 지난 15년 동안 사적인 이해의 명목으로 보수주의자들에 의해 성공적으로 공격받아 왔다. 또한 좌파는, 반동적인 사람들에 대한 대응으로 공적인 국가의 이념을 재주장하기 위해, 권력의 재집권에 유혹될 것이다. 그러나 보수주의가 승리할 경우, (좌파가 조심하는 것이 좋을) 대표제적 대체라는 낡은 좌파이념 — 사적인 것을 대신하는 공적인 것, 민주적 유권자를 대신하는 국가 — 은 비판받을 수 있다. 물론 지금까지도 나는 사적인 것과 '자유로운' 자기이해를 수용하는 것이 하나의 표준이라는 뜻은 아니다. 그보다도 내가 염두에 두고 있는 것은, 공과 사, 즉 부자유스런 국가와 자유스런 자아의 양극화로서 사회적 삶을 구조화하는 것에 대한 해체이다.

우리는 사람들과 그들의 삶에 관련된 공적인 제도 사이의 보다 많은 연관성을 창조할 재형상화를 상상해야 한다. 그러한 연관성의 한 가지 결과는, 국가가 더 이상 개개의 '사적' 자아에 병치되는 분리된 '공적인 것'의 상징일 수 없을 것이란 점이다. 우리가 보다 직접적인 민주주의 형식의 현실적 가능성을 논의해야 하는 것은 이 때문이다. 보다 직접적인 민주주의 형식 중에서 가장 사회적 관심을 모으는 것은 국민투표이다. 이 국민투표에서는, 구역별로 차이화되어 특정한 계급의 사람들이 그들 자신의 삶에 대해 투표하며, 일반적 복지의 문제들은 모든 사람에 의해 제기된다. 우리는 분배의 결정이, 대표제적 대체가 아니라 자신의 결정에 삶이 걸려 있는 (말하자면 물질적, 환유적으로 연관된) 사람들에 의해 만들어지는 것을 논의해야 한다.

그 논의의 전제 역시, 사적인 것의 의미, 즉 공동의 노력으로 생산한 부를 사적으로 소유하는 것이라는 의미를 성공적으로 재형상화하는 것이다. 기존의 사적 권리를 민주주의적으로 잠식한다는 것은, 사적인 것에서 공적인 것을 분리시키는 경계선을 인정하지 않는 것을 의미할 것이다. 즉, 공적인 상호적 결정으로부터 사적인 축적을 밀폐시키는 경계선을 탈합법화하는 것이다. 그같은 경계선의 해체는, 공적인 것을 대체적인 국가의 대표로 생각하는 한 제대로 발생할 수 없다. 대체적인 국가의 대표는, 국민의 삶과 아무 연관성도 결속력도 없으며, 결코 국민 자신의 '사적인' 활동의 물질적 외연일 수 없는 것이다.

비참여적인 국가의 모델은 공적인 것을 단지 초연한 비인격적인 심급으로 재확인할 뿐이다. 비인격적인 심급은 사적인 주체와 대립하고 사적인 주체에서 배제되며, 또한 그 때문에 사적인 자아의 형상 역시, 외적인 공적 심급에 의해 침범될 수 없는 경계선을 지닌 것으로 재확인된다. 만일 국가가 자신이 대표한다고 가정하는 사람들에게 재연관되어야 한다면, 자아는 객체적 관계들의 응결물로서 재고되어야 한다. 객체적 관계들은 탄력적이고 가변적인 경계선을 만들며, 주체성에 내적인 사회적 관계들과 문맥적 상황들을 만드는 것이다. 따라서 자아가 법에 복속되는 한, 자아는 부의 분배에 관해 민주적으로 이루어진 결정에 따라야 하며, 직접 국민투표의 결과인 결정을 받아들여야 한다.

이러한 민주화 과정은, 근래의 공화파 반란의 재발을 어떻게 막을 것이냐의 문제에 답변이 될 것이며, 보수주의가 계속해 온 해악의 재연을 어떻게 저지하느냐에 대한 대답이 될 것이다. 우리는 공(公)과 사(私)의 해체를 입헌화해야 하며, 그래서 분리된 국가권력의 심급이 경제를 포함한 모든 문제에 대한 직접 국민투표로부터 다시 이탈되지 못하게 해야 한다.

더욱이 이런 방식으로(그리고 보장될 것으로 느껴지는 그 결과로서), 민주적 참여는 물질적 재배치의 수단이 되며 궁극적으로는 경제적 혁명의 도구가 된다. 경제적 혁명의 대중적 호소와 구조적 결과는, 국가의 대표들이 공적 삶의 이미지 뒤에 위장된 그들 자신의 욕망을 가지고, 대체적 권력 속에 안전하게 지키면서 성취할 수 있는 것을 훨씬 넘어설 것이다.

*　　　　*　　　　*

나는 구타와 조롱, 그리고 돈(Don)을 그렇게 만든 전쟁에 대해 여전히 분노한다. 내가 살아 있는 돈을 마지막으로 보았을 때 그는 병원의 생명유지 장치에 의해 유지되는 폐물이 되어 있었다. 그리고 나는 아직도 폭력을 두려워한다.

돈은 썩어 변색된 다리의 자주색을 자랑스러워 했으며 그런 나쁜 상태에서 그렇게 잘 버틸 수 있는 사실을 당당해 했다. 그것을 생각하면 나는 아직도 불쌍한 생각이 든다── 희생자에게 보태지는 하찮은 보상, 어떤 사람이 존재한다는 망상, 짧은 기쁨의 사진기 플래시, 사람들의 조명, 그리고 어둠 속으로 사라짐. 만일 내가 그를 다시 안을 수 있다면, 그렇게 하고 싶다. 설령 그가 내 등에 엎혀 울면서, 열 지어선 집 담의 냉기 속에 나를 허우적거리게 하는 것을 느낄지라도, 나는 그 고통스러운 경험을 다시 갖고 싶다. 이 상실의 느낌이 아니라면 어떤 것이라도 상관없을 것 같다. 나는 그를 안고 그에게 악몽 없는 밤의 꿈을 꾸게 하고 싶으며, 고통 없는 세계를 꿈꾸게 하고 싶다. 더 이상 희생자가 없는 세계를.

그의 장례식에서 관이 닫혔고 나는 그 비정함 때문에 꼼짝할 수 없음을 느꼈다. 그것은 마치 우리가 함께 당했던 그 매질의 순전한 분노의 힘 때문에 움직일 수 없음을 느낀 것과도 같았다. 우리는 전에 우리가 한데 합쳤던 것보다 더 큰 광기의 힘과 물리적 힘 앞에 몸을 수그리고 있었다. 나는 그의 장례식이 내가 종결지으려는 나쁜 역사의 총합에 이른 것처럼 생각한다. 나쁜 역사를 끝장내려는 나의 바램은 마치 사람들이 어떤 종류의 바이러스를 재생되지 못하게 함으로써 박멸시키려는 것과 거의 같았다. 그리고 나에게 돈의 죽음은 일련의 희생 과정이 정점에 이른 것이었다. 왜냐하면 나의 어머니가 우리에게 그 모든 것의 근원이긴 했지만 그녀 역시 돈(Don)만큼이나 희생자였으며, 그녀 자신은 아마도 훨씬 더 나쁜 또 다른 폭력의 역사의 종결점이었기 때문이다.

어머니는 돈처럼 죽고 싶어 못견뎌 하는 사람처럼 보였다. 그리고 첫 번째 약병으로 실패하자 다시 시도했고, 밤 속으로 걸어들어간 두 번째는 아무도 그녀를 발견할 수 없었다. 나는 아직도 그녀의 결정이 훌륭한 것이었는지 알 수가 없다. 나는 단지 분노로 문을 꽝 닫는 것 같은 그 무게를 느낄 수 있을 뿐이다. 나는 그 일이 일어나지 않았기를 바라고 있다. 마치 매질이 없었더라면 하는 것처럼.

나는 바로 그것이 유토피아적 열망의 현실적 근원이라고 생각한다. 고통이 끝나기를 소망하는 것. 더 이상 희생자가 없기를 소망하는 것.

* * *

위원회는 오늘 다시 열렸다.

[ㄴ]

초논리 157
초월성 64, 207, 260, 269
촉각적 신비주의 158
총체성 106, 164, 194, 279, 350, 359,
      360
최적성 282, 283, 284
추론 23
추론 242, 253, 282, 295, 323
축자성 25
치환 26~28, 37, 143, 147, 161, 197,
      206, 209, 212, 213, 215~218,
      225, 226, 230~232, 234~239,
      241, 243, 275, 327, 333, 337

[ㅋ]

카타크레시스(catachresis) 250, 251
큰 정부 37

[ㅌ]

타자 13, 14, 27, 69, 76, 85, 106, 117,
      121, 129, 131, 153, 154, 160, 161,
      163, 195, 199, 208, 209, 228, 254,
      255, 258, 259, 262, 302, 303, 324,
      336, 353
타자성 9, 14, 106315
탈구조주의 5~7, 10~12, 17, 18, 20
      ~23, 35~39, 41, 46~52, 58, 62,
      65, 70, 87, 91, 106, 108, 109,
      113, 115~117, 119, 144, 147,
      160, 167, 169, 171, 247, 248, 251,
      253, 254, 259, 260, 261, 268, 269,
      271~274, 276~279, 281, 285~
      288, 295, 297, 299, 305, 306, 308,
      324, 326, 340, 347, 349, 360

탈권위주의 36, 37
탈문화화된 사회성 35
탈분화 69, 70, 71
탈신비화 127
탈자본주의 149, 181, 194
탈주체적 정치학 117
탈중상주의 36
탈중심화 43, 298, 299
탈합법화 366
탈혁명적인 사회 20
탐욕 220
테러리즘 157, 165
테크놀로지 40, 49, 50, 121, 147, 162
텍스트 14, 15, 43, 53, 77, 127, 128~
      134, 136, 139, 140, 142~144,
      151, 163, 172, 195, 226, 244, 251,
      262, 310
토대주의 76
통약불가능성 363
통일성 12, 21, 56, 57, 70, 127, 166,
      167, 194, 324, 331, 332, 350
통일화 57
통제 41, 43, 52, 59, 68, 70, 71, 77,
      86, 87, 95, 98~100, 102~104,
      107, 113, 124, 131, 148, 157, 165,
      206, 211, 216, 219, 225, 226, 235,
      237, 241, 261, 271, 272, 276, 281,
      284, 285, 300, 305, 309, 314, 319,
      321, 326, 336, 339, 344, 345
통합된 세계 자본주의 165
통합체 197, 227
통합화 57
통화 39, 362

[ㅍ]

파토스 141, 197, 209

[갈무리]에서 나온 책들

1. 오늘의 세계경제 : 위기와 전망

크리스 하먼 지음 / 이원영 편역

1990년대에 자본주의 세계경제가 직면한 위기의 성격과 그 내적 동력을 이론적·실증적으로 해부한 경제 분석서. 마르크스가 『자본론』에서 규명한 이윤율의 경향적 저하법칙이 현단계의 자본주의에서 어떻게 작용하고 있는지를 밝혀 내면서 자본주의가 직면한 위기를 해결함에 있어 국가주도의 경제정책이나 시장주도의 경제정책 양자가 갖는 한계를 명확히 설명한다.

2. 동유럽에서의 계급투쟁 : 1945~1983

크리스 하먼 지음 / 김형주 옮김

1945~1983년에 걸쳐 스딸린주의 관료정권에 대항하는 동유럽 노동자계급의 투쟁이 어떻게 전개되어 왔는가를 실증적으로 분석한 역사서. 1989년 이후 동유럽을 휩쓴 혁명적 물결과 스딸린주의 정권들의 붕괴가 결코 우연이 아니며 면면히 이어져 온 노동자투쟁의 산물임을 설득력 있게 밝혀 준다.

3. 오늘날의 노동자계급

알렉스 캘리니코스·크리스 하먼 지음 / 이원영 옮김

현대 자본주의 사회에서 노동자계급의 구성과 역할, 그리고 성격이 어떻게 변화하고 있는가를 실증적으로 분석한 책. 노동자계급 구성상의 현상적 변화들로부터 자본주의 사회의 질적 전환이라는 결론을 도출하는 포스트마르크스주의적 계급 분석이 갖는 개량주의적 허구성이 여러 각도에서 폭로된다.

5. 서유럽 사회주의의 역사 : 1944~1985

이안 버첼 지음 / 배일룡·서창현 옮김

유럽 사회민주주의 정당들과 공산당들의 역사를 실제 행동을 중심으로 분석한 책. 유럽의 사회민주당뿐만 아니라 공산당까지도, 부르주아지가 처한 지배의 위기를 극복하도록 도와주는 체제 구출의 역할을 해 왔음이 설득력 있게 제시된다.

6. 현대자본주의와 민족문제

알렉스 캘리니코스 외 지음 / 배일룡 편역

자본 국제화의 과정에서 국민국가의 위상은 어떻게 바뀔 것인가를 둘러싸고 전개된 논쟁집. 자본 국제화의 과정이 민족국가를 의미없는 것으로 만들 것이라는 나이젤 해리스의 견해와 자본 국제화에도 불구하고 민족국가의 역할이 여전히 지속 혹은 강화될 것이라는 캘리니코스와 하먼의 견해 사이의 대립이 발전적으로 전개된다.

7. 소련의 해체와 그 이후의 동유럽

크리스 하먼·마이크 헤인즈 지음 / 이원영 편역

소련 해체 과정의 저변에서 작용하고 있는 사회적 동력을 분석하고 그 이후 동유럽 사회가 처해 있는 심각한 위기와 그 성격을 해부한 역사 분석서. 필자들은 이미 실패로 끝난 뻬레스트로이카와 글라스노스트를 국가자본주의 소련의 기저에 흐르고 있던 사회적 모순의 폭발과 그에 대한 관료 지배계급의 대응방식으로 설명한 후, 소련 해체 이후 동유럽 사회들에 지속되고 있는 사회·경제적 위기를 국가자본주의 모순이 심화된 결과로 분석한다. 다른 한편 그들은 이 위기를, 사회를 재편하여 통제하려는 사회 상층부의 움직임과 아래로부터의 대중운동이라는 두 갈래 흐름의 화해할 수 없는 충돌로 설명한다. 『동유럽에서의 계급투쟁 : 1945~1983』이 다룬 이후의 시기를 중심적으로 분석하고 있다.

8. 현대 철학의 두 가지 전통과 마르크스주의

알렉스 캘리니코스 지음 / 정남영 옮김

현대 철학의 역사에 대한 비판적 분석을 통해 철학에서 마르크스주의의 역할은 무엇인가를 집중적으로 탐구한 철학개론서. 철학에서 정치경제학 비판과 프롤레타리아트 혁명의 정치학으로 발전해 나간 고전적 마르크스주의의 역사, 제2인터내셔널의 철학적 수정, 알뛰세·루카치·아도르노 등에 의한 철학적 발전, 포스트마르크스주의의 담론이론, 마르크스주의 이데올로기론 등이 치밀하게 고찰된다.

9. 현대 프랑스 철학의 성격 논쟁

알렉스 캘리니코스 외 지음 / 이원영 편역·해제

알뛰세의 구조주의 철학과 포스트구조주의의 성격 문제를 둘러싸고 영국의 국제사회주의자들 내부에서 벌어졌던 논쟁을 묶은 책. 마르크스주의의 발전을 위해 알뛰세의 구조주의적 철학 개념의 일부를 수용해야 한다는 캘리니코스의 입장과 알뛰세의 구조주의 철학과 그것의 유산으로서의 포스트구조주의 철학은 노동자계급의 자기해방을 위해 필요한 주체성 개념을 억압하는 반(反)마르크스주의 철학이라고 보는 존 리스, 피터 빈스 등의 입장이 논쟁의 두 축을 이룬다. 이 논쟁은 오늘날 급속히 파급되고 있는 포스트마르크스주의와 분석적 마르크스주의의 성격을 이해하는 데에 도움을 주며 특히 포스트모더니즘의 대두 이후 벌어지고 있는 '근대 논쟁'에 대해서도 중요한 시사를 담고 있다.

10. 자유의 새로운 공간

펠릭스 가따리·안토니오 네그리 지음 / 이원영 옮김

1968년 이후 등장한 새로운 집단적 주체와 전복적 정치 그리고 연합의 새로운 노선을 제시한 철학·정치학 입문서. 필자들은 계급구성의 현단계, 즉 생산 및 재생산 전 과정의 자본주의에의 포섭과 노동의 정보화, 컴퓨터화 등 포스트모던적 특징을 혁명정치의 중심요소로 끌어 안으면서도 적대적 긴장감 없이 개별성 속에 뿔뿔이 흩어지는 기존의 포스트모더니즘의 관점과 확연히 구별되는 희망적이고 능동적인 정치학을 제시한다.

11. 안토니오 그람시의 단층들

페리 앤더슨·칼 보그 외 지음 / 김현우·신진욱·허준석 편역

그람시를 어떤 하나의 지배적인 기획을 염두에 두었던 단일한 사상가로 보는 공통된 경향은, 그것이 '레닌주의'이건 또는 '인간주의' 내지 '헤겔주의'이건간에, 너무도 많은 것을 희석하게 된다. 그것은 그 독창성뿐만 아니라 복합적인 이론구조 내의 풀릴 수 없는 긴장마저 감추고 마는 것이다. 이 책은 마르크스주의 내에서 그리고 밖에서 그에게 미친 지적 영향의 다양성을 강조하면서 정치적 위기들과 대격변들, 숨가쁘게 변화하는 상황에 대한 그람시의 개입을 다각도로 탐구하고 있다.

12. 배반당한 혁명

레온 뜨로츠키 지음 / 김성훈 옮김

소련의 스딸린주의 체제가 한창 위세를 떨치던 1930년대. 혁명적 마르크스주의의 입장에서 통계수치와 신문기사 등 구체적인 자료를 바탕으로 소련 사회와 스딸린주의 정치 체제의 성격을 파헤치고 그 미래를 전망한 뜨로츠키의 대표적 정치 분석서. 이와 더불어 건강한 노동자국가는 어떤 방식으로 진정한 사회주의 체제 건설의 첫걸음을 내디딜 것인가를 명료하게 설명한 혁명적 사회주의 강령의 해설서. 또한 소련의 스딸린주의 체제를 모종의 사회주의 체제나 자본주의 체제로 보는 자칭 마르크스주의자, 자칭 뜨로츠키주의자들에 대한 뜨로츠키 자신의 준열한 논쟁서이다.

13. 들뢰즈의 철학사상

마이클 하트 지음 / 이성민·서창현 옮김

들뢰즈 철학사상의 발전을 분석한 철학 개론서이자 현대 프랑스 철학과 포스트구조주의 사상을 이해하는 데 커다란 도움을 줄 수 있는 입문서. 이 책에서 하트는 들뢰즈 철학사상과 정치사상의 발전을 시기별로 분석함으로써 그의 철학의 핵심을 지배하는 특수한 비판적 문제의식들의 발전을 치밀하게 추적한다. 그는, 들뢰즈가 존재론과 결정론에 관한 베르그송의 비판을 분석함으로써 어떻게 차이와 생성의 긍정적 운동이라는 개념으로 나아가는가를 보여준다. 니체의 권력 이론은 들뢰즈로 하여금 스피노자의 능동적 표현의 윤리학으로 나아가도록 하는 접속의 선을 제공한다. 스피노자의 기쁨과 실천의 윤리학의 발견과 분석은 들뢰즈로 하여금 마침내 대륙의 철학과 역사를 지배해 온 헤겔주의적 패러다임으로부터의 완전한 단절을 이루도록 만든다.

14. 포스트모더니즘 이후의 정치와 문화

마이클 라이언 지음 / 나병철·이경훈 옮김